"十二五"普通高等教育规划教材·经管系列

兰兰 李彩云/编著

绩效管理
理论与实务

Performance Management
Theory & practice

清华大学出版社
北京

内 容 简 介

本书以绩效管理的流程和考核技术介绍为主线,从绩效计划、绩效实施、绩效考核、绩效反馈和绩效结果应用五个方面讲解了绩效管理的流程,按照系统和非系统的分类阐述了绩效考核技术,其中,非系统绩效考核技术包括报告法、比较法和行为锚定法等,系统的绩效考核技术包括关键绩效指标法、平衡计分卡法等。

为了实践快乐学习的理念,全书各章均以案例导入,在关键理论处添加了知识链接,并在章末专门设置了团队互动演练部分,以进一步强化学生的实际应用能力,增强课堂教学的互动效果。本书适合普通高等院校工商管理、人力资源管理等专业的师生作为教材使用,也可以作为企业的绩效管理咨询和培训的指导用书。

本书封面贴有清华大学出版社防伪标签,无标签者不得销售。
版权所有,侵权必究。举报:010-62782989,beiqinquan@tup.tsinghua.edu.cn。

图书在版编目(CIP)数据

    绩效管理理论与实务/兰兰,李彩云编著. —北京:清华大学出版社,2016(2024.2重印)
    "十二五"普通高等教育规划教材·经管系列
    ISBN 978-7-302-45954-5

    Ⅰ.①绩… Ⅱ.①兰… ②李… Ⅲ.①企业绩效-企业管理-高等学校-教材 Ⅳ.①F272.5

    中国版本图书馆CIP数据核字(2016)第310367号

责任编辑:杜春杰
封面设计:康飞龙
版式设计:牛瑞瑞
责任校对:王 云
责任印制:刘海龙

出版发行:清华大学出版社
网　　址:https://www.tup.com.cn,https://www.wqxuetang.com
地　　址:北京清华大学学研大厦A座　　邮　编:100084
社 总 机:010-83470000　　邮　购:010-62786544
投稿与读者服务:010-62776969,c-service@tup.tsinghua.edu.cn
质量反馈:010-62772015,zhiliang@tup.tsinghua.edu.cn
印 装 者:三河市铭诚印务有限公司
经　　销:全国新华书店
开　　本:185mm×230mm　　印　张:27.75　　字　数:574千字
版　　次:2017年2月第1版　　印　次:2024年2月第7次印刷
定　　价:69.80元

产品编号:071319-03

前　言

绩效管理是企业管理的核心内容，但是在实际工作中，常常因为管理者不能正确理解和使用，使其成为难以驾驭的"鸡肋"，甚至引发员工的抵触而导致业绩下滑。事实上，对于何为绩效、绩效指标应当如何设计、绩效管理实施的关键是什么，大部分管理者和员工只有一个模糊的概念，更多的是凭借经验和感受去做，以至于落入绩效管理的误区不能自拔。移动互联技术的蓬勃发展和大数据时代的强势登场必将引发中国绩效管理学习与实践领域的深刻变革。唯有不断创新，方能处变不惊。虽说当前国内绩效管理方面的图书种类繁多，但是充分考虑信息技术生活化、工作场所团队化、学习方式电子化等特点，并将其融入教材编写的情况还是为数不多。鉴于此，我们编写了本书，不仅要帮助企业解决绩效管理方面的问题，还要提供系统的绩效管理知识，清楚绩效管理是什么，如何实施绩效管理，以及如何防范绩效管理的偏差。

本书以绩效管理的流程和考核技术介绍为主线，从绩效计划、绩效实施、绩效考核、绩效反馈和绩效结果应用五个方面讲解了绩效管理的流程，按照系统和非系统的分类阐述了绩效考核技术，其中，非系统绩效考核技术包括报告法、比较法、行为锚定法等，系统的绩效考核技术包括关键绩效指标法、平衡计分卡法等。

本书有以下几个主要特点。

第一，知识融会贯通与能力塑造提升相结合。本书各章大量使用案例和知识链接，扩展了理论知识，每章的团队演练增强了学生的实际应用能力。完整的模拟实践环节贯穿了整个绩效管理的流程，贴近学生实际，其反复操练绩效考核技术的形式，既丰富了课堂内容，又增强了课堂教学的互动效果。

第二，理论的系统性和丰富性。本书以"理论—工具—演练"为思路，有步骤、有层次地引入绩效管理的系统知识，既有理论基础，又有工具和演练的详细介绍，还采用知识链接的形式拓展了很多相关内容，使读者对绩效管理的理解比较透彻。

第三，关注独立思考和成果分享的有机融合。无论是在大学课堂上还是企业管理实际运行中，都重在培养质疑、批判与探索精神，通过独立思考、团队分享，促进创新思维和成果的展示。本书在编写过程中多处涉及思考空间，以开放的视野推动读者自主探索，并且将成果分享纳入教学环节，让学生在教师的引导下，辩证分析，思维共振，培养创新意识，完成创新的积淀。

第四，强调工具价值与实践价值并重。针对绩效管理的实践需要，本书提供了一系列诸如绩效考核指标的选取、考核权重的设计、绩效计划的制订、绩效反馈的技巧、绩效考核技术的应用等分析工具、表格和流程图，可以直接应用和迁移到绩效管理的现实情境中，对于一线的从事绩效管理的管理者来说，有很强的工具价值。

本书适合普通高等院校工商管理、人力资源管理等专业的师生作为教材使用，也可以作为企业的绩效管理咨询和培训的指导用书。

本书由湖北工程学院的兰兰博士负责整体构思和统稿，其中，第一、二、三、四、十章由武昌理工学院的李彩云老师负责编写，第五、六、七、八、九章由兰兰博士负责编写，特别感谢的是邱婵、刘锦源、王玮琨、赵自妍同学为本书的撰写付出的辛勤劳动。本书的写作参考了许多论文和著作，在此，谨向这些书籍和论文的作者表示深深的感谢！大多数参考文献已列于书后，如有疏漏，希望原谅并给我们反馈。清华大学出版社的杜春杰编辑为本书的出版付出了辛勤劳动，谨此表示诚挚的谢意！限于编者的水平和经验，本书难免有不足之处，恳请读者批评指正！本教材还配有教学或培训使用的精美 PPT 课件，也衷心希望各位读者朋友通过本书与我们开展绩效管理的思想讨论和经验交流，反馈意见可发送至 870829610@qq.com。

兰 兰
2016 年 8 月

目 录

第一章 绩效管理概述 ... 1
学习目标 ... 1
案例 1-1 动物选美 ... 1

第一节 绩效的基本概念 ... 2
一、绩效的定义 ... 2
案例 1-2 绩效考核既要结果也要过程 ... 4
二、绩效的特征 ... 5
三、绩效的影响因素 ... 6
四、绩效的维度 ... 8

第二节 绩效管理的意义 ... 11
一、绩效管理在人力资源管理中的作用 ... 11
知识链接 1-1 有效的绩效管理的特征 ... 13
二、绩效管理与人力资源管理中其他职能的关系 ... 14
案例 1-3 华为：绩效管理的颠覆性方法论 ... 17
三、绩效管理的具体贡献 ... 19
知识链接 1-2 未来的绩效管理不仅仅是 HR 的事 ... 22

第三节 绩效管理的过程 ... 25
一、绩效计划 ... 25
案例 1-4 发现金融服务公司的绩效计划 ... 26
二、绩效实施 ... 26
知识链接 1-3 想提升绩效？还不赶紧有效地给予员工反馈 ... 27
三、绩效考核 ... 29
四、绩效反馈与结果运用 ... 30
知识链接 1-4 绩效管理的系统思考 ... 31

第四节 绩效管理的职责分工 ... 33
案例 1-5 老鼠偷油 ... 33
一、高层管理人员在绩效管理中的角色与职责分工 ... 33
二、人力资源部在绩效管理中的角色与职责分工 ... 34

三、直线经理在绩效管理中的角色与职责分工 34
　　　　知识链接1-5　明确绩效管理主体的核心角色扮演 35
　　四、员工在绩效管理中的角色与职责分工 38
　　　　案例1-6　优秀绩效管理体制：让员工自我管理 38
本章小结 39
思考题 40
　　　　案例1-7　W公司的绩效管理制度 40
团队互动演练 41

第二章　绩效计划 44

学习目标 44
　　　　知识链接2-1　绩效管理的基础 44
第一节　绩效计划的准备 45
　　一、战略规划 45
　　　　知识链接2-2　推行绩效管理，不要只是做绩效体系的构建者 51
　　二、职位分析 53
　　　　知识链接2-3　战略绩效管理的"五定"模型 60
　　三、绩效计划的具体准备工作 61
第二节　绩效计划的沟通 63
　　一、营造良好的沟通环境和氛围 63
　　二、明确沟通的原则 63
　　三、设计沟通的过程 64
　　　　案例2-1　有效的绩效沟通 64
　　四、形成沟通的结果 66
　　　　知识链接2-4　绩效沟通在绩效管理中的体现 66
第三节　绩效计划的制定 68
　　一、绩效标准的制定 68
　　　　知识链接2-5　绩效考核标准制定六大要点 74
　　二、绩效目标的制定 75
　　　　案例2-2　故事中的目标管理：石匠的故事 79
　　　　案例2-3　绩效目标过于刚性 81
　　三、绩效契约的形成 83
　　四、绩效计划的审核与确认 85

本章小结 85
思考题 86
  案例 2-4 尴尬的绩效管理方案 87
团队互动演练 89

第三章 绩效实施 92
学习目标 92
  案例 3-1 小张的辞职信 92
第一节 绩效沟通 93
 一、绩效沟通的目的 93
 二、绩效沟通的内容 94
  知识链接 3-1 绩效沟通环节 HR 该做些什么 95
 三、绩效沟通的原则 97
 四、绩效沟通的形式 99
  案例 3-2 月报为什么交不上来 99
  案例 3-3 惠普的敞开式办公 102
 五、绩效沟通的技巧 103
  知识链接 3-2 积极倾听的八点建议 105
第二节 绩效信息收集 109
 一、绩效信息收集的意义 109
 二、绩效信息收集的内容 110
  案例 3-4 关键事件举例 111
 三、绩效信息收集的来源 113
 四、绩效信息收集的方法 116
  案例 3-5 奥蒂斯电梯公司的绩效管理系统 117
 五、绩效信息收集的注意事项 118
第三节 绩效辅导 119
 一、绩效辅导的作用 119
  知识链接 3-3 管理中的皮格马利翁效应 120
 二、绩效辅导的指导原则 121
 三、绩效辅导的风格 121
  随堂小测验 你的辅导风格是怎样的 126
 四、绩效辅导的时机 128

　　　　知识链接3-4　绩效辅导中处理分歧的小窍门 ... 129
　五、绩效辅导的程序 ... 130
本章小结 ... 131
思考题 ... 132
　　　　案例3-6　罗伯特·伊顿是个好教练吗 ... 132
团队互动演练 ... 134

第四章　绩效考核体系的设计 ... 136
学习目标 ... 136
　　　　案例4-1　天宏公司的绩效管理 ... 136
第一节　绩效考核指标体系 ... 138
　一、绩效指标的选择 ... 138
　　　　案例4-2　Lenovo绩效考核的指标——PQ ... 140
　　　　知识链接4-1　绩效管理，别忽视定性指标的作用 ... 141
　　　　知识链接4-2　HR该如何管控各部门绩效指标及目标值的合理性 ... 143
　二、绩效标准的确定 ... 148
　三、指标的权重设计 ... 151
　　　　案例4-3　江苏良宇实业集团绩效考核指标设计 ... 154
第二节　绩效考核方法 ... 156
　　　　案例4-4　老张的"近忧"与"远虑" ... 156
　一、绩效考核方法的分类 ... 157
　　　　案例4-5　胜利油田：注重进步的绩效考核管理 ... 159
　二、绩效考核方法选择的影响因素 ... 162
第三节　绩效考核主体 ... 165
　一、绩效考核主体的选择 ... 165
　　　　案例4-6　360度评估：如何将时间从1个月缩减成1周 ... 168
　二、绩效考核主体的常见误差 ... 170
　三、绩效考核主体的培训 ... 173
第四节　绩效考核周期 ... 176
　一、绩效考核时机的选择 ... 176
　二、绩效考核周期的影响因素 ... 176
本章小结 ... 179
思考题 ... 180

案例 4-7　这个绩效考核太温情吗..181
　　团队互动演练..183

第五章　非系统的绩效考核技术...185
　学习目标..185
　　　案例 5-1　绩效考核要如何跟上时代..185
　第一节　以业绩报告为基础进行绩效考核......................................188
　　一、报告法（自评）..188
　　二、业绩评定表法（他评）..189
　第二节　以员工比较系统为基础进行绩效考核................................191
　　一、简单排序法..191
　　二、交替排序法..191
　　三、配对比较法..192
　　四、强制分布法..193
　第三节　针对员工行为及个性特征进行绩效评估.............................195
　　一、因素评价法..195
　　二、图解式评估法..196
　　三、行为锚定等级评定量表法..200
　　四、行为观察量表法..203
　　五、混合标准量表法..206
　　六、综合尺度量表法..212
　　七、行为对照表法..213
　第四节　以特殊事件为基础进行绩效评估......................................214
　　一、关键事件法..214
　　二、不良事故评估法..216
　第五节　360 度考核法..218
　　一、360 度考核法的概念..218
　　二、360 度考核法的特点..218
　　三、如何实施 360 度考核法..219
　　四、360 度考核法的优点和缺点..224
　　　案例 5-2　360 度考核法缘何遇到阻力......................................226
　第六节　其他绩效考核方法..227
　　一、个人绩效合约考核法..227

· VII ·

二、日清日结法 229
三、工作标准法 230
四、对照法 230
　　案例 5-3　通用（中国）公司的绩效考核 231
五、AFP 方法 232
本章小结 232
思考题 233
　　案例 5-4　摩托罗拉的成绩报告表 233
　　知识链接　管理人员能力素质 360 度评估问卷 237
团队互动演练 241

第六章　基于关键绩效指标的绩效考核 243
学习目标 243
　　案例 6-1　关键绩效指标如何制定 243
第一节　关键绩效指标概述 245
一、KPI 的起源 245
二、KPI 的核心思想 246
第二节　关键绩效指标体系的构建 252
一、确定工作产出 252
二、建立评估指标 258
三、设定考核标准 260
四、审核关键绩效指标 262
第三节　关键绩效指标体系实施过程中的问题 264
一、KPI 系统设计原则误区及解决思路 264
二、KPI 指标设计缺陷及解决思路 266
三、KPI 应用缺陷及解决思路 268
本章小结 269
思考题 269
　　案例 6-2　中国移动调整 KPI 考核办法：从 36 个细项减少到
　　　　　　　三个指标 270
　　知识链接　各主要责任中心 KPI 指标举例 272
团队互动演练 275

第七章　基于平衡计分卡的绩效考核 277
学习目标 277
案例 7-1　可口可乐公司的 BSC 之路 277
第一节　平衡计分卡的诞生和发展 279
一、平衡计分卡的诞生 279
二、平衡计分卡的发展 280
三、平衡计分卡的重要意义 282
第二节　平衡计分卡的基本内容 283
一、平衡计分卡的结构 283
二、平衡计分卡的平衡 285
三、平衡计分卡的特点 288
四、平衡计分卡的内在逻辑及四个维度绩效指标的设计 289
案例 7-2　平衡计分卡在沃尔沃公司的应用 291
案例 7-3　IBM 利用信息技术和专业系统改造流程 299
第三节　平衡计分卡的设计程序与应用 302
一、引入平衡计分卡的基本程序 302
二、平衡计分卡的建立步骤 305
三、平衡计分卡绩效指标体系的分解 305
四、实施中需要注意的问题 307
第四节　平衡计分卡与其他考核方法的比较与应用 308
一、平衡计分卡与传统考核方法的比较 308
二、平衡计分卡与关键绩效指标法（KPI）的比较 309
三、利用平衡计分卡将绩效考核与报酬相联系 310
四、平衡计分卡应用实例 311
本章小结 312
思考题 313
案例 7-4　李总的苦恼 313
知识链接　BSC：新管理"神话"的背后 314
团队互动演练 319

第八章　目标管理法（MBO）及其应用 321
学习目标 321
案例 8-1　联想集团的目标管理 321

第一节　目标管理法概述 322
　　一、目标管理法的产生 322
　　二、目标管理的特点 324
　　三、目标管理的优点 325
第二节　目标管理法的推行步骤 326
　　一、绩效目标的设定 327
　　二、制定被评估者达到目标的时间框架 328
　　三、将实际达到的绩效水平与预先设定的绩效目标相比较 328
　　四、制定新的绩效目标，以及为达到新的
　　　　绩效目标而可能采取的新的战略 329
第三节　目标管理法的评价及应用 330
　　一、对目标管理法的评价 330
　　二、对以目标管理为基础进行绩效考核的误解 331
　　　　案例 8-2　某服装公司的目标管理缘何失败 332
　　三、目标管理法与关键绩效指标法的比较 333
本章小结 334
思考题 334
　　　　案例 8-3　惠普公司的目标管理 335
　　　　知识链接　"目标管理—绩效考核"是先进管理还是洋垃圾 337
团队互动演练 344

第九章　基于标杆管理的考核体系 346
学习目标 346
　　　　案例 9-1　施乐公司的标杆管理 346
第一节　标杆管理的形成与演变 348
　　一、什么是标杆管理 348
　　二、标杆管理的产生背景 350
　　三、标杆管理的发展与现状 351
第二节　标杆管理的作用与分类 354
　　一、标杆管理的作用 354
　　二、标杆管理的分类 356
第三节　标杆管理的实施 359
　　一、标杆管理导入的必要条件 359

二、组织标杆管理的原因和常见的标杆管理领域 ... 360
　　三、实施标杆管理的核心：如何设计合理的标杆 ... 362
　　四、以标杆管理为基础设计绩效考核体系 ... 363
　　五、运用标杆管理设计绩效考核体系的优势 ... 367
　第四节　标杆管理的问题及应用 ... 368
　　一、标杆管理存在的问题 ... 368
　　二、标杆管理对我国企业的借鉴意义 ... 371
　本章小结 ... 373
　思考题 ... 374
　　　案例 9-2　美孚如何立"杆"见影 ... 374
　　　知识链接　标杆管理漫谈：拿来主义 ... 376
　团队互动演练 ... 377

第十章　绩效反馈与结果应用 ... 379
　学习目标 ... 379
　　　案例 10-1　小王的困惑 ... 379
　第一节　绩效反馈概述 ... 380
　　一、绩效反馈的意义 ... 380
　　二、绩效反馈的原则 ... 381
　　　案例 10-2　做好员工反馈的方法 ... 382
　　三、绩效反馈的技巧 ... 384
　　　知识链接 10-1　BEST 模型 ... 387
　　四、360 度反馈体系 ... 387
　第二节　绩效面谈 ... 390
　　　案例 10-3　一次失败的绩效面谈 ... 390
　　一、绩效面谈的内容 ... 392
　　二、绩效面谈的准备 ... 392
　　　知识链接 10-2　四个准备助力绩效面谈成功 ... 396
　　三、绩效面谈的过程 ... 398
　　　知识链接 10-3　绩效面谈"10 步走" ... 399
　　四、绩效面谈的策略 ... 399
　　五、绩效面谈中的注意事项 ... 400
　　　案例 10-4　一次成功的绩效面谈 ... 402

第三节 绩效考核结果的应用 404
一、绩效改进 404
案例 10-5 拉上大厦的窗帘 406
知识链接 10-4 HR 必须知道的 10 种绩效改善方法 411
二、绩效奖励计划 412
三、员工职业发展 417
知识链接 10-5 彼得原理 419
本章小结 422
思考题 423
案例 10-6 华丰公司的绩效管理改进策略 423
团队互动演练 424

参考文献 427

第一章 绩效管理概述

 **学习目标**

- ☑ 理解绩效的概念、特征、影响因素和维度；
- ☑ 了解绩效管理在人力资源管理以及企业管理中的作用；
- ☑ 熟悉绩效管理的规范流程；
- ☑ 掌握绩效管理工作中的职责分工。

 **案例 1-1　　　　　动 物 选 美**

森林里的动物们准备进行选美大赛，很多动物都报名参赛，熙熙攘攘非常热闹。由北极熊、麻雀、老鹰、蚂蚁、猫头鹰组成的评委会开始安排赛前的准备工作。这时，森林之子——老虎召集动物评委们来讨论如何组织这次选美比赛。

老虎说："要选美了，我们首先要制定出选美的标准——什么是美。北极熊，先谈谈你的看法。"

北极熊说："这个问题我已经想了很久很久了，选美是一件重要的事情，必须慎重。我们评选的标准首先应该是身体健壮。就像我们熊的家族，个个都是动物界的大力士，我们有一种力量美。"

麻雀说："我不同意北极熊的看法。美丽的动物一定要有漂亮的外表，例如我们鸟类家族中的孔雀，它的羽毛多美丽，气质多优雅呀！"

老鹰说："你们说得都不对，最美丽的动物应该有一双锐利的眼睛，那才叫迷人。我们鹰的眼睛是最锐利的。"

蚂蚁说："我不同意你们的看法，内在的美，才是最美。我们昆虫世界里的蜜蜂，天天不辞辛劳地工作，那才叫美丽呢。"

猫头鹰说："你们的理解都有偏差，最美丽的动物应该是对森林最有贡献的动物。例如啄木鸟，天天忙着捉虫子，没有他们的努力森林里就会到处是虫子，我们生活的环境就会很糟糕。"

动物们你一言我一语，各执己见，争执不休。

老虎看大家争论半天也没有个统一的意见，就说道："我看大家对美的认识各有看法。咱们综合一下，把美定义为：要有熊一样的力量、孔雀般漂亮的外表、鹰一样锐利的眼睛，像蜜蜂那样勤勤恳恳，还要有啄木鸟的奉献精神。这样一定能选出最美的动物。"

老虎说完后，动物们面面相觑，不知道说什么好。能有完全符合这些标准的动物吗？到底什么是美？

资料来源：绩效到底是什么？[EB/OL]. （2010-03-09）. http://blog.sina.com.cn/s/blog_65b5bc680100gzit.html.

绩效是所有组织都不得不关注的话题，然而对于什么是绩效，学术界仍然有很大的分歧。在管理实践中，不同的组织对绩效的理解也有一定的差异。到底什么是绩效？什么才是优秀的绩效水平？绩效可以被衡量吗？对绩效进行衡量有什么价值？如何进行绩效管理才是有效的？由谁来进行绩效管理呢？这些都是绩效管理工作中首先需要解决的问题。

第一节 绩效的基本概念

一、绩效的定义

（一）不同学科视角下的绩效

1. 从管理学视角认识绩效

从管理学的角度看，绩效是组织期望的结果，是组织为实现其目标而展现在不同层面上的有效输出。它包括组织绩效和个人绩效两个方面。组织绩效建立在个人绩效实现的基础上，但个人绩效的实现并不能保证组织是有绩效的。当组织的绩效按一定的逻辑关系被层层分解到每一个工作岗位及每一个人时，只要每一个人都达到了组织的要求，组织的绩效就实现了。但是，组织战略的失误可能造成个人的绩效目标偏离组织的绩效目标，从而导致组织绩效的失败。

2. 从经济学视角认识绩效

从经济学的角度看，绩效与薪酬是员工和组织之间的对等承诺关系，绩效是员工对组织的承诺，而薪酬是组织对员工所作出的承诺。一个人进入组织，就必须对组织所要求的绩效作出承诺，这是进入组织的前提条件。当员工完成他对组织的承诺时，组织就实现了其对员工的承诺。这种对等承诺关系的本质体现了等价交换的原则，而这一原则正是市场经济运行的基本规则。

3. 从社会学视角认识绩效

从社会学的角度看，绩效意味着每一个社会成员按照社会分工所确定的角色承担他的那一份职责。他的生存权利是由其他人的绩效保证的，而他的绩效又保障其他人的生存权利。因此，出色地完成自己的绩效是他作为社会一员的义务，他受惠于社会就必须回馈社会。

（二）企业实践中的绩效

1. 绩效是结果

这一观点以结果或产出为导向，出现的时间较早，在实际运用中也比较常见。这种观点就是把绩效视为工作所达到的成果或工作结果的记录。表示绩效结果的相关概念有职责、关键结果领域、结果、责任、任务及事务、目的、目标、生产量、关键成功因素等。

与这种观点相似，也有人把绩效解释成"完成工作任务"，这种解释出现得较早，也是最简单明了的，其适用对象主要是一线生产工人或体力劳动者。对于一线生产工人或体力劳动者，他们的绩效就是完成所承担的工作任务。但是，对于知识岗位的任职者，工作任务是什么则变得模糊不清和难以界定，他们在工作中必须要在传统的工作任务以外去判断、创造和决策，不可能用完成工作任务的情况来解释他们的绩效。对于一线生产工人或体力劳动者，由于他们的工作任务就是他们所要取得的工作结果，完成工作任务也就意味着取得了工作结果，因此，绩效是完成工作任务与绩效是工作结果并没有本质区别，并不是对绩效这一概念进行解释的独立观点。

2. 绩效是行为

"绩效是结果"这一观点把绩效与任务完成、目标达成、工作结果、产出等同起来，但在现实的组织中并没有把二者完全等同起来，因此这种观点也越来越受到人们的质疑。人们之所以认为不能把绩效与结果等同起来，主要出于以下原因：首先，许多工作结果并不一定是个体行为所致，可能会受与工作无关的其他影响因素的影响；其次，员工没有平等的完成工作的机会，而且员工在工作中的表现不一定都与工作任务有关；再次，过分关注结果会导致忽视重要的过程和人际因素，不适当地强调结果可能会在工作要求上误导员工；最后，过度关注结果也使得上级无法获取反映下级活动情况的信息，不能对其进行有效的指导与帮助。由于以上原因，对绩效以行为为导向的解释逐步产生了，这种观点认为绩效由个体控制之下的与目标相关的行为组成，行为本身就是绩效。绩效是行为的观点被人们重视和接受，但是，如何对行为进行界定同样是非常困难的事情。尽管绩效是行为，但不是所有的行为都是绩效，只有那些与组织目标的实现有关的行为才是绩效。

3. 绩效是能力素质

这种观点的前提是认为能力素质是影响人们绩效的决定性因素。1973 年，美国心理学家麦克利兰提出"能力素质"（又称为胜任力特征）的概念。他认为，人的工作绩效由一些更根本、更潜在的因素决定，这些因素能够更好地预测人在特定职位上的工作绩效，就是诸如"成就动机""人际理解""团队领导""影响能力"等个人条件和行为特征"能区分在特定的工作岗位和组织环境中杰出绩效水平和一般绩效水平的个人特征"，并决定着工作是否有效，以及一个人是否能产生杰出的绩效。能力素质绩效观点和行为绩效观点在一定程度上是相似的，但行为绩效观点将注意力主要放在工作或者"事"上，能力素质绩效观点更关注员工能力的开发，即更关注"人"，强调在每个绩效管理循环中不断提高员工能力，因为员工能力的提升是员工绩效提升的根本动力，关注"人"，也就是在更根本的层面上关注"事"。

4. 绩效是结果、行为和能力的统一体

阿姆斯特朗和巴龙（1998）的观点比较具有代表性，他们认为，"绩效指行为和结果。行为由从事工作的人表现出来，将工作任务付诸实施。行为不仅仅是结果的工具，行为本身也是结果，是为完成工作任务所付出的脑力和体力的结果，并且能与结果分开进行判断"。对绩效这一概念进行解释的前两种观点分别侧重于工作结果和工作过程（行为），而工作本身既有结果问题又有过程问题，因此，在这两种观点的基础上提出把绩效解释成结果与行为的统一体是逻辑上的必然。绩效是结果与行为的统一体，就是说不仅要看做什么，还要看如何做，绩效不仅取决于做事的结果，还取决于做事的过程或行为。把绩效视为结果与行为的统一体是对绩效这一概念比较宽泛的解释，而绩效的含义本身就比较宽泛，这样的解释更容易被人们所接受。

综上所述，所谓员工的个人绩效，是指员工的工作行为、表现及其结果，以及产生这些工作结果的员工个人潜在能力，它体现了员工对组织的贡献大小、价值大小。

案例 1-2　　　绩效考核既要结果也要过程

毫无疑问，市场经济体制下企业注重的就是结果，人们再也不会去干不赚钱的买卖了。但以结果论英雄的绩效考核方式存在诸多片面性，隐藏着不少矛盾和问题。

1. 引诱造假

2002 年，美国上市公司频频爆发诚信危机，这一切的背后都隐藏着一个不争的事实：董事会把 CEO 当作赚钱的"机器"和"工具"，一年比一年高的利润指标压得 CEO 们喘不过气来；CEO 的高薪激励制度，使得他们变得越来越贪婪，不断透支公司价值，制造出一个个惊人的"业绩"。任何管理者都知道一个简单的道理，奖罚一个承包了一亩小麦的农民，他的小麦亩产量不会因此增加一倍，如果你非要他亩产增加一倍，他就只好想别的办法"增产"了。上市公司造假，既有来自董事会的外在压力，也有来自CEO的内在动力，如果企业目标考核只考核结果不考核过程，上市公司这种造假行为的制度性缺陷，就不能得到即时发现和纠正。

2. 掩盖真相

现在百年老店越来越少，昙花一现的企业和企业家越来越多，原因之一就是考核体制存在问题。现在企业年终考核主要是考核看得见的"结果"，因此大家都热衷于做"地上"工作。对于上市公司来说，看得见的"结果"是价格（市值），它是"虚"的，受企业外部市场因素、政策因素、国际因素的影响，做的是"短线"和"投机"；看不见的"结果"是价值，它是"实"的，取决于企业内部产品、技术和管理等因素，做的是"长线"和"投资"。

股市价格总是围绕价值上下波动，这是市场常态，企业经营的"结果"并不等于股市变化的"结果"。如果企业把人民币升值、石油价格上涨、投机者炒作带来的股票上涨，也当作企业的盈利能力和竞争能力，这就大错特错了。并且，这种虚假的市场繁荣和突如其来的一夜暴富，会更加助长CEO的赌性和盲目扩张。

3. 割裂整体

例如，一个企业掘井找油，一个员工挖了999米没挖到就退休了，另一个员工接着挖，挖1米就挖到了，如果以结果论英雄来考核的话，挖999米的员工没有奖励，挖1米的员工有奖励，这显然是不公平和不合理的。把一个不能分开的东西硬要分开来考核，不是以组织绩效论英雄而是以个人绩效论英雄，这样的公司是难以走得很远的。巴菲特有一句名言：只有潮水退去，才知道谁在裸泳。企业重视和加强绩效过程考核，就是要发现和抓住谁在企业"裸泳"。

资料来源：绩效考核既要结果也要过程[EB/OL]．（2015-10-09）．http://bbs.hroot.com/bbs/Detail162964_0.hr．

二、绩效的特征

为了更深入地理解绩效的概念，需要同时理解和掌握绩效的特征。根据绩效的定义，绩效具有以下三个特征，这些特征与绩效的概念和绩效管理过程是密切相关的。

（一）多因性

影响绩效的因素有很多，绩效的多因性是指绩效的优劣并不由单一因素决定，而是受组织内部和外部因素共同作用的影响。影响绩效的内部因素主要包括组织战略、组织文化、组织架构、技术水平以及管理者领导风格等；外部因素主要包括社会环境、经济环境、国家法规政策以及同行业其他组织的发展情况等。但并不是所有影响因素的作用都是一致的，在不同情境下，各种因素对绩效的影响作用各不相同。在分析绩效差距时，只有充分研究各种可能的影响因素，才能够抓住影响绩效的关键因素，从而对症下药，以便更有效地对绩效进行管理，促进绩效水平的持续改进。

（二）多维性

绩效的多维性指的是评价主体需要多维度、多角度地去分析和评价绩效。对于组织绩效，布雷德拉普（Bredrup）认为应当包括三个方面，即有效性、效率和变革性。有效性是指达成预期目的的程度；效率是指组织使用资源的投入产出状况；而变革性则是指组织应对将来变革的准备程度。这三个方面相互结合，最终决定一个组织的竞争力。在对员工个人绩效进行评价时，通常需要综合考虑员工的工作结果和工作态度两个方面。对于工作结果，可以通过对工作完成的数量、质量、效率以及成本等指标进行评价。对于工作态度，可以通过全局意识、纪律意识、服从意识以及协作精神等评价指标来衡量。根据评价结果的不同用途，可以选择不同的评价维度和评价指标，并根据期望目标与实际值之间的绩效差距设定具体的目标值和相应的权重。如何选择适当的评价维度、评价指标以及如何确定指标权重等问题会在后面的章节进行阐述。

（三）动态性

绩效的第三个特征是动态性。环境的动态性和复杂性造成员工的绩效会随着时间的推移而发生变化，原来较差的绩效有可能好转，而原来较好的绩效也可能变差。因此，在确定绩效评价和绩效管理的周期时，应充分考虑到绩效的动态性特征，具体情况具体分析，根据不同的绩效类型确定恰当的绩效周期，从而保证组织能够根据评价的目的及时、充分地掌握组织不同层面的绩效情况，减少不必要的管理成本，并获得较高的绩效。此外，在不同的环境下，组织对绩效的不同内容关注的程度不同，有时侧重于效率，有时侧重于效果，有时则统筹兼顾多个方面。无论是组织还是个人，都必须以系统和发展的眼光来认识和理解绩效。

三、绩效的影响因素

绩效具有多因性，影响绩效的因素也是多方面的。绩效的影响因素包括技能（Skill）、激励（Motivation）、环境（Environment）和机会（Opportunity）四类。

（一）技能

技能指的是员工的工作技巧和能力水平。一般来说，影响员工技能的主要因素有天赋、智力、经历、教育和培训等。因此，员工的技能不是一成不变的，组织可以通过各种方式来提高员工的整体技能水平。一方面，通过招聘录用阶段的科学甄选与合理的人员安置来实现。有的人性格外向，善于言谈，人际关系能力强，喜欢在公众面前发表自己的言论；有的人则性格内向，忠厚老实，喜欢独立地思考问题。不同性格的人所适合的岗位不同。同等情况下，性格不适合某一岗位的员工和性格适合某一岗位的员工，他们所取得的绩效肯定是不一样的。另一方面，可以为员工提供满足其工作所需的个性化培训或通过员工自身主动地学习来提高其工作技能。如果为了节省成本，提供的培训不到位，就会造成员工工作不熟练与技能不足，从而影响到潜能的发挥。同时，员工技能的提高可加速组织技术水平的提升，从而对组织绩效产生积极的影响。

（二）激励

激励作为影响绩效的因素，是通过提高员工的工作积极性来发挥作用的。为了使激励手段能够真正发挥作用，组织应根据员工个人的个性、需求结构等因素，选择适当的激励手段和方式。

公司的激励包括物质激励和精神激励。物质激励主要是指公司的薪酬和福利，精神激励主要体现在口头表扬以及培训与升迁的机会等。如果公司的薪酬低于行业的平均水平，这就会在一定程度上影响员工积极性的发挥，从而影响到员工的绩效，长期下去员工流动率就会增加。人既是经济人，同时也是社会人和自我实现的人，如果公司一直采用外部招聘的方式来填补空缺的职位，公司现有员工便会感到自己所作的贡献没有得到公司的认可，长期下去也会出现绩效下降的情况。此外，无论是物质激励还是精神激励，都应该体现及时的原则，否则就起不到应有的效果。

（三）环境

影响工作绩效的环境因素可以分为组织内部的环境因素和组织外部的环境因素两类。

组织内部的环境因素包括劳动场所的布局和物理条件，工作设计的质量及工作任务的性质，工具、设备以及原材料的供应，公司的组织结构和政策、工资福利水平、培训机会、企业文化和组织气氛等。良好、令人感到舒适的工作环境，会提高员工的工作效率，有利于其自身潜能的发挥；混杂、让人感到不安或不适的工作环境，会使员工效率低下，不利于其潜能的发挥。当员工处于一个充满活力与创造力、彼此之间相互激励与促进的团队中时,他的绩效肯定会高;相反,当员工处于一个相互猜疑与妒忌、安于现状、彼此之间不提供任何帮助的团队中时,他的个人绩效肯定会低。这是团队规范对个人影响的集中体现。例如,某公司的一位员工的工作场所离家很远,他每天都得坐两个小时左右的公交车去上班。然而,公司没有考虑到他的实际情况,每次他因路上耽搁而迟到都会受到一定的惩罚。这大大地挫伤了他的积极性,致使他工作效率下降,甚至萌生了离职的念头。

组织外部的环境因素包括社会政治、经济状况和市场的竞争强度等。这些因素渗透于管理过程的方方面面,它们既影响基本的管理理念、原则、战略、功能和过程,也影响具体的管理方法和手段。任何一种管理行为的运作和执行,都是管理者的思想观念的体现。管理者的思想观念也体现在对各工作单位的资源配置方面,管理者通过调配工作单位完成任务的资源,以使企业绩效更具吸引力。不论是组织的内部环境还是外部环境,都会通过影响员工的工作行为和工作态度来影响员工的工作绩效。

(四)机会

与前面三种影响因素相比,机会是一种偶然性因素,它能够促进组织的创新和变革,给予员工有利于其学习、成长和发展的环境。在特定的情况下,员工如果能够得到机会去完成特定的工作任务,可能会使其达到在原有职位上无法实现的工作绩效。在机会的促使下,组织可以拓展新的发展领域,加速组织绩效的提升。因此,无论是对于组织还是个人,机会对绩效的影响都是很重要的。

四、绩效的维度

(一)任务绩效与周边绩效的定义

如前所述,绩效是一个多维度的概念,这就意味着我们在理解绩效时需要考虑多种不同的行为。虽然我们能够识别许多具体的行为,但有两种类型的行为或绩效是最突出的,即任务绩效和周边绩效。在谈到周边绩效时,有些人会使用亲社会行为和组织公民行为这样的概念。周边绩效和任务绩效必须分开来考虑,因为它们并不是必然一先一后发生的。一位员工在完成他的工作任务方面可能非常在行,但是他的周边绩效却有可能很低。

任务绩效这一概念可以定义如下。

(1)将原材料转化为组织生产的产品或服务的各项活动。

(2)通过补充原材料的供给、分销产成品,或者是执行能够使组织高效率、高效能运转的计划、协调、监督或人员配置等重要职能,协助组织完成上述转化过程的各种行为。

周边绩效可以定义为：通过提供能够促进任务绩效发生的良好环境来帮助组织提升效率的行为。周边绩效包括如下行为。

（1）持续保持工作的热情，并在必要时付出额外的努力（例如，总是准时上下班且很少缺勤，在工作上总是付出额外的努力等）来确保成功完成自己的各项工作任务。

（2）自愿承担本职工作之外的一些工作任务和活动（例如，提出组织改进建议，提出一些富有建设性的意见等）。

（3）帮助他人并与他人保持合作态度。

（4）遵守组织的各项规章制度和工作程序（例如，遵从命令或规则，敬畏权力，遵从组织的价值观和政策）。

（5）认可、支持以及维护组织的目标（例如，对组织忠诚、对外注意树立正面的组织形象）。

任务绩效和周边绩效是需要在绩效管理体系中涉及的两个非常重要的绩效维度。大家可以想象一下，在一个组织中，如果所有员工的任务绩效都很优秀，但是周边绩效却很差，那么这个组织将会变成什么样子。例如，一个在你隔壁房间办公的同事需要去洗个澡放松一下，他请你在这段时间里帮他代接一下电话，因为有一个重要的客户随时有可能打电话过来，如果你回答他"那又不是我的工作"，那将会是一种怎样的情形？

（二）任务绩效与周边绩效的区别

首先，从任务绩效和周边绩效的定义来看，两者关注的重点有较大的差别。任务绩效更加重视任务本身的完成程度，至于具体是怎样完成的，组织会预先提供明确的工作流程，员工只需要根据组织的规章制度安排完成任务即可，组织会根据任务完成情况评价个人的绩效。而周边绩效则更加关注人际互动。员工在完成任务绩效的过程中，不可避免地要与周围其他人产生工作关系，为了使员工能更好地处理人际关系，实现人际和谐，所以将这些行为纳入了绩效范围。

其次，不同职位的任务绩效是不同的。例如，人力资源经理的任务绩效就不同于直线经理人员的任务绩效；一位资深人力资源经理（在本质上属于更具有战略性的职位）的任务绩效，也不同于那些刚刚进入组织的人力资源分析员（在本质上属于更具有操作性的职位）的任务绩效。但是，周边绩效在不同的职能领域以及不同管理层级的职位上是大体类似的。例如，所有的员工，无论其职位、职能、职责是什么，都要自愿承担本职工作之外的一些工作任务。

再次，任务绩效很可能是在工作角色中事先规定好的，也就是说，任务绩效常常包含在员工的职位描述之中。但是，周边绩效中的行为却常常没有在工作角色中事先规定好；相反，通常情况下，尽管组织期望自己的员工表现出这些行为，但却未必会明确作出要求。

最后，任务绩效主要受到员工个人的能力和技能（如认知能力、身体能力等）的影响，周边绩效则主要受到员工个人的人格特点（如责任心等）的影响。也正因为如此，我们在对两种类型的绩效进行衡量时，会采用不同的考核方式。任务绩效往往更加关注结果，所以可以通过一些可量化的硬性指标进行考核，这些指标往往与组织绩效有直接的关系；而周边绩效往往更加关注行为，所以可以通过一些定性的指标进行考核，难度较大，对组织绩效的贡献也不能准确衡量。

任务绩效与周边绩效的区别如表 1-1 所示。

表 1-1　任务绩效与周边绩效的区别

比较项目	任务绩效	周边绩效
关注点	完成任务本身	进行人际互动
与职位的关系	紧密相关	相关性不大
行为要求	职位描述中规范要求	组织期望，非明确要求
影响因素	能力和技能	个性特征
考核方式	结果导向型	行为导向型
指标类型	硬性指标	软性指标
与组织绩效的关系	直接影响	间接影响

（三）企业重视周边绩效的原因

第一，全球化竞争需要员工付出的努力水平越来越高。过去，一个组织只要有一支有能力完成任务绩效的员工队伍可能就足够了，但是，在全球化并且伴随强大竞争压力的今天，组织必须使自己的员工能够同时兼顾周边绩效。如果一个组织雇用了一批不能表现出周边绩效行为的员工，它将很难赢得竞争。

第二，与全球化竞争相关的一个问题是，组织必须向自己的客户提供卓越的服务，而周边绩效行为能够对客户满意度产生深远的影响。从客户的角度来看，当一位员工付出很多额外的努力来满足顾客需要时，将会对组织产生更多的贡献。

第三，现在许多组织都将员工组建成一个团队。虽然一些团队的组建目的是完成一些特定的短期任务，不可能永久性存在，但是不可否认的是，在当今的工作环境下确实存在着很多团队。而人与人之间的合作情况是决定团队效能的一个关键因素。因此，周边绩效就与团队工作尤为相关。

第四，任务绩效和周边绩效都能带来这样一种额外的好处，即如果在评价任务绩效之外也评价周边绩效，那么被评价员工会对绩效管理体系感到更加满意，并且觉得该体系非常公平。而且员工似乎也能够意识到周边绩效在影响组织绩效方面发挥着重要作用，所以他们认为除了传统的任务绩效之外，那些彰显周边绩效的行为也应该包含在绩效管理体系中。

第五，上级对下级进行绩效评价时，很难忽略周边绩效维度，即使当他们使用的评价表格中并不包括任何关于周边绩效的具体问题时也是如此。因此，即使一个组织只衡量任务绩效，周边绩效仍然会对绩效评价等级产生影响，所以不如更加明确地将周边绩效包含在绩效评价维度之中。更加明确地衡量周边绩效之所以非常重要，还有另一个原因，即如果不对周边绩效进行仔细的定义，那么与对任务绩效的衡量相比，管理者在对周边绩效进行衡量时会更加主观，也更容易产生偏见。

第二节　绩效管理的意义

一、绩效管理在人力资源管理中的作用

（一）绩效管理在人力资源管理中处于核心地位

首先，组织的绩效目标是由公司的发展战略决定的，绩效目标要体现公司发展战略导向，组织结构和管理控制是部门绩效管理的基础，工作分析是个人绩效管理的基础。

其次，绩效考核结果在人员配置、培训开发、薪酬管理等方面都有非常重要的作用，如果绩效考核缺乏公平公正性，上述各个环节的工作都会受到影响，而绩效管理落到实处将对上述各个环节的工作起到促进作用。传统的人力资源管理通常被认为是一种事务性的工作，随着社会的发展，人力资源管理的参谋与咨询作用，以及在制定和执行企业战略方面的作用日益加强。越来越多的企业意识到人力资源在获取企业核心竞争力方面的作用，人力资源管理也就成为许多企业借以获得企业竞争优势的工具和手段。人力资源管理是站在如何激励人、开发人的角度，以提高人力资源利用效率为目标的管理决策和管理实践活动。由于绩效管理是将企业的战略目标分解到各个业务单元，并分解到每个人，对每个员工的绩效进行管理、改进和提高，从而提高企业整体的绩效，进而提高企业的生产力和价值，使企业获得竞争优势。彼得·德鲁克说过：组织的目的是通过工人力量的结合取得协同效应，并避开他们的不足。这也正是有效的绩效管理的目的，也可以说，绩效管理目的的实现最终表现在组织整体效益的提高上。企业的人力资源管理是一个有机系统，这个系统中的各个环节紧密相联（见图 1-1）。绩效管理在这个系统中占据核心的地位，起到重要的作用。作为一种现代化的管理工具与手段，有效的绩效管

理体系能够帮助企业达成使命，体现企业战略执行的能力，创造高业绩，并成为企业成长与发展的持续动力源泉。只有以有效而卓越的绩效管理体系作为手段，以提高员工的积极性、创造性为目的，形成独具特色的人力资源管理体系，才是其他公司无法模仿的优势，也才能在企业间的激烈竞争中立于不败之地。

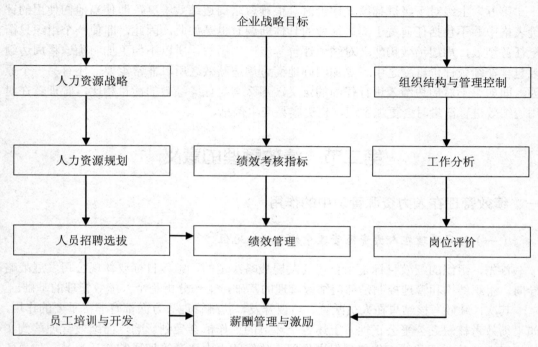

图1-1 绩效管理在人力资源管理中的地位

（二）绩效管理是企业人事决策的重要依据

绩效管理是人力资源管理的枢纽和闸门，贯穿于企业招聘、薪酬、培训、升迁和员工发展等整个人力资源管理过程中。绩效管理为人力资源管理的其他环节提供确切的基础信息，绩效考核的结果可以为其他职能部门的决策提供参考依据。没有考核就没有科学的人力资源管理。通过薪酬激励激发组织和个人的主动积极性，通过培训开发提高组织个人的技能水平，能带来组织和个人绩效的提升，进而促进企业发展目标的实现。组织和个人绩效水平将直接影响组织的整体运作效率和价值创造，因此，衡量和提高组织、部门以及员工个人的绩效水平是企业经营管理者的一项重要的常规工作，而构建和完善绩效管理系统是人力资源管理部门的一项战略性任务。

(三) 成功的绩效管理是现代人力资源管理的最有效途径

绩效管理是企业战略目标实现的一种辅助手段，它通过有效的目标分解和逐步逐层的落实帮助企业实现预定的战略，在此基础上，理顺企业的管理流程，规范管理手段，提升管理者的管理水平，提高员工的自我管理能力。随着全球经济一体化时代的到来，企业之间竞争的范围迅速扩大，竞争的程度空前加剧。面对新的竞争环境与挑战，有效的人力资源管理将成为企业组织获取竞争优势的重要来源。企业的最终目的是要盈利，取得经营业绩，实现经营目标。而任何企业目标的实现都是靠企业中每个员工的工作来达到的，人的因素显然是一个比较复杂的变数，如何对人进行有效的管理是保证公司目标实现的关键，而对人进行有效的管理的根本是对其绩效的管理。实施绩效考核，关注绩效改进是企业不断提升自我和达成战略目标的重要保证。绩效考核通过将企业的战略目标逐级分解并层层传递给各级部门直至个体员工，以及对绩效考核结果持续反馈和改进，使得部门及个人的绩效聚焦，共同支撑企业战略目标的实现。归根结底，进行绩效管理是为了改进和提高工作绩效，是为了构建一个基于共同的责任，员工能够自我激励和自我评价的管理体系。

知识链接 1-1　　　　　有效的绩效管理的特征

绩效管理对于企业发展非常重要，有效的绩效管理能激发员工的工作潜能，使组织运转顺畅，促进组织长短期目标的完成。无效的绩效管理会带来很多问题，例如，缺乏绩效沟通辅导和绩效反馈的绩效管理可能会带来考核者和被考核者的对立情绪，进而影响团队合作热情，降低组织绩效；和企业发展阶段以及管理现状不相适应的考核方法不仅不能提高组织的绩效，可能还会成为各级管理者的负担，浪费大量时间和资源；不公平的考核结果可能会影响管理者的可信度，挫伤员工的积极性。因此，有效的绩效管理能解决问题，促使绩效提升，糟糕的绩效管理则会产生问题，降低组织绩效。

有效的绩效管理具有如下基本特征：符合企业发展水平现状、制度化、动态维护、可操作性、可接受性、可靠性。

符合企业发展水平现状是指企业选择的考核方法适应企业的发展现状要求，考核的复杂程度适应企业管理水平，考核不会成为企业的一种负担，绩效管理提升的效益大大超过绩效考核的成本。

制度化是指企业在制度上规范绩效管理的各个工作环节，明晰企业高层、人力资源管理部门以及各级直线领导者在绩效管理方面所担负的职责；在流程上明晰考核各个环节进行的时限，以敦促各相关人员及时完成绩效考核工作，同时在制度上明确组织及个人的考核方式、考核周期、考核内容、考核结果应用等各个方面。

　　动态维护是指企业一旦建立起比较规范的绩效管理系统后，人力资源部门以及各级直线领导要对绩效管理系统进行动态维护。有效的绩效管理的基础是目标管理，企业应及时调整组织和个人的业绩目标，使目标具有挑战性，同时经过努力后可以达到；在企业发展战略或企业经营重心发生变化的情况下，要及时调整组织及个人的绩效考核方式，对绩效考核的内容、绩效考核周期、绩效考核者和绩效目标等也要作出必要的调整，使组织和员工的行为符合企业的发展目标。

　　可操作性是指企业现有人力资源管理人员以及各级直线领导者能清楚地理解绩效考核体系各个环节的逻辑关系，能掌握各个环节所需要的工具与方法，能做好每一环节的具体工作，能化解绩效考核面临的压力，保证绩效考核顺利推行。

　　可接受性是指绩效考核各个环节，尤其是绩效考核的方式、绩效考核的内容、考核周期、评价标准、绩效目标等要能让被考核的组织和个人所接受，取得被考核对象的理解和支持，这样绩效考核实施过程才不会遇到太大的阻力。因此，在绩效管理过程中，必须重视被考核对象的参与和支持。

　　可靠性是指组织或员工的绩效考核结果和实际绩效表现是一致的，这样才能保证绩效好的组织或个人可以得到好的评价，并受到激励继续提升绩效；使业绩较差的组织或个人受到鞭策，因此转变工作态度或工作方法，进而改善绩效。对于有效的绩效管理系统，可靠性是非常关键的，因为它可以保证员工具有内部公平感，坚信只要努力就会有回报，从而激励员工积极向上，促使个人和组织的绩效得以提升。

　　资料来源：有效绩效管理的特征[EB/OL].（2008-07-15）. http://www.hroot.com/contents/4/127721.html.

二、绩效管理与人力资源管理中其他职能的关系

（一）绩效管理与工作分析

　　工作分析是指运用系统的方法收集有关工作的各种信息，明确组织中各个职位的工作目标、职责和任务、权限，工作中与组织内外的他人的关联关系，对任职者的基本要求等。工作分析是绩效管理的重要基础。从广义的角度来说，工作分析也是绩效管理的内容之一。根据工作分析提供的与工作有关的信息，可以把工作目的、职责、任务等转化成关键绩效指标，根据关键绩效指标就可以进行绩效评估与管理。可以说，工作分析提供了绩效管理的基本依据。

（二）绩效管理与人员招聘选拔

　　在人员招聘过程中或对人员进行开发的过程中，通常需要采取各种人才测评手段，

包括纸笔形式的能力测验和个性测验、行为性面谈以及情境模拟技术等。这些人才测评方法主要针对人的"潜能"部分进行，侧重于考察人的潜在的能力倾向或性格与行为风格特征，以此推断人在未来的情境中可能表现出来的行为特征。而绩效考核则是对人"显质"的评估，侧重于考察人们已经表现出来的业绩和行为，是对人的过去表现的评价。尽管两者有时会采用表面上相似的手段，但目的有所不同。要对一个人进行全面了解，可以同时采用两种评估手段，共同提供个体特征的信息。个人的能力素质对绩效影响很大，人员招聘选拔要根据岗位对任职者能力素质的要求来进行。

（三）绩效管理与培训开发

由于绩效管理的主要目的是了解目前人们绩效状况中的优势和不足，进而改进和提高绩效，因此培训开发是绩效考核之后的重要工作。在绩效考核之后，主管人员往往需要根据被考核者的绩效现状，结合被考核者个人的发展愿望，与被考核者共同制订绩效改进计划和未来发展计划。人力资源部门则根据员工目前绩效中有待改进的方面，设计整体的培训开发计划，并帮助主管和员工共同实施培训开发。合理、有效、准确的绩效考核可以清晰地了解员工在德、能、勤、绩等各方面存在的优点或者缺点。企业可以根据员工的个人情况，对员工有计划、有目标、有目的地开展培训，避免产生一些不必要的人员培训浪费。绩效考核的结果是员工工作成绩的体现，是员工开发的依据，根据绩效考核成绩，对于考核成绩优秀的人员应该给予更大的发展空间，这可以通过岗位提升和换岗培训来完成；对于考核成绩排在最后的人员，在给予的提升时间内没有提升绩效的可以进行降级、调整岗位、辞退等。在绩效考核过程中主要的参考点是未来。也就是说，进行绩效考核不是为了解释过去如何，而是要将考核结果作为一种资源去规划某项工作或某个职工未来的新可能性，这就是对职工及工作的开发。绩效管理应用于人力资源开发，可以提供员工优劣势的信息，帮助员工在现有岗位上创造更佳的业绩，加强员工的针对性培训。

（四）绩效管理与薪酬管理

薪酬管理是指组织在综合考虑各种内外部因素影响的情况下，根据组织的战略和发展规划，结合员工提供的服务来确定他们应得的薪酬总额、薪酬结构和薪酬形式的过程。这一过程中，组织必须就薪酬水平、薪酬体系、薪酬结构、薪酬形式以及特殊员工群体的薪酬作出决策。同时，作为一种持续的组织过程，企业还要持续不断地制订薪酬计划、拟定薪酬预算、就薪酬管理问题与员工进行沟通，同时对薪酬系统本身的有效性作出评价而后不断予以完善。在人力资源管理活动中，绩效管理与薪酬管理互相联系、相互作用、相辅相成。绩效管理与薪酬管理都是调动员工工作积极性的重要因素。其中，绩效管理是人力资源管理过程中的难点，直接影响薪酬管理的效能，而薪酬管理是影响人力资源管理活动成败的关键因素，是员工最为关心的敏感环节。

一方面，绩效管理是薪酬管理的基础之一，建立科学的绩效管理体系是进行薪酬管理的首要条件。有效的管理有利于建立科学的薪酬结构，通过将绩效管理过程中产生的评价结果与员工薪资等级、可变薪资、奖金分配和福利计划等挂钩，能够确保薪酬管理过程的公平性、科学性和有效性，并可在一定程度上简化薪酬方案的设计过程，降低设计成本，提高薪酬方案的运行效率。另一方面，针对员工的绩效表现及时地给予他们不同的薪酬奖励，能够合理地引导其工作行为，确保组织目标与员工目标的一致性，同时提高员工的工作积极性，增强激励效果，促使员工工作绩效不断提升。因此，只有将薪酬管理与绩效管理的结果相联系，才能够使绩效管理真正发挥其应有的作用。鉴于薪酬管理和绩效管理的密切相关性，组织在进行薪酬管理和绩效管理时，应充分考虑两者之间的联系，避免相互冲突，以确保两者能够相辅相成，发挥协同作用。

（五）绩效管理与职业生涯管理

有效的绩效管理能够促进员工职业生涯的发展。随着绩效管理的不断深入，绩效管理正从传统意义上的监督考核机制向与战略管理紧密结合的激励机制转变，这不仅使得员工更加关注自身工作与组织发展之间的关系，注重将个人的职业生涯发展道路与组织的未来发展相结合，从而提高自身的工作绩效，而且也促使管理者在绩效管理的过程中注重发现员工个人发展的需要，帮助员工进行职业生涯规划，并将员工个人职业生涯发展规划与组织整体的人力资源规划联系起来，从而确保在推动员工职业生涯发展的同时促进组织绩效管理目标的实现。

职业生涯管理促使管理者和员工的角色在绩效管理过程中发生变化。管理者由过去的"监督者""消息传播者""领导者"变成了"帮助者""合作伙伴""辅导员"。同时，员工也不再是绩效管理过程中的"被监督者"和"被领导者"，而是变成了自己绩效的主人。职业生涯管理促使每个员工成为自己的绩效管理专家，清楚地了解如何为自己设定绩效目标，如何有效地实现自己的职业目标，以及如何在目标实现的过程中提高自我绩效管理的能力，从而使组织的绩效管理工作能够得到员工最大程度的理解和支持。

（六）绩效管理与劳动关系管理

劳动关系管理是以促进组织经营活动的正常开展为前提，以调整与缓和组织劳动关系的冲突为基础，以实现组织劳动关系的合作为目的的一系列组织性和综合性的措施和手段。就其管理职能而言，劳动关系管理一般包括基本业务管理、合作管理和冲突管理等三个方面。具体来说，员工合同管理、员工社会保障管理、安全生产和卫生管理、员工参与管理、集体谈判管理和集体冲突处理等都属于劳动关系管理的范畴。

人是生产力中最重要的因素，而劳动关系是生产关系中的重要组成部分，规范和维护和谐稳定的劳动关系是人力资源管理活动中的重要内容。劳动关系管理与员工的利益密切相关，是直接影响员工工作积极性和工作满意度的重要因素。通过劳动关系管理可以提升员工的组织认同感和忠诚度，提高员工的工作热情和投入程度，营造和谐共进的组织氛围，从而可以确保员工对绩效管理工作的支持和配合，促进员工个人绩效的改善和组织整体绩效目标的实现。绩效管理对于劳动关系管理也十分重要。科学有效的绩效管理可以加强管理者与员工之间的沟通和理解，有效地避免或缓和矛盾与冲突，促进双方意见的达成和统一，确保员工的合法利益得到保护，促使劳动关系更加和谐。

（七）绩效管理与员工流动管理

员工流动管理是指对组织员工的流入、内部流动和流出进行计划、组织、协调和控制的过程。员工流动管理可以确保组织员工的可获得性，从而满足组织现在和未来的人力资源需要和员工职业生涯发展需要。员工流动管理是强化绩效管理的一种有效形式。通过晋升、解雇等员工流动管理的方法可以激励员工不断地提高工作绩效，努力达成绩效考核目标，促进绩效管理工作顺利进行，同时，绩效管理的结果也会影响员工流动管理的相关决策。在绩效管理过程中发现员工无法胜任现有的工作时，绩效管理的结果便可能成为职位变动或解雇、退休的依据。当从绩效管理的结果中发现员工的长处时，也可以根据各个职位对人员的不同要求为其选择更适合的职位。另外，通过绩效管理的结果可以检验员工流动决策是否达到了预期的效果。

人力资源管理最直接的目标就是提高员工的工作绩效，而绩效管理的结果是对这一核心目标的直接体现。绩效管理的结果在很大程度上体现了各项人力资源管理职能是否取得了预期的效果，因而成为指导各项人力资源管理职能的"风向标"。绩效管理是否能够准确地衡量员工的真实绩效水平在很大程度上决定了其他人力资源管理职能是否能够充分发挥应有的作用。因此，人力资源管理的其他职能也对绩效管理提出了更高的要求，设计一套符合组织实际的、科学的、动态的绩效管理体系成为人力资源管理中的一项核心工作。

 案例 1-3　　华为：绩效管理的颠覆性方法论

瞬息万变的互联网时代，催生了互联网思维，颠覆了很多传统行业。但是，华为不仅没有被互联网思维颠覆，还一直保持着乌龟一样的慢跑精神，每年都能持续增长，并且超越了对手。华为成功的一个关键性秘诀就是：在慢跑中推进增量绩效管理。那么，华为在推进增量绩效管理上有着怎样的独特方法呢？

让一个企业实现员工人数下降50%，人均劳动力增长80%，而销售收入增长20%，办法其实很简单，核心就是"减人、增效、加薪"。企业一定要牢记这六个字。

1. 由工资倒推任务

很多企业作预算的时候，总是给下面的人安排任务，这等于"逼着"他去做。华为的做法则截然相反，就一个规定：首先给他一个工资包，再看他拿多少工资，按比例倒推他的任务。例如，给他500万元的任务包，他拿的工资是30万元，那么他必然为这30万元去想办法完成绩效。

企业最核心的管理问题是，一定要把公司的组织绩效和部门的费用、员工的收入联动。这样一来，最重要的是将核心员工的收入提高。而给核心员工加工资，可以倒逼他的能力增长。

企业要考虑员工怎么活下去，要考虑员工的生活质量不下降。员工有钱却没时间花，这是企业最幸福的事情。而企业最痛苦的是什么呢？低工资的人很多，但每个人都没事干，一群员工一天到晚有时间却没钱。所以在华为，强制规定必须给核心员工加工资，从而倒推他完成更多的任务。每年完成任务后，给前20名的员工加20%的工资，给中间20%的员工加10%的工资。每超额完成了10%，就增加10%比例的员工。此外，即使部门做得再差，也要涨工资，不过可以减人。

很多企业经常犯一个错误：部门绩效越差，就越不给员工涨工资。如果工资不涨，优秀员工肯定要走，剩下的就是比较差的。对于中小企业而言，不能像华为一样每个员工工资都很高，但你可以让核心员工的工资高。在这种情况下，核心产出职位的薪酬要增加成为必然。总之，要留住核心员工，给少数优秀的员工涨工资，来倒推你的任务，这就是增量绩效管理。

华为首先将毛利分成六个包——研发费用包、市场产品管理费用包、技术支持费用包、销售费用包、管理支撑费用包和公司战略投入费用包，然后找到这六个包的"包主"，让每个"包主"根据毛利来配比需要的员工数量。任何一个企业，人均毛利都是唯一的生存指标。人均毛利35万元，是一个企业最低的收入水平。若人均毛利为35万元，60%即21万元是人工成本，还有35%是业务费用，15%是净利润。目前，在北上广深一线城市，如果说企业里的员工一个月的薪资不到8 000元，就没法生活。华为之所以一定要实现人均毛利100万元的目标，是因为华为规定员工一年必须拿到28万元的固定工资。

这个问题对于中小企业同样适用，一定要注意将人均毛利提上去。人均毛利率的增长，决定着工资包的增长。如果中小企业的工资包上不去，一定会成为大企业的黄埔军校，企业的掌握优秀技能的人才就会被大企业挖走。

2. 减人，亦要增效

一个企业最好的状态是，让一个人干很多事，不养闲人。例如，四个人的活儿由两个人来干，他们能拿 3 倍的工资。这就涉及一个问题：减人增效。这是绩效管理的首要目标。华为人力资源部在制定招聘需求的时候，总要考虑三个问题：为什么要招这个人？他独特的贡献是什么？能不能通过给内部员工加薪的方式，由内部员工分担这个岗位的职责？这是什么逻辑呢？其实很简单：优秀的员工晚上都会加班。与其招一个月薪 3 000 元的员工，还不如给核心员工加 2 000 元的工资，让他来做。所以精减人员很有必要。

在华为，一个部门经理只能干三年，第一年的任务就是精减人员，将很多岗位合并。企业一定要记住这几条：管理岗位和职能岗位越合并越好，一个岗位的职能越多越好，产出岗位越细越好。产出岗位是什么？就是研发经理、市场经理、客户经理。对于产出岗位，最好不要让他"升官"，而是要"发财"，即对产出职位"去行政化"。也就是说，企业一定要提升产出职位的级别，让他们只干产出的事情，但是可以享受总裁级的待遇。

从这个角度上来说，企业管理的行政职位和产出职位要进行分离，要有明确分工，因为有了分工以后，才能更好地调整工资结构。而且对于产出职位的员工，一定不能亏待了。例如，对于前三名的优秀省办主任、产品经理、客户经理，要拿出 20%的收入对他们进行增量激励。

资料来源：华为：绩效管理的颠覆性方法论[EB/OL]．（2014-12-22）．http://www.hroot.com/contents/5/312048.html．

三、绩效管理的具体贡献

（一）绩效管理对员工的影响

1. 增强员工的自尊心，强化完成工作的动力

能够获得关于个人绩效的反馈有助于满足人的一个基本需要，即能够得到认可并且在工作中受到重视，而这反过来又会增强员工的自尊心。在能够得到关于本人的绩效反馈的情况下，一个人达成未来绩效的动力会得到强化。如果员工知道自己过去做得怎么样，同时他在过去取得的绩效得到认可，他就会有更大的动力去实现未来的绩效。

2. 强化员工的自我认知与自我开发，使员工更加胜任工作

在绩效管理过程中，可能会对被评价者的工作内容进行更加清晰的解释和定义。员工将有机会更好地理解自己从事的特定岗位对自身行为和工作结果提出了哪些方面的要求，以及怎样才能成为一名高绩效员工。绩效管理体系的参与者可能会更好地了解自己，同时也能够更好地理解哪些开发性活动对于自己在组织中的进步是有价值的。绩效管理体系的参与者还有可能更清楚地看到自己的特定优势和不足，通过制订开发计划为员工在未来取得更大的成功打下坚实的基础，从而更好地设计自己未来的职业发展路径。

3．最大限度地减少员工不端行为

如今员工不端行为越来越常见，已经受到了媒体的广泛关注。所谓员工不端行为，包括财务违规、炒单、滥用加班政策，为了保证业务顺利开展而向客户和潜在的客户赠送不适当的礼物，以及利用公司资源达到私人目的等行为。尽管有些人的确会由于人格及其他特质等个人因素而比其他人更多地表现出不端行为，但是如果企业有一套良好的绩效管理体系，就能够提供适当的环境将不端行为清晰地描述和标识出来，从而能够在造成不可挽回的恶劣后果之前就识别出这些不端行为。

4．强化员工的动机、承诺度和留在组织中的意愿

如果员工对企业的绩效管理体系非常满意，他们就更可能具有达到更高绩效水平的意愿，对公司有更高的承诺度，并且不会产生主动离开组织的动机。例如，员工对绩效管理体系满意，就能够感到组织对他们有很强的个人意义。在员工流动率方面，员工对绩效管理体系满意，就会打消找新工作的想法。一项由93名来自南非的大学教授参与的调查结果显示，实行良好的绩效管理体系有助于增强他们继续在现有的大学就职的意愿。

5．提高员工敬业度

一套良好的绩效管理体系能够有效地提高员工敬业度。那些敬业度很高的员工往往有较高的参与感和承诺度，充满激情并且感到自己获得了更多的授权。这些态度和感觉能够引发更富有创新性的行为，并且促使员工展现出更多的组织公民行为，积极进行对企业能产生支持作用的各项活动。由于员工敬业度是衡量组织绩效和成功与否的重要指标，所以员工敬业度的提高是绩效管理体系作出的重要贡献。

（二）绩效管理对组织的具体贡献

1．使管理者对下属有更深入的了解

员工的直接上级和负责对员工的绩效进行评价的其他管理人员，能够通过绩效管理过程对被评价者产生更新和更深入的了解。关于上级更加了解自己下属的重要性，我们可以从管理标准中心的观点中看出来。管理标准中心是一家由英国政府认可的、专门在管理技能和领导力领域制定标准的组织。该组织认为，能够与自己的同事建立起建设性的关系，是各级管理者应该具备的一项关键胜任能力。而对员工的绩效和个性特点进行更加深入的了解，必然有助于管理人员和下属之间建立起良好的关系。此外，管理人员还能够通过绩效管理过程更好地了解每一位员工对组织作出的贡献。对于各位直接上级以及那些曾经被免职的主管来说，理解这一点无疑是大有裨益的。

2. 使管理活动更加公平和适宜，使组织能更好地避免法律诉讼

绩效管理体系能够帮助一个组织有效地区分绩效好与绩效差的员工，同时，它还迫使管理者及时面对和处理各种绩效问题。绩效管理体系提供的关于绩效的有效信息可以作为绩效加薪、晋升、岗位调整以及解雇等管理活动的依据。一般来说，一套绩效管理体系还可以确保报酬的分配是建立在公平和可信的基础之上的。而建立在一套良好的绩效管理体系基础之上的各种管理决策，反过来又会促进组织内部人际关系的改善，并且增进上下级之间的相互信任。例如，一套良好的绩效管理体系能够帮助减少那些明显或不明显地根据年龄作出的不当决策。在美国、欧洲和其他一些国家的劳动力逐渐老龄化的情况下，这一点尤为重要。

通过绩效管理体系收集来的数据能够帮助组织更好地证明自己遵守了各项法律法规的要求（例如，不考虑员工的性别和族裔背景，对所有的员工一律平等对待）。如果企业中没有完善的绩效管理体系，企业就很可能会对员工作出武断的绩效评价，而这会增加企业被员工起诉的风险。

3. 使组织目标更加清晰

绩效管理体系能够使一个组织以及组织中的某个部门的目标变得更加清晰，从而使员工能够更好地理解他们的工作活动与组织的成功之间具有怎样的联系，而这显然有助于传达这样一种信息，即一个组织以及组织中的某个部门要实现的目标是什么，以及组织的这些目标是怎样被分解到组织的每个部门以及每位员工身上的。绩效管理体系有助于提高员工对这些大范围目标（组织层次的以及部门层次的目标）的接受程度。

4. 上级对员工绩效的看法能够更清晰地传递给员工

绩效管理体系使各级管理人员能够更好地与自己的下属进行沟通，告诉他们自己对他们的绩效作出的判断。因此，在与员工讨论自己对他们的绩效期望以及在向员工提供绩效反馈方面，各级管理人员承担着更大的责任。评价和监控他人绩效的能力被管理标准中心列为管理者应当具备的两大关键胜任能力。当管理者具备这些胜任能力之后，他们就可以向自己的下属提供一些有用的信息，帮助他们了解自己对其绩效的看法如何。

5. 使组织变革更加容易推动

绩效管理体系可以成为推动组织变革的一个有效工具。举个例子来说，我们假设一个组织决定改变其企业文化，从而将产品质量和客户服务放到最重要的位置。一旦这种新的组织导向确立下来，就可以运用绩效管理使组织文化与组织目标联系在一起，从而使组织变革成为可能。通过向员工提供必要的技能培训，并根据他们的绩效改进情况提供相应的报酬，会让员工既有能力又有动力去改善产品质量和顾客服务水平。这正是 IBM 公司在 20 世纪 80 年代所做的事情，当时它希望整个组织都来关注客户满意度：对每一位员工的绩效评价在某种程度上都是以客户满意度评价结果为基础的，无论员工从事的

是哪一类职能中的工作（如财务会计、编程、生产等）。对 IBM 公司以及其他的很多组织而言，绩效管理为员工主动实现转变提供了工具和动力，这反过来又推动了组织的变革。简言之，绩效管理体系很可能会带来组织文化的变化，因此，在实施绩效管理体系之前，应当对绩效管理可能引起的文化变革会带来的后果予以充分的考虑。正如彭宁顿绩效管理集团（Pennington Performance Group）总裁兰迪·彭宁顿（Randy Pennington）所言："事实上，文化变革是由绩效改变推动的。一个组织的文化是不能被植入的，它会受到组织实施和强化的多种政策、实践、技能以及程序的指导和影响。改变企业文化的唯一方法是改变员工每一天的工作方式。"

知识链接 1-2　　未来的绩效管理不仅仅是 HR 的事

作为组织人才管理的重要方式，未来绩效管理应如何"进化"，才能应对人才发展提出的挑战呢？如今，尽管几乎所有企业都拥有绩效管理制度，大部分企业也都能设定明确、可衡量的组织 KPI，并层层下放、联结至事业处、部门及个人。然而，2015 年 DDI 的调研结果指出，大部分企业的绩效管理并未发挥应有的效能。未来企业应做到以下五个转变，才能让绩效管理真正助力企业与个人的绩效提升。

1. 从 KPI 变为全面的绩效期待

KPI 的达成在现今的大多绩效管理中占了很大比重，但企业却忽略了一个最重要的因果关系："KPI 达成结果与否通常跟能力/行为有关"，如一个员工总是达不到时间效率类的 KPI，很可能与他"时间规划管理"的能力差有关。

达成绩效结果需要依靠"对"的知识/技巧/能力，所以，未来在制定绩效期待时，不能只制定针对结果的 KPI 期待，也需明确对能力的期待，更重要的是，明确对发展自我能力的期待。

在未来，一个好的绩效计划应该包括以下三部分。

☑　重要的目标（KPI）。
☑　需要展现的知识/技巧/能力。
☑　个人发展计划。

其实，好的绩效管理在制度设计层面也可以达到多重目的，包括协助管理公司重要的价值观/行为，发展员工的能力，为高潜人才选择提供重要的数据，作为培训需求分析的来源。

2. 从静态到动态

绩效管理的目的是协助员工达到所承诺的绩效。如今大部分主管只把绩效管理的重点放在"评估"上，但一年两次的评估不会提升绩效，通过不间断的反馈及辅导才能提升绩效，如今，具备这种反馈及辅导技巧的主管仅占 40%。

为了达到发展与提升绩效的目的，未来的绩效管理应从一年两次的绩效评估对话向一个动态的周期转变，具体包括以下几方面。

- ☑ 期初的沟通期待、取得承诺。
- ☑ 过程中不间断的反馈、复核及辅导支持。
- ☑ 期末的绩效复核，强调持续不断的进步及对未来的期待。

许多主管在期末复核的面谈中，会大略提到对下一年的期待，就把这当成已经谈过下一年目标了，所以，新的一年常常是草草开始。正如"一年之计在于春，一日之计在于晨"，若年初不将期待谈清楚，又何谈达到目标呢？因此，未来一个好的绩效发展周期应该把期初的沟通期待、期末的绩效复核分开进行。

此外，我们还要学会区分辅导对话与绩效复核。辅导是针对特定的挑战目标/任务/能力进行讨论，以达到该目标或提升某种能力，而绩效复核是针对所有 KPI、期待的能力、个人发展计划，进行进度/结果的检核，并从中找出需要保持以及需要调整的项目，以求在期末时完成大部分绩效期待。

3. 向共同责任演变

在将来，绩效发展不仅是 HR 的责任，更应向主管与员工的共同责任演变。在绩效发展周期的运行过程中，HR 扮演着提醒者及辅助者的角色——提醒、辅助相关人员执行在绩效周期中该负的责任，并达到应具备的能力。但若要绩效周期运行良好，达到发展绩效的目的，主要责任则在于主管及员工身上。绩效管理从 HR 的责任向共同责任演变，主管与员工需要做到以下三方面。

（1）期初：主管负责与员工沟通并取得其对绩效期待的承诺；员工需要了解主管的期待，并先行写好绩效计划。

（2）期中：员工负责追踪自己的绩效，请别人给予观察与反馈，并主动寻求主管的辅导及定期的绩效复核；主管应给予观察、反馈，提供必要的辅导支持，并定期进行绩效复核。

（3）期末：员工要先真实地衡量绩效计划中对于结果与行为的期待，找出自己做得好以及可改善之处。

这样，员工将会对自己的绩效更为当责，而不再视绩效管理为无谓的文书作业。

4. 提升各层主管绩效复核的"对话"能力

企业的绩效管理系统通常存在一个误区——关注系统程序多过于关注人。不论是 HR，还是主管与员工，都花费了大量的时间与金钱来定制绩效管理系统、填写各类表格。

我们调研了 93 个 HR 主管，询问"绩效/人才系统对于提升绩效管理程序的效率有多少影响"，只有 30%的主管回复"有帮助或很有帮助"。当问及"系统对于提升绩效管理的有效性有多大帮助"，仅 21%的主管回复"有帮助或很有帮助"。过于看重系统及程序表格，也降低了主管与员工对绩效的承诺感，他们只会认为这是无用的文书作业。

绩效系统不会协助 HR 主管了解问题、改善绩效，有主管与员工的对谈才能有效改善绩效。为了执行好动态的绩效发展周期，未来主管需要具备以下三种能力。

（1）辅导支持的能力。包含能分析、辨识绩效问题背后可能的能力问题，启发同仁思考解决方案。

（2）对能力/行为观察、反馈的能力。

（3）进行绩效复核的能力。能有效地回顾过去，展望未来，并能激励同仁持续追求进步。

员工就像一部性能良好的汽车，需要不断加油才能完成冲刺，达到最终目的地。而拥有了以上能力，主管就能给员工加油，协助员工冲刺、达标，并在过程中提升自身能力。

5. 区隔绩效管理&奖惩管理

即便是一年两次的绩效评估，侧重点也应放在"回顾过去，展望未来"。员工与主管的绩效对谈应找出为何成功、如何保持，为何失败、如何改善。但大部分企业在制度设计方面，仍然聚焦于"优良可劣差"的评估结果，甚至为了分配调薪或奖酬资源，对员工进行"强迫分配"，即只能有多少百分比得"优"，其他评估等级依此类推。

企业应将薪资调整及奖励与绩效评估结果进行合理的联结——绩效评估的数据只是主管进行奖酬决策的依据之一，而调薪/奖酬决策还应考虑以下四个因素，进而帮助所有伙伴培养良好的做事方式，以达到工作目标。

（1）相对于该员工的工作责任，其薪资水平在该职务薪资级距内的情况。假设以 5 分量表而言，某员工的整体绩效高达 4.5 分，属于高绩效员工。但因为他在这个职务的薪资级距内已属于高薪资，所以调薪幅度有限。除非你打算提拔他到另外一个岗位上，承担更高的责任。而你一旦这样做，该员工下一年度的工作目标要更高，才能调整其薪资与职级。

（2）该职务的不可替代性。有些职务所需的能力或专业知识很特殊，在市场上这样的人才很少。纵然该员工的整体表现（包含目标及行为）平平，但为了留住他，可能还是要采取例外的做法。

（3）奖励的目的。调薪看的是绩效总分，但奖励可能只看某一项目的达标率。例如公司今年强调的是成本控制，根据各部分的成本控制达标比率，可以发放不同比率的奖金。

（4）团体奖励与个人奖励的平衡。如果公司的奖励制度完全依据个人的绩效分数来定，那么，可能造成员工将个人利益置于组织目标之上。以 5 分量表而言，即使每个人都拿到 4～5 分的高分，但是公司的整体目标没有达到，这时就要权衡能否调薪、奖励。

对于企业而言，如能遵循上述绩效管理方法，企业将在各项商业指标（如营业额、客户满意度、客户留任率上的表现）方面，至少要比那些未能有效执行绩效管理的企业高出三倍。

资料来源：未来绩效管理不仅仅是 HR 的事[EB/OL]. （2016-06-03）. http://bbs.hroot.com/bbs/Detail164009_0.hr.

第三节　绩效管理的过程

绩效管理过程也可称为绩效管理动态循环，遵循 PDCA 循环，包括绩效计划、绩效实施、绩效考核、绩效反馈与结果运用四个环节，如图 1-2 所示。绩效管理的过程体系能保证绩效管理体系的有效运行。

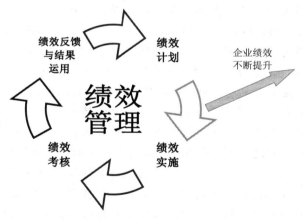

图 1-2　绩效管理的过程

一、绩效计划

绩效计划是指管理者和被管理者通过共同沟通，对被管理者的工作目标和标准达成一致意见，并形成契约的过程。在绩效管理过程中，绩效计划是绩效管理活动的前提和基础。绩效计划发生在新的绩效期间的开始。制订绩效计划的主要依据是工作目标和工作职责。在绩效计划阶段，管理者和被管理者之间需要在对被管理者绩效的期望问题上达成共识。在共识的基础上，被管理者对自己的工作目标作出承诺。

当管理者和被管理者经过共同沟通完成绩效计划时,应看到如下结果:员工的工作目标与公司的总体目标紧密相联,并且员工清楚地知道自己的工作目标与组织的整体目标之间的关系;员工的工作职责和描述已经按照现有的组织环境进行了修改,可以反映本绩效期内主要的工作内容;管理者和被管理者对被管理者的主要工作任务、各项工作任务的重要程度、完成任务的标准、被管理者在完成任务过程中享有的权限都已达成了共识;管理者和被管理者都十分清楚在完成工作目标的过程中可能遇到的困难和障碍,并且明确管理者所提供的支持和帮助;形成了一个经过双方协商讨论的文档,该文档中包括被管理者的工作目标、实现工作目标的主要工作结果、衡量工作结果的指标和标准、各项工作所占的权重,并且管理者和被管理者双方都在该文档上签字确认。

案例 1-4　　　　发现金融服务公司的绩效计划

发现(Discover)金融服务公司采取了一系列措施及步骤来确保绩效计划及员工发展能够符合组织的发展目标。发现金融服务公司是摩根士丹利公司下属的一个运营单位,主要负责经营发现卡(Discover® Card)系列品牌。这一品牌旗下包括多款银行卡,包括发现经典卡、发现黄金卡、发现白金卡、发现英里卡以及一系列慈善卡。除此之外,发现公司还提供包括发现定期存款、货币市场账户、汽车保险及家庭贷款业务在内的附加服务。该公司总部设在美国伊利诺伊州伍兹镇,拥有近1.4万名员工。发现公司的人力资源管理专家需要定期参与公司的业务会议,这样做的目的是了解什么样的知识、技能和能力可以满足一些特定业务部门的发展需要。发现公司同时还要求管理者参与统一的课程及网络学习,在学习的过程中,这些管理者要形成讨论小组来探讨他们都学到了什么,以及学到的这些东西如何帮助他们应对自己的独特工作任务的挑战。同时,在这个有关学习的战略中还包含其他几个步骤的内容:首先,管理者要在绩效计划阶段与员工开会讨论,就绩效计划阶段的标准达成一致;其次是制订行动方案;最后还要制订一项评价和打分标准来评判这一学习是否取得了成功。总之,发现金融服务公司采取了一系列绩效管理措施来确保员工开发活动成为公司的一项焦点内容,而且这些开发活动能与营造支持高绩效的工作环境这样一个使命保持高度相关。

资料来源:Whitney,K.(2005,August).Discover:It pays to develop leaders. Chief Learning Officer, 48.

二、绩效实施

制订了绩效计划之后,被考核者就需要开始按照计划开展工作了。在工作的过程中,管理者要对被考核者的工作进行指导和监督,对发现的问题及时予以解决。绩效计划并不是在制订了之后就一成不变了,管理者需要随着工作的开展根据实际情况不断对其进行调整。在整个绩效期间内,都需要管理者不断地对员工进行指导和反馈。

绩效实施的过程中,管理者需要做的事情主要有两项:一是持续的绩效沟通;二是对工作表现的记录。例如,华为集团公司的绩效辅导记录表用于记录直线经理和员工间进行的定期或不定期的绩效辅导,由直线经理进行记录、存档。绩效记录表包含工作进展回顾、工作行为反馈、下阶段的行动计划三部分内容。通过回顾工作进度,指明哪些方面的工作做得好,哪些方面需要进一步改善;在工作行为反馈中,直线经理通过真诚地嘉奖员工的积极行为、坦诚地沟通员工需要改进的行为,总结员工的看法,对员工提出改进要求并给出相应建议;在下阶段的行动计划中,记录了辅导双方达成的共识,主要包含下一阶段的主要工作事项、责任人、完成时间,以及直线经理承诺给予的资源支持。

企业在考虑整个绩效管理循环的时候,往往把比较多的注意力放在对绩效的考核上,力图做到客观、公正。但客观、公正的绩效考核不能凭感觉,而是依据在绩效实施和管理过程中收集和记录的信息。所以,在绩效实施与管理的过程中就一定要对被考核者的绩效表现作一些观察和记录,收集必要的信息。在绩效实施的过程中对员工的绩效信息进行记录和收集,是为了给后续的绩效考核储备充足的可供使用的信息,为改进绩效提供事实依据;同时也方便从中发现绩效问题和优秀绩效的原因,以便在争议仲裁中保护当事员工的利益。

总的来说,绩效实施强调的是员工在执行绩效的同时,管理者对其绩效进行辅导。所以从管理方的绩效管理工作而言,绩效实施必须得到员工的鼎力配合,才能有效开展。员工和管理者各自需要承担的责任如表 1-2 所示。

表 1-2　绩效实施中员工和管理者各自承担的主要责任

员　　工	管　理　者
对达成目标的承诺	对目标的修正
与上级的持续交流	有效的反馈与指导
收集并分享绩效信息	观察并记录绩效信息
持续性的绩效反馈	提供资源

知识链接 1-3　　想提升绩效?还不赶紧有效地给予员工反馈

经理人之所以觉得给予反馈非常困难,是由于三项主要原因:一是害怕反馈会使员工失去动力,而他们必须达成工作目标;二是担心反馈会破坏与员工之间的关系;三是担心反馈无法实现期望的结果。为帮助经理人消除这些恐惧,掌握取得成功所需的技能,现提出以下建议。

1. 给予反馈前,首先提醒员工不断发展和期望目标同时实现的重要性

这意味着经理人若想提高自己的反馈技巧,就必须先转变自己的思考方式,从而认识到面对不同的团队成员或员工下属,他们需要采取不同的领导形态,选择最恰当的语言;清楚他们自己的判断,并能与工作要求或该员工的自身利益区别开,始终努力提高彼此之间的信任度,融洽相互之间的工作关系。完成这些后,经理人就能够与员工分享棘手问题或所面临困难问题的反馈,因为他们之间已经建立了员工的意识、信任和对彼此关系的尊重。有效的反馈从设定反馈目标开始,先要明确期望的结果是什么。一般而言,有以下三种类型的反馈结果,需要搭配三种不同的反馈风格。

(1)信息反馈——这是关于员工意识和/或成长的信息。这类反馈并非必需,可根据员工的意愿来实施或不实施。经理人需要先获得员工的同意,才与他分享此类反馈,而且也没有特别要求的反馈目标。

(2)反馈包含一项请求——这类信息将有利于员工,但也并非强制。经理人给予反馈,并提出请求——但仅仅是建议,是可商量的。

(3)通过反馈提出要求和/或需求——这类信息是工作的一部分,必须立刻引起员工注意。

2. 给予反馈的指导

除了要明确期望哪种类型的反馈结果以外,经理人还要注意另外一些反馈重点。

(1)在给予反馈之前,先确认你和员工都清楚任务目标、工作标准、角色职责和期望结果,并达成一致。确认彼此间的关系是充满信任的。在反馈之前先获得员工的允许,或至少让你的下属有准备,如果你需要给予一些负面的反馈,可能让他难以接受。使用中性的语言和姿态,以避免批评和妄断。注意你的肢体语言和语气。如觉得很难用中性语言,就要多加练习。

(2)反馈要及时,要立刻反馈或尽可能早地反馈,但不要在情绪激动的现场进行反馈。如果你无法控制好自己的情绪,那么就等到自己能控制以后再去反馈。

(3)反馈要有意义。反馈重点在于将来怎么做,反馈不是讨论过去的一些事情,因为这些事情以后再也不会发生。如果对这些已经过去并且将来几乎不可能再发生的事件进行反馈,这样的反馈不但毫无意义,而且会破坏彼此的信任关系。

关注员工能掌控的行为。怪罪员工他们自己都无法掌控的事情,是不合理的。

(4)反馈要明确、详细。要告诉员工具体的行为和数据,而不是先下判断。反馈的现场不能有第三者旁观,也不要加进类似"其他人是怎样认为的"的信息。记住你是经理,重要的是你所想的。

(5)反馈要开放,准备迎接不同的结果。假如你只是希望反馈对员工有帮助,那么就不要期望感激或热情。假如是请求,那么希望你的反馈能被付诸行动,记住要注意对员工所做的努力给予鼓励和赞扬。假如这是个要求和/或需求,员工必须执行,那么准备好和他们一起工作,来保证完成目标。要与他们讨论进展(他们何时、怎样实施所要求的任务)、跟进(你和其他人将怎样了解他们是否按计划在实施)以及支持(你和其他人可以怎样帮助他们)。

3. 准备应对可能发生的失败结果

总之,有效地给予反馈从设定理想目标开始。给予反馈对任何一位经理人而言都是非常关键的工作职责。无须畏惧,通过练习,使用反馈形式会减轻不适感。记住,作为一名经理人,你有权利通过给予反馈建立与员工的彼此信任和尊重关系。同时,你必须非常清楚自己给予反馈的动机,以及你想通过反馈获得的结果。实际上,你在给予反馈时想得越周到,你所需的付出就越少。

资料来源:想提升绩效?还不赶紧有效地给予员工反馈[EB/OL].(2016-03-14). http://bbs.hroot.com/bbs/Detail163635_0.hr.

三、绩效考核

绩效考核是一个周期性检查与评估员工工作表现的管理过程,是指主管或相关人员对员工的工作作系统的评价。有效的绩效考核,不仅能确定每位员工对组织的贡献或不足,更可以在整体上对人力资源的管理提供决定性的评估资料,从而可以改善组织的反馈机能,提高员工的工作绩效,激励士气,也可作为公平合理地酬赏员工的依据。在绩效期结束的时候,依据预先制订好的计划,管理者要对下属的绩效目标完成情况进行考核。绩效考核的依据就是在绩效期间开始时双方达成一致意见的关键绩效指标,同时,在绩效实施与管理过程中,所收集到的能够说明被考核者绩效表现的数据和事实,可以作为判断被考核者是否达到关键绩效指标要求的依据。将绩效考核与日常工作结合起来,让企业所有工作都围绕着提高整体绩效展开,部门的工作为公司整体绩效的实现提供支撑和服务,个人的工作为公司的整体绩效的实现创造价值。同时,及时解决绩效目标实施中出现的问题,根据目标实施的情况及时进行监督和调整,保证目标顺利实现,从而使企业战略落到实处。

在绩效考核当中,员工及其上级管理者共同完成考核过程是非常重要的。管理者负责填写其对下属进行考核的表格,员工也应有自评。首先,当上下级都参与绩效考核过程时,有利于双方获得在绩效反馈阶段需要使用的那些有效的信息。对于管理者来说,可以正确使用根据绩效考核中获得的有效信息所作出的绩效反馈和考核结果。对于员工来说，则可以让员工清楚自己的绩效考核状况，降低员工在绩效反馈中的防御心理。其次，通过共同参与可以提高员工对绩效考核结果客观性和公平性的感知，使员工能够更好地接受组织的绩效管理体系，从而提高员工的绩效满意度。特别是当绩效考核结果作为参考，将来被用在提出建设性意见时，能够有效帮助员工改进绩效。最后，重视员工自己的评价，有助于使员工注意到他们对自己行为的看法与一些重要的其他人（如上级）对他们行为的看法之间存在的差异。正是这两种不同看法之间存在的偏差，恰恰最有可能帮助员工找到需要开发的领域，尤其是当上级对员工提供的绩效反馈比员工本人的自我评价更加负面的时候。

四、绩效反馈与结果运用

主管对员工的绩效情况进行考核后，必须与员工进行反馈面谈和沟通。通过绩效面谈，可以达到以下目的：一是使员工参与到绩效考核中，有效提高员工对绩效管理制度的满意度；二是通过直接领导发现员工的问题并帮助员工解决问题的过程，使员工清楚其直接领导对自己工作绩效的看法，以便在以后的工作中不断改进绩效、提高技能，挖掘自己的潜能，拓展新的发展空间；三是在双方对绩效考核的结果达成一致意见之后，双方可以关于如何改进绩效计划的方法和具体的计划进行充分的沟通，并在绩效反馈面谈的过程中一同制订绩效改进计划；四是使员工认识到自己的成就和优点，并得到其他人的承认和肯定，从而对员工起到积极的激励作用；五是双方协商下一个绩效周期的目标与绩效标准，在制定绩效目标的时候就可以参照上一个绩效周期中的结果和存在的待改进的问题，这样既能有的放矢地使员工的绩效得到改进，又可以使绩效管理活动连贯地进行。

绩效考核实施成功与否，关键的一点在于绩效考核的结果如何应用。很多绩效考核的实施未能成功，其主要原因是没有处理好绩效考核结果应用的问题。传统上，人们绩效考核最主要的目的是帮助作出一些薪酬方面的决策，如奖金的分配和工资的提高等。很显然，这种做法是片面的。因为对于一个企业、一个组织来说，它需要保留住那些能够取得好绩效的员工，并且不断地促使他们获得更好的绩效。薪酬对于保留员工来说仅仅是一种保健因素，这方面不足的话员工会产生不满意，而有了也不会让员工感到特别满意。而员工所看重的还有许多激励因素，如培训和自我提高的机会。绩效考核的目的也是改进和提高员工的绩效。因此绩效考核结果有多种用途：用于报酬的分配和调整；用于职位的变动；用于员工培训和个人发展计划；作为员工选拔和培训的依据等。

绩效考核是一把双刃剑，考核结果运用不当不仅不会起到鼓励先进、鞭策后进的作用，反而会打击绩效优秀员工的积极性。例如，某生产制造企业加工车间采用了较为成熟的内部考核分配办法，有具体考核指标的人员实行计件制，个人收入与劳动成果直接挂钩，即月完成工时越高、废品率越低，月工资收入就越高；随着考核工资比例的增大，相同工种人员由于技能技巧等方面的差异，年收入高水平者会是收入低水平者的两倍。而对于无考核指标人员，不论是技术部门还是职能科室，由于考核体系不完善，考核指标不具体，评价标准随机的多于固化的、衡量尺度弹性太大等原因，使考评结果的运用出现偏差，导致企业内部同类人员不同部门收入差距较大，同一部门同类人员干好干坏收入差距不大；加上信息传递不对称，因出现了偏差而造成误会。

知识链接 1-4　　　　绩效管理的系统思考

1. 制订绩效计划，首先要分解绩效指标

企业在设计绩效管理方案的时候，不能仅仅关注考核指标的制定，关注填表打分的简单动作，更要关注考核发挥作用的机理。既然我们进行绩效考核的根本目的是为了改善绩效，那么在设计绩效指标的时候就要关注它们对绩效考核的贡献，贡献是我们进行指标分解的核心关键词，我们所有的考核都要围绕贡献展开。因此，我们在制订绩效计划之前，首先要明确员工应该如何通过履行职位职责为企业作出贡献，明确企业的战略目标和年度计划。绩效考核指标的作用就是为战略目标和年度计划成功落地作出贡献。这就要求我们要从企业的战略目标出发来分解绩效指标。

另外，绩效指标的分解是逐级进行的，先有企业的指标，再有部门的指标，最后是岗位的指标。如果企业只考核直线管理者，不考核员工，那么直线管理者的指标就无法完成，压力就全部集中在直线管理者的身上，最终导致管理者被压垮，绩效考核流于形式。因此，我们在设计绩效考核的指标的时候，应逐级进行分解，从企业高层领导到中层管理者再到基层员工，都要承担一定的指标，最终形成指标支撑体系。

由于每个人都承担指标，因此知情权是每个员工都应该享受的权力，所以，绩效管理的方案设计里应体现出员工参与的特点，在制订考核指标和衡量标准的时候，管理者要和员工共同协商，制订出基于企业要求和员工认可的绩效考核指标。

这是绩效管理系统思考的第一个部分，制订考核指标，形成管理者和员工双方认可的业绩合同和绩效考核表，为绩效管理打下坚实的基础，包括物质层面的基础——业绩合同和绩效考核指标及精神层面的基础——员工参与，员工的意见受到重视。

2. 绩效辅导和实施

考核指标制订完成，管理者和员工双方签字，并不代表绩效管理工作的结束，也不是暂时的终止，而是进入一个更加重要的环节——绩效辅导与实施。因为考核指标不能被自动完成，完成考核指标也不仅仅是员工自己的责任，而关系到管理者和员工双方的共同利益，帮助员工完成绩效指标，为其提供资源和支持、清除障碍是管理者的职责所在，因此，在指标制订完成以后，绩效管理就进入了辅导实施阶段。

在辅导实施阶段，管理者要做的工作大概有以下几个方面。

（1）跟踪绩效指标的进展情况，随时翻阅当初制订的绩效指标，明确员工的指标完成情况是否如期初所料，正在按照正常的规划进行，如果没有，问题在哪里，应该采取什么措施干预一下，使之回到正确的轨道。

（2）员工在完成绩效指标的过程中，是否遇到了困难，是否需要提供帮助？当员工遇到了困难或需要帮助时，管理者应及时以支持者和帮助者的身份出现在员工的面前。

（3）绩效管理的根本原则是"没有意外"，即员工能够预测对自己的考核结果以及所应得到的奖励或惩罚，为了保证这个原则，管理者应在平时做好绩效记录，记录员工的表现，包括好的表现和不好的表现。记录员工的表现的作用在于为绩效考核、改善提供事实依据，更重要的是，它能为人事纠纷提供事实依据。《中华人民共和国劳动合同法》对解雇员工提出了很严格的要求，要想解雇一个员工，必须有足够的证据支持，才能在劳资纠纷中占据主动，而绩效记录则是提供证据的重要来源。

3. 绩效考核与反馈

制订了绩效指标，对员工进行了绩效辅导，下面就是我们管理者最熟悉的绩效考核环节了。作为系统的绩效管理体系，对绩效考核的要求也与以前的方式有很大不同。系统化的操作方式是"考核+反馈"，也就是说，衡量管理者绩效考核工作做得好与不好的标志，不是打分划等，而是绩效面谈，因此，管理者在给员工打完分之后，应与员工进行高效的绩效面谈。针对员工上一绩效周期内好的表现和不好的表现进行反馈，帮助员工正确认识自己的优势和不足，持续改进绩效。

4. 绩效诊断与提高

绩效管理系统的最后一个环节是诊断和提高，毕竟改善绩效才是绩效管理的最终目的，因此，管理者要做两个诊断工作：一个是针对员工绩效的诊断；另一个是针对绩效管理体系的诊断。通过对员工绩效的诊断，发现员工在知识、技能、经验方面的不足，并制订改进计划，帮助员工获得提升。另外，没有绝对完美的绩效管理体系，只有不断改进的绩效管理体系，因此，在每年年底，HR部门应组织各部门对现有的绩效管理体系进行诊断，从绩效指标、管理者的工作方式、绩效考核程序、奖惩措施的兑现程度等各个方面进行满意度调查，找出绩效管理体系中存在的不足，并加以改进。

资料来源：绩效管理是一种持续改善绩效的思想[EB/OL]．（2015-11-05）．http://bbs.hroot.com/bbs/Detail163428_0.hr.

第四节 绩效管理的职责分工

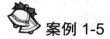 案例 1-5　　　　　　　　老 鼠 偷 油

三只老鼠一同去偷油喝。它们找到了一个油瓶,但是瓶口很高,够不着。三只老鼠商量一只踩着一只的肩膀,叠罗汉似地轮流上去喝。当最后一只老鼠刚刚爬上另外两只老鼠的肩膀上时,不知什么原因,油瓶倒了,惊动了人,三只老鼠逃跑了。回到老鼠窝,它们开会讨论为什么失败。

第一只老鼠说,"我没有喝到油,而且推倒了油瓶,是因为我觉得第二只老鼠抖了一下。"

第二只老鼠说,"我是抖了一下,是因为最底下的老鼠也抖了一下。"

第三只老鼠说,"没错,我好像听到有猫的声音,我才发抖的。"

于是三只老鼠哈哈一笑,那看来都不是我们的责任了。

绩效管理的目的是改善绩效,而不是分清责任,当绩效出现问题的时候,大家的着力点应该放在如何改善绩效而不是划清责任。遇到问题先界定责任后讨论改善策略是人们的惯性思维,当我们把精力放在如何有效划清责任上而不是如何改善绩效上,那么,最后的结果都是归错于外,作为企业员工谁都没有责任,最后客户被晾在了一边,当责任划分清楚了,客户的耐心也已经丧失殆尽了。于是,客户满意和客户忠诚也随之消失了,最后企业的财务目标的实现没有了来源,股东价值无从说起。

资料来源:三只老鼠偷油[EB/OL]. (2016-03-17). http://bbs.hroot.com/bbs/Detail163711_0.hr.

绩效管理作为企业的一个系统化管理工作,不只是单纯的工具和方法,它牵涉的工作面比较广泛,所涉及的人包括企业的全体员工,上至总经理下至普通员工。对各个涉及的人进行准确定位,明确其具体的职责,真正做到各司其职,各负其责,对于绩效管理的顺利实施和有效运行发挥着重要作用。为便于分析企业在绩效管理过程中的角色,我们可以将其分成高层管理人员、人力资源部、直线经理和员工这四个层次。

一、高层管理人员在绩效管理中的角色与职责分工

高层管理人员是绩效管理的决策者、支持者与推动者。

首先,高层管理人员是绩效管理重大政策的制定者,并直接负责将公司的绩效目标

分解到各部门。在成功地将绩效管理导入企业之后，对于绩效管理执行过程的督导工作也尤为重要。高层管理人员负责审批各部门负责人的绩效合约，并对员工的绩效申诉进行最终裁决。

其次，绩效管理作为企业战略目标得以有效落实的助推器，在没有被广泛认识和理解之前，只有在高层管理人员的大力支持和帮助下，人力资源部组织的宣传、动员、培训等一系列活动，才能让各直线经理们看到企业实施绩效管理的决心和信心，让员工正确认识绩效管理对企业和个人发展所起到的作用。

再次，绩效管理是一个复杂的系统，在实施时需要企业花费大量的人力、物力、财力，如果缺乏高层管理人员的大力支持和关注，人力资源部往往会被视为一个专为其他部门增加负担、添麻烦的部门，而各部门的直线经理对绩效管理工作也会应付了事，从而造成绩效管理工作的形式化、表面化。大量的管理实践经验表明，高层管理人员对绩效管理工作参与得越多，企业的绩效管理工作开展得就会越顺利，直线经理执行得也就越好。

二、人力资源部在绩效管理中的角色与职责分工

人力资源部是绩效管理的组织者与指导者。

（1）人力资源部要充分研究绩效管理理论，熟悉公司其他部门的工作内容和业务流程，改进公司的绩效管理体系，明确绩效管理流程，设计、提供绩效管理工具表格并组织各部门的绩效考核工作，收集各种考评信息、数据，汇总并统计绩效考核结果。

（2）提供绩效管理培训，组织直线经理和广大员工参加有关绩效管理的培训与研讨，将绩效管理的理念、技巧和方案传达给直线经理和员工，使他们认识和了解绩效管理，帮助他们掌握更多的技巧和方法，提高他们的绩效管理能力。

（3）与高层管理人员保持积极的沟通，在具体的实务操作上与其达成一致的理解并取得他们的支持与合作，同时，根据评估结果和公司的人事政策对绩效管理进行系统的诊断，定期向决策者提供人事决策依据和建议。

（4）建立与直线经理的合作伙伴关系，加强彼此的沟通与了解，让直线经理认识到绩效管理并不是人力资源部一个部门的事情，他们才是绩效管理的中坚力量。

（5）监督和协调绩效管理的执行过程，了解绩效管理工作的进展情况，并及时提供指导与帮助，受理和调查员工绩效投诉，并将调查结果提供给副总裁或总经理决策。

三、直线经理在绩效管理中的角色与职责分工

直线经理是绩效管理的执行者和反馈者。在绩效管理中，直线管理者是实施的主体，

起着桥梁的作用，向上对公司的绩效管理体系负责，向下对下属员工的绩效提高负责。只有直线管理者真正按自己的职责分工操作起来了，绩效管理才能按预想的方向前进，才能真正实现落地，得到有效实施。

首先，在绩效计划阶段，直线经理与下属制定并签署绩效合约，并进行持续的绩效沟通。如果是管理者单方面地布置任务，员工单纯接受要求，没有进行充分的双向沟通，绩效计划制订就变成了传统的管理活动，其可行性和客观性就得不到保障。直线经理有责任、有义务与员工就工作任务、绩效目标等前瞻性的问题提前进行沟通，在双方充分理解和认同公司远景规划与战略目标的基础上，对公司的年度经营目标进行分解，结合员工的职位说明书与工作特点，共同制定员工的年度绩效目标。

其次，在绩效实施过程中，直线经理承担辅导员和记录员的角色，对员工的工作进行指导与监督，与员工保持及时、真诚、具体、有针对性的绩效沟通，对发现的问题及时予以解决，帮助员工提高绩效能力，持续不断地辅导员工提升业绩水平。直线经理要多走出办公室，与员工保持接触，记录员工绩效表现的细节，建立员工绩效档案。一方面为员工提供适时的支持，另一方面也为以后的绩效考核工作提供事实依据，确保绩效考核有理有据、公平公正。与员工因绩效考核结果而发生分歧是许多管理者回避绩效结果、回避考核与反馈的一个重要原因。而绩效记录是具有说服力的真凭实据，例如，一个员工一年总共缺勤多少次？分别是在哪一天？是什么原因造成的？

再次，在绩效考核阶段，直线经理评估直接下属的绩效，向人力资源部提供本部门和员工的绩效考核结果，协调和解决其在评估中出现的问题。绩效考核是一段时间（月度、季度、半年、年度）绩效管理的一个总结，总结员工的绩效表现，包括员工表现好的方面和需要改进的地方，直线经理需要综合各个方面对员工的绩效表现作出评价。同时，绩效考核也是公司薪酬管理、培训发展等相关人事决策的一个重要依据。

最后，直线经理向直接下属提供绩效反馈，并指导其改进绩效，同时向人力资源部反馈直接下属对公司绩效管理体系的意见，根据绩效评估结果和公司人事政策作出职权范围内的人事建议或决策。绩效管理的根本目的在于改善员工的绩效，进而改善企业的绩效，因此，直线经理要就过去一个绩效周期的表现与员工进行绩效沟通，对员工的绩效表现进行诊断，帮助员工找出绩效表现中存在的不足，并为员工制订改进计划。

知识链接 1-5　明确绩效管理主体的核心角色扮演

管理工作的主体是人，绩效管理工作效果的好坏直接取决于绩效工作主体。我国的绩效管理始终处于一个较低的层面的一个很大的原因就是绩效管理实施的主体——直线管理者，没有很好地认识到自己在绩效管理中所扮演的角色，没有能够处理好管理与绩效管理的关系，导致了执行不力，使得绩效管理的体系、政策、方案、流程不能很好地落地，不能有效地落实。在绩效管理中，直线管理者才是实施的主体，他们起着桥梁的作用，上对公司的绩效管理体系负责，下对下属员工的绩效提高负责。如果直线管理者不能转变观念，不能很好地理解和执行，再好的绩效体系或政策都只能是水中花、镜中月，与"鸡肋"无异。所以，在实施绩效管理之前，首先要团结直线管理者这个主体，统一他们的思想，使之真正发挥绩效管理者的角色，承担自己应该承担的责任。只有直线管理者真正按自己的分工动起来了，绩效管理才能按预想的方向前进，才能真正实现落地，得到有效实施。

那么，绩效管理中，绩效管理实施的主体——直线管理者应当扮演好以下几个角色：合作伙伴、辅导员、记录员、公证员。

1. 当一个合作伙伴

管理者与员工的绩效合作伙伴的关系是绩效管理的一个创新，也是一个亮点，它将管理者与员工的关系统一到绩效上来。在绩效的问题上，管理者与员工的目标是一致的，管理者的工作通过员工完成，管理者的绩效则通过员工的绩效体现，所以，员工绩效的提高即是管理者绩效的提高，员工的进步即是管理者的进步。绩效使管理者与员工真正站到了同一条船上，风险共担，利益共享，共同进步，共同发展。鉴于这个前提，管理者就有责任、有义务与员工就工作任务、绩效目标等前瞻性的问题提前进行沟通，在双方充分理解和认同公司远景规划与战略目标的基础上，对公司的年度经营目标进行分解，结合员工的职务说明书与特点，共同制定员工的年度绩效目标。

在这里，帮助员工，与员工一起为其制定绩效目标已不再是一份额外的负担，也不是浪费时间，而是管理者自愿所为，因为管理者与员工是绩效合作伙伴，为员工制定绩效目标的同时就是管理者在为自己制定绩效目标，对员工负责，就是对自己负责。

通常，管理者与员工应就如下问题达成一致。

- ☑ 员工应该做什么工作？
- ☑ 工作应该做得多好？
- ☑ 为什么做这些工作？
- ☑ 什么时候应该完成这些工作？
- ☑ 为完成这些工作，要得到哪些支持？需要提高哪些知识、技能？应该得到什么样的培训？
- ☑ 自己能为员工提供什么样的支持与帮助，需要为员工扫清哪些障碍？

通过这些工作，管理者与员工达成一致目标，更加便于员工有的放矢地工作，也更加便于自己的管理。

2. 做好充当辅导员的工作

绩效目标制定以后，管理者要与员工及时、真诚地沟通，持续不断地辅导员工业绩的提升。业绩辅导的过程就是管理者管理的过程，在这个过程中，沟通至关重要。绩效目标往往会略高于员工的实际能力，员工需要跳一跳才能够得着，所以难免在实现的过程中遇到障碍和挫折。这个时候，管理者就要发挥自己的作用和影响力，与员工做好沟通，努力帮助员工排除障碍，不断辅导员工改进和提高业绩。如有必要，管理者还要帮助员工获得完成工作必需的知识和技能，使绩效目标朝着积极的方向发展。

在绩效管理的整个过程中，沟通需要持续不断地进行，贯穿始终。管理者作为业绩辅导员的角色也是贯穿于整个绩效目标达成的始终。

3. 做一个踏实的记录员

绩效管理的一个很重要的原则就是没有意外，即在年终考核时，管理者与员工不应该对一些问题的看法和判断出现意外，即管理者与员工对绩效考核结果的看法应该是一致的。争吵是令管理者比较头疼的一个问题，也是许多管理者逃避绩效、回避考核与反馈的一个重要原因。争吵出现的原因是缺乏有说服力的证据。为了避免出现争吵，使绩效管理变得更加自然和谐，管理者有必要花点时间，花点心思，认真当好记录员，记录下员工绩效表现的细节，形成绩效管理的文档，以作为年终考核的依据，确保绩效考核有理有据，公平公正，没有意外发生。

4. 以公证员的身份对待绩效工作

绩效管理的一个较为重要也是备受员工关注的环节就是绩效考核。绩效考核是一段时间绩效管理的一个总结：总结一个绩效管理期间员工的表现，好的方面，需要改进的地方，管理者需要综合各方面给员工的绩效作出评价。同时，绩效考核也是公司薪酬管理、培训发展的一个重要依据。所以，公平、公正显得至关重要。

绩效管理中的绩效考核已不再是暗箱操作，也不需要。管理者不仅仅是考官，更应该站在第三者的角度，作为公证员，公正员工的考核。

管理者之所以可以作为公证员来进行考核，主要是因为前面三个角色铺垫的结果。在前面工作的基础上，员工的考核已不需要管理者费心。可以说是员工自己决定了自己的考核结果。员工工作做得怎么样在绩效目标、平时的沟通、管理者的记录里都得到了很好的体现。是这些因素决定了员工的绩效考核评价的高低，而非管理者，管理者只需保证其公平和公正即可。

做公证员似乎是轻松的，但却是前面努力的结果，是一直的努力才使得管理者可以坦然面对本来很烦人的考核。这也是绩效管理者所追求的，让一切成为自然，让员工自己管理自己的绩效。其实，绩效管理并不像我们想象中的那么难，只要思想统一了，路子对头了，角色扮演好了，绩效管理就一定能出成效，而且会远远超出我们的想象。

资料来源：明确绩效管理主体的核心角色扮演[EB/OL]．（2003-06-06）．http://www.hroot.com/contents/5/129173.html．

四、员工在绩效管理中的角色与职责分工

员工是绩效管理的具体落实者。绩效管理的终极目标是提升员工的能力、激发员工的潜能。只有员工的绩效提高了，企业目标的实现才能成为可能。作为一名员工，在公司推行绩效管理时，首先要充分理解和认识绩效管理体系，与直接上级沟通，确定绩效计划，签署绩效合约；在完成绩效目标的过程中，记录自己的绩效表现，及时向管理者反馈绩效信息、积极寻求管理者的支持与帮助；在考核结束后，以良好的心态与直接上级进行绩效沟通，认真分析绩效表现，既要肯定自己的优势，也要积极面对绩效实施过程中的不足，在管理者的指导下拟订改进计划，使自己获得更好的提升。

表1-3所示为全员绩效管理下的角色扮演。

表1-3 全员绩效管理下的角色扮演

绩效管理主体	角 色 扮 演
高层管理人员	决策者、支持者、推动者
人力资源部	组织者、指导者
直线经理	执行者、反馈者
员工	落实者

案例1-6　　优秀绩效管理体制：让员工自我管理

韩特健企业是一家成立了五年的生产型企业，从最初的作坊式生产、十几个员工到现在的三百多位员工，经营中一直使用早期的管理方式，员工每季度涨一次工资，大锅饭的思想极其严重，员工恶意怠工、拖工现象颇多。由于生产与绩效无关，致使产品的返工率居高不下，并且内返的产品当事责任人根本不去理会，而是班组长自己处理；由于习惯了大锅饭性质，员工的学习能力很低，技术部人员在为员工讲解技术时，员工的心态就是糊弄了之，所以每个班组的技术提升满足不了市场的要求，导致到达市场的产品返工率竟然高达15%以上。客户也因此萎缩严重，企业的发展遇到了瓶颈。

经营者意识到如果不进行变革的话，企业的发展必然会遇到巨大的危机。为了重新

激发员工的工作激情,韩特健企业导入了新的绩效管理制度。这套制度通过对成本进行核算后,对一线员工采取计件工资制度,对高级技师、中级技工、普通技工采取加工量基数的要求,每件产品给予单件的计件费用;并要求员工的返工率不得超过3%,超出比例后计件工资降一半;并且规定如果组长协助员工处理产品的话,将从员工的计件工资里每件提取30%的费用转给组长,作为组长的代理佣金。

计件工资制度实行后,韩特健的生产线发生了翻天覆地的变化,产品返工率骤降到2.5%,员工争先恐后地要求生产加量,并且非常主动地向技术人员、班组长询问技术改进的问题,同时混日子的状况不再出现,组长真正实现了有效管理。

韩特健的企业情况是现在很多生产型企业都在面临的问题,人员数量在不断增加,但相对应的绩效设计却并不到位,这种情况下就会滋生很多的蹭、混现象,企业必须变换管理方式,促使员工从"被动执行"转变为"主动创造",让员工从为别人做事的思想转变成为自己做事的正确轨道上来。

资料来源:优秀绩效管理体制:让员工自我管理[EB/OL].(2015-11-04).http://bbs.hroot.com/bbs/Detail163391_0.hr.

 本章小结

绩效可以从管理学、经济学和社会学多个学科角度认识,本门课程主要是从管理学的角度进行学习。在实践中,企业从最初的只关注结果,到后来同时注重过程中的"行为",对绩效的认识不断全面化。特别是知识经济时代的到来,知识型员工的出现拓宽了绩效的概念,企业开始从"能力素质"角度关注员工的潜在绩效。最终,绩效的概念逐渐全面化,包含了现实绩效(结果和行为)与潜在绩效(能力素质)两大方面。

绩效具有多因性、多维性和动态性的特征。首先,绩效受多方面因素的影响,主要包括员工所具备的技能(Skill)、员工所受到的激励(Motivation)程度、员工所处的环境(Environment)以及组织或外部环境给予的机会(Opportunity)等。其次,绩效可以从多个维度进行测量,当前组织比较重视的是任务绩效,关注那些对组织贡献直接、容易定量分析的结果或部分行为。事实上,绩效还应该包括会潜移默化影响员工或组织绩效的其他人际促进和工作奉献行为,即周边绩效。随着全球竞争的加剧、团队工作的必要等现实原因,周边绩效也越来越凸显其重要性。最后,绩效是会不断变化的,当员工和组织没有进行良好的绩效管理时,员工的绩效会退化;当员工和组织配合实施良好的绩效管理时,绩效可以持续改进和提高。也正是因为绩效具有动态性的特征,才使得绩效管理工作具有必要性和可行性。

绩效管理不仅在人力资源管理中处于核心地位,它还是企业人事决策的重要依据,是现代人力资源管理的最有效途径。绩效管理与工作分析、人员招聘与选拔、培训开发、薪酬管理、职业生涯管理、劳动关系管理、员工流动管理等人力资源管理的具体职能都具有紧密的联系。从企业的实践来看,良好的绩效管理也确实为员工和组织带来了积极的影响和具体的贡献,使得我们必须提高对绩效管理的重视。

规范的绩效管理过程遵循了 PDCA 循环,包括绩效计划、绩效实施、绩效考核和绩效反馈与结果应用四个环节。其中,绩效计划需要员工与管理者双向沟通达成一份绩效契约,为后续的绩效管理工作制定绩效目标、绩效评价指标与标准等;绩效实施中仍然需要员工与管理者双向沟通,做好过程控制,重视绩效沟通与记录;绩效考核中应纳入员工自评,提高绩效管理体系的公正性;绩效反馈与结果应用应密切结合绩效考核的结果,多样化地进行。

现代绩效管理工作需要全员参与。其中,高层管理者是绩效管理的决策者、支持者和推动者;人力资源部是绩效管理的组织者与指导者;直线经理是绩效管理的执行者和反馈者;员工是绩效管理的具体落实者。

思考题

1. 如何从多学科角度认识绩效?
2. 如何理解企业实践中的绩效?
3. 绩效的决定性因素是什么?
4. 企业为什么越来越重视周边绩效?
5. 绩效管理在人力资源管理中的核心地位如何体现?
6. 绩效管理对员工和组织的积极影响有哪些?
7. 绩效管理的具体流程是什么?
8. 如何理解绩效管理中的职责分工?

案例 1-7　　　　　W 公司的绩效管理制度

W 公司是一家外贸公司,主要从事海外贸易。由于受国际竞争形势的影响,公司董事长为了提高员工的工作效率,决定在公司内部引入绩效管理制度来代替多年的单纯职级工资制度。听到这个消息,全厂员工无不欢欣鼓舞,尤其对于那些基层员工来说更是大快人心。当月公司的生产效率就有了比较明显的提高。按照以前的制度,员工在公司所处职级直接决定其薪水,基层员工处于公司中比较低的层级,这自然会影响到他们每月的薪水。但如果实行绩效管理体制，薪水除了与职级挂钩外，也与其工作绩效紧密相连，这是基层员工更愿意看到的结果。人力资源部门在董事长的授权下，开始紧锣密鼓地制定绩效管理制度。经过人力资源部门全体成员 6 个月的艰苦奋战，绩效管理制度终于在众人的期盼中被制定出来。新制度规定，为了对员工进行有效激励，提高工作效率，公司将每半年实施一次绩效考评，普通员工与主管及以上人员分开进行评估。考评成绩与奖金相关联，绩效考评最优秀的普通员工可以获取其考评前 6 个月平均工资 3 倍的奖金，绩效考评最优秀的主管及以上人员可获得其平均工资 2 倍的奖金。董事长由于迫切想知道新制度的实施效果，要求人力资源部门依据新制度对全厂员工过去 6 个月的工作绩效进行评估，并依据评估结果发放奖金。然而，事与愿违，随着新制度逐渐被人们认识，人力资源部门面临的压力也越来越大，首先是有相当一部分普通员工抵制对其进行绩效考评，接着出现新来的销售人员（公司销售队伍一直都很不稳定）离职的现象，主管人员也有了不满情绪。总之，由于实施新制度，公司内出现了怨声载道的局面。最后，董事长亲自出面干预，他不断地与员工进行沟通并对员工许诺，才稳住了这壶"沸腾的开水"，董事长责令人力资源部门停止实施新制度，并要求大手笔地对其进行修改和完善。这次所谓的改革弄得人力资源部门不知所措，后来人力资源组长无奈地说："我们得罪谁了，没有功劳也有苦劳啊？"

资料来源：谢伟宁. 企业管理：知识与技能训练[M]. 北京：清华大学出版社，2009.

思考与讨论：

1. 为什么公司会陷入这种困境？
2. 在该企业中，人力资源管理部门、领导层、部门负责人、员工在企业绩效管理中应分别担任什么角色？

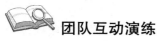
团队互动演练

研究型学习小组以下面所提供的背景材料为基础，结合本章所学谈谈应该从哪些方面评估车间主任的绩效，并做好绩效管理的职责分工。

教学目的

- ☑ 加强学生对绩效在实践中的认识。
- ☑ 提高学生提取绩效评价要素的能力。
- ☑ 强化学生对全员绩效管理的理解。

教学平台
- ☑ 计算机中心实验室，每位学生配备一台计算机，允许网络连接。
- ☑ 标准化教室，供学生讨论和陈述。
- ☑ 指导教师提供实训的基本思路。

教学步骤

第一阶段：阅读背景材料

车间主任直属生产部经理领导，接受生产指令，按照品管部配方生产，指挥所属员工正确使用设备，生产出合格的成品。具体职责如下。

1. 每日主持召开班前会，按照生产部下达的生产计划，合理安排、配置生产人员，严密组织，保证生产计划的有效实施，满足销售需要。

2. 严格按照各项规章制度和作业规程要求部下，并带头遵照执行。

3. 加强与部下沟通，及时将部下的思想工作状况报告经理，并协助经理解除部下的后顾之忧，及时将部下的合理化建议报告生产部经理。

4. 按照现场管理要求，做好生产现场安全、操作、质量、卫生、管理等的监督、检查，及时、灵活、有效地纠正、处理生产中出现的各种问题，减少停机时间，保证产品质量，做到不合格产品不出车间。

5. 掌握生产工艺流程和所有设备的性能，指导生产员工合理使用设备。

6. 努力钻研生产技术，提高自身素质，利用各种机会对生产员工进行培训和交流，强化员工的效率和节约意识，提高工作技能和生产效率，确保生产部分解到车间的各项指标得以完成。

7. 每天核定车间各项消耗情况，根据有关规定将消耗和岗位计件工资挂钩考核，并将考核结果报告给生产部经理，在当月工资计算中兑现。

8. 配合生产部经理，定期对生产员工进行理论和操作技能考核，根据考核结果按有关方案核定岗位工资，并将考核结果报生产部经理，在当月工资计算中兑现。

9. 审核本车间每天出库的原料种类及数量并签字，审核生产记录并签字。

10. 定期组织车间班组长、锅炉工、机修工、电工对生产现场锅炉房、机修车间、配电室进行安全检查；对安全隐患及时组织整改，并做好相关记录。

11. 有权调整本车间员工工作岗位；有权制定车间管理制度并报生产部经理批准后实施；有权向生产部经理建议调整、任免生产班组长；有权对本车间员工处以30元以下罚款或停工一天的处罚（罚款一律交财务部），事后要报告生产部经理并在生产部备案。

12. 向公司领导和生产部经理提出工作改进建议。

13. 完成上级交给的其他任务。

第二阶段：小组成员在阅读上述材料的基础上充分讨论，提取反映车间主任绩效方面的要素。

第三阶段：将所提取的绩效评价要素进行分类，包括行为类、结果类和能力类，形成一份绩效评价要素汇总表。

第四阶段：对车间主任的绩效管理主体进行职责分工，并形成一份绩效管理的职责分工表。

第五阶段：指导老师根据小组分工和讨论情况、提取绩效评价要素及其归类的准确性与全面性、绩效管理职责分工的合理性、所提交汇总材料的规范性等方面进行评分。

团队成员

研究型学习小组在组长指导下合理分工，各负其责，按规定时间完成任务。

研究成果

- ☑ 一份绩效评价要素汇总表。
- ☑ 一份绩效管理的职责分工表。

第二章 绩效计划

 学习目标

- ☑ 了解战略规划的实施步骤和工作分析的具体内容;
- ☑ 熟悉绩效计划前期的具体准备工作;
- ☑ 学会设计一次绩效计划的沟通;
- ☑ 掌握绩效契约形成及其内容;
- ☑ 把握绩效目标制定的原则及其注意事项。

知识链接 2-1　　　　绩效管理的基础

绩效管理并不是孤立的,它与企业的管理基础、组织结构、人员素质和企业文化存在密切的联系。因此,在决定实施绩效管理之前,首先要建立起相应的配套体系,只有这样才能保证绩效管理是建立在牢固的基础之上的。相应的配套体系有以下几项。

(1)发展战略清晰。绩效管理的目的是实现公司的战略目标,离开这一导向,绩效管理就失去了它的根本意义。如果企业的战略目标不清晰,绩效管理活动就会迷失方向。对那些战略不清晰的企业来说,开展绩效管理,也许是一种悲哀,因为没有人知道前进的方向是否正确,没有人知道自己的目标是否能够达成,也没有人知道自己的努力是在加速成功还是在加速失败,更没有人知道企业的明天会怎样。

(2)岗位职责明确。绩效考核是对工作任务的考核,没有明确岗位职责,员工就没有明确的工作内容,绩效考核也就没有明确的客体,更不能设计出具体的考核指标。职责明确绝对不是在部门职责上简单列举几条笼统的职能分配,而是要对企业运作上的所有事项找到真正的责任人,尤其是一些跨部门的业务流程。同时对每一个岗位的定位也要非常准确,对岗位的考核一定要与责权利对等,给他什么样的定位就进行什么样的考核。界定职责最有效的方法是按照业务流程的顺序把流程上的每一个节点的责任界定清楚,并指定流程的责任人,这种方法能有效地把一些职责上的盲区,尤其是跨部门的职责界定清楚。

（3）激励机制健全。绩效管理成功与否，在很大程度上取决于如何应用绩效考核结果。只有将绩效考核与晋升、提薪、奖励、培训等挂钩，才能充分调动员工的积极性，才能使公司的整体绩效得以提升。如果对评价结果好的员工没有相应的奖励，对评价结果不好的员工没有处罚措施，员工干好干坏一个样，就会使绩效考核变成了搞形式、走过场，挫伤了员工的积极性，也破坏了绩效管理的权威性，绩效考核不会受到员工的重视，提升绩效的目的也很难实现。

（4）沟通渠道畅通。绩效沟通是绩效管理的灵魂和核心。通过绩效沟通，员工可以清楚地知道公司希望他做什么，什么事可以自己说了算，工作要干到什么份儿上，什么时候需要上级出面。它不仅将有助于及时了解企业内外部管理上存在的问题，并采取相应的措施，防患于未然，降低企业的管理风险，同时也有助于帮助员工优化后一阶段的工作绩效，推动企业整体战略目标的达成。因此，如果企业的沟通渠道不畅通，那么企业的绩效管理就无从推行下去。

（5）信息系统完备。绩效管理过程常常会出现的一个问题是，往往确立了一个不错的业绩指标，却没有能力提供相应的数据来反映指标的情况，最终不得不放弃。于是，一套科学合理的关键业绩指标往往因无法统计分析而变得不实用，而所谓实用的业绩指标往往既不关键，又不科学。因此，企业在决定进行绩效管理之前，必须建立起相应的信息系统，以及时、准确地收集相关的绩效信息和数据。

资料来源：绩效管理的基础[EB/OL]．（2012-02-20）．http://www.hroot.com/contents/67/262712.html.

凡事预则立，不预则废。绩效计划作为绩效管理的首要环节，为绩效实施提供了两大主要的方向：绩效目标和绩效标准。简单来说，绩效计划的形成就是管理者与员工通过双向沟通形成绩效目标和绩效标准的过程。而员工个人的绩效目标来源于对组织目标的分解，组织目标是基于组织战略提出的；员工的绩效标准则来源于个体的岗位职责，通过职位分析来实现。因此，在绩效计划中首要的工作就是进行组织战略规划和职位分析，为绩效计划的完成提供基础准备。在战略规划和职位分析的基础上，管理方和员工各自准备绩效计划前的相关信息，从而推动绩效计划的顺利沟通。

第一节　绩效计划的准备

一、战略规划

在制定战略规划时，需要仔细分析一个组织当前所处的竞争环境、目前所处的位置以及未来想要达到的位置，制定组织的战略目标，设计行动计划和实施方案，确定最有可能帮助组织达成战略目标的各种资源（包括人力资源、组织资源和物质资源等）的分配方案。

（一）环境分析

所谓环境分析，是指为了理解在组织所处的特定行业中的很多大问题而对外部和内部变量进行的分析，其目的是使组织能够在一个较为广阔的背景下进行决策。

对组织外部环境（External Environment）的考察包括对组织面临的各种机会和威胁的思考。机会是指可以帮助组织取得成功的一些外部环境特征，可能是那些当前还没有人去提供服务的市场，也可能是尚未被开发和利用的劳动力，还有可能是新的科技进步。而威胁则是阻止组织取得成功的外部环境特征，既包括经济衰退，也包括竞争对手有了创新产品等。

以下是一些组织在进行任何环境分析时都要考虑但尚未穷尽的外部环境因素。

（1）经济。例如，近期是否会出现经济衰退？或者，目前的经济衰退有可能在不久的将来结束吗？这些经济趋势将会对我们的业务产生何种影响？

（2）政治（法律）。例如，国内的政治变革或者我们准备进入的国际市场上出现政治变革，将会对我们的进入战略产生怎样的影响？

（3）社会。例如，劳动力队伍的老龄化将会对我们的组织产生何种影响？

（4）技术。例如，在我们的行业中将会出现哪些新的技术？或者说，这些新技术将会怎样影响我们的经营方式？

（5）竞争对手。例如，我们的竞争对手的战略和产品将会如何影响我们的战略和产品？我们能够预料到竞争对手的下一步动作吗？

（6）客户。例如，我们的客户现在想要什么？在未来的五年中他们想要什么？我们能预测到这些需求吗？

（7）供应商。例如，我们现在和供应商的关系如何？在未来的一段时间内，这种关系会发生变化吗？如果发生的话，变化将会以何种方式发生？

对组织的内部环境（Internal Environment）所做的分析主要包括思考组织的优势和劣势。优势是组织可以用来增强其竞争优势的那些内部特征，例如，组织的资产和员工的关键技能是什么？劣势是那些可能阻碍组织成功的内部特征，它可能是无法使组织内的各个部门变成一个整体的一套过时的组织结构，也可能是组织、部门和个人三个层次的目标不一致等。

以下是一些组织在进行任何环境分析时都需要考虑但尚未穷尽的内部环境。

（1）组织结构。例如，目前的组织结构是否有利于实现快速、有效的沟通？

（2）组织文化。组织文化是指那些被组织成员认可但是却不成文的规范和价值观。例如，目前的组织文化是鼓励创新还是阻碍创新？是鼓励中层管理人员的创新行为，还是会对之形成阻碍？

（3）政治。例如，组织的各部门对资源的竞争是否在事实上已经导致任何跨部门的合作都无法实现？或者说，各部门对于跨部门的合作项目是否抱有一种开放、合作的心态？

（4）流程。例如，供应链的运行状况是否良好？当客户需要我们的时候，他们能否找到我们？在找到我们之后，他们能否得到令其满意的答复？

（5）规模。例如，组织的规模是太小还是太大？成长的速度是不是太快了？我们能否有效地管理组织的成长（或收缩）？

一旦对组织的内部和外部发展趋势进行了考察，关于一个组织的机会、威胁、优势和劣势方面的信息就被收集上来了。这些信息可以帮助组织进行差距分析，即将组织的外部环境和内部环境进行对比分析。将外部环境中的机会和威胁与内部环境中的优势和劣势这四个因素加以配对组合之后就会出现下面四种情形（按照从竞争力最强到竞争力最弱的顺序加以排列）。

情形一：机会+优势=强势。一个组织的内部因素和外部因素之间的最佳结合是在外部环境中存在机会，同时在组织内部存在能够抓住这种机会的优势。这显然是一个组织应当努力追求的方向。IBM 是世界上最大的信息技术公司，同时也是世界上最大的商业服务和技术服务供应商（年营业收入达到 360 亿美元）。在过去几年里，IBM 公司认识到，以个人电脑作为主要驱动力的客户服务器处理模式已经不再适用，取而代之的将会是以网络为基础的处理模式。这种情况就导致业务重点将会转移到服务器、数据库以及交易管理软件方面。此外，IBM 公司还认识到，与网络连接使用的设备包括个人数字助理（PDA）、移动电话以及视频游戏系统等，将会面临需求的急剧增加。为了充分利用这个外部机会，IBM 公司现在将其资源集中在了支持网络系统、为网络接入设备开发软件以及制造专业化的网络设备部件等三个方面。IBM 公司还改进了服务器技术，并修补了存储系统。IBM 还通过内部开发和外部收购两条途径构建了自己的软件开发能力。总之，通过辨别能够与外部机会相匹配的内部优势，IBM 公司已经找到了对自己有利的竞争要素，而这些反过来又帮助 IBM 公司确立了成功的商业模式。

情形二：机会+劣势=约束。在存在约束的情况下，外部机会是存在的。然而，组织的内部状况却使得它无法抓住这些外部机会。例如，如果 IBM 公司不具有为网络接入设备开发软件以及制造专业化的网络设备部件的能力，这种情形就有可能会发生在 IBM 公司身上。即使在存在外部机会的情况下，一个组织如果缺乏相关能力，它仍然无法将这些外部机会转化成有利的商业前景。

情形三：威胁+优势=弱势。在这种情形下，尽管组织面临外部威胁，但组织内部具有的优势却可以遏制这种威胁。如果这种情形出现在 IBM 公司，那么它虽然不能抓住新的机会，但已有的优势却仍然能够使其继续在其他领域开展自己的经营活动。

情形四：威胁+劣势=困境。这是一个组织面临的最糟糕的情境，既面临外部威胁，同时又具有内部劣势。例如，20 世纪 80 年代，IBM 公司拒绝去适应新兴的微型计算机（也就是今天的个人电脑）市场的需求。IBM 公司不具备满足客户对个人电脑需求的内部能力，相反，它继续增强自己在大型机方面的内部优势。IBM 公司在 20 世纪 90 年代初之所以业绩糟糕，一个直接的原因就是它的内部劣势（缺乏将业务重心从大型机向个人电脑领域转移的能力）遭遇到了外部威胁（市场对个人电脑的需求）。

（二）使命

一旦环境分析完成了，差距分析也揭示出了组织的强势、约束、弱势和困境，组织成员就需要确定他们自己是谁以及他们要做什么。然后，这些信息要被整合到组织的使命陈述中去。组织的使命陈述概括了一个组织存在的最重要的理由。使命陈述提供了一个组织存在的目的及其活动范围等方面的信息。好的使命陈述能够很好地回答下面这些问题。

- ☑ 组织为什么存在？
- ☑ 组织的活动范围是什么？
- ☑ 组织要为哪些客户提供服务？
- ☑ 组织要提供哪些产品和服务？

下面让我们来看一看可口可乐公司的使命陈述。

- ☑ 我们做的所有事情都源于我们的持续性使命激励。
- ☑ 让全球各地的人们在身体、思想、精神上感到怡神畅快。
- ☑ 通过我们的品牌与行动激励人们积极乐观向上。
- ☑ 在我们涉及的一切领域中创造价值、追求卓越。

可口可乐公司的各部门如果要在公司使命的指引下制定本部门的使命，还需要得到更多更具体和更详细的信息。如果想将组织及其各部门的使命陈述运用到个人职位描述的编制过程中，并且据此管理个人和团队的绩效，也需要更为详细的信息。总的来说，一份完整的使命陈述应当包括以下几个方面的内容。

- ☑ 组织准备提供的基本产品和服务是什么？（组织是做什么的）
- ☑ 组织所要服务的主要市场或客户群体是谁？（组织要为谁服务）
- ☑ 组织所要提供的产品或服务具有哪些独特的好处或优势？（组织能够带来哪些

好处）
- ☑ 组织准备运用何种技术来生产产品或提供服务？
- ☑ 通过谋求增长和盈利获得生存的基本关注点是什么？

一个组织的使命陈述往往还会包含组织的价值观和理念等方面的信息，具体如下：
- ☑ 组织的管理哲学。
- ☑ 组织力求塑造的公众形象。
- ☑ 员工和股东所接受的企业自身形象。

（三）愿景

一个组织的愿景是关于其未来发展愿望的一种陈述。换句话说，愿景陈述是对一个组织希望在未来（大约10年的时间里）成为的那种组织所作的一种描述。显然，愿景陈述通常是在组织使命陈述完成之后才确定下来的，因为只有当一个组织明确了自己到底是谁以及自己存在的目的是什么时，才能清楚自己在未来将会成为什么样子。然而，需要注意的是，很多组织的使命陈述和愿景陈述常常是混在一起的，因此，在许多情况下，两者很难区分。在这种情况下，愿景陈述常常包括两个组成部分：一是核心理念，它常常被视为使命；二是预想当中的未来，它常常被视为愿景。核心理念包括一个组织的核心目标和核心价值观，而预想当中的未来则具体说明组织的长期目标以及组织期望成为的那种组织的总体蓝图。

（1）简洁。一个组织的愿景陈述应当简洁明快，从而使员工能够记住它。

（2）可证实。一份好的愿景陈述应当能够经受住现实的考验。例如，我们如何才能证明格瑞夫公司是否变成了"本行业中最理想的工作场所之一，致力于创建一个能够使每位员工都变得更加卓越的工作氛围"呢？

（3）有时限。一份好的愿景陈述应当界定组织实现各种愿望的具体时间。

（4）不断更新。过时的愿景陈述是没有用的。愿景陈述必须持续更新，最好是在旧的愿景实现之后立即提出新的愿景。

（5）聚焦。一份好的愿景陈述并不是对各种愿望的一个简单罗列，而是要聚焦于对组织未来的成功至关重要的组织绩效中的几个（3～4个）方面。

（6）可理解。愿景陈述应当以一种清晰的、直截了当的方式表达出来，以便所有的员工都能理解它。

（7）鼓舞人心。良好的愿景陈述应当能够使员工对组织的未来充满信心，同时激励他们帮助组织实现愿景。

（8）延展性。20世纪80年代微软公司首席执行官比尔·盖茨在刚开始开发MS-DOS操作系统时描绘的公司愿景陈述是在每个家庭和每张桌子上都放上一台电脑。这份愿景陈述无疑是非常具有延展性的，因为在当时，大型计算机仍然占据绝对统治地位，而第一台微型计算机（即现在的个人电脑）才刚刚被生产和销售出去，因此，微软的这种愿景在当时被认为是荒谬可笑的。但这个愿景现在已经变成了现实。所以微软公司现在提出了新的愿景：将电脑装进每辆轿车和每个口袋里。

总而言之，愿景陈述是对组织未来各种期望的一种描述。使命陈述更强调现在，愿景陈述则更强调未来。

（四）目标

组织在分析了面临的外部机会和威胁以及内部优势和劣势，并且描述了使命和愿景之后，就可以切实制定有助于履行其使命的目标了。设定这些目标的目的在于将组织在中长期中（即在最近三年左右的时间里）的期望以书面形式正式表达出来。这些目标为履行组织的使命提供了更加具体的信息。目标还可以成为动力的源泉，能够为员工提供更加具体的努力方向。同时，通过牢记预期准备达成的结果，目标还能为决策提供一个良好的基础。最后，目标还为绩效衡量提供了一个良好的基础，因为它使组织可以将每个单位、小组以及个人应该达到的结果与它们实际达到的结果进行比较。

（五）战略

战略是对达成既定目标的策略性计划或实现程序所作的一种描述。战略能够解决成长、生存、转向、稳定、创新以及领导力等方面的问题。在制定和实施战略的过程中，人力资源管理部门起着非常关键的作用，它能够使一个组织深刻意识到其使命和愿景。具体而言，人力资源管理部门能够作出如下贡献。

（1）传递战略规划方面的知识。人力资源管理部门可以成为一个向所有员工传递组织战略规划的各部分内容（例如，使命、愿景和目标）的良好渠道。

（2）勾画出执行战略所需的各种知识、技能和能力。通过进行职位分析并得出职位描述，人力资源管理部门可以由此成为成功执行战略规划所需要的各种知识、技能和能力的一个知识库。因此，人力资源管理部门在提供一些信息方面——如目前的员工队伍是否具备能够支持战略规划实施的相关知识、技能和能力等——处于一种非常独特的位置。如果发现员工不具备这种支持能力，人力资源管理部门还需要就下列问题提出自己的建议：组织应当雇用哪些类型的员工，同时组织应当制订哪些类型的开发计划，以通过内部开发的方式获得所需的这些知识、技能和能力。

（3）提出报酬体系方面的建议。人力资源管理部门能够提供报酬体系类型等方面的信息，从而激励员工支持组织战略规划的实施。

一个好的战略表述需要包含以下三项基本要素。

（1）目标（Objective）：战略要达到的最终结果。"目标"部分的陈述与先前讨论的愿景类似，既要求尽量对目标进行量化，如盈利能力、规模、市场份额、排名或股东回报等，也要求设定具体的时间期限，如3~5年实现。

（2）优势（Advantage）：组织达到目标所使用的方法。"优势"表示企业将采取何种差异化、更好的或独特的竞争手段，描述了企业如何吸引客户的价值主张。价值主张应该包含那些企业想要区别于或优于竞争对手的购物体验或关系。它可以用传统的战略术语表述，如低成本或产品、服务、客户关系等方面的差异化。

（3）范围（Scope）：组织想要经营的领域及市场。"范围"界定了企业想要竞争或赢取的细分市场。范围可以是细分的目标客户、产品线的宽度、采用的技术、服务的地区及纵向一体化的程度。

美国西南航空公司的 OAS 战略表述框架如表 2-1 所示。毫无疑问，西南航空公司的目标是成为最盈利的航空公司。时间限制省略了，因为该公司目前在美国航空业的排名已经是第一，只需保持这个地位即可。该公司的优势就在于航班的低价格、高频率和可靠性以及航空服务的快捷性。该公司的客户细分和价值主张定位非常精准，主要瞄向那些注重飞行便利性并且对价格敏感的乘客，这些人愿意忍受一些不便，如没有预订，许多人同时登机，没有头等舱或机场休息室，以换取快速的城市间航空飞行和准点抵达。这个例子说明了如何运用不到 50 个字把组织战略干脆有力地以 OAS 形式表达出来。

表 2-1　美国西南航空公司的战略表述

目标（O）	战略要达到的最终结果	成为美国最盈利的航空公司
优势（A）	组织达到目标所采用的方法	以公共汽车、火车的价格、频率及可靠性，提供快速的航空服务
范围（S）	组织想要经营的领域与市场	针对那些注重飞行便利性并对价格敏感的乘客

知识链接 2-2　　推行绩效管理，不要只是做绩效体系的构建者

1. 引导积极的绩效文化是顺利推进绩效项目的前提

老板推行绩效的核心目的，说大了是为了实现战略目标，说小了是改善绩效。这里又有两种倾向：一种是把绩效当成战略管理工具，希望通过绩效管理提高管理水平，从而实现战略目标，改善绩效现状。另一种就是把绩效作为评价员工的依据，和薪酬、晋升等利益挂钩，形成一种分配制度，通过胡萝卜和大棒让员工努力工作，运用利益作为杠杆从而希望实现绩效目标。

但是这两种倾向会产生不同的绩效文化导向,第一种将大家的关注点放在如何改善绩效上,这是比较积极的导向;第二种如果操作不当,可能会将绩效的文化往如何避免受到处罚或得到奖赏上倾斜,而不是将关注点放在改善绩效上。

而 HR 要做的就是将绩效文化向积极的方向引导,并建立相关的配套机制。

2. 绩效指标设计是绩效管理中的重点和难点

绩效指标设计不正确是绩效考核做不好的直接原因。我们往往没有真正分析清楚应该考核什么,考核的指标和公司目标到底有怎样的关系,大部分的问题就是出在这里。如果你能清楚地知道考核什么,说明你知道要什么,也知道关键环节的问题在哪儿。绩效管理的工具,如 BSC、KPI 等,做战略解码,画战略地图,这仅仅是方法论,是工具,就好比给了你一双能跑步的鞋,但是否能跑到终点还是要看自己。战略目标实施的具体策略还是要自己来思考,没有比较明晰的策略,想要制订相应的计划指标也就成了无根之水。同时,对于外部的环境,自身的能力到底适合哪种方法也很难分析到位。这个问题 HR 解决不了,咨询公司解决不了,培训公司更解决不了,因为指标设计的过程,就是战略分解的过程,就是形成策略的过程,这是总经理或 CEO 的能力和职责,如果你能解决,你今天的职位就不仅仅是一个 HR 了。

但是我们可以做两件事情:一个是发动中高层组织关于战略的研讨或某个绩效问题的研讨,多听多收集意见,你也可以查阅一些通用的指标或过往的指标数据,作为制定绩效指标的参考,但不是照搬。如果你具备一定的信息判断能力,还是可以看出哪些指标是错的,指标会有哪些问题。至于公司层面的指标和各部门的指标,是 HR 来制定,还是公司主要负责人来制定 HR 协同,那要看公司老板的要求了。但不管怎样,深入了解业务,加强对指标正确与错误的判断能力,是需要我们不断学习的。其次,结合 HR 自身的专业和经验,在绩效指标的设计上,你会考虑得更加全面,如在指标中考虑长期和短期目标的关系问题;财务和非财务指标的关系问题;过程和结果指标的关系问题;部门协同的问题;你在绩效管理上的专业知识和经验,能弥补公司高层考虑的不全面。

3. 识别影响绩效目标达成的相关因素

绩效管理的作用在于明确目标,达成共识,引导和强化大家做正确的事情,但是不管是组织绩效还是个人绩效的改善,还有其他的因素需要考虑,因此还要从组织和个人两方面考虑影响绩效目标达成的一些因素。以下是可能影响绩效目标实现的一些因素。

(1)个人能力。不管你的绩效指标定得多正确,个人能力的不足会影响绩效目标的实现,这时候你需要考虑员工能力不足的解决方案,是可以在上级的辅导中基本完成绩效目标,还是根本不可能完成,如果能力与实际的要求差异大,是调整目标还是考虑换人,你需要根据实际情况调整。

（2）公司层面的资源和支持是否到位。兵马未动，粮草先行，要完成相应的绩效需要公司人、财、物、信息的支持，要有相应的授权。作为做绩效的 HR，要关注各部门需要哪些支持，哪些支持不够足以影响绩效目标的实现。如果出现这样的情况，HR 应作为部门与公司高层之间的桥梁，协调双方达成共识。

（3）工作体系、结构、流程、文化等组织因素。组织的体系、结构、流程既可以使得工作变得简单有效，也可以使其变得困难低效。如业务流程不顺，可能导致销售做得很好但生产跟不上，反而破坏公司品牌。我们需要考虑战略协同，公司的组织结构、业务流程、文化等因素是有助于绩效目标的实现还是阻碍绩效目标的实现。

资料来源：推行绩效管理，不要只是做绩效体系的构建者[EB/OL]．（2016-07-29）．http://bbs.hroot.com/bbs/Detail164218_0.hr.

二、职位分析

（一）职位分析的主要内容

1．工作描述文件

（1）职位目的分析。职位目的，即该职位存在的主要目的和价值。通常以"职位概述"形式出现。职位目的分析涉及以下内容：组织为什么需要这个职位？该职位为组织整体目标的完成承担了什么样的责任？该职位对组织的独一无二的贡献是什么？职位目的要清晰地表达本职位在什么条件下设置，具体要做什么，以及本职位为什么要存在。例如，人力资源部经理的职位目的可以表达为："为有效配置、合理开发及管理公司的人力资源，在公司经营战略和政策规定的指导下，制定人力资源规划和策略，建立人力资源管理体系，组织和指导员工招聘、绩效考核、薪酬福利管理、员工激励、培训与开发。"

（2）职位职责分析。职位职责分析不仅包括对本职位任务范围的分析，还包括对职位责任大小（权限）、重要程度以及职位关键活动、要获得的成果和衡量的关键要点的分析。每个职位在履行其责任范围时都有它规定的任务，当有足够多的相关任务时，一个职位便产生了。所谓任务分析，就是分析任务的性质、任务的内容、实现任务的形式、执行任务的步骤和时间要求等。通过任务分析，可以实现任务的一体化，体现任务的意义。

职位任务是指为了实现职位目的，该职位任职者需要在哪些主要领域、通过哪些主要活动、获得什么样的最终结果。职位应负责任一般按各项工作的重要性排序，且最多不超过 10 项。职位任务的分析要点包括以下两方面：该职位应完成的最终结果；达到最终结果所应进行的主要活动。主要的分析项目有在资金、设备、仪器仪表、工具器皿、原料、材料的使用与保管上的责任；在与他人的分工、协作和完成生产上的责任；在完成工作任务的数量、质量以及劳动效率上的责任；在维护企业信誉，搞好市场开发、产品设计、生产工艺、质量检验、行政管理、职工政治思想、业务素质培养上的责任等。

对职位主要活动及其结果的评价指标，与应负责任相对应，重在牵引性，可以定性，也可以定量。衡量要点一般包括时间（及时完成率、开发周期等）、质量（故障率、出错率、一次合格率、客户满意度、有效投诉率、可操作性等）、成本（投入产出比等）和数量等。评价指标要有关键性，而不能片面与空泛，应抓住职位绩效特征的根本，找出相应的绩效指标。一般来说，好的绩效指标应满足以下四个特性：一是指标的重要性，即指标对组织价值或利润的影响程度要较大；二是指标的敏感性，即指标能正确区分出绩优绩效与绩劣绩效；三是指标的可操作性，即指标必须有明确的定义和计算方法，能有效地进行量化与比较，易于取得可靠和公正的初始数据；四是指标的职位可控性，即指标内容是该职位控制范围之内的，而不是该职位不能控制的。

（3）职位劳动强度分析。劳动强度是指在作业时间内人体做功的多少，能量消耗的大小，主要用劳动紧张程度、劳动负荷、工时利用率、劳动姿势和工作班制等指标来分析。从定性分析角度，劳动紧张程度主要是指对员工在劳动过程中脑、眼、耳和四肢的协调性、感知和处理信息的速度、注意力集中程度、反应的快慢等进行分析；劳动负荷即根据员工在工作中采用的推、拉、走、跑等动作来分析员工做功的大小和能量消耗的多少；工时利用率是对员工的工时利用情况进行分析，以计算工时利用率等相关指标；劳动姿势即对作业时必须采用的坐、站、跑、蹲、攀、踢、踏、俯卧、仰视、蹲伏、弯腰和倒悬等姿势进行分析；工作班制是对各种班制，如常白班、三班倒、两班倒、四班三运转、四六班制、四八班制、大三班等进行分析，以确定工作班制对员工的身心健康是否有影响。从定量分析角度，劳动强度就是用点因素法将各个指标的属性分成由低到高几个等级，然后赋予每个等级一定的分值，根据各等级的分值来分析各等级的属性情况。

（4）职位劳动条件和环境分析。劳动条件和环境主要包括以下因素：噪声污染、温度、湿度、空气的含尘量和工作环境的危险性等。关于上述因素的定性、定量分析应结合国家各主管行业公布的各项标准进行，如表2-2所示。

表2-2 噪声的属性分析表

等级	噪声的属性	分值
1	舒适，无噪声	5
2	噪声强度小于85dB，不舒适，其时间占全部时间的11%～25%	10

续表

等级	噪声的属性	分值
3	噪声强度小于85dB，不舒适，其时间占全部时间的26%～50%；或工作场地噪声强度大于85dB，极不舒适，其时间占全部时间的11%～25%	15
4	噪声强度小于85dB，不舒适，其时间占全部时间的51%以上；或工作场地噪声强度大于85dB，极不舒适，其时间占全部时间的26%～50%	20
5	工作场地噪声强度大于85dB，极不舒适，其时间占全部时间的51%以上	25
6	容易导致工作人员患职业病	30

（5）职位职权分析。责权应该统一，为了保证职责的有效履行，应该赋予该职位一定的职权。职位职权分析就是要分析任职者应该具备的对各项任务进行决策、管理的范围和程度。就范围而言，一般包括行政权（或叫业务权）、人事权和财务权等；就程度而言，一般分为建议权、调查权、指导权、监督权、审批权和决策权等不同等级。

2．任职资格文件

（1）职位知识要求分析。在职位调查之后，应对各种职位所需的知识水平进行分析，认真研究胜任每一职位所需要的基本知识与作业知识，以便更好地实现人职匹配。当然，职位所需的知识水平不仅指正规学校教育，也包括通过职位培训获得的知识与技能。通常，它由以下六个方面组成：一是文化程度，即胜任本职位工作所应具有的最低学历或同等学历；二是专门知识，即胜任本职位工作所应具有的专业基础知识与实际工作经验；三是政策法规知识，即应具备的政策、法律、规章或条例方面的知识；四是管理知识，即应具有的管理科学知识或业务管理知识；五是外语水平，即因专业、技术或业务工作需要，对一门或数门外语的掌握程度；六是相关知识，即本职位主体专业知识以外的其他知识。知识要求可采用精通、通晓、掌握、具有、懂得、了解六级表示法。

（2）职位工作经历要求分析。由于每个职位规格不同，职位对员工的要求也就不同。这不仅仅表现在知识水平上，还表现在需要本职位人员具备一定的感知判断力和领悟力。这些能力的取得必须依靠工作经历的积累，这也就构成了工作经历分析的任务。通过对工作经历要求分析，可以决定职位所要求的员工工作经历指标，一般用年限来表示，如有本职位3～5年工作经历，有本职位5～10年工作经历等。

（3）职位工作技能要求分析。工作技能，是指一个人结构化地运用知识完成某项具体工作的能力，即对某一个特定领域所需要技术与知识的掌握情况。所谓工作技能要求分析，主要是要明确胜任本职位工作所应具备的对相关工具、技术和方法运用的熟练程度与精通程度等。因为职位所要求的工作技能会随着职位的不同而存在很大差异，因此，为了便于对不同职位的技能要求进行比较，在实践中，我们往往只关注其中少数几项对所有职位都能用的技能,如决策能力、组织协调能力、计算机操作能力、外语能力和公文处理能力等。各项工作技能一般从低到高分为 1~5 级。例如,外语能力就可以分为不需要;国家英语四级,简单读写;国家英语六级,具备一定的英语听说读写能力;英语专业八级,能熟练运用英语表达等四个级别。

(4)职位身体素质要求分析。身体素质要求分析,也称心理品质要求分析,分为体能性向和气质性向。

体能性向,即任职者应具备的行走、跑步、爬高、跳跃、站立、旋转、平衡、弯腰、下蹲、跪卧、举重、携重、推力、拉力、握力、耐力、听力、视力、灵巧和手眼配合等方面的能力。根据心理学家的研究,与工作相关的心理品质有以下十一项:智力、语言能力、数字能力、空间理解力、形状视觉、书面材料知觉、运动协调能力、手指灵巧、手的技巧、眼手足协调能力和颜色分辨能力。

气质性向,即任职者应具备的耐心、细心、沉着、勤奋、诚实、主动性、责任感、支配性、掩饰性和情绪稳定性等气质倾向。

身体素质要求分析最常用的方法是五点量法,以简洁的文字说明五个级别:最重要的、较重要的、中等重要的、次等重要的、不重要的和最优的、良好的、一般的、差的、最差的。

(二)职位分析的流程

1. 各类职位信息的初步调查

浏览组织已有的各种管理文件,并和主要管理人员进行交谈,大致了解组织中各职务的主要任务、职责和工作流程。

2. 工作现场的初步观察

对预先确定的关键或不太熟悉的工作岗位,现场进行初步观察,目的是使分析者熟悉工作现场的工作环境、条件,了解工作人员使用的工具、设备、机器及其工作内容以及工作岗位对任职者的要求和工作职责。

3. 深入工作现场访谈

首先,根据初步的调查、了解和收集职务信息的分析要求,制定较为详细的结构化访谈提纲。其次,确定深入访谈的对象,主要是该职务的实际担任者,如技术开发、维修和销售人员等。应选择职工中的典型代表作为访谈对象,如部门经理。当然,关键岗位的管理人员也是十分重要的,如总经理、总经理办公室主任等。

4. 深入工作现场观察

深入观察工作现场,主要是为了澄清、明确或进一步充实通过前期调查和访谈获得的信息。深入观察工作现场之前,应拟定需明确的有关问题、信息,例如,每人每天能维修多少台光驱？维修质量怎么样？一般工作多长时间后会出现疲劳现象？如此等等。

5．职务信息的综合处理

这一阶段的工作较为复杂，需要投入大量的时间对材料进行分析和研究，必要时还需要用到如计算机、统计分析等分析工具和手段。首先，对根据文件查阅、现场观察、访谈及关键事件分析得到的信息进行分类整理，得到每一职务所需要的各种信息。其次，针对某一职务，根据职务分析所要收集的信息要求，逐条列出这一职务的相关内容，即为初步的职务说明书。当然，如果职务分析者遇到问题，还需随时与公司的管理人员和某一岗位的工作人员进行沟通。

6．完成工作说明书的撰写

首先，要不断反馈、修改，以提高科学性。要召集整个职务分析工作中所涉及的人员，并给每个人分发一份工作说明书初稿，讨论根据以上步骤所制定的工作说明书是否完整、准确。讨论要求认真、仔细，甚至每个词语都要认真斟酌。工作分析专家应认真记下大家的意见。根据讨论的结果，确定出一份详细、准确的工作说明书。然后，将分析结果形成正式文件下发，并确保实施。工作说明书是用来指导人们如何工作的，规范的工作说明书是企业人力资源管理的重要文件资料，也是组织的巨大财富。在编写工作说明书时，要做到层次清晰、内容具体、表达准确、文字简明、资料完整、格式统一，尽量选用具体、恰当的词语，以便于任职者把握。

图 2-1 所示为职位分析的基本流程。

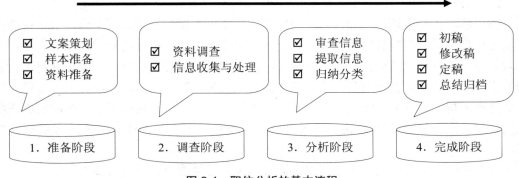

图 2-1 职位分析的基本流程

（三）职位分析的方法

1．观察法

观察法是指工作分析人员通过对员工正常工作的状态进行观察，获取工作信息，并通过对信息进行比较、分析、汇总等方式，得出工作分析成果的方法。采用此种方法可以了解广泛的信息,如工作活动内容,工作中的正式行为和非正式行为,工作人员的士气、价值观念等隐含的信息。通过观察法取得的信息比较客观和正确,但观察法比较适用于短时间的外显行为特征的分析,而不适用于长时间的心理素质的分析。观察法还适用于对体力工作者和事务性工作者(如搬运员、操作员、文秘等职位)的分析,由于不同观察对象的工作周期和工作突发性有所不同,所以观察法具体可分为直接观察法、阶段观察法和工作表演法。

在使用观察法时,工作分析人员应事先准备好观察表格,以便随时进行记录。条件好的企业,可以使用摄像机等设备,将员工的工作内容记录下来,以便进行分析。

在进行观察记录时应注意以下几方面:一是避免机械记录,应主动反映工作的有关内容,对观察到的工作信息进行比较和提炼。二是观察应注意有代表性的工作行为样本,有时,有的行为在观察过程中并没有表现出来。三是观察分析人员在观察中必须注意不要引人注意,以免观察内容失真。这并不是说分析人员每次观察时都要藏起来,不让其他人看见,而是要求他们注意不要干扰正常工作。四是观察力求结构化,应尽量做到提前确定观察内容、观察的时刻、观察的位置、准备供观察使用的问题结构单(工作记录表),以便记录。五是观察的工作行为要有代表性,并且尽量不要引起被观察者的注意,更不能干扰被观察者的工作。

观察法一般存在以下几个问题:不适用于工作循环周期很长和主要是脑力劳动的工作;不能得到有关任职者资格要求的信息;紧急而又偶然的工作行为不易观察到。

2. 访谈法

访谈法,也称采访法、面谈法。当分析人员不可能实际去做某项工作,或不可能去现场观察以及难以观察到某种工作时,就可以采用访谈法。通过访问工作执行者和相关主管人员,了解他们所做的工作的内容——怎样做以及为什么这样做,由此获得工作分析的资料。访谈法适合于对脑力职位者(如开发人员、设计人员、高层管理人员等)的工作进行分析。这种方法既适用于短时间的生理特征的分析,也适用于长时间的心理特征的分析,工作执行者在谈话过程中可以讲出许多观察不到的或长时间才能观察到的活动。

访谈法对职位分析人员的语言表达能力和逻辑思维能力有较高的要求。工作分析人员要能够控制住谈话的局面,既要防止谈话跑题,又要使谈话对象能够无所顾忌地畅所欲言。工作分析人员要及时、准确地做好谈话记录,并且避免使谈话对象对记录产生顾忌。在进行实际的访谈之前,工作分析人员应有充分计划并接受访谈技术方面的训练。

在访谈时应注意以下三个问题:一是访谈应结构化。在访谈前应确定收集信息的内容并准备好访谈问题提纲,制定详细的提问单,把握住所提问题与目的的关系,并注意挑选参加访谈的工作执行者。二是访谈过程中应保持友好、亲善的态度。三是工作分析人员应对较多的工作执行者及对工作较为熟悉的直接主管人进行访谈，从而检查个别工作执行者所提供的信息是否真实。

访谈法最大的优点在于可控性。通过提问单，可以系统地了解所关心的内容，当任职者的回答相互矛盾或不清楚时，可以进行跟踪提问，把问题搞清楚。如果任职者对所提问题采取不合作态度，可以进行劝导或换人。此外，访谈法可以提供观察法无法获得的信息，如工作经验、任职资格等，同时访谈法特别适用于对文字理解有困难的人。

访谈法不能单独作为信息收集的方法，只能与其他方法一起使用。

3．调查问卷法

工作分析人员首先要拟订一套切实可行、内容丰富的调查问卷，然后由员工进行填写。调查问卷法适用于脑力工作者、管理工作者或工作不确定因素很大的员工，如软件设计人员、行政经理等。调查问卷法比观察法更便于统计和分析。需要注意的是，调查问卷的设计直接关系着问卷调查的成败，所以问卷一定要设计得完整、科学、合理。

4．工作日志法

工作日志法是由员工本人自行进行的一种工作分析方法。事先应该由工作分析人员设计好详细的工作日志单，让员工按照要求及时填写职位内容，从而收集工作信息。需要注意的是，工作日志应该随时填写，如以 10 分钟、15 分钟为一个周期，而不应该在下班前一次性填写，这样是为了保证填写内容的真实性和有效性。

这种方法的优点在于信息的可靠性很高，适于确定有关工作职责、工作内容、工作关系、劳动强度等方面的信息，所需费用也低。但是这种方法可使用范围小，只适用于工作循环周期短、工作状态稳定的职位，且信息整理量大，归纳工作繁琐。另外，工作执行者在填写时，往往会因不认真而遗漏很多工作内容，还会一定程度地影响正常工作。若由第三者进行填写，又会加大人力投入量，很不适应处理大量信息的职务。工作日志法最大的问题可能是工作日志内容的真实性问题。

5．关键事件法

在工作分析信息的收集过程中，往往会遇到这样的问题：工作者有时并不十分清楚本工作的职责、所需能力等。此时，工作分析人员可以采用关键事件法。具体的方法是，分析人员可以向工作者询问一些问题，例如，请问在过去的一年中，您在工作中所遇到比较重要的事件是怎样的？您认为解决这些事件的最正确的行为是什么？最不恰当的行为是什么？您认为要解决这些事件应该具备哪些素质？如此等等。对于解决关键事件所需的能力、素质，还可以让工作者进行重要性的评定。例如，让工作者给这些素质按重要性排序，用五点量表打分，或给定一个总分（如 20 分），让工作者将其分摊到各个能力、素质中去。

这种方法可直接描述任职者在工作中的具体活动，因此可以揭示工作的动态性。由于所分析的工作可以观察和衡量，所以用这种方法获得的资料适用于大部分工作。但是收集、归纳事件并且对其进行分类需消耗大量时间。另外，关键事件所描述的是具有代表性的工作者行为，这样可能会遗漏一些不太显著的工作者行为，难以非常完整地把握整个工作实体。

 知识链接 2-3　　战略绩效管理的"五定"模型

1. 定基础——责任到岗，权力归位

主要工作是完善组织结构、部门职责、岗位职责、授权事项等组织管理工作，为战略绩效管理的实施奠定坚实的基础。在实施绩效管理之前，企业首先要做的一个工作就是要对公司的组织结构、部门职责、岗位设置和岗位职责进行梳理。

非常简单的一个道理，如果某个工作没有人做，那么在制定考核指标的时候，这个指标就无法落实到具体员工。如果管理汇报关系混乱，大家搞不清楚谁领导谁，谁对谁汇报，那么就无法明确考核人。

2. 定方向——战略清晰，目标一致

主要工作是运用平衡计分卡战略地图工具对企业的战略目标进行梳理和明确，为绩效管理的实施提供整体方向。企业未来要往哪个方向发展？要达成什么目标？要在哪几个方面做到与竞争对手的差异化？在哪几个方面形成独具特色的竞争力？这是企业必须考虑清楚的，也是指导绩效考核工作的指南针。

如果不做战略梳理会出现战略是战略，考核是考核，战略与考核两张皮的现象。这个现象导致的最坏的结果就是，企业考核的东西不是高层关心的东西，高层关心的东西在考核里没有体现。最后，企业的绩效管理政策得不到高层的支持，如果考核得不到高层的支持，那么中层消极抵抗就有了理由，"高层都不关注，我们凭什么那么认真？"因此，绩效考核流于形式将只剩下一个时间问题。面对这样的结局，很多企业人力资源部门还表现出了不解和困惑？搞不清楚，为什么高层说一套做一套，嘴上说考核重要，说考核势在必行，要求各级经理认真对待，但是到了真正开始实施的时候，却又变卦了呢？为什么每次和企业一把手汇报绩效考核工作，他只是说"先放在这里吧，我看看"，之后却没有任何反馈？原因很简单，绩效考核体系没有融入到战略运营体系当中，没有发挥落实战略的作用，也没有和员工职业发展结合起来。

3. 定规划——指标明确，行动有力

主要工作是对前期梳理的战略目标进行系统分解，在战略目标的基础上提取用于考核的关键绩效指标，为准确衡量员工的绩效提供适合的"标尺"。重点根据与战略的相关程度选取考核指标，所谓"抓重点、重点抓"，讲的就是这个道理。基本上，每个人选取5~8个考核指标，形成业绩合同，作为后续绩效管理工作的评价尺度。

4. 定改进——教练辅导，落地生根

主要工作是在绩效目标和指标的基础上，上级与下级保持持续的沟通，对下级进行高效的辅导。前面三步仅解决了考核指标来自哪里，考核指标是什么，评价标准是什么等问题，后续大量工作需要绩效辅导和绩效面谈来完成，绩效辅导和绩效面谈是绩效执行的核心环节。

所谓绩效辅导，是指经理和下属针对考核指标所进行的持续沟通，目的是帮助下属进一步理解考核指标的内涵，考核指标与公司战略的关系，考核指标与本职工作的关系，帮助员工梳理工作思路、形成工作计划、提供工作方法和工具、协调资源、提供支持，帮助员工把思想和行为逐渐调整到绩效考核的导向上来。另外，绩效考核的结束不是以打分完成为结束标志，而是以绩效面谈为结束标志。绩效面谈是双方一次正式的面谈机会，在绩效面谈会上，双方对员工过去一个周期的绩效进行充分的沟通，对员工的优点、不足和改进措施达成共识。

5. 定激励——持续回馈，良性循环

主要工作是完善与目标相匹配的薪酬激励，基于员工的表现给予相应激励。目标和激励一定是关联的，有什么样的目标就有什么样的激励，如销售目标对应销售提成，研发目标对应研发奖金，技能提升目标对应技能工资，年度目标对应年终奖甚至利润分享，如此等等，这些都是与目标匹配的激励形式。不要只顾做目标而忘记了激励。

资料来源：赵日磊. 手把手教你做绩效管理：模型、方法、案例和实践[M]. 北京：电子工业出版社，2016.

三、绩效计划的具体准备工作

（一）绩效计划的信息准备

绩效计划通常是通过管理者与员工双向沟通的绩效计划会议得到的，为了使绩效计划会议取得预期的效果，事先必须准备好相应的信息，否则就难以取得理想的效果。应该准备的信息主要包括以下几个方面。

1. 组织信息

员工的绩效计划必须与组织的目标紧密结合，因此，管理者与员工应该在绩效计划会议上就组织的战略目标和发展计划、组织的经营计划进行沟通，并确保双方对此没有歧义。因此，在召开绩效计划会议之前，管理者和员工都需要重新回顾组织的目标，保证在绩效计划会议之前双方都已经熟悉了组织的目标。

2．部门信息

每个部门的目标都是根据组织的整体目标分解而来的，部门目标与组织整体目标紧密相联。部门信息的主要内容是部门计划和团队计划。

部门计划的制订依据的是组织的年度计划。部门计划直接和各职能部门关联，从而也和各职能部门员工的绩效标准密切关联。因此，部门计划也是员工制订绩效计划之前需要了解的重要信息。

组织各职能部门中越来越多以团队为单位来从事各项活动，团队这种形式的采用使得小单元内的目标责任更加具体明确，员工更容易因此设定个人绩效计划。

3．个人信息

一方面，包括员工所在职位的工作分析。在员工所在职位的工作分析中，通常规定了员工的主要工作职责，以工作职责为出发点设定工作目标可以保证员工个人的工作目标与职位的要求联系起来。工作描述需要不断地修订，在设定绩效计划之前，对工作描述进行回顾，重新思考职位存在的目的，并根据变化了的环境调整工作描述。

另一方面，包括上一个绩效周期的评估结果。如果员工在上一个绩效周期内完全按照绩效计划完成绩效指标，绩效评估合格的话，那么这一期的绩效计划就可以设定新的目标；如果上一个绩效周期的绩效指标并没有全部完成，那么在这期绩效计划里就需要考虑到那些没有达成的绩效指标应该如何进一步，这也体现了绩效管理的最终目的是要实现所预定的绩效目标。

（二）绩效计划的沟通方式选择

决定采用何种方式进行绩效计划的沟通是非常重要的问题，需要结合组织的文化氛围、员工特点以及所要达到的工作目标等因素进行选择。

1．员工大会

员工大会是在整个组织范围内进行的一种沟通方式。由于参加人数多、时间长，员工大会不可能经常召开，一般是遇到非常重大的事项时才召开。在绩效计划阶段，召开员工动员大会还是有必要的，要让全体员工意识到绩效管理和每一个员工息息相关，进而意识到绩效计划在整个绩效管理体系中的重要地位。这样，才能调动起全体员工的积极性；使其成为绩效计划的主体。

2．小组会议

小组会议通常是在员工大会的主旨下，在各个职能部门或者各个职能部门下的团队召开的。小组会议相对于员工大会来说,参加的人数少,讨论的事项比较集中,其讨论结果基本上就是绩效计划阶段的预定成果——绩效契约的雏形。另外,小组会议除了能够明确个人在目标达成过程中的分工外,还有助于不同成员之间的协调配合,通过讨论还可以发现工作中可能存在的各种问题。

3. 单独面谈

如果员工个人感觉自己的绩效契约仍然存在问题,那么员工就可以和职能部门主管进行面谈,就绩效契约达成过程中的困难、达成契约所需要得到的帮助、所需的资源支持进行商讨,部门主管应尽可能满足员工的需求,帮助员工制订合理的、切实可行的绩效计划。

第二节 绩效计划的沟通

绩效计划是双向沟通的过程,而绩效计划的沟通阶段是整个绩效计划的核心阶段。在这个阶段,管理者与员工经过充分的交流,对员工在本次绩效周期内的工作目标和计划达成共识。绩效计划的沟通阶段由营造良好的沟通环境和氛围、明确沟通的原则、设计沟通的过程、形成沟通的结果等部分构成。

一、营造良好的沟通环境和氛围

营造良好的沟通环境是指要有专门的时间、没有干扰的地点和宽松的氛围。营造良好的沟通环境和氛围非常重要,轻松愉悦的环境能够让沟通双方心理上得到放松、减轻抵触情绪。管理者和员工都应该确定一个专门的时间用于绩效计划的沟通。在这个时间段,双方都应该放下手头的工作专心致志地做这件事情。在沟通的时候最好不要有其他人的干扰。绩效计划沟通通常在管理者的办公室中进行,这时,应尽量减少他人进入、避免频繁接听电话等意外干扰。在条件具备的公司,可以选取工作休息的时间在办公室以外的场所(如咖啡厅、员工休息室等非正式场合)进行绩效计划的沟通。

二、明确沟通的原则

沟通的原则是指相对平等的关系、注重员工的能动性、适当的管理者影响力和共同决策等。

(1)沟通双方在沟通中是一种相对平等的关系。管理者应把自己放在一个和员工平等的地位上,切实地从员工的角度考虑问题,员工毕竟是所从事职位的专家,应该多听取他们的意见。管理者切忌高高在上，以指挥命令的口吻，将自己的意志强加在员工身上。

（2）注重发挥员工的能动性、主动性。如果员工的目标是部门强加的，员工只能被动接受，那么效果一定是不理想的。如果员工个人设定的目标得到部门及组织的认可，员工工作起来才有积极性。员工个人目标和组织目标的最佳结合是在实现组织目标的同时，也实现了员工个人目标。

（3）管理者应当施加适当的影响力。管理者拥有适当的影响力，可以使对方更容易从内心接受自身的观点，而不仅仅是表面附加，或是即使达成了共识却花费了太多精力与时间。

（4）管理者应该与员工共同决策，而不是代替员工作决定。应该调动员工的积极性，从而确保目标明确，计划顺利实施。

三、设计沟通的过程

沟通的过程是指对有关信息的回顾、传递和交流，并达成一致的过程。

案例 2-1　　　　　　　　　　有效的绩效沟通

背景介绍：亿耐特是一家网络电子商务公司，孙伟刚是网上购物部的经理，罗涛是网上购物部订单处理中心的负责人。网上购物部的主要业务是通过互联网进行日用消费品的销售，主要包括电器、书籍、电脑设备、日用品、化妆品、服装、玩具、箱包、文具等。订单处理中心的主要职责是直接从网上受理消费者的订货信息，并将信息发送给相应的商品部，由商品部负责为消费者发货，同时还需要对订货信息进行分类、存档。订单处理中心现在有 5 人。孙伟刚上周刚参加了公司制订今年经营计划的会议，接下来就要把网上购物部的经营计划分解到各个部门。为了制订本年度的绩效计划，本周他将要同每个下属面对面地进行一次交流。

资料来源：武欣. 绩效管理实务手册[M]. 第 2 版. 北京：机械工业出版社，2005.

1. 回顾、传递和交流有关信息

在进行绩效计划沟通时，首先往往需要回顾一下已经准备好的各种信息。在讨论具体的工作职责之前，管理者和员工都应该知道公司的要求、发展方向以及其他相关信息。

孙伟刚：罗涛，你好！我想你也看过了我们公司今年的经营计划，我知道上年度你们订单处理中心非常辛苦，为公司作出了很大的贡献。今天我们需要考虑如何进一步发展的问题。现在电子商务、网上购物的竞争也非常激烈，我想你们这里是直接接触客户的窗口，在如何进一步满足客户需求方面一定有不少的体会和想法。所以，对今年公司的发展你有什么建议？

罗涛：我想我们可能需要进一步提高订单处理的效率。因为网上购物的方式给消费者带来的便利应该首先体现在时间方面，不能让客户觉得从网上买一件东西还不如自己到商店里去买更方便，如果是这样的话，那我们就没有市场了。

孙伟刚：是的，我非常赞同你的意见。上一年度我们网上订单的数量是平均每天800份，今年我们打算增加商品的品种，所以预计订单数量会达到每天2 000份。过去我们的用户在提交订单之后大约5~7天才可以拿到商品，今年我们打算将这个时间减少到3天。因为交货速度是我们与对手竞争的一个关键。

2．明确个人绩效目标，确定关键绩效指标

在组织总体目标的基础上，每个员工需要设定自己的工作目标。员工要针对自己的工作目标确定关键绩效指标作为绩效计划的核心内容，这些指标应该是具体的、可衡量的和可实现的，而且应该有时间限制。这些都是绩效沟通的重点内容。

孙伟刚：要实现这些目标，你们部门处理订单的效率是关键。关于提高效率，你是怎么考虑的？

罗涛：我觉得我们可以将总的时间做一下分解，看看哪几部分的时间是无法压缩的，然后再考虑将可以压缩的时间进行压缩。我觉得如果新的订单处理系统投入运行的话，处理单位订单的时间可以缩减到原来的1/3。

孙伟刚：其实我们在作出缩减到3天的决定之前就已经进行了测算，认为这个目标的实现是可能的。另外，从你们接到客户订单到将确认后的订单发送到商品部，这一环节的时间你觉得有多大的压缩空间？你看多长时间可行？

孙伟刚：关于提供给商品部的信息方面，我也了解到了商品部的一些要求，你看看从你们的角度可不可以做到。

孙伟刚：看来有必要与技术部进行一次沟通，抓紧完成新的订单处理系统。因为系统还需要调试，我建议你和技术部、商品部一起开个会，确定一个行动的进程。

罗涛：好啊。那么谁来召集这个会议呢？

孙伟刚：这也正是我想要和你商量的。这一次先由我来召集，以后我希望你们这几个部门能够自己就存在的问题开会解决，必要时让我也听一听。这次会议后，我希望你将你们部门自己的工作目标和衡量标准制定出来，然后我们再讨论一下，你看如何？

罗涛：好。

虽然这次沟通没有最终形成绩效目标和契约，但对基本的绩效指标和实现途径进行了确定。形成绩效计划可能不是一次沟通就能够完成的，可能需要几次不同形式的沟通。从上面的对话不难看出，管理者要注意给员工机会让他们自己去发现问题和明确目标，并且引导员工找到实现目标的途径。

订单处理中心、商品部、技术部很快召集了一次会议。在这次会议结束后，订单处理中心确定了具体的工作目标和衡量标准。

3．讨论实施计划中可能出现的困难和需要提供的帮助

管理者和员工在制定了绩效标准之后，管理者还需要了解员工在完成计划和达到标准过程中可能遇到的障碍、困难和问题，并及时提供可能的支持和帮助。

孙伟刚：你看，根据这样的目标，你觉得完成它有什么困难吗？

罗涛：主要是几名订单处理人员对新的操作系统还不够熟悉，需要接受培训。最好能尽快安排一次培训。

孙伟刚：好。我会让技术部安排的。

4．讨论重要性级别和授权问题

要明确计划目标或每项任务的重要性级别，管理者和员工必须对目标的重要性程度所作的分级达成一致，这样员工才能根据情况自主地分配时间。还要讨论授权问题，员工和管理者双方针对授权问题必须有共同的理解，员工应该清楚自己拥有的决策权力，知道何时自己可以作决定，何时必须请教上级。

四、形成沟通的结果

绩效沟通的结果是指双方达成的绩效契约或协议。当所有议题都圆满解决后，应安排制作相关的文档，即保留沟通的结果。双方还要约定下一次沟通的时间安排，同时，管理者应该感谢员工的参与。

知识链接 2-4　　绩效沟通在绩效管理中的体现

一个绩效管理的过程，就是一个绩效沟通的过程。对管理者来说，持续地介入并与员工进行不间断的交流，如讨论大家的期望，分享任务的价值和目标的信息，有助于管理者及时了解员工的工作状况，并针对员工提出的问题进行相应的辅导支持。对员工来讲，在这一过程中能及时得到自己工作的反馈信息和主管的帮助，不断改进不足。通过绩效沟通，使管理者与员工能够真诚合作，形成良好的绩效伙伴关系，管理者的工作会更轻松，员工绩效也会大幅度提高，于是绩效管理就成了很简单方便的事情。同时，绩效沟通也是一个发现人才、辨别人才的过程。管理者可以根据员工已经表现出来的优点和弱点，有针对性地制订员工的培训计划和个人职业生涯发展规划。

绩效考核的目的在于通过对员工的考核提高他们的绩效水平，进而提升整个企业的竞争力。因此，绩效沟通不仅需要谈事（工作），而且还要谈人（发展）；不仅要谈过去（总结），而且要谈将来（下阶段计划和绩效改进）。同时，绩效沟通是一个全程介入、全程监控的过程，是一个培训和资源支持的过程，是一个达成共识、相互支持的过程，更是一个反馈和激励的过程。

1. 事前沟通不可或缺

事前沟通主要是事前培训宣贯工作，并预设绩效指标。通过事前培训，能够让全员学习绩效考核基本知识，全面了解绩效考核是一种有效的管理工具。员工参与到其中对自己绩效的提升和管理水平的持续改进会有很大的帮助，可以借助绩效考核这个工具实现部门和个人的目标。考核前的沟通不仅有利于员工从心理上去接受它、重视它，而且有利于各级主管人员对考核方法和技巧的掌握，以保证结果的有效性。

绩效目标的制定应该是多方沟通的结果，而且这种沟通宜采取面谈、交流的方式，如岗位目标制定时由中层主管与员工进行沟通。沟通的内容主要是对绩效目标本身、达成目标过程的措施和实现目标所需的资源支持等。针对目标本身的沟通，上司要向员工说明企业的整体目标与部门目标的关系、部门目标与员工目标的关系以及完成三项目标的先后逻辑关系。同时，还需要谈到为了达成目标，公司和部门期望员工做什么？怎样做才是正确的？有什么衡量的标准和纠正措施？最后目标的完成结果与激励的关系是怎样的等。

2. 事中沟通事半功倍

事中沟通对于绩效目标的达成至关重要。绩效执行中往往有关键控制点，并且员工在执行过程中会出现种种问题，如果能适时、及时地沟通，对员工遇到的问题给予分析、对员工行为出现的偏差进行纠正，会收到事半功倍的效果。这种沟通可以是正式或非正式的；可以是定期或不定期的；也可以采用阶段质询会、汇报或检讨方式等。

绩效沟通过程中对员工出现的问题沟通主要是考虑到，员工在执行任务的过程中可能会遇到困难，会因新问题的困扰而导致工作停滞不前，这时上司应该及时出现，指导并帮助员工排忧解难。上司应该与员工共同分析问题的原因，是市场环境不好呢，还是公司资源配置不够，还是个人能力需要提高等，然后再共同提出解决方案。这样做不但帮助员工克服了困难、解决了问题，同时，员工也会感觉到上司能与他们同甘共苦，是一条船上的人，在他们需要支持的时候及时出现，这样员工就会感激不尽，以便更积极地投入工作。

员工行为偏差纠正沟通，是要求上司对部属在执行任务的过程中所采取的方法和手段进行监督控制，防止员工为达目的不择手段而采取有损企业长远利益的行为。与此同时，对于员工好的行为和进步也应该及时赞扬。

3. 事后沟通形成良性循环

要想通过绩效考核促进员工的成长，事后沟通、反馈机制一定不可缺失。如果主管与员工不进行事后沟通，员工会有疑虑，我是做得太好了不需要反馈呢，还是太不好了明天就要走人了？所以，事后沟通可以让员工充分了解自己的考核结果，并清楚为什么会得到这样的考核结果，自己的不足具体在哪些方面，可以通过何种途径、方法加以改进或提高。

主管在事后沟通前要充分准备好资料，说明打分原因时应该提供合理的依据，同时需要听取员工本人的意见和想法，然后再根据沟通的实际情况对结果进行适当的修改。双方就结果进行充分沟通和修改后，需要对原因进行深入的分析，特别是对于没有完成的目标，看看是客观原因还是主观原因造成的，是企业内部管理还是外部环境发生了变化引起的，是员工的胜任能力不足还是经验不够等，最后对确定的原因进一步分析，并提出解决的最好办法。

对于完成或超前完成的目标也要进行分析，是如何顺利完成目标的，然后将员工所采取的有效方法和措施在内部进行分享，使大家共同进步。但更重要的一点是，对于不理想的目标下一步改进计划的沟通与制订，通过制订一个明确有效的下一阶段改进计划来实现员工业绩和能力的提升，是保证绩效持续改进的一个关键步骤，因为一个考核周期的结束就是下一阶段的开始，同时也需要对实现目标所采取的措施和资源支持形成共识。

总之，绩效沟通贯穿于绩效目标达成的全过程，在对上一阶段绩效改进情况进行沟通的同时，也在对下阶段的计划进行沟通。绩效沟通是一种循序渐进、缺一不可的闭环沟通方式。

资料来源：教你如何让"绩效沟通"深入人心[EB/OL]. （2015-09-29）. http://bbs.hroot.com/bbs/Detail162826_0.hr.

第三节　绩效计划的制定

一、绩效标准的制定

绩效标准反映了组织对岗位工作的要求，只有在确定绩效标准的基础上，才能根据员工的具体情况有针对性地制定出详细的绩效目标和计划。

（一）绩效标准的特征

人们往往容易将绩效标准的概念与绩效目标的概念混为一谈。所谓绩效目标是针对具体的人制定的。因此，目标的典型特征是必须具有挑战性。而绩效标准是以职务工作为基础制定的一项客观标准，该标准与职务工作对应的人无关。一名主管可能管理许多从事相同职务工作的下级员工，他应该只制定一套工作标准。但对每个部属则可能制定出不同的目标，该项目标依据每位员工的个人经验、技术和过去的表现而有所不同。

绩效标准应该是不以人的能力等因素为转移的客观标准，体现出绩效评价的公正性。具体来说，我们在制定绩效标准时应该注意以下十个特征。

（1）绩效标准是基于工作本身而非工作的人制定的。在制定绩效标准时应根据对该职务固有的职务职能标准来制定，而不管是谁在做这项工作。例如，在通常情况下，一个公司会有多名秘书，但针对秘书职务的绩效标准只应有一套，而非每位在岗的秘书一人一套（当然，每位在岗的秘书都应有一份包括绩效目标在内的绩效计划）。

（2）绩效标准体现的是工作执行情况可以接受的绩效水平，而不是工作执行情况良好的绩效水平。这样一来，员工有更多的机会超过标准，从而获得他人与自我的认同。我们一般不主张制定过高的绩效标准，使员工在工作中面对不必要的心理压力。

（3）标准是一般员工可以达成的。本项特征与前面一项特征有直接关系。正因为绩效标准体现的仅仅是"可接受"的水平，所有在职的员工都应该能够达到这一水平。当然也有可能出现例外的情况，那就是新员工刚刚开始适应工作时尚处在学习阶段，在这个期间无法完全达到绩效标准的要求也是正常的。在正常的情况下，每一位员工都应该能够达到绩效标准的要求，甚至有一部分人员能够超出这一标准。

（4）绩效标准应为众人所知，并且是十分明确的。绩效标准应清楚明了，能够让管理者和员工明确其含义。然而，事实上各种原因都可能使各方对绩效标准的含义存有误解。这一点应该尽量避免。

（5）绩效标准应尽可能地经过管理者和员工双方的沟通协调并取得认同后再制定出来。这一点对于更好地激励员工和进行绩效评价非常重要。因为绩效标准是管理者进行员工绩效考核时所适用的评价标准。在标准不能得到认同的情况下，任何评价活动都可能引发双方之间的争执与矛盾。这对于绩效管理的有效性是十分不利的。

（6）绩效标准应尽可能具体，并且是可以衡量的。有些人坚持绩效标准应以量化的方式表示。他们主张以数量、百分比或数字等来表示各个具体的标准类型。事实上并不是所有情况下都可能甚至有必要用量化的方式表示绩效标准。有些时候我们并不排斥甚至只能采用主观判断的方式进行评价。在这种情况下，绩效标准也应尽可能被具体明确地说明。

（7）绩效标准要有时间的限制。这一时间限制包括两个方面的含义：一是指绩效标准必须清楚说明员工应该在什么样的时间限制下实现所规定的标准；二是指该绩效标准今后能否继续适用，即适用的时间期限如何。

（8）绩效标准是可以改变的。这一点与前面时间限制的第二层含义是相对应的。另外，我们还可以通过回忆前面谈到的绩效的动态性特征来理解这一点，绩效变动的原因也许是因新方法或新设备的引进，或因其工作要项发生了变化。需要指出的是，在正常的情况下，绩效标准不应该仅仅因为员工无法达成而轻易改变。

（9）绩效标准的数量应根据实际需要而定，并没有固有的标准。人们往往会关心应该制定多少条标准才算合适。这个问题与"要有几个工作要项"相似，都没有一个肯定的数字作为答案。制定多少条标准应完全依工作而定。在实践中，决定工作标准多寡主要还是看上级管理者对员工的要求。管理者决定用多少条标准能够清楚说明他对下属员工的绩效期望。如果两条（如量与质两项）能够表达，那么就两条好了；如果管理者感到需要数十条才能说明，那么就制定数十条。通常，绩效标准稍多些为好，因为绩效标准的内容越丰富，下属员工越能够通过它全面清楚地了解工作的全貌，管理者越能够从多个方面来评价它的下属员工，同时也能够更加全面地指出员工在工作中的长处及应改进的地方。

（10）绩效标准应以文字的形式表达出来。管理者与员工个人在对绩效标准取得认同之后都应得到一份写好的绩效标准，以便于随时提醒他们，使他们不致靠记忆去行事。对于员工而言，能够经常拿着写好的绩效标准对照自己的行为是一种很好的自我反馈过程。

（二）制定绩效标准的一般步骤

绩效标准与员工的各个岗位职责密切相关，如果组织没有建立完善的工作说明书，制定绩效标准的过程就必须从最基础的工作分析开始。

（1）收集与工作有关的背景信息，确定岗位工作说明书。如收集组织机构图、工作流程图等信息。组织机构图显示了当前工作与组织中其他工作的关系，以及岗位在整个组织中的位置；工作流程图则提供了与工作有关的更为详细的信息，将组织机构图中各个部门的职责进行分解，根据工作流程图找出部门人员为了实现部门职责应完成的各项工作任务。在这个过程中，人们往往首先根据现有的情况进行汇总和归纳，之后再进行必要的调整。

（2）确定工作规范。即每个岗位所需要的知识、技能、经验、资格（文凭、资格证书）等，全面反映工作对员工的品质、特点以及工作背景或经历等方面的要求，尽可能写得具体，并划分出相应的等级。

（3）根据工作说明书和工作规范确定岗位的工作量、主要工作事项，并根据每位员工的工作内容，确定相应的绩效标准。

（4）主管与员工就所确定的职务标准进行沟通和磋商，并对绩效标准进行修正，最终达成共识。

（三）确定绩效标准的方法

确定绩效标准的方法很多，早在 20 世纪初期，学者们就开始对工作方法进行研究，人们通过程序分析、操作分析和动作分析，确定各个岗位的工作标准。现代人力资源管理中的工作分析，将岗位的工作内容分解为较小的任务，使我们能够更容易地对工作进行评价和管理。根据岗位的工作说明书来制定绩效标准，成为较常用和简便的一种方法。

1. 根据工作说明书确定岗位工作要项

在工作说明书中，岗位工作中所包含的重要工作职责被逐条陈述，这种陈述被称为工作要项。工作要项是为确定岗位标准作准备的，它是提取在岗人员绩效评价要素的主要来源。确定岗位绩效标准的首要步骤就是确定每个岗位的工作要项，工作说明书中工作的内容与职责是制定工作要项的基础。工作要项的数量无一定规则，下面是依据工作说明书提取工作要项的具体实例，如表 2-3～表 2-6 所示。

表 2-3　出纳工作要项提取实例

工作说明书中列明的工作职责	工作要项
1. 办理现金收付和银行结算业务； 2. 审核有关原始凭证，据以收付各种款项； 3. 办理外汇出纳业务； 4. 编制及打印现金和银行存款余额日报单，核对库存； 5. 核对银行账目，编制银行存款余额调节表； 6. 掌握货币资金余额，及时提供有关数据； 7. 保管库存现金及各种有价证券； 8. 保管有关印章、空白收据和空白支票	1. 结算； 2. 审核凭证； 3. 出纳； 4. 对账； 5. 保管

表 2-4　法律事务管理工作要项提取实例

工作说明书中列明的工作职责	工作要项
1. 负责处理公司内外各项法律事务，处理公司内外法人授权事宜； 2. 审查公司对外各种合同、协议，提出修改意见； 3. 参与重大经济合同的谈判与签约工作；	1. 处理法律事务； 2. 审查管理合同； 3. 参与谈判；

工作说明书中列明的工作职责	工作要项
4．负责公司法人授权委托、公司合同印章和用章管理； 5．建立合同统计台账，负责合同文本管理和归档，监督、检查、指导基层单位合同管理； 6．负责公司及其下属单位的工商营业执照、企业代码证的注册登记、年检及相应的法律文书等事宜； 7．指导公司各单位的普法工作，建立并健全法律事务档案	4．办理营业执照； 5．普法

表 2-5　电信土建计划管理工作要项提取实例

工作说明书中列明的工作职责	工作要项
1．根据公司规划和基本建设计划，确定建设项目； 2．根据现有机房规模、设备容量及线路资源情况，完成机房建设的选址； 3．确定机房的建设方案，包括建设面积、结构类型、建筑形式等； 4．确定建筑的投资规模和需要采用的主要安装设备，提出较准确的投资估算； 5．负责土建项目的前期审核，将计划上报主管领导及部门； 6．监管土建项目的实施情况	1．项目选址； 2．建设方案； 3．确定投资规模； 4．前期审核； 5．土建监管

表 2-6　行业客户经理工作要项提取实例

工作说明书中列明的工作职责	工作要项
1．发掘客户各种潜在业务需求，提出相应的方案和建议； 2．制订行业产品组合方案，并提出定价意见； 3．收集、整理、分析其他运营商的营销服务策略与相关市场信息； 4．制订行业营销计划和方案，并组织实施； 5．负责行业客户的业务收账； 6．制订并监督重点行业客户的营销预案； 7．建立和提升行业内客户的客户关系	1．挖掘客户需求； 2．制订产品方案； 3．收集市场信息； 4．制订营销计划； 5．建立客户关系

2．将工作要项转化为绩效标准

绩效标准是在管理者和员工双方沟通协调取得认同的基础上制定出来的，让员工参与制定他们的绩效标准不仅有利于避免双方在绩效考核中产生分歧，而且可以通过员工参与来激励他们达到甚至超过标准。表 2-7 是根据表 2-3 中的工作要项，通过管理者与员工共同协商制定的绩效标准实例。

表 2-7 绩效标准确定实例

工 作 要 项	绩 效 标 准
结算	1. 每月两次办理银行结算业务，不得有差错； 2. 能够按要求完成，不拖期
审核凭证	1. 审核每单原始凭证，不得有遗漏； 2. 对不符合规范的凭证，要求及时修改； 3. 定期将原始凭证整理、归类
出纳	保证现金满足日常经营使用需要
对账	核对银行账目，编制银行存款余额调节表
保管	1. 保管库存现金及各种有价证券，使其安全有保障； 2. 保管有关印章、空白收据和空白支票，严格按规定使用

如果某项工作只有一个人在做，那么管理者与该员工共同制定绩效标准；如果该工作不止一个人在做，则这些员工中起码应有相当人数的代表参与到制定绩效标准的工作中。当管理者和员工的意见出现分歧时，管理者必须作出最后的决定。

（四）绩效标准设计时应注意的问题

1. 绩效标准的压力要适度

绩效标准要使大多数人经过努力可以达到，绩效标准的可实现性会促使员工更好地发挥潜能。不过，绩效标准又不能定得过高，不能可望而不可即，这样容易使员工产生沮丧或自暴自弃的情绪。实践表明，员工在适当的压力下可以取得更好的绩效。因此，绩效标准的水平要适度，标准产生的压力以能提高劳动生产率为限。

2. 绩效标准要有一定的稳定性

绩效标准是考核员工工作绩效的权威性尺度，因此，绩效标准需要具有相当的稳定性，以保证标准的权威性。当然，这种权威性必须以标准的适度性为基础。一般来说，绩效标准一经制定，其基本框架不应改变。不过，为了使绩效标准及时反映和适应工作环境的变化，需要对其进行不断的修订。但是修订往往只是部分的、对某些条款的变动，而不需要作大幅度的变动。对于新创立的公司来说，由于缺乏经验，绩效标准不够完善，所以经常修订标准往往是不可避免的，此时，吸取同行业其他公司的经验，参照国际的、国内的先进标准，是建立绩效考核体系的有效途径。

3. 制定的绩效标准应符合 SMART 原则

SMART 原则是制定绩效标准、绩效目标的常用原则。

以上只是对绩效指标与绩效标准的总体概述，在实际应用中不可生搬硬套。实际上，规模较大的企业一般都有自己独立的绩效管理体系和方法。当前比较流行的绩效管理方法有目标管理、平衡计分卡、KPI、标杆管理等。每一种绩效管理思想对绩效指标与绩效标准的设计都有独特的要求，实践中，我们应该将这些绩效指标与绩效标准的设计理论和方法与企业的绩效管理系统结合起来。

知识链接 2-5　　　　绩效考核标准制定六大要点

1．数量和时间一般不作为单独的考核标准

在非量化的指标中，数量和时间一般不作为单独的考核标准。所谓非量化是指追求的工作质量，而非数量。很多人在做绩效考核的时候常用"某某项目在某月底完成"，其实这是错误的绩效考核表填写方法。这会导致员工只求完成工作的速度，而容易忽视完成工作的效果，如准确率、返工率等都是很好的衡量标准。

2．考核的内容一定要是自己可控的

很多质量检测部门、质量监控部门会在绩效考核表中写到保证质量合格率在多少以上，其实这个是错误写法，因为你所监管的部门的质量不是你所能控制的，你只能做到检验产品合格率的准确度达到误差在多少范围内。要记住，质量不是能控制出来的，而是生产出来的，检测只是为生产提供督导、参考。

3．形容词不作量化考核的标准

在员工填写绩效考核表时，常会出现这样的字样："完善制度""及时传达"。带有这些字眼的考核标准都是很难量化的。什么程度下才算是完善？什么情况下算是及时？作为一个办公室主任，考核标准应该是：普通文档 8 小时内送到；加急文档 3 小时内送到。这样量化了后才能很好评判办公室主任的工作到底是不是及时。

4．考核标准要遵循三个定量原则

考核内容是定下来了，但标准应该怎样确定呢？考核标准要遵循三个定量原则：上级期望、历史数据、同行数据。上级期望是指上级期望你百分百完成，你就要百分百完成。历史数据是指一般情况下，本月所作的标准不能低于上月，至少要和上月齐平。同行数据就是根据同行的标准，来制定自己的标准。

5．考核标准要应用逆推法

任何考核标准的制定都可以根据数量、质量、成本、时间期限、客户（上级）的评价五个部分组成。例如你要制定一份绩效考核实施方案。从数量上来说，可以是一份，也可以规定多少字，也可以规定有多少分册等。从质量上来说，可以是某某办公会议通过，或是上级签字，或是上级修改几次。从成本上来说，可以说控制在多少钱以内。从时间上来说，可以说是在年前，月底前。从客户（上级）的评价来说，可以是员工对方案的认同率达到多高，上级对方案的满意度怎么样等。然后最后从中挑选一些重要的考核指标，像时间和成本相对来说较轻的指标就可以没必要写上去。

6. 上级一定要和员工达成一致

我们强调，上级在与下级沟通填写绩效考核表时一定要与员工达成一致。首先要概述认为完成的目的和期望。然后鼓励员工参与并提出建议，上级要试着倾听员工的意见、鼓励他们说出他们的顾虑、对于员工的抱怨进行正面引导、从员工的角度思考问题，了解对方的感受。

对每项工作目标进行讨论并达成一致。上级要鼓励员工参与，以争取他的承诺并对每一项目标设定考核的标准和期限，就行动计划和所需的支持和资源达成共识。上级要帮助员工克服主观上的障碍、讨论完成任务的计划、提供必要的支持和资源。总结这次讨论的结果和跟进日期。上级要确保员工充分理解要完成的任务、在完成任务中不断跟进和检查进度。

资料来源：绩效考核标准制定六大要点[EB/OL].（2014-10-15）.http://bbs.hroot.com/bbs/Detail159071_0.hr.

二、绩效目标的制定

制订绩效计划最重要的内容就是制定绩效目标。在制定绩效目标的过程中，管理者需要特别重视以下几个方面。

（一）绩效目标制定的基本步骤

绩效目标的制定过程通常包含如下几个步骤。

（1）成立一个由高层领导参与的战略规划小组，负责拟定和描述组织的愿景，在高层领导之间达成共识后，确定组织的战略目标。对一个成熟的组织来说，则是直接根据组织的愿景和战略，结合组织的年度工作计划，制定组织的绩效目标。

（2）每位高层领导与其分管部门的管理者组成小组，提出各部门的目标，然后基于部门目标和部门工作计划，制定部门绩效目标。在制定部门绩效目标时，管理者需要注意部门绩效目标和组织绩效目标的纵向协同和不同部门之间的横向协同。

（3）部门管理者与员工就部门目标分解和实现方式进行充分沟通，形成每个人的绩效目标。在这一过程中，上级需要统筹协调每个人的工作内容，保证本部门的目标能够实现。同时也要避免像传统的目标制定那样仅仅是从上到下的制定过程，应该在制定各级目标时保证每个员工都有充分的发言权，并鼓励下级人员积极参与绩效目标的制定。通过保证基层员工的绩效目标与部门绩效目标的协同性和一致性，来确保个人、部门和组织目标的协同性和一致性,进而保证通过绩效目标分解将组织战略系统化为每个员工的日常行动。

(二)绩效目标的来源

管理者在设定绩效目标时,一般应根据组织战略及上一级部门的目标并围绕本部门的职责、业务重点和流程要求制定本部门的工作目标,以保证本部门、本岗位的工作朝着组织要求的总体目标推展。因此,绩效目标大致有以下三个来源。

1. 企业的战略目标或部门目标

部门的目标来源于组织战略目标,员工个人目标来源于部门目标的分解,充分体现出目标体系的相互支撑关系。只有这样,才能保证每个员工都按照企业要求的方向努力,整体战略目标才能真正得以落实。图 2-2 体现了从组织战略到员工个人绩效目标的分解过程。

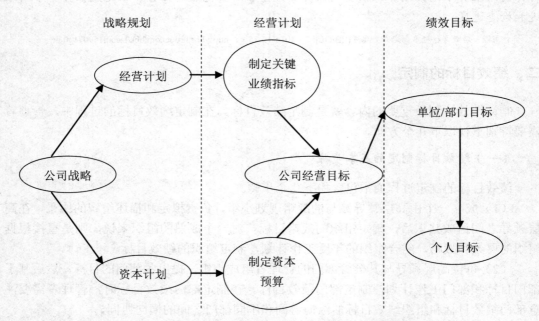

图 2-2　从组织战略到员工个人绩效目标的分解过程

资料来源:朴愚,顾卫俊. 绩效管理体系的设计与实施[M]. 北京:电子工业出版社,2006.

2. 岗位职责

岗位职责是描述一个岗位在组织中所扮演的角色,即此岗位对组织有什么样的贡献或产出。岗位职责在岗位/职位说明书中有详细的描述，内容相对比较稳定，除非岗位本身发生调整。而绩效目标是在一定条件下、一定时间内任职者应达到的工作结果和行为的描述，也就是说，绩效目标具有一定的时间性和阶段性。因此，岗位职责是确定绩效目标的依据，而绩效目标是对岗位职责的具体化，如表2-8所示。

表2-8　A地区销售部经理的岗位职责、衡量标准与绩效目标

考核项目	岗位职责	衡量标准	2012年度绩效目标
销售策略	制定销售策略，以不断提高市场占有率，达到公司的销售额和利润指标	市场占有率、销售额、利润	市场占有率提高10%
销售目标	制定销售计划、合理调动资源、严格控制价格、监督完成本地区销售任务，以保证北方地区销售任务的完成	地区销售总数	地区销售额完成8 000万元，挑战目标为1亿元
渠道建设	制订各区核心渠道计划、了解渠道客户的要求、提高渠道复合化，以提高所属区域渠道的质量与数量	渠道的数量、质量	新开辟3家合作伙伴，每家年销售额在30万元以上
利润	提高销售额、控制价格和销售费用，以达到利润目标	利润额、销售费用	销售费用降低8%
风险控制	定期检查各区库存、欠款、租赁情况并及时进行处理，以降低经营风险	准备金率	回款目标完成率为80%

3．业务流程目标

组织的产出是通过业务流程实现的，而流程的目标和手段是由内部、外部客户的需求驱动的。因此在给部门或员工设置绩效目标时，一定要兼顾内、外部客户的需求，以保证业务流程的上下衔接以及组织整体绩效目标的实现，图2-3所示为销售秘书岗位内、外客户关系及职责。

在设立绩效目标时应综合考虑三方面来源，从系统的角度对组织目标、岗位目标和业务流程目标结合思考，确保目标设置的科学、合理。

（三）绩效目标制定的基本原则

在战略性绩效管理实践中，绩效目标的制定通常应该遵循以下五条基本原则，简称SMART原则，其具体含义如下。

1．绩效目标应该是明确具体的

"S"（Specific）指的是绩效目标应该尽可能细化、具体化。组织绩效目标和部门绩效目标必须细化和具体化到每个人的绩效指标上，即必须落实到具体的岗位和人员，或

能对应到具体的个人，而每个人的情况又各不相同，如岗位、权责、资源条件和经验能力等不同，因此绩效目标应该明确、具体地体现每位员工的具体工作。只有将这种要求尽可能表达得明确具体，才能更好地激发员工实现这一目标，并引导员工全面地实现管理者对他的绩效期望。例如，某客户经理的绩效目标为"3天内解决客户的投诉"，而不是"尽快解决客户投诉问题"。人力资源部培训主管的绩效目标是"第一季度20%的时间用于培训新员工"，而不是"要利用淡季进行员工培训"等。如果使用平衡计分卡管理工具，则需要将目标、指标和目标值结合起来考察。

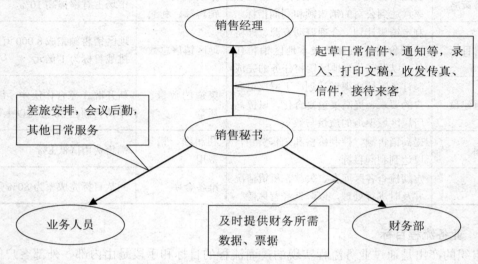

图 2-3　销售秘书岗位内、外客户关系及职责

2. 绩效目标应该是可衡量的

"M"（Measurable）是指目标应能够衡量，即可以将员工实际的绩效表现与绩效目标相比较，也就是说，绩效目标应该提供一种可供比较的标准。设定绩效目标，是为了激发每个人的潜力，为实现组织目标而共同努力，因此，目标必须可以衡量，才能为人们的行为提供及时有效的反馈，在绩效考核的时候才能进行量化。绩效目标的可衡量特征与绩效评价指标和绩效标准的可衡量特征是密切相关的，这三者的可衡量特征决定了绩效评价和反馈在绩效管理中的可能性。例如，客户经理的绩效目标为"提高客户满意度"，衡量该目标的绩效指标之一是"回复客户投诉率"，绩效标准则是"24小时内答复投诉问题"。需要指出的是，可衡量并不一定要绝对量化。关于这一点，我们在谈到评价指标的特征时会有进一步阐述。

3. 绩效目标应该是可达到的

"A"（Attainable）是指目标通过努力就能够实现。目标通常是比现实能力范围稍高一点的要求，强调"蹦一蹦，够得着"。因此，在绩效目标的制定过程中，管理者和下属需要充分沟通，共同制定可行性强的绩效目标。如果管理者为了追求高绩效，盲目利用行政手段和权力，强加给下属很高的绩效目标，就可能造成下属心理上的抗拒，并且在目标不能达成的时候首先想到的是推卸责任，而不是付出艰苦卓绝的努力去实现目标。因此管理者在制定目标的时候，需要考虑目标的可实现性。实际上，所谓目标切实可行，不仅强调不应该制定过高的不切实际的目标，还强调应该根据员工的工作潜力制定具有一定挑战性，但是通过努力可以实现的目标。过高的目标会使员工失去信心和动力，而目标太低又无法使员工发挥应有的水平。切实可行是在两者之间找到一个最佳的平衡点，即一个员工通过努力可以达到的可行的绩效水平。

4. 绩效目标应该与战略有关联

"R"（Relevant）是指绩效目标体系要与组织战略目标相关联，个人绩效目标要与组织绩效目标和部门绩效目标相关联。与战略相关联原则要求在制定绩效目标时，应对组织战略有清晰明确的界定，同时在分解和承接过程中，要避免错误推理而制造出看似漂亮，但对组织战略没有贡献甚至适得其反的绩效目标。

5. 绩效目标还应该有时限性

"T"（Time-based）是指完成目标需要有时间限制。这种时间限制实际上是对目标实现方式的一种引导，要求根据工作任务的权重、事情的轻重缓急，确定完成绩效目标的最后期限，以及项目进度安排，并据此对绩效目标进行有效的监控，以便在出现问题的时候能及时对下属进行绩效辅导。例如，上半年实现大客户增长率5%，这个目标的确定的时间限制就是6月30日。绩效目标的时间限制通常是与绩效周期联系在一起的，不同的绩效目标完成的绩效周期不一样。在目标确定的情况下，管理者的要求和下属的工作能力等方面的情况是确定时间限制的最重要因素。对于被授予较大权限的员工来说，制定他们的绩效目标时行为引导可能会少一些，但时间限制在任何情况下都是必不可少的。另外，我们往往会根据需要制定分阶段的分目标，不论是整个绩效计划的总目标，还是分阶段的分目标，都应受到时间的限制。

 案例 2-2　　　　故事中的目标管理：石匠的故事

有个人经过一个建筑工地，问那里的石匠们在干什么？三个石匠有三个不同的回答。第一个石匠回答："我在做养家糊口的事，混口饭吃。"

第二个石匠回答:"我在做整个国家最出色的石匠工作。"

第三个石匠回答:"我正在建造一座大教堂。"

三个石匠的回答给出了三种不同的目标。

第一个石匠说自己做石匠是为了养家糊口,这是短期目标导向的人,只考虑自己的生理需求,没有远大的抱负。

第二个石匠说自己做石匠是为了成为全国最出色的匠人,这是职能思维导向的人,做工作时只考虑本职工作,只考虑自己要成为什么样的人,经常从自己的工作本身的专业性考虑问题。他们很少考虑为了完成组织的要求,自己该做哪些改变,能作哪些贡献。

第三个石匠的回答说出了目标的真谛,一个人或者一个组织首先要有大目标,然后围绕大目标做事情,成就一番事业。这是经营思维导向的人,这些人思考目标的时候会把自己的工作和组织的目标关联,从组织价值的角度看待自己的发展,这样的员工才会获得更大的发展。

德鲁克说,第三个石匠才是一个管理者。他用自己的工作影响着组织的绩效,他在做石匠工作的时候看到了自己的工作与建设大楼的关系,这种人的想法难能可贵。

关于个人目标和组织目标相关联,日本学者中松义郎的目标一致理论很值得借鉴。中松义郎曾在他的"目标一致理论"里精辟地论述了个人实际发挥的能力与潜在能力之间的关系的公式:$F=F_{max}\times COS\theta$(其中 F 代表一个人实际发挥出的能力;F_{max} 代表一个人潜在的最大能力,θ 代表个人目标与组织目标之间的夹角)。从这个公式中我们不难看出,当个人目标与组织目标方向一致,即夹角 θ 为 0 时,一个人实际发挥出的能力最大。

资料来源:故事中的目标管理[EB/OL]. (2015-08-24). http://bbs.hroot.com/bbs/Detail162005_0.hr.

(四)绩效目标制定的关键点

在绩效目标制定过程中,为了确保绩效目标的科学性和可操作性,绩效目标制定者还需要把握如下几个关键点。

1. 进行充分的绩效沟通

在制定绩效目标的过程中,管理者和下属需要进行充分、平等、全面的沟通。充分的沟通要求以确保下属的参与为重点,即确保下属有机会参与到制定绩效目标的过程中,提升下属对绩效目标的承诺程度和工作投入程度,从而提升目标达成的可能性。很多组织在绩效目标制定过程中缺乏充分的沟通,而采取上级给下级分派任务的方式,由组织的最高管理层制定组织的战略及目标,然后逐层分解到组织的各个层级。最高领导层的目标经常是一种充满激情的陈述,使用的往往是泛泛的描述性语言,而下面每一个层级在接收信息时必然加入自己的理解,经过层层过滤,到一线人员层级所做的往往是与战略毫不相关的事,以至朝着相反的方向进行。在缺乏沟通的绩效管理实践中,这种现象非常普遍。

2. 确保绩效目标的动态调整

绩效目标的制定通常遵循"先建立后完善"的原则。在严格遵循 SMART 原则的基础上,先确定至关重要的绩效目标,同时避免将绩效目标与日常工作计划等同。如果绩效目标过少,则说明可能有重要的目标被忽略;如果目标过多,则可能造成工作繁杂,没有重点,或者是工作职责相互交叉和重叠。在建立了绩效目标之后,管理者与下属进行持续沟通,对已经制定的绩效目标进行修正和完善。

绩效目标是根据每个绩效周期的现状确定的,而现实情况不断变化,因此,管理者应注意对目标进行适时的动态调整。特别是在制定了分阶段目标的情况下,这种调整应更频繁。如果下属轻易地达到了上一阶段的目标,就应该分析其中是否有特殊的原因,并通过目标的调整来适应情况的变化。如果目标明显不可实现,也应该在分析原因之后适当地下调。

3. 管理者需要提高对绩效目标的认识

第一,不能将需要达到的目标和切实可行的目标混淆。管理者可能面对来自其上级或客户的压力,这些压力对部门绩效目标常常有较大的影响,部门绩效目标又需要落实到部门内的个人绩效目标上。在这种情况下,管理者提出的绩效目标就可能会超越下属的能力与资源的限制。如果下属没有最后的决定权或缺乏充分沟通,常常面对超出自身能力的绩效目标,就会充满挫折感,致使工作的努力程度降低。第二,需要清楚所有绩效目标都必须为组织战略目标服务,保障目标体系在纵向上注重协同性和一致性,在绩效周期长短上注意长、中、短兼顾,在重要性上注意重点突出。第三,不可将所有需要解决的问题都包含在绩效目标之中。管理者必须清楚绩效管理不是万能的,不能医治百病,更不能代替一切,绩效管理只有与组织的各种制度规范、组织文化、管理实践以及组织外部环境结合起来,才能充分发挥绩效管理系统的作用。

案例 2-3　　　　　　　　　**绩效目标过于刚性**

L 公司是做某种特殊环卫设备的企业,过去连续 8 年以年均 100%的速度实现销售增长,并确立了自己在这一狭窄市场的"老大"地位。2007 年,计划借助北京奥运会场馆采购实现 5 000 万元的销售收入,为此公司扩建了原来的厂房并招聘了生产工人,将生产能力提高到原来的 2 倍,但是,在北京奥运场馆的采购竞标中,由于错误估计了形势,导致公司中标额还不到原来的一半。雪上加霜的是,国外愈演愈烈的次贷危机演变为金融危机，公司原来的计划目标有一些根本无法实现，按照年初拟订的考核方案，年底绩效考核后不少员工都将会有大幅度的降薪，而公司高层却迟迟没有调整目标的意思，为此整个公司内人心惶惶。关于是否调整目标，公司高层一直在犹豫，这其中也有他们自己的原因：公司的绩效目标是年初刚制定的，公司上下很认真地做了目标确定和分解，如果要调整，那么有可能幅度太大，年度的绩效管理就会白做……

问题剖析：

这个案例就属于典型的绩效目标过于刚性的问题。企业实施绩效管理固然需要制定绩效目标，并基本保持目标不变，但企业也应该及时发现经营环境的重大变化，有些变化是难以逆转的，就必须及时调整去适应这些变化，而不是一直观望。

由于市场环境的千变万化，企业的经营方针和经营策略也会出现不可预料的调整，随之变化的应该是员工绩效目标的调整。在制定员工的绩效目标时，往往会略高于他们的实际能力，需要让员工"跳一跳"才能够得着，所以难免在目标实现过程中会出现一些困难、障碍和挫折。但如果外部环境发生重大变化导致目标实现已经变得不可能，那么就一定要及时调整原定的绩效目标。

许多企业的目标就像L公司一样，不管外部环境如何变化，我自"岿然不动"，这样的绩效目标其实已经失去任何意义了。因此，绩效目标必须根据形势的变化及时调整。市场的需求点是什么，客户的要求和偏好是什么，都必须在目标中得到及时体现。企业的侧重点是什么，未来会发生什么变化，都需要及时进行增减。在目标调整过程中，不仅要及时调整绩效考核指标，评估标准、指标权重也要随时调整，这样才能及时反映企业的经营重心。例如，如果企业某段时间的新产品销售上不去，就可以把新产品销售列入下一阶段的考核指标；如果某一阶段员工的市场分析报告不过关，就可以加大这个指标的考核权重；如果客户服务出现比较大的问题，那么就需要把这项指标的权重适当加大或者修改这项指标的评分标准。

当然，企业绩效目标的调整是不能随意的，它必须具备一定的前提条件方可进行。一般来说，当环境发生变化并且对企业产生长期性影响时，才需要进行目标调整。这些变化主要包括以下几方面。

（1）外部环境的重大变化。由于环境的重大变化，致使原定目标无法实现；原定目标不宜再继续实施；原定目标本身已失去其意义。

（2）企业内部的重大变化。在发生目标责任者变动、资源条件的显著好转或恶化、其他部门较大影响导致有关部门目标不能顺利完成等情况时，应考虑对目标进行必要的修改。

（3）原定目标不恰当。原定目标确实过高，无法实现；原定目标过低，对部门和员工失去激励作用。

目标调整的方式是：企业在调整绩效目标时，应该遵循绩效目标设立时的步骤，将注意力主要集中在新增任务、评价尺度以及优先次序方面。如果目标变化不大，那么只需要在原来的绩效表格中进行调整即可；如果需要同时增加或取消若干个目标，则意味着绩效目标发生了重大变化，此时应首先停止对原先目标的实施，同时应对员工已经完成的工作绩效进行正式评价，以便新的绩效目标的制定和实施。

目标的调整应遵循以下规定程序。

（1）填写目标修改报告单。由目标责任者填写报告单，详细说明修改目标的原因，并写明目标修改后的主要内容。

（2）填写目标执行困难报告单。如果目标实施困难，涉及公司提供的资源保障条件和有关部门的协作支援情况，应填写目标执行困难报告单，详细说明目标实施的实际情况、目前遇到的困难以及拟采取的补救措施。

（3）报送主管领导、决策领导审核批准。主管领导应与目标责任者进行沟通、协商并取得一致意见后，报公司决策领导批准。

（4）新目标分送相关部门。新目标确定后需要解决部门接口问题，领导者要及时将报告单分送给有关配合部门及协作单位，以便取得协调一致。

资料来源：中国企业实施绩效管理案例分析[EB/OL]. http://wenku.baidu.com/view/ecaf583987c24028915fc32b.html?from=search.

三、绩效契约的形成

经过周密的准备并与员工充分沟通后，绩效计划即初步形成。管理者和员工要对双方协商达成的绩效计划进行系统审定，并签字确认，即签订绩效契约。所谓绩效契约，是指管理者和员工就员工工作的绩效标准和目标达成的一致性契约。

（一）绩效契约的内容

在员工的绩效契约中，应包含以下几方面的内容。
（1）员工在本次绩效期间内所要达到的工作目标是什么？
（2）达成目标的具体结果如何？
（3）这些结果可以从哪些方面去衡量？评价的标准是什么？
（4）从何处可以获得员工工作结果的信息？
（5）员工各项工作目标的权重如何？

表2-9为某公司绩效契约样表。

表 2-9 某公司绩效契约样表

姓名：李明	职位：大客户部经理			直接主管：市场部总经理	
绩效期间	2006 年 8 月 1 日—2007 年 1 月 31 日				
绩效目标	产出结果	完成时限	衡量标准	评判来源	权重
完成《大客户管理规范》	修订后的《大客户管理规范》	2006 年 8 月 31 日	大客户管理者责任明确；大客户管理流程清晰；大客户的需要在管理规范中得到体现	上级主管	20%
调整部门内部的组织结构	新的团队组织结构	2006 年 9 月 15 日	能够以小组的形式面对大客户；团队成员的优势能够进行互补和发挥	上级主管直接下属	10%
完成对大客户的销售目标	大客户数量销售额客户保持率	2007 年 1 月 31 日	大客户数量达到 30 个；销售额达到 2.5 亿元；客户保持率不低于 80%	销售记录	50%
建立大客户数据库	大客户数据库	2006 年 12 月 31 日	大客户信息能够全面、准确、及时地反映在数据库中；该数据库具有与公司现有管理信息系统的接口；数据安全；使用便捷；具有深入的统计分析功能	上级主管	20%
签约人：		主管签字：		时间：	
备注：本绩效合约若在实施过程中出现变更，应填写绩效契约变更表或重新签订合约。最终的绩效评价以变更后的绩效合约为准。					

资料来源：武欣. 绩效管理实务手册[M]. 北京：机械工业出版社，2005.

总的来说，绩效契约是通过管理者和员工双向沟通达成的共识。为达成这一共识，管理者和员工双方要根据绩效计划进行事前的充分准备，以便双方清楚在契约达成前各自需要详细沟通的内容。

（二）管理者应向员工解释的事项

（1）公司的远期和近期目标是什么？目前公司面临何种机遇与挑战？

（2）为了完成公司的整体目标，所在部门的目标是什么？

(3) 为了达到这样的目标，被管理者的工作重点和对其的期望是什么？
(4) 对被管理者的考核指标是什么？
(5) 绩效目标和绩效标准是什么？

对于定量的考核指标，要确定绩效目标的具体数值；对于定性指标，应明确工作应达到的标准。无论是定量指标还是定性指标，都应明确完成工作的期限。

(6) 各个考核指标的关系和权重是什么？

应明确告诉被管理者，哪些指标是必须达到的，这类指标是否决指标，如果这些指标没有达到目标或标准，其他的工作将没有意义。

（三）员工需要和管理者沟通的事项

(1) 自己对公司目标以及本部门目标的认识，自己对公司目标以及部门目标的不理解之处。

(2) 对自己工作目标的规划和打算。

(3) 完成个人工作过程中可能遇到的难题以及需要申请的资源支持。

在员工和管理者多次沟通后，在公司目标、部门目标、个人工作目标取得协调一致的基础上，分析为完成这些目标，公司对部门、部门对个人需要给予哪些资源支持。各级管理者要密切关注下属的工作动向，及时提供业务上的指导，及时给予资源上的支持，只有这样才能促进个人完成绩效目标，从而部门、公司才能完成目标。

四、绩效计划的审核与确认

当绩效计划结束时，应获得下面的结果：员工的工作目标与组织的总体目标紧密相联；员工的工作职责及描述可以反映本次绩效期间内的主要工作内容；管理者和员工对员工的主要任务、任务重要程度、完成标准、权限等都已达成共识；管理者和员工都十分清楚可能遇到的困难和障碍，并明确管理者所能提供的支持和帮助；形成一个经过双方协商讨论的文档，并且管理者和员工双方都要在该文档上签字确认。绩效计划书一式两份，管理者和员工人手一份，作为被管理者未来绩效周期内的工作指南，也是管理者对员工的工作进行检查、监督与评定的重要依据。

本章小结

绩效计划环节包括绩效计划的准备、绩效计划的沟通和绩效计划的制订三个步骤。

在战略规划和职位分析的基础上，管理方和员工各自准备绩效计划前的相关信息，从而推动绩效计划的顺利沟通。在充分沟通的基础上，双方各自就绩效标准、绩效目标等内容达成共识，形成一份绩效契约。

绩效计划的准备主要包括战略规划、职位分析和具体准备三个方面。其中，战略规划为绩效目标的制定提供了基础，它的基本步骤是：环境分析、明确使命、愿景陈述、目标制定和战略规划。职位分析提供了绩效标准，它包括对工作本身和承担工作的人的两部分内容进行分析。通过观察法、访谈法、调查问卷法、工作日志法、关键事件法等一系列职位分析方法的结合获得职位信息，最后形成一份职位说明书。在此基础上，管理者和员工就绩效计划的信息和沟通方式进行准备，其中绩效计划的信息准备包括组织信息、部门信息和个人信息三个层面。

绩效计划是双向沟通的过程，而绩效计划的沟通阶段是整个绩效计划的核心阶段，它由营造良好的沟通环境和氛围、明确沟通的原则、设计沟通的过程、形成沟通的结果等部分构成。

在绩效计划充分沟通的基础上，双方就绩效标准和绩效目标进行确认，最终形成一份绩效契约，并进行审核与确认。绩效标准可以根据工作说明书确定岗位工作要项，然后再将工作要项转化为绩效标准。绩效目标则需要结合企业的战略目标或部门目标、岗位职责、业务流程目标进行制定，并遵循目标制定的 SMART 原则，即绩效目标应该是明确具体的、可衡量的、可达到的、与战略有关联、有时限性。

思考题

1. 如何理解战略规划、职位分析与绩效计划的关系？
2. 如何进行战略规划的制定？
3. 组织进行环境分析的主要内容有哪些？
4. 职位分析的主要内容有哪些？
5. 职位分析的主要方法及其优缺点是什么？
6. 绩效计划的信息准备包括哪些方面？
7. 绩效计划沟通应遵循的原则有哪些？
8. 如何设计一次绩效计划沟通的过程？
9. 如何进行绩效标准的制定？
10. 绩效标准的制定应注意哪些问题？
11. 绩效目标制定的来源有哪些？

12. 什么是绩效目标制定的 SMART 原则？
13. 绩效契约的主要内容有哪些？
14. 绩效契约形成中管理者和员工各自沟通的内容是什么？

案例 2-4　　　　　　　　　尴尬的绩效管理方案

华立集团的新绩效管理制度已经实施了一年有余，非但没能达到预期的效果，反招致集团上下的怨声载道。年中会议上，各部门经理更是争论得不可开交。

"又要考核了，我没法进行下去。我们部门员工普遍抵制考核，认为这是集团借考核之名，意在少发、克扣员工的奖金。"营销部经理李国谦抱怨道。

"怎么会是为了克扣奖金呢？实施绩效管理、实行绩效考核，是为了使员工的付出与报酬成正比。对于考核不好或不合格的员工，奖金当然少啊。再说了，这些指标也是经过你们确认的，现在怎么又有意见呢？"负责人力资源工作的集团副总吴锦锦感到不解。

"是啊，在设定这些指标时，我都征求了各部门的意见，并与各部门的经理都进行了确认。"人力资源部沈经理补充道。

"我们对考核指标没有意见，可是大家认为绩效目标定得过高，无法完成。当初我也反映过这个问题，可是吴总说目标没有问题，完全可以达到。"营销部经理李国谦看了看聂董，然后说道："而从实际来看，目标的确是定高了。而现在却以目标完成的实际情况进行考核，这好像不公平吧。如果目标定得合适，现在考核得 C 的本来可以得 A，至少也可以得 B，结果是本来可以拿 1 000 元的奖金，现在却只能得到 800 元，甚至更少，大伙能没意见吗？"

"目标太高？各部门的目标是根据集团的年度目标层层分解的，难道你认为集团的年度目标设定得不科学？但据我了解，有些部门就完成得较好，如人力资源部和行政部。目标没完成，我希望多从自身找原因。"吴锦锦不满地说道。

"话又说回来，即使没有完成目标，考核没有达标，但我们也同样为集团创造了利润，总该得到相应的奖金吧，可是却不是这样。而像人力资源部、行政部等部门，并不直接创造利润，就因为考核达标，分到的奖金却比我们还多，我们认为不合理，也想不通啊。我们部门的员工积极性受到很大打击，现在人心涣散。"营销部经理李国谦并不服气。

"考核的标准可不是按照是否给公司带来直接利润，"人力资源部沈经理反驳道："术业有专攻！销售部的职责就是将产品销售出去，给公司带来利润和回报，而人力资源部的职责则是负责全集团人事管理与人事事务。我们的部门目标完成得理想，考核当然理想啊，奖金获得多一点也是正常的。"

"考核太占用时间了，"物流部经理何强站了出来："考核本身就是人力资源部门的事情，非得摊到我们头上，本来工作时间就紧，哪还有时间去搞考核啊。"

"是啊，考核又不是我们的职责，为什么要由我们来做？"采购部经理李勇也附和道："考核又得罪人，每次考核的时候，感觉自己和下属就像敌我双方一样。特别是那些考核不达标的员工，对我满肚子的意见。"

"考核怎么完全成了人力资源部的职责？各部门的工作情况只有你们部门经理才最了解，当然是由你们对下属进行考核，这也是你们的职责之一。这属于对下属的监督与评价职责。如果人力资源部负责各部门的考核工作，你们会服气吗？"人力资源部沈经理辩解道。

"为什么考核要设定优秀员工的比例，A等不超过5%，B等不超过10%？"生产部经理汪建军也不甘落后，"我认为我们部门的每位员工都很优秀，工作表现都非常良好，你现在设定这个比例，你让我怎么考核。如果将甲评为A等，乙有意见，因为乙和甲一样优秀啊，可名额有限。这样一来，被评为B等的对被评为A等的有意见，更不用说被评为C等、D等和E等的了。员工们在抱怨考核不公平的同时，也埋怨我，说我不能一视同仁，我很难一碗水端平啊。"

"设置优秀员工的目的就是要防止各部门不根据实际情况进行考核，要不然每位主管都不想得罪下属，其结果必然是人人都是优秀，可事实却完全不是这么回事。"人力资源部沈经理说道。

"我不同意你的说法。"采购部经理李勇反驳道："优秀员工多怎么就变成了考核不真实了？难道考核的目的是防止出现太多优秀的员工？凭什么就说每个部门只有5%的优秀员工？"

"请你不要歪曲我的意思，我并没有说每个部门只有5%的优秀员工，考核也不是为了限制优秀员工的数量，而是鼓励出现更多的优秀员工。"人力资源部沈经理解释道："我刚才说了，设置优秀比例的目的是因为不是每位员工都能达到A等标准，只有极少数人才能达到，有时甚至没有。这个比例也不是我随便定出来的，而是人力资源专家在经历了多年的实践总结及验证的基础上得出的。"

"为什么后勤等服务部门每次考核分数都很高，而像我们销售部得分总是这么低？"营销部经理李国谦显得非常激动："我想问一下，集团继续存在的理由是什么？是因为管理做得有多么好？是因为服务有多么完善？还是因为账做得多么漂亮？我想都不是，集团唯一存在的理由就是要盈利，而谁为集团创造利润？当然是我们销售部，没有销售部，没有利润产生,后勤做得再好,也没有存在的价值。可为什么服务部门的奖金更高?这不能不让人寒心。"

"有一点我比较同意李经理的观点,集团只有在获得利润的前提下,才能继续生存。"汪建军作了一下说明,"但并不仅有销售部为集团创造利润,生产部也同样创造着利润。只有产品被生产出来,才能通过销售实现盈利。可为什么生产部的考核不如人力资源部,是不是人力资源部负责考核,就偏向他们?"

"我不知道对我们部门的考核有没有考虑实际情况?"客服部经理陈薇也开始发难,"销售部有些员工为了考核结果,只追求短期成绩,而不顾长远利益。我现在接到不少客户的投诉,反映的是销售部前段时间的一些员工采取欺骗的手段。可是现在投诉比例突然增大,我们的人手却没有相应的增加,使得投诉事件的处理速度及质量出现了下降。可是在对客服部考核的时候却不去了解这些情况,只是按结果进行考核,我认为不公平。"

······

年中会议俨然成了各部门与人力资源部的辩论会,危机四伏的绩效管理体系已处于失败的边缘了。

资料来源:李玉萍,徐伟波,彭于彪. 绩效·剑[M]. 北京:清华大学出版社,2008.

思考与讨论:

1. 通过各部门经理与人力资源部的辩论会,分析华立集团的绩效管理制度存在哪些问题?

2. 结合所学知识,为该集团绩效管理制度的改进提出建议。

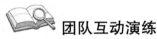
团队互动演练

研究型学习小组以所提供的公司背景材料为基础,根据本章所学提炼出模拟岗位(物资采购实习生)的绩效目标和绩效标准。

教学目的

- ☑ 让学生区分绩效目标和绩效标准。
- ☑ 培养学生设置绩效目标和绩效标准的能力。
- ☑ 加强学生对绩效计划形成的理解。

教学平台

- ☑ 计算机中心实验室,每位学生配备一台计算机,允许网络连接。
- ☑ 标准化教室,供学生讨论和陈述。

☑ 指导教师提供模拟实训的基本思路。

教学步骤

第一阶段：阅读背景材料。

沃尔特—迪士尼是一家多元化、国际化的家庭娱乐和传媒公司，2003年的年收入达到271亿美元。它的经营范围包括主题公园和度假胜地，包含动画片和电视节目在内的电影类娱乐产品、家庭录像和DVD产品、唱片、广播和有限网络、互联网和直销、消费品、电台和电视台、舞台产品、出版活动以及专业运动公司。

职位名称：物资采购实习生

职位描述：

☑ 对影响各经营单位的采购项目提供分析支持，尤其是针对迪士尼消费品及演播室产品公司的采购项目。

☑ 以当前定价模型为标杆，通过开发新的方法为各种具有创造性和商业优势的产品和服务定价。

☑ 持续优化公司采购支出结构和领域，以强化对公司有显著影响的相关经营单位采购支持，而严控对公司仅有微弱影响的经营单位采购支出。

☑ 协助完成以下文件：费用支出结构；关键利益相关者名单；通过对现有合同进行权衡去发现节约费用的机会；在还没有开发的商品领域去寻找可能存在的节约成本的机会。

☑ 协助各经营单位制定整体采购战略，尤其是迪士尼消费品及演播室产品公司的采购战略。

理想的候选人：

☑ 具备将相关事项和问题加以概念化处理的能力以及围绕适当的解决方案提出假设的能力。

☑ 强烈的探索欲望和追求卓越的专业精神。

☑ 出色的分析能力，即从一个庞大的（不仅体现在质量上，而且体现在数量上）数据库中发现并清晰地表达出经营环境中的一些关键因素方面的能力。

☑ 精通微软公司Excel软件的建模功能。

☑ 较强的书面和口头沟通能力，并具有人际交往能力。

☑ 独立工作的能力。

☑ 能在管理多项工作任务的同时，保持对项目的可行性以及战略优先性的关注。

第二阶段：根据所提供信息，确定该职位的绩效目标和绩效标准。

第三阶段：结合绩效目标和绩效标准设计应遵循的原则或特征，评价所制定的每一项目标和标准。

第四阶段：小组完善并汇总绩效目标和绩效标准，形成一份简单的绩效计划书。

第五阶段：指导老师从绩效目标和绩效标准提取的准确性、真实性、完整性，小组分工和讨论过程及提交绩效计划书的质量三大方面进行评分。

团队成员

研究型学习小组在组长指导下合理分工，各负其责，按时间规定完成任务。

研究成果

- ☑ 一份简单的绩效计划书。
- ☑ 小组讨论并修改完善的过程。

第三章 绩效实施

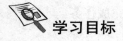
学习目标

- ☑ 认识绩效沟通的目的,熟悉绩效沟通的内容,掌握绩效沟通的原则;
- ☑ 掌握绩效沟通的多样化形式与技巧;
- ☑ 了解绩效信息收集的内容,明确绩效信息收集的来源,掌握绩效信息收集的方法;
- ☑ 认识绩效辅导的作用,理解绩效辅导的原则;
- ☑ 掌握不同的绩效辅导风格,把握绩效辅导的时机。

案例 3-1　　　　　　　　小张的辞职信

黄总:

您好!

我不得不非常遗憾地对您说,我要走了。您知道,去年一年我们的网络建设速度实在太快了,这也是在同行业中公认的速度。但您是否知道,为了能实现公司的目标,我们有多少个周末没有休息,多少个晚上没有睡觉吗?

虽然您交给我的任务我并不总是能完成得那么完美,但您有没有问过我是否有什么困难啊!事实上,困难我可以自己来克服,但很多事情我是多么想早一点知道解决的办法,而不是到最后才知道。说老实话,我很怀念自己在原来公司的日子,虽然那时工资没有现在多,但老板总是不时地走到我们的座位旁与我们聊天,出差在外的时候,还经常打电话给我们,那种感觉特好。而如今,您除了坐在自己的办公室里,就是与大老板们开会,总共向我们讲过几句话我现在都还可以记得。

我真是很盼望能多与您沟通,那天我发了一封电子邮件给您,向您讲了一些工作上的事情,可是很长时间都没有您的答复。因此,我决定不再等下去了。

很抱歉在公司这么忙的时候离开。
　　此致
敬礼

张××
2004 年 6 月 12 日

资料来源：小张的辞职信[EB/OL].（2010-10-15）. http://wenku.baidu.com/view/48dda612a2161479171128e6.html.

　　管理者和员工通过沟通共同制订了绩效计划，形成了绩效契约，但这并不意味着后面的计划执行过程就会完全顺利。无论是市场环境、组织环境还是工作内容等都会发生变化，这就使得绩效计划也有可能不合时宜甚至彻底过时。另外，管理者有必要了解工作的进展，有必要对员工的工作状态加以监督并提供必要的帮助、指导，而员工也需要得到相应的反馈和辅助。为了解决以上问题，工作过程中的绩效沟通成为必要。持续的绩效沟通可以使一个绩效周期里的每一个人，包括管理者或是员工，随时获得有关改善工作的信息，并就出现的变化情况达成新的承诺。

第一节　绩 效 沟 通

一、绩效沟通的目的

　　绩效沟通是指管理者与员工在共同工作的过程中分享各类与绩效有关的信息的过程，具体来说，就是管理者与员工一起讨论有关工作的进展情况、潜在障碍和问题、解决问题的可能措施以及如何向员工提供支持和帮助等信息的过程。其重要性在于在困难和问题发生之前识别和指出困难和问题的能力。沟通不良会使管理者与员工之间产生各种各样的摩擦，使绩效管理成为双方不断争执的话题。因此，绩效沟通是每一名管理者工作内容的重要组成部分，相应的沟通技巧也是其必须掌握的管理技能之一。

　　在绩效实施的过程中，管理者与员工进行持续沟通的目的主要在于以下三点。

1. 通过持续的沟通对绩效计划进行调整

　　俗话说："计划不如变化快。"如今，竞争的需要迫使企业不断地调整自身以适应外部环境，生产和经营的模式、工作设计和任务内容越来越灵活并富有弹性。管理者和员工不得不面对随时会发生的变化，并及时对自己的工作方式和内容加以调整。在这种情况下，管理者和员工需要通过双方之间持续不断的沟通探讨和解决所面临的各种问题，例如，由于竞争对手产品的变化而不得不改变自身产品性能的要求，由于外部障碍的出现而不得不改变绩效标准、期限和工作目标权重等，因此绩效沟通的目的之一就在于适应环境变化的需要，适时变更目标和工作任务的要求，从而保证工作计划和过程是动态的、弹性的和敏感的。

2．通过持续的沟通为员工提供信息

员工在执行绩效计划的过程中需要了解的信息主要有以下两类。

（1）关于如何解决工作中困难的信息。由于工作环境的变化加剧，员工的工作也变得越来越复杂，在制订绩效计划时很难清晰地预期到所有在绩效实施过程中所能遇到的困难和障碍。因此，员工在执行绩效计划的过程中可能会遇到各种各样的困难，需要得到相应的资源和帮助。通过绩效沟通，员工能够了解管理者是否知道自己在工作中遇到的各种问题，并从中获得有关如何解决的信息；工作发生变化时，员工能够了解自己应该如何应对，从而更好地完成自己的工作。

（2）关于自己工作的反馈信息。员工都希望在工作过程中不断地得到关于自己绩效的反馈信息，以便不断地改善自己的绩效和提高自己的能力。如果在半年或一年的绩效期间内，管理人员从未给过员工任何绩效信息的反馈，那么到绩效期末发布考核结果时员工就很有可能难以接受。因此，通过绩效沟通，员工可以了解自己的表现得到了什么样的评价以及为什么获得这样的评价，以便他们保持工作的积极性并更好地改进工作。

3．通过持续的沟通为管理者提供信息

对管理者而言，他们需要得到有关下属工作情况的各种信息，以帮助他们更好地协调下属的工作。当下属工作中出现各种问题的时候，管理者应及时掌握情况，以避免不必要的麻烦和浪费。另外，他们需要了解下属工作的进度，以便在必要时向上级汇报。此外，管理者还应该有意识地收集一些绩效考核和绩效反馈时需要的信息，这些信息将有助于管理者更好地履行他们在绩效考核中担负的职责。

二、绩效沟通的内容

通过上面的分析不难看出，绩效沟通的目的就是保证在任何时候每个人都能够获得改善工作绩效所需要的各类信息。为了进行有效的绩效沟通，管理者与员工双方需反思的问题如图 3-1 所示。首先应确定沟通的具体内容。因此在沟通开始之前，管理者和员工都需要反思一下。

因此，绩效沟通的主要内容有以下几方面。

（1）工作的进展如何？

（2）员工的工作状态如何？

（3）工作中哪些方面进展顺利？为什么？

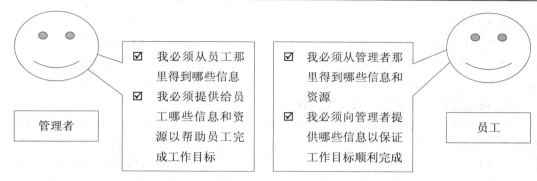

图 3-1　管理者和员工需反思的问题

资料来源：武欣. 绩效管理实务手册[M]. 北京：机械工业出版社，2005.

(4) 工作中哪些方面遇到了困难或障碍？为什么？
(5) 绩效目标和计划是否需要修正？如果需要，如何修正？
(6) 员工需要哪些帮助和支持？
(7) 管理者能够提供哪些资源和信息、采取哪些行动来支持员工？

知识链接 3-1　　绩效沟通环节 HR 该做些什么

HR 应当要参与到员工绩效沟通中去，这是由以下几个因素决定的：一是因为绩效管理的全过程是由 HR 部门牵头；二是避免员工与其上级沟通时可能出现矛盾激化；三是绩效改进计划要保持与公司绩效管理目标一致；四是协助员工与其上级之间能够较为公正地处理绩效分歧；五是督促沟通双方按照绩效沟通计划按时完成。下面简要分析 HR 在绩效沟通过程中，如何才能做得更好。

1. 选择参与部分岗位绩效沟通

如果每个部门每位员工的绩效沟通 HR 都参加是不现实的，所以，HR 部门应当根据绩效沟通计划，有重点有选择地参加部分岗位的绩效沟通。在实际工作中，HR 一般会参加各种高层、关键岗位（如技术、生产、品质、销售、服务、后勤、行政、人事、财务等骨干人员）的绩效沟通，当然，这些岗位也会每年有所调整，但大同小异。

2. 沟通前做好充分的准备工作

绩效沟通一般是在某段时间内集中进行，所以，HR 部门要做好以下充分准备：一是 HR 部门准备派哪些人分头参加哪些岗位的沟通，必须要分工，还要有意见协调的领导，也就是要列成一个安排表；二是 HR 部门要进行自我培训，对绩效沟通的场所、时间、技巧、内容、时长控制、情绪管理、绩效改进计划、所需资料、需用到的笔和本子等内容都要进行学习和交流，对以前存在的问题和处理技巧要进行分享和提醒。

另外，针对即将参加的某特定绩效沟通，还要了解被考核者的绩效情况、存在问题、个性特点、奖惩情况等，包括直接上级的管理风格、沟通技巧等也需有必要的了解，只有这样，才能有针对性地做好必要的准备，以达到沟通顺畅、气氛和谐、顺利完成的目的。

3. 沟通过程中各种问题的处理建议

（1）上级沟通走形式。这是普遍存在的问题，有的领导认为，下属的表现平时都看在眼里，而且平时也不定期在进行交流，没有必要再花时间来专门沟通，如果要沟通，也只是应付或为了完成HR部门安排的沟通事项。对这样的现象，HR需向被考核者抽查，或接受员工投诉，如果查证属实，HR会要求上级限期补起沟通，如果是再犯，则需按照绩效管理办法进行处理。

（2）下级认为不公平。这个不公平主要表现在数据不准确、考核目标过高、不听下级的意见、超出职责设指标等。严格来讲，这些现象应当是在考核前或考核中要做到的，但由于考核的环节比较多，难免会存在这样的现象，不管员工反映的情况是什么，HR都需立即给予记录，然后派人员调查，如果属实或确实存在不公平现象，则要给予耐心解释，并与上级共同承诺，在下一考核周期中给予调整。

（3）允许争论不吵闹。在沟通中，对下属存在问题、目标指标等方面进行交流和协商时，难免出现上下级意见不一致的时候，有时还可能出现一些争论，绝对不允许出现吵闹或说脏话、对人不对事、拍桌子打架等情形，如有这种情况出现，各部门领导和HR部门要第一时间介入处理，了解实情，对症下药，必要时给予处罚。

（4）沟通不彻底偏题。有的绩效沟通，只说表面内容，绩效达成过程说得少，一些方法技巧存在问题也没有给予说明，甚至有的离题万里，天南海北神侃一气，眼看时间快到了，才匆匆填好沟通表格和绩效改进计划，其真实性和可实施性比较低，最终会在下一轮绩效考核中体现出来。为避免出现这种情况，要进行抽查或接受投诉，如果查证属实，对参与绩效沟通的各方都要进行处理，当然，上级和HR部门人员被处理得会重一些。

（5）认为没必要沟通。这种情况一般有这样几种原因：一是认为员工的绩效本来非常好了，沟通了也是这样，不会再提高了；二是认为员工就这样差，没办法提高绩效，沟通了也一样。针对这些情况，HR部门一定要与员工或其上级对情况进行分析，包括工作上没有最好，只有更好，绩效如逆水行舟不进则退，一定还可以找到更好的方法、节约更多的资源；即使是认为差点的员工，也要分析是哪些方面出了问题，具体差在哪里，用什么措施和方法可以改善，所谓"没有无能的士兵，只有无能的将军"就是这个道理。

4. 时间控制与改进计划的达成

绩效沟通的输入就是各种绩效考核资料和各方面的意见，过程就是沟通和交流，输出就是绩效改进计划的达成。然而,在不少沟通中,原来安排的半小时时长,要么被3、5分钟草草收场,要么延长至1小时、2小时或半天等,过短不利于问题的充分交流,对形成一致意见有影响,极可能是下级不得不听命于上级的意见和安排;如果时间过长,则会影响其他工作的正常开展,进而使上级给下级留下无所事事、工作轻松、节奏迟缓的负面印象。所以,沟通一开始就应当直入主题,有事说事,无事免闲聊,注意严格控制时长。

另外,最为关键的是必须要形成一个绩效改进计划,这个计划在目标、指标、打分、期限、措施等方面是否与原有方案有明显改善,是否能够帮助较好地取得预期绩效,这些都要进行评估,如果发现明显无效果,甚至抄袭的现象,一定要打回重新制订改进计划,必要时对有关人员进行处理。

资料来源:绩效沟通环节 HR 该做些什么?[EB/OL].(2015-10-22). http://bbs.hroot.com/bbs/Detail163285_0.hr.

三、绩效沟通的原则

实现高效的绩效沟通并不是一件简单的事情,管理者和下属都需要为绩效沟通做好充分的准备,既要掌握基本的沟通技巧,又要遵循基本的沟通原则。以下三项基本的绩效沟通原则对规范沟通行为、提高沟通效果具有重要作用。

(一)对事不对人原则

人们在沟通中存在两种导向:问题导向和人身导向。所谓问题导向,指的是沟通关注问题本身,注重寻找解决问题的方法;而人身导向的沟通则更多地关注出现问题的人,而不是问题本身。绩效沟通的对事不对人的原则要求沟通双方针对问题本身提出看法,充分维护他人的自尊,不要轻易对人下结论,要从解决问题的目的出发进行沟通。

人身导向的沟通往往会带来很多负面的影响。但是,人们在遇到问题时往往会直接归咎于人,甚至导致一定程度的人身攻击。因此,人身导向的沟通往往只是牢骚,并不能为解决问题提出任何积极可行的措施。另外,如果将问题归咎于人,往往会引起对方的反感和防卫心理。在这种情况下,沟通不但不能解决问题,还会对双方的关系产生破坏性影响。人身导向的沟通不适合批评,同样也不适合表扬。即使你告诉对方"你好优秀啊",如果没有与任何具体的行为或结果相联系,也可能会被认为是虚伪的讽刺而引起对方的极度反感,这一点往往被人们忽视。

(二)责任导向原则

所谓责任导向,就是在绩效沟通中引导对方承担责任的沟通模式。与责任导向相关的沟通方式有两种:自我显性的沟通与自我隐性的沟通。典型的自我显性的沟通使用第一人称的表达方式；而自我隐性的沟通则采用第三人称或第一人称复数，如"有人说""我们都认为"等。自我隐性的沟通通过使用第三者或群体作为主体，避免对信息承担责任，从而逃避就其自身的情况进行真正的交流。如果不能引导对方从自我隐性转向自我显性的沟通方式，就不能实现责任导向的沟通，不利于实际问题的解决。

另外，遵循责任导向的定位原则，人们通过自我显性的沟通方式，能够更好地与对方建立联系，表达合作与协助的意愿。"我想这件事可以这样……""在我看来，你的问题在于……"等说法都能够给人这样的感受。与此相对应的是，人们往往通过自我隐性的沟通方式逃避责任。这往往给人一种不合作、不友好的感受。在建设性沟通中，人们应该使用责任导向的自我显性的表达方式，与沟通对象建立良好的关系。

因此，当下属使用自我隐性的沟通方式时，管理者应该在给下属说话的权利的同时，使用要求对方举例的方式引导下属采用自我显性的沟通方式，使员工从旁观者立场转变为主人翁立场，自然而然地为自己的行为承担责任。

（三）事实导向原则

在前面对事不对人的原则中我们谈到，建设性沟通应该避免轻易对人下结论。遵循事实导向的定位原则能够帮助我们更好地克服这种倾向。事实导向的定位原则在沟通中表现为以描述事实为主要内容的沟通方式。在这种方式中，人们通过对事实的描述避免对人身的直接攻击，从而避免对双方的关系产生破坏作用。特别是在管理者向下属指出其缺点和错误的时候，更应该恪守这一原则。在这种情况下，管理者可以遵循以下三个步骤进行描述性沟通：首先，管理者应描述需要修正的情况。这种描述应基于事实或某个特定的、公认的标准。例如，可以说"你在这个季度的销售额排名中处于部门最后一名""这个月你收到了3次有关服务质量的投诉"等。这种描述能够在很大程度上避免下属的抗拒心理。但是，仅仅描述事实是不够的。在描述事实之后，还应该对这种行为可能产生的后果作一定的描述。例如，可以说"你的工作业绩出乎我的意料，这将对我们整个部门的销售业绩产生不良的影响""顾客表示无法接受这样的服务水平，他们宁可放弃我们的产品"等。在这里，管理者应该注意不要使用过于严厉的责备的口吻，否则下属会将精力集中于如何抵御攻击，而不是如何解决问题。最后，管理者可以提出具体的解决方式或引导下属主动寻找可行的解决方案。当然在现实中，并不是在所有情况下都应该遵循这三个步骤。上面的例子是针对指出下属工作中的问题而言的。总之，在可能的情况下用事实依据来代替主观的判断，能够最大限度地避免对方的不信任感和抵御心理。以事实为导向的定位原则能够帮助我们更加顺利地进行建设性沟通。

四、绩效沟通的形式

绩效沟通是一个充满细节的过程,管理者与下属的每一次信息交流都是一次具体的沟通。总的来说,绩效沟通可以分为正式的绩效沟通和非正式的绩效沟通。正式的绩效沟通是组织管理制度规定的各种定期进行的沟通。非正式的绩效沟通则是管理者和员工除正式规章制度和正式组织程序以外所进行的有关绩效信息的沟通形式。

(一)正式的绩效沟通

通常正式的沟通方式主要包括正式的书面报告和管理者与下属之间的定期会面两种形式。其中,管理者与下属之间的定期会面又包括管理者与下属之间一对一的会面和有管理者参加的团队会谈。

1. 正式的书面报告

很多管理者都要求下属定期上交工作汇报,以了解下属的工作情况和遇到的各种问题,并要求下属提出建设性意见。书面报告最大的优点就是简单易行,而且能够提供文字记录,避免进行额外的文字工作。为了让下属更好地完成书面报告,管理者应该让下属有机会决定他们应该在报告中写些什么,而不应由管理者一厢情愿地决定。当双方就这个问题达成一致后,管理者可以设计出一个统一的样表,以方便下属填写。这种表格的形式非常多,但通常需要包括工作目标的进展情况、工作中遇到的问题、建议和意见等栏目。另外,书面报告的形式在很大程度上还要取决于下属的文化水平。对不同文化程度的下属,工作报告的要求往往也不同。

但是,在很多情况下员工不欢迎书面报告,他们将这项工作视为额外的负担,只是应付了事。大多数情况下,他们只是浪费大量的时间,仅提供一大堆毫无意义的信息。这主要是由于很多组织没有将书面报告与其他沟通方式结合起来,使这种书面沟通成为一种单向的信息流动。由于管理者和下属缺乏面对面沟通的机会,这种单向流动使大量的信息变成摆设。因此我们往往通过将书面报告与其他沟通方式结合使用来克服这个问题。例如,当管理者通过报告中提供的信息了解到工作过程中发生的某个问题时,就可以到工作现场指导下属解决这个问题,或通过面谈与下属进行交流,共同寻求解决问题的途径。

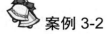

案例 3-2　　　　　　月报为什么交不上来

林森是一家公司的部门经理,在他手下有 12 名员工,公司对员工的绩效实施过程进行管理的方法是要求员工每月月末向主管经理上交一份月报,然后主管经理再就这份月报的内容与员工进行10分钟左右的沟通。

在开始的一段时间,员工们都能准时将月报交上来。但逐渐地,公司的业务进入了高峰期,每个人的工作都异常繁忙。这时,林森感到收集每月的月报十分困难,上个月就有5名员工没有按时上交月报,还是经过催促才上交的,这个月到了上交月报的日子才只有3个人交了上来。

于是林森想到,员工不愿上交月报一定是有自己的原因的,或许是月报这种沟通的形式本身存在问题。一次,林森决定与员工交流一下这个问题。在与员工的面谈中,当林森问到员工们为什么不交月报时,员工们的意见是,"我们忙得根本没有时间做?""有些事情当面与您说就很清楚了,没有必要写成报告交给您了吧?""我们每个月做月报至少要花费两个小时,而把这些情况与您讲一下只要15分钟就够了。"

资料来源:月报为什么交不上来? [EB/OL]. http://3y.uu456.com/bp_399158ozfe7f2vc1ug3f_14.html.

2. 定期会面

书面报告毕竟不能代替管理者与下属之间面对面的口头沟通。为了寻求更好的解决问题的途径,管理者与下属之间的定期会面是非常必要的。这种面对面的会谈不仅是信息交流的最佳机会,而且有助于在管理者与下属之间建立一种亲近感。这点对于培育团队精神、鼓励团队合作是非常重要的。

(1)一对一会谈。定期会面最常见的形式就是管理者与下属之间一对一的会面。在每次会面的开始,管理者应该让下属了解这次面谈的目的和重点。例如,管理者可以说这样的开场白:"今天我想和你谈一谈你的工作进展情况""上次会谈中谈到的问题是否得到解决,是否又有什么新的问题……"由于是一对一的会谈,管理者应该将会谈集中在解决下属个人面临的问题上,以使会谈更具实效。例如,让下属了解企业整体经营方向的变化非常重要,但更关键的是要让他明确各种变化对于他个人的工作产生了什么影响。也就是说,应该将问题集中在调整下属的工作计划、解决下属个人遇到的问题上。大多数管理者都会犯的一个错误就是过多地"教训"而忘记倾听。管理者应该更多地鼓励下属进行自我评价和报告,然后再进行评论或提出问题。如果问题是显而易见的,就应该鼓励下属尝试自己找出解决问题的方法。另外,管理者应该在面谈的最后留出足够的时间让下属有机会说说他想说的问题。下属是最了解其工作现场情况的人,从他们的口中了解情况是非常重要的。

在面谈中,管理者还应该注意记录一些重要的信息。特别是在面谈中涉及计划性的事务时,更应如此。例如,对于工作计划的变更、答应为下属提供某种培训等,都应该留有记录,以防止过后遗忘。

（2）团队会议。书面报告和一对一会谈的一个共同缺陷就是涉及的信息只在两个人之间共享。由于很多工作都是以团队为基础开展的,这两种方式都不能实现沟通的目的。这时,就需要采用一种新的方式——有管理者参加的团队会议。有管理者参加的团队会议应该精心设计交流内容,避免不恰当的内容造成无效沟通而浪费时间和在团队成员之间造成不必要的摩擦或矛盾。在团队的工作环境中,团队成员之间在工作中相互关联并发生影响。每个成员都能够不同程度地了解和掌握其他成员的工作情况,而且每个成员都能够通过解决大家共同面对的问题提高个人乃至团队的绩效。因此,群策群力是解决问题的最好方式之一。

需要注意的是,涉及个人绩效方面的严重问题不应轻易成为团队会议的话题。任何人都有犯错的时候,这种公开的讨论是最严厉的惩罚。不同的文化背景决定了人们对这种情况的承受能力和接受能力。通常情况下,这种针对个人的绩效警告应该在私下进行。团队形式的会议意味着更多的时间和更大的复杂性。而且,要确定一个适合所有人的开会时间有时也是件不容易的事情。对于较小的团队,这种问题还比较容易解决。如果涉及的团队较大,会议就不能过于频繁。有时可以采用派代表参加的方式解决这个问题。

团队会议更要注意明确会议重点,控制会议的进程。管理者可以要求每个人都介绍一下工作的进展和遇到的困难,以及需要管理者提供什么帮助以利于工作更好地完成等。我们可以使用结构化的问题提纲和时间表来控制进程。例如,管理者可以要求每个参会人员谈一下工作的进展情况、遇到的问题以及可能的解决方法。如果找到了问题并能够很快地解决,就应立即安排到个人,以确保问题得到及时解决。如果不能在规定的时间内找出问题的解决方法,可以计划开一个规模更小的小组会或要求某个人在规定时间内草拟一份方案等。不能由于个别难以解决的问题而影响整个会议的进度,毕竟这种团队会议的时间是十分宝贵的。只有充分利用每一分钟,才能使会议发挥最大的效益。因此,强调时间限制是十分重要的。

与一对一的面谈相同,团队会议也应该做好书面的会议记录。参会成员可以轮流做这项工作,并及时向参会人员反馈书面记录的整理材料。

为了有效利用以上两种定期会面的绩效沟通形式,应当特别注意以下两个方面的问题。

（1）不论是一对一的面谈还是团队会议,最大的问题就是容易造成时间的无谓耗费。如果管理者缺乏足够的组织沟通能力,这种面谈就可能成为无聊的闲谈,也可能变成人们相互扯皮、推卸责任的场所。因此,掌握一定的沟通技巧对管理者而言是非常必要的。这一点我们将在后面详细讲解。

（2）沟通频率是管理者需要考虑的另一个重要问题。从事不同工作的员工可能需要不同的沟通频率，甚至从事同一种工作的人需要的交流次数也不尽相同。管理者应该根据每个下属的不同情况，安排绩效沟通（书面的或口头的）的频率。对于团队会议，管理者更应该充分考虑所有团队成员或参会人员的工作安排。

（二）非正式的绩效沟通

管理者与下属之间的绩效沟通并不仅仅局限于采取正式会面或书面报告的形式。事实上，管理者和下属在工作过程中或工作之余的各种非正式会面为他们提供了非常好的沟通机会。非正式绩效沟通的最大优点在于它的及时性。当下属在工作中发生问题时，管理者可以与之进行简短的交谈，从而促使问题得到及时解决，毕竟问题并不总是发生在计划会面的前一天。对于各种亟待解决的问题，必须采取更加灵活的沟通方式——非正式绩效沟通。

常见的非正式沟通形式主要有以下类型。

1. 走动管理

走动管理是指管理者在员工工作期间不时地到员工的座位周围走动，与员工进行交流，随时解决员工提出的问题。整天坐在自己办公室里与员工隔绝的上司往往不受员工的欢迎，有的员工说："我就特别喜欢老板不时地走到我的座位旁，拍一下我的肩膀，对我问上一句'怎么样？'"管理人员对员工的问候和关心即使本身并不能解决工作中的难题，但足以使员工感到鼓舞和激励。不过，管理者在走动管理中要注意不要过多干涉员工的具体工作行为，避免对其指手画脚、品头论足，否则员工会感到被监视和不信任，反而容易引发心理压力和逆反情绪。

2. 开放式办公

开放式办公主要指的是管理人员的办公室随时向员工开放，只要没有客人在办公室或正在开会，员工可以随时进入办公室与主管人员讨论问题。这样做的好处是将员工置于比较主动的位置上，员工可以选择自己认为合适的时机与主管沟通，并且自己选择和主管沟通的内容。

案例 3-3　　　　　　　　　惠普的敞开式办公

美国惠普公司创造了一种独特的"周游式管理办法"，鼓励部门负责人深入基层，直接接触广大员工。为此，惠普公司办公室布局采用美国少见的"敞开式大房间"，即全体人员都在一间敞厅中办公，各部门之间只有矮屏分隔，除少量会议室、会客厅之外，无论哪级领导都不设独立的办公室,同时不称头衔,即使对董事长也直呼其名。这样有利于创造无拘束和合作的气氛,使上下级职员之间能够更好地进行沟通,敞开办公室的大门,制造平等的气氛,同时也敞开了彼此合作与心灵沟通的大门。

资料来源:李文静,王晓莉. 绩效管理[M]. 第3版. 大连:东北财经大学出版社,2015.

3. 其他形式

管理者还可以利用各种各样的工作间歇与员工进行沟通,如共进午餐、咖啡时间等,也可以在上下班途中、联欢会、生日晚会等非正式的团队活动中进行。在这些场合下,管理者可以在比较轻松的氛围中了解员工的工作情况和遇到的需要帮助的问题,但一定要注意沟通技巧,不要因此破坏气氛,让员工扫兴。

表 3-1 所示为非正式沟通的优缺点。

表 3-1 非正式沟通的优缺点

优 点	缺 点
☑ 形式多样,时间、地点灵活; ☑ 及时、便捷,解决问题效率高; ☑ 提高员工满意度; ☑ 增强员工与管理者的亲近感	☑ 缺乏正式沟通的严肃性; ☑ 容易滋生小道消息; ☑ 并非适合所有类型的沟通目的和内容

五、绩效沟通的技巧

绩效沟通是技术要求相对较高的一种沟通,在具体的沟通实践中,管理者需要运用各种各样的沟通技巧和方法。这些技巧五花八门,散见于各种各样的管理培训教程、沟通技巧教程中,这些技巧和方法很多都能应用于绩效沟通。

(一)积极倾听技巧

沟通是一个双向的过程。从表面上看,这种双向性表现在沟通双方不仅要通过沟通的过程向对方传递信息乃至想法,而且需要通过沟通过程得到所需的信息。从前面谈到的沟通过程模型中可以看出,双向性沟通的更深层次的含义在于,信息发出者并不是单向地发出信息,还需要根据接收者的反应接收到相应的反馈,从而调整沟通的内容和方式。

很多管理者经常会忽视积极倾听的意义,尤其是在与下属进行沟通时,他们往往会失去应有的耐心。这种做法将严重影响沟通的质量,甚至影响管理者与下属之间的良好关系。同时，绩效沟通中的任何一方都应该具备积极倾听的技巧，以充分获取信息，使整个沟通的过程得以顺利进行。

积极倾听通常能够帮助管理者更好地解决问题。每个人在形成对某种事物或观念的正确判断之前，往往只有一些朴素的、模糊的认识，仅仅通过自己的思考很难得到充分的信息。在这种情况下，积极的倾听能够帮助我们获取信息，整理思路，从而更好地解决问题。管理者常常面临这样的情况：当他们发现工作中存在的问题时，往往会形成自己的看法。有的管理者过于武断，将自己的看法视为理所当然的正确观点。这种先验意识阻碍了他们与下属之间进行有效的沟通，因为先验意识使管理者难以接受与自己观点相左的看法，从而无法进行积极的倾听。

有时，管理者并没有意识到自己的行为阻碍了沟通的有效进行。沟通的实践表明，传递信息不仅可以通过口头或书面语言，还可以通过肢体语言。例如，当下属走进上级的办公室，开始讲述今天在车间里遇到的问题时，管理者一边嘴里"嗯""嗯"着，一边还在翻看手中的文件。这时，管理者就使下属接收到了这样的反馈信息：他手中的文件才是有意义的事，他并不关心自己要谈的问题。可想而知，这样的沟通无法达到应有的效果。

因此，积极倾听的技巧是每一名管理者必须具备的管理技能之一。有学者将积极倾听的技巧分为以下五种。

（1）解释。倾听者要学会用自己的词汇解释讲话者所讲的内容，从而检验自己是否完全理解了对方的想法。例如：

讲话者：我觉得很压抑，因为我自愿加班加点，尽了最大努力，按时完成了项目，可是好像人人都不赞同我。

听者：看上去你很失望，你没有得到足够的支持。

讲话者：是的，正是这样，并且……

（2）向对方表达认同。当有人表达某种情感或很情绪化时，对对方的感受表示认同能够帮助对方进一步表达他的想法。例如：

讲话者：我真是烦极了。这项预算非常不精确，他们希望我严格管理，我花费大量的时间来熟悉它们、发现错误，却耽误了我的正常工作。

听者：是的，这真是够烦的。

讲话者：就是啊！关键是我还有好多其他的事要做，而且我的大脑需要休息。

听者：听起来你确实烦恼极了，该怎么办呢？

讲话者：我想建议……应该……就好了。

（3）简要概括对方表达的内容。将对方所说的内容进行简要的概括，表明确实了解了对方所要表达的内容，并促使对方进一步说明他的观点，将谈话推向更进一步的话题。例如：

讲话者：你不在时发生了许多事情。李撞了车，需要好几天才能治好；王患了流感；张扭伤了脚。此外，我们的一份重要文件还莫名其妙地丢了，我正在做一个替代的文件。这一切真是糟透了，你回来了我真高兴。

听者：看来这段时间你做了大量的工作，一直忙到现在，对吧？

讲话者：是呀！如果由我来安排，我会让一切都井井有条的。当然，现在我已经在做了。

（4）综合对方表达的内容，得出一个结论。与第三种做法不同，听者不仅可以总结概括对方的观点，还可以形成一个结论性的观点，以使话题能够得到进一步的展开。例如：

讲话者：有这么几个问题：首先，没有人能够预言政策的改变；其次，我们最好的一个技术员刚刚辞职了，而这个项目的最后期限就在眼前！我认为我们该想想怎么应付这些问题。

听者：你是说，这一系列的障碍使完成这个项目成了一件十分困难的事？

讲话者：是的，我认为最关键的是掌握政策变化的动向。如果政策不变，我们还会有机会。

（5）站在对方角度进行大胆的设想。例如：

讲话者：我真不知该如何抉择，每项议案都有人提出赞成和反对的意见，而且反应都相当强烈。

听者：如果我处在你的位置上，我想我宁愿慢些作出决定，以免得罪某一方。

讲话者：是的……我想我需要更多的信息，或许应该再收集一些意见，向所有在这方面有经验的人请教一下。

知识链接 3-2　　　　积极倾听的八点建议

（1）为倾听做好准备。沟通是一个双向的过程，听者与说者应该共同承担提高沟通效率的责任。听者应尽力去思考说者所说的内容，而不是自己应当说什么。做准备还包括态度的准备——包括对注意力、领悟力和理解力的准备；另外，还应该确保自己已经掌握了与沟通内容相关的必要的背景知识。

（2）培养自己的兴趣。要记住听者与说者同样有激发对方兴趣的责任。要从沟通的过程中寻找可能与你、你的工作、你的兴趣相关的信息。要对说者所说的内容表示出兴趣，毕竟没有人愿意对着空房间说话。要问自己："如果我是讲话者，感觉又怎样？"

（3）倾听主要的观点。不好的倾听者倾向于只注意听取事实。要学会区分事实和理论、观点和例证、证据和辩解。提炼主要观点的能力取决于听者组织信息和传递语言的能力以及说者是否进行了必要的重复。说者可能在沟通的开始、中间或者结尾阐述他的主要观点。因此，听者必须一直仔细地听。

（4）以批判的态度听。应当在无偏见的情况下对说者相应的假设和辩解持批判的态度，并小心估量主要观点背后的证据的价值和所运用的逻辑基础。

（5）集中注意力，避免分心。人的注意力具有波动性和选择性的特点。在听的过程中注意力会下降，而在结束时又上升。听者应当特别注意避免这种趋势，使自己的注意力保持稳定。不要由于说者的衣着、外表、使用的词汇、风度以及使用可视的、口头的与书面的辅助物而分散注意力。

（6）善于做笔记。如果所说的内容十分重要，就有必要将所说内容的要点和可能会遗忘的个别例子等内容作大致的记录。但要注意的是，听者最首要的任务是听。等说者说完一个意思之后再记笔记也许更好些。因为记笔记也可能是一种分心。

（7）帮助说者。要表现出你对说者所说内容的反应——可以是简短的评论，也可以是一个小小的动作。这些反应表明你的兴趣，但反应要平静和简单，不能干扰说者的思路。

（8）克制自己。作为一个好的倾听者，最困难的或许就是尽力克制自己不插话。即使对方停顿也往往不意味着说者已经讲完了，所以一定要耐心。"听是一个克制的过程。"

资料来源：[美]尼克·斯坦顿. 控制沟通[M]. 北京：高等教育出版社，2000.

（二）非语言沟通技巧

沟通并不是一个简单的语言传递的过程。在沟通的过程中，沟通双方往往需要通过非语言的信息传递各自的想法。在积极倾听的技巧中，我们已经谈到了肢体语言对于沟通对象的影响。沟通双方能否很好地运用非语言沟通技巧，是影响建设性沟通成败的一个重要因素。

关于各类肢体语言的基本含义的相关文献非常丰富，这些肢体语言基本上涵盖了日常生活中各种常见的情况。需要注意的是，当肢体语言脱离了具体的沟通环境时，这些肢体语言往往是空洞、没有意义的。为了真正理解肢体语言所表达的内容，我们必须结合沟通发生的环境、双方的关系和沟通的内容等进行综合的判断。但是，了解下列常见肢体语言的一般含义能够帮助我们更敏锐地观察和理解沟通对象的想法，并从中学会更好地控制自己的行为，从好的方向上影响沟通的进程。

下面就是一系列常见肢体语言的基本含义。

说话时捂嘴：说话没有把握或撒谎。

摇晃一只脚：厌烦。

把铅笔等物放到嘴里：需要更多的信息，焦虑。

没有眼神的沟通：试图隐瞒什么。

脚置于朝着门的方向：准备离开。

擦鼻子：反对别人所说的话。

揉眼睛或捏耳朵：疑虑。

触摸耳朵：准备打断别人。

触摸喉部：需要加以重申。

紧握双手：焦虑。

握紧拳头：意志坚决、愤怒。

手指头指着别人：谴责、惩戒。

坐在椅子的边侧：随时准备行动。

坐在椅子上往前移：赞同。

双臂交叉置于胸前：不乐意。

衬衣纽扣松开，手臂和小腿均不交叉：开放。

小腿在椅子上晃动：不在乎。

背着身坐在椅子上：支配性。

背着双手：优越感。

脚踝交叉：收回。

搓手：有所期待。

手指叩击皮带或裤子：一切在握。

无意识地清嗓子：担心、忧虑。

有意识地清嗓子：轻责、训诫。

双手紧合指向天花板：充满信心和骄傲。

一只手在上，另一只手在下，置于大腿前部：十分自信。

坐时架二郎腿：舒适、无所虑。

　　一个人有太多如下肢体语言时，可被认为在撒谎：眨眼过于频繁，说话时掩嘴，用舌头润湿嘴唇，清嗓子，不停地做吞咽动作，冒虚汗和频繁地耸肩。

　　上面所述的肢体语言往往是人们在沟通过程中无意识地表现出来的，或无意识地接受并做出反应的。学习肢体语言的可能含义能够帮助我们在沟通中对这些无意识的反应做出有意识的认识，从而更好地把握沟通对象的真正意图。这一点对于建设性沟通是十分有益的。

（三）绩效沟通中组织信息的技巧

在沟通过程中，由于沟通双方的生活背景、经历以及个人观点和地位方面的不同，信息接收者和发出者会对相同信息符号产生不同的理解。因此，如何组织沟通信息，便于沟通双方准确理解，就成了保障沟通质量的重要决定性因素。在组织信息过程中，管理者和下属需要保障绩效信息的完整性和准确性。

1. 信息的完整性

信息的完整性是指在沟通中信息发出者需要尽量提供完整和全面的信息。具体来说，要求信息发出者注意以下几个方面：沟通中是否提供了全部的必要信息；是否根据听者的反馈回答了全部问题；是否为了实现沟通的目的，提供了必要的额外信息。信息提供是否完整，需要沟通双方在沟通实践中经过信息的编码和解码全过程来确认。很多时候，我们以为已经把需要告诉对方的信息都表达了，但实际上，这往往只是自己的一厢情愿。

在绩效沟通中，信息不完整的情况是十分常见的。如管理者和下属在就日常工作进行沟通的时候，信息的完整性就可能被忽视，下属可能提供部分绩效信息，以为管理者对很多信息都是清楚的；管理者在进行绩效辅导的时候，也常常会忽略一些他认为下属理所当然应该知道，但实际上下属可能不完全知道，或者不掌握解决问题的关键技术等。虽然在信息沟通中，所有人都不可能做到信息的面面俱到，但是管理者和下属都必须做到关键信息不遗漏。

2. 信息的准确性

信息的准确性是指提供的信息对沟通双方来说应该是准确、对称的，信息完整性是要求信息发出者提供全部的必要信息，而信息的准确性则强调信息发出者提供的信息是准确的。沟通信息的准确性要求根据环境和对象的不同采用相应的表达方式。

许多关于人际沟通的研究工作关注信息的准确性。这些研究普遍强调，应该使信息在整个传送过程（编码和解码）中基本不改变或偏离原意，并将之视为有效沟通的基本特征。为了保障沟通双方对信息都有精确的理解，我们应注意以下两个方面。

（1）信息来源对沟通双方来说都应该是准确和可靠的，这是信息准确性的基本要求。在沟通过程中，出现信息不准确现象的一个非常重要的原因就是原始数据的可靠性不符合沟通的需要。特别是管理者对下属的工作失误提出意见时，就必须使用双方都能够认同的信息源所提供的信息。例如，甲和乙之间有一些私人矛盾。如果管理者以甲提供的信息为依据，对乙的怠工行为提出批评，就容易遭到乙的排斥。即使这种情况是客观发生的，这样的沟通也无法达到应有的效果，因为沟通信息的可靠性没有得到接收者的认同。

（2）信息传递方式有助于沟通双方准确理解信息。在沟通过程中，应该使用沟通双方都能够理解的媒介手段和恰当的语言表达方式。

① 选择合适的媒介手段。目前主要的媒介包括会谈、书面报告、信息系统等各种各样的形式。在选择媒介时，不能仅凭信息发出者的意愿，而要根据沟通对象的特征、沟通的目的以及各方面的环境因素等进行综合考虑。例如，管理者要针对某个下属在工作中的问题进行辅导，通常就应该采用一对一面谈的形式；而对于团队工作中的问题，在团队成员数量有限并有可能集中而不影响工作进展的情况下，就可以采用团队集体会议的方式进行沟通。随着信息技术的不断发展，信息传递的准确性有了很大的提高，人们可以在很短的时间内将信息以文字文件、图像、声音等形式传送到世界的各个地方。在企业管理中，人们在更加广泛的领域使用企业内部网络或基于互联网的信息平台，进行管理者与下属双方的沟通。但是，如果下属的工作环境和个人经济情况决定其没有经常上网的条件，片面地追求时髦的管理手段就可能达不到任何效果，这种情况下，信息系统远不如车间里的小黑板来得有效。

② 选择恰当的语言表达方式，主要应注意恰当的词汇和恰当的语言风格两个方面。关于沟通词汇的准确理解，主要是由于沟通双方在文化和语言上的差异往往会导致对相同词汇的不同理解。有一个流传很广的案例可以说明这个问题：一个美国商务代表团到日本参加谈判，直到他们就要打道回府时，才发现双方离达成共识还有很大的距离。因为在谈判中，每当日方对于价格等问题提出异议时，只要美方在其他方面略作让步，日方代表就会回答"哈伊""哈伊"，之后，美方就将谈判引入下一个议题。实际上，日本人说"哈伊"（日语中的"是"）只是意味着理解了对方的意思，并不代表对对方意思的认同。关于语言风格的选择，沟通双方可以根据不同的沟通主题，决定是选择正式语言、非正式语言，还是非规范语言。这三种不同类型的语言运用于不同的沟通方式，服务于不同的沟通对象和沟通目的。在管理者与下属之间进行的非正式沟通中，人们更多地运用非正式的语言进行交流，甚至会使用一些在工作场所中大家都能够理解的非规范语言。但是在正式的书面沟通（如定期的工作报告）中，就会更倾向于使用正式语言精确地表达信息的内容。

第二节　绩效信息收集

一、绩效信息收集的意义

赫伯特·西蒙认为"决策过程中至关重要的因素是信息联系，信息是合理决策的生命线。"全面准确和客观公正的绩效信息是作出绩效管理相关决策的基础，绩效信息的质量在一定程度上决定了绩效管理的成败。在绩效实施过程中,管理者需要持续地收集和积累大量准确有效的绩效信息,为绩效管理的过程控制和考核工作提供翔实的信息基础,这也是绩效管理成功的基础和关键之一。作为一项长期的基础性工作,绩效信息收集的重要意义主要体现在以下三个方面。

1. 绩效信息是绩效执行决策的基础

通过对绩效计划执行过程中各种绩效信息的收集和分析,可以发现绩效计划执行中存在的问题。这有利于管理者对绩效计划总体情况的通盘掌控,在下属需要帮助的时候提供及时有效的帮助和支持,更重要的是在重大绩效事故出现之前就作出正确的预判,从而避免重大绩效事故的发生。同时,也可以通过关键事件树立典型标杆,有利于员工在计划执行过程中的自我改进和调整。在员工需要绩效辅导时,能基于现有信息作出正确的辅导措施,以帮助员工达成绩效目标。

2. 绩效信息是绩效考核决策的依据

绩效考核的权威性、科学性和公平性是保障绩效管理系统有效性的重要方面。绩效考核需要建立在准确翔实的绩效信息基础上,同时避免评价的主观随意性或根据回忆来进行评价。因此,在绩效实施过程中,收集绩效信息,为绩效考核环节提供全面的信息基础,具有重要的意义和价值。

3. 绩效信息是绩效改进决策的依据和保障

通过对绩效信息的系统整理和全面分析,梳理和挖掘出绩效优秀的原因,并发现影响绩效提升或导致绩效低下的各种问题,为组织绩效的持续提升做信息资源保障。例如,可以对绩效优秀者和绩效一般者进行全面的对比研究,特别是对绩效优异的关键事件和绩效低下的关键事件的对比分析,挖掘其深层次的原因,对成功经验及时推广,对绩效低下者提供培训,对系统性的问题则需要及时整改,以达到绩效持续改进的目的。

二、绩效信息收集的内容

(一)绩效信息内容的确定

任何信息的收集行为都需要占用组织的资源,而几乎所有组织的资源都是有限的。绩效信息收集的主要是与绩效目标达成密切相关的关键绩效信息,而不是对绩效信息的全面记录。绩效信息收集要求既重结果又重过程,要求对重要的过程信息和结果信息进行全面完整的记录。关于绩效信息的内容确定,需要关注如下几个方面。

1. 绩效目标决定绩效信息收集的范围

所有与实现各层次绩效目标相关的重要绩效信息都需要收集、记录和保存下来,其中,与组织战略目标相关的绩效信息是相关工作需要特别关注的领域。

2. 信息收集的内容需要面向绩效考核

绩效考核与绩效执行的信息在内容上是一致的，绩效考核需要的信息就是绩效执行中的重要内容。绩效考核是一项鉴定活动，是依据绩效信息对绩效计划执行情况的评判。在绩效实施过程中，需要对绩效信息进行全面的收集和整理，为绩效考核工作提供有力的佐证，从而确保绩效考核的公正性和准确性，并保障员工对绩效考核结果的认可。

3. 绩效信息一般分为关键事件、业绩信息和第三方信息

关键事件是指一些比较极端或比较有代表性的行为或具体事件。当这类事件发生时，要及时客观地做记录，不应当加入任何主观的判断和修饰。记录的内容主要是全面描述事件，包括事件具体发生的时间、当时的情况、员工具体的行为以及最后的结果等，总之应尽可能客观具体地列出当时的重要的关键事件或结果信息。业绩信息是指完成绩效计划或工作任务时的各种业务记录，特别需要注意收集绩效突出和有绩效问题的相关信息。业绩信息收集的过程也是对绩效相关的数据、观察结果、沟通结果和决策情况等的记录过程，主要确定需要做什么、为谁做、什么时候做，从而帮助员工创造好的绩效。员工是绩效的主要责任者，让员工参与收集信息同时也是使员工参与绩效管理过程的好方法。通过收集信息，员工不再将绩效管理看成监督和检查的工具，而是把绩效管理看成发现和解决问题的工具。第三方信息是指让客户等帮助收集的信息。内部记录的绩效信息不可能涉及绩效考核的方方面面，管理者也不可能了解员工的每个工作细节，例如，管理者不可能总是盯着电话是不是在响了十几声之后才被接听，也不可能总是观察员工接听电话的内容和态度，所以有必要借助第三方来收集信息。

案例 3-4　　　　　　　　关键事件举例

1. 一个积极的关键事件

王林是一家公司的销售员，李志光是他的老板。一天，李志光路过王林的座位时，正巧他在讲电话。李志光注意到王林正在给买了产品的客户打电话，询问客户使用产品的情况："您觉得用起来怎么样啊？""您觉得我们的产品还有哪些需要改进的方面吗？""除了我们的产品，您还用过其他品牌的产品吗？""他们在哪些方面比我们的好？"并且看到王林认真地记录下了客户的意见。过了几天，一份整理完好的客户意见调查报告就呈现在李志光的办公桌上。李志光发现，王林对客户使用产品的意见进行了详细的总结和归类，并且有自己的分析意见，这些意见对于产品的改进很有帮助。

2. 一个消极的关键事件

赵爽将一份打印精美的月度报告交给了高经理。高经理非常认真地阅读了这份报告，他对报告中的有些数据感到有些怀疑,于是就重新计算了一下,果然发现有错误。高经理忽然想到赵爽的报告与林磊的报告用的是同样的模板,于是他拿出林磊的报告与其对照了一下,结果发现赵爽的报告中有些数据由于粗心没有被替换掉,用的还是林磊原来的数据,这样就导致了数据的错误。

资料来源:数据收集的主要方法[EB/OL]. (2014-09-19). http://www.doc88.com/p-6768192933352.html.

(二)绩效信息收集的主要内容

信息的记录和收集需要耗费大量的时间、精力和金钱,因此并非所有的信息都需要记录和收集,也不是收集的信息越多越好。所收集的信息应该与工作绩效紧密相关,以该岗位的关键绩效指标或绩效目标/计划作为依据进行信息的收集是常用的方法。通常来说,应该收集的绩效信息内容主要包括以下几方面。

(1)工作目标或任务完成情况的信息。
(2)证明工作绩效优秀或不良的事实证据。
(3)来自内、外部客户的积极和消极的反馈信息。
(4)与员工进行绩效沟通的记录。
(5)员工因工作或其他行为受到表扬或批评的情况。

这些信息中,有一部分是员工工作结果的数据,还有相当一部分是员工工作行为的"关键事件"。所谓关键事件,是指员工工作中的一些典型行为,其中既包括证明绩效优异的事件,也有证明绩效存在问题的事件。对关键事件的记录要持续进行,建议采用员工绩效记录卡作为必要的辅助,如表3-2所示。

表3-2 员工绩效记录卡

员工姓名:		职位:		所属部门:	
	满意事件			不满意事件	
时间	事件内容			时间	事件内容
2002/1/1	为完成AS系统升级,连续三个星期加班加点,毫无怨言			2002/4/1	没有按照安全操作规程操作
2002/2/10	尽管遇上机械故障,生产任务仍然能够按时完成				
2002/3/20	在职责范围之外,为公司重要客户授课,客户评价极高				
记录人:					

资料来源:张建国,徐伟. 绩效体系设计——战略导向设计方法[M]. 北京:北京工业大学出版社,2003.

三、绩效信息收集的来源

绩效信息收集应该实现制度化，对信息来源、信息汇总部门、信息使用和反馈部门等作出明确的规定。其中，信息汇总部门、信息使用和反馈部门都是静态的制度性规定，如信息由人力资源部或绩效考核办公室汇总，向各部门及时进行绩效反馈，对绩效信息的使用、保密等按照组织的规定执行即可。但是对信息来源的规定则是动态发展的，管理者需要作出明确的规定，确保信息收集渠道的畅通和准确有效的绩效信息的获得。

目前，通常采用多渠道保障绩效信息的准确性和客观性。很多组织采用 360 度全方位绩效信息采集方式，要求高层管理者、部门管理者、一般员工、外部客户等都需要参与绩效信息的收集。针对具体岗位，需要明确每种信息来源在绩效考核中的权重，对于最重要的绩效信息应该保证其完整、全面和准确。下面对不同绩效信息的来源进行简要说明。

（一）上级

上级掌握的绩效信息比较全面，能够从宏观和整体上看待下属的绩效表现，对绩效结果的判断也比较客观和全面。在任何类型的组织中，上级都是最主要的信息来源之一，因为他们了解公司的战略目标，清楚绩效要求，并且通常负责管理员工绩效。除此之外，在某些文化背景下，由于科层制组织架构的广泛普及，上级被认为是员工绩效的唯一来源。例如，一项针对 74 位约旦人力资源总监所作的调查发现，在被调查的所有组织中，员工绩效信息几乎全部来自上级，而且 95%的公司不会让员工的同事提供绩效信息，82%的公司不会让员工本人提供绩效信息，还有 90%的公司不会让客户提供绩效信息。

但是，上级也不可能了解下属工作的所有信息，还有很多工作是上级没有办法经常观察的，如营销人员、教师、医生等工作，上级对其绩效表现的了解就不及客户。另外，上级也是人，也有个人喜好和价值取向，在绩效信息收集过程中，完全可能存在偏见。因此，仅有上级信息来源还不够，必须保证绩效信息来源的多样性。

（二）同事

随着战略协同和团队工作在组织管理中的普及，同事作为绩效信息的来源在绩效信息系统中的重要性越来越受到重视，同级评价所占的权重也越来越大。例如，澳大利亚国立大学医学院最近引入一个系统，学生在这个系统中可以从为人和学术两个方面给自己的同学打分。在医学院第一年结束时，学生们就开始在网上匿名打分，而且还可以分享自己对他人的评价，学院则要给为人或学术达不到标准的学生发出预警。

不过，由同事作出绩效评价会存在三个方面的问题：第一，当员工相信在工作中存在友情偏见时，这种绩效评价结果可能不容易被员工所接受。换言之，如果一位员工认为，他的同事对他作出的评价之所以比另一位同事差，只不过是因为另一位同事的朋友更多，那么，员工就不会把绩效评价结果当回事。这样，员工也就不会运用得到的反馈进行绩效改进。第二，与上级评价相比，同事评价往往会在被评价者的所有绩效维度上保持较高的一致性。换句话说，如果同事对一位员工的某个绩效维度评价很高，那么，他们很可能会对被评价者在所有绩效维度上的表现都给予较高的评价，即使这些需要被评价的绩效维度可能并不具有关联性，或者它们要求员工具备的知识、技能和能力是不相同的。第三，同事评价会受到所谓语境效应的影响。以同事对沟通行为进行评价为例来说明这样一个问题，即沟通行为能否表现出一些显著的特点是会受到情境影响的：与日常工作相比，沟通行为在产生冲突时体现得要更为明显一些。因此，同事评价的结果也就会因为评价者的不同考量而有所不同。例如对沟通行为进行评价时只是考虑了某个具体事件，与通盘考虑各种情境后再进行的评价相比，结果就是不一样的。

正是由于同事评价具有上述几个方面的缺点，因此，将它作为唯一的绩效评价信息来源是很不明智的。同事评价可以作为绩效评价体系的一个组成部分，但还应该从其他信息来源去获得员工的绩效评价信息，其中包括员工的上级。

（三）下级

在对管理人员的绩效进行评价时，下级成为重要的信息来源。下级非常适合对自己上级的领导能力——其中包括授权能力、组织能力以及沟通能力等——作出评价。此外，组织通常还会要求下级对上级评价的能力有：第一，扫除员工面临的障碍的能力；第二，使员工不受政治困扰的能力；第三，提升员工胜任能力的能力。在实施这种类型的绩效评价体系时，如果下属觉得比较为难，他们可能就不愿意提供自下而上的这种反馈。然而，如果管理人员愿意花时间去与下级进行沟通和接触，真诚地请他们发表自己的意见，则员工会更愿意提供真实的反馈。戴尔公司每隔半年就开展一次名为"告诉戴尔公司"的对上级的评价活动，迈克尔·戴尔本人也要接受这种评价，然后这些评价将作为重要依据决定管理者的薪酬和任职的去留问题。

由下级进行绩效评价的目的会对提供绩效信息的准确性产生影响。总的来说，如果让下级作出绩效评价是为了进行管理人员的开发，而不是用于管理方面的目的，则下级提供的绩效信息会更加准确。如果通过下级评价得到的信息用于管理目的，则下级员工往往会有意抬高他们提供的绩效评价分数。最主要的原因在于：员工可能担心一旦给自己的上级打出了较低的绩效分数，上级很可能会对自己实施报复。因此，下级对管理人员进行评价的时候，必须采取完全匿名，并且保密性非常高的评价方法，否则很难收集到真实信息。

（四）本人

在现代管理中，自我管理和自我评价也越来越受到重视。当员工有机会参与绩效管理过程时，他们对最终结果的接受程度可能会提高，而他们在评价面谈阶段的防御心理则会受到弱化。自我评价的另一个优点是：员工是在整个评价周期内追踪本人工作活动的最佳人选，而一位管理者则可能需要同时关注几位员工的绩效表现。然而，在进行管理决策时，员工本人又不能作为唯一的绩效信息来源。因为相对于其他信息来源（例如上级）而言，员工的自我评价可能会更加宽松且误差更大。正是由于这种原因，绝大部分《财富》500强企业的绩效管理体系都不包括员工自我评价。不过，当自我评价用于开发目的而不是管理目的时，评价宽松的情况就会有所减少。

此外，下列建议也有助于提高自我评价的质量：首先，利用相对评价体系而不是绝对评价体系。例如，不是让员工运用从"很差"到"卓越"这样的评价尺度去进行自我评价，而是给他们提供一个相对尺度，让他们将自己的绩效去同他人进行比较（例如，"低于平均水平""平均水平""高于平均水平"）。其次，允许员工练习自我评价技能。为员工提供进行多次自我评价的机会，因为自我评价技能可以通过不断实践加以锻炼。再次，确保保密性。确保从员工个人那里收集来的绩效信息不会被泄露出去，不会与除员工的上级和有关方面（如同一工作小组的成员）之外的其他人分享这些信息。最后，强调未来。对员工未来的开发计划应给予充分的重视，员工应该明确自己的未来开发计划以及所要取得的成果。

虽然目前自我评价在绩效信息收集的实践中受到的重视程度仍然不高，但是评价者可以通过对比真实绩效水平和自我期望或自我评价的差距，做出积极主动的调整，对绩效目标的达成和绩效改进具有重要的作用。

（五）客户

客户对一个组织的产品或服务的认可是该组织赖以生存的基础，也是其战略目标实现的决定性因素。外部客户信息对绩效改进有重要的意义，在绩效管理中需要更加重视对外部绩效信息的收集和使用。虽然从客户那里收集信息的成本非常高，但这是一个非常重要的过程。通常情况下，组织对客户信息的收集主要在与客户互动频繁的群体里进行，如由采购人员、营销人员、售后服务人员、与客户直接接触的一线人员等负责从客户那里收集绩效信息。另外，对客户信息收集时机的把握也非常关键，如很多服务性工作通常在员工提供服务结束时就需要立即收集，电信运营商和商业银行的满意度评价信息的收集通常都采用这种形式。

另外，还可以从一个组织的内部客户那里收集绩效信息。例如，直线管理人员可以提供组织中的人力资源管理人员的绩效信息。

四、绩效信息收集的方法

采用科学的信息收集方法获取准确、有效和全面的绩效信息，是作出科学的绩效管理决策的基础，对提升战略性绩效管理的决策质量有重要的意义。不同的绩效信息需要通过合适的绩效方法收集，管理者在设计信息收集渠道的时候需要选择最优的方法以保障信息收集工作的质量。目前主要的绩效信息收集方法有如下几种。

（一）工作记录法

对需要详细工作记录的工作进行监管的时候，就需要使用工作记录法收集相应的绩效信息。例如，对于财务、生产、销售、服务有关方面数量、质量、时限等指标，就需要使用工作记录法，规定相关人员填写原始记录单，并定期进行统计和汇总。工作记录法要求使用规范的信息收集表格，在条件允许的情况下，也可以使用电子表格或绩效信息系统进行收集，以便于信息的存储、统计、汇总和分析。

（二）观察法

观察法是管理者直接观察下属的工作表现。在各种渠道中，观察一般是最可靠的。观察是一种收集信息的特定方式，通常是由管理者亲眼所见，亲耳所闻，而不是从别人那里得知。管理者常常采用走动式管理，对工作现场进行不定时的考察，从而获取第一手绩效信息。

（三）抽查或检查法

这种办法常常与工作记录法配合使用，是为了核对相关绩效信息的真实性而采用的一种信息收集方法。管理者或专门的部门可以对绩效信息进行抽查或检查，确保原始信息的真实性。

（四）关键事件法

这种方法要求在绩效实施过程中，特别对突出或异常失误的关键事件进行记录，为管理者对突出业绩进行及时奖励和对重大问题进行及时辅导或纠偏做准备，并为绩效考核和绩效改进做基础信息收集。

（五）他人反馈法

员工的某些工作绩效不是管理者可以直接观察到的，也缺乏日常的工作记录，这种情况下就可以采用他人反馈的信息。一般来说，当员工的工作是为他人提供服务或工作过程中与他人发生关系时，就可以从员工提供服务的对象或发生关系的对象那里得到有关的信息。例如，对于从事客户服务工作的员工，管理人员可以通过客户满意度调查表或与客户进行电话访谈或座谈会的方式获得员工的绩效信息；对于公司内部的行政后勤等服务性部门的人员，可以从接受其提供服务的其他人员那里了解信息。

信息收集方法的正确有效与否直接关系到信息质量的好坏，而每种方法都有一定的局限性，因此各种方法的综合运用是值得推荐的，当然也要考虑到收集的成本和效率。

案例 3-5　　　　　奥蒂斯电梯公司的绩效管理系统

位于康涅狄格州法明顿（Farmington，Connecticut）的奥蒂斯电梯公司（Otis Elevator）是世界上最大的升降梯、滚梯、移动步梯以及其他立体的和水平的行人交通系统的生产商、安装商和服务商。奥蒂斯公司的产品远销世界200多个国家，公司雇用了63 000多人。埃菲尔铁塔、悉尼歌剧院、梵蒂冈、多伦多电视塔、香港会议中心的人员运送系统都有奥蒂斯安装的产品。

在奥蒂斯公司中负责全球工程业务的高层领导人，希望能够避免在传统的绩效管理系统中存在的一些问题。因为，原来的绩效管理系统尽管耗费了大量的纸张和时间，但是员工却觉得并没有多大用处。此外，公司最近刚刚开始综合性地运用各种项目团队，因此希望能够对成功管理团队所必需的管理能力进行评价，这样，绩效考核体系就必须一方面应当能够准确评价管理者的团队领导能力和项目管理能力，另一方面还必须能够让管理者对工程项目的经营结果达成情况负责到底，除了评价团队的领导能力和经营结果之外，奥蒂斯公司还希望能够对工程管理人员的领导技能进行评价。然而，由于工程管理人员还不太习惯接受领导技能方面的评价，因此，公司希望自己的绩效管理系统能够以一种有助于管理者学习和开发领导能力的方式来向他们提供反馈。

奥蒂斯公司决定建立起一套可以通过互联网和公司的局域网登录的评价系统。工程管理人员的直接下级、同事、客户以及他们的上级管理人员都将被吸收到这一评价过程中来。奥蒂斯公司目前正在使用的这个评价工具一共包括75个行为项目，它所要评价的是团队领导能力中7个方面的内容（沟通、变革领导、客户关系、人员开发、团队建设、流程/任务知识、创新和创造力）。员工可以通过一个非常简单和界面友好的网站来使用这个评价工具，员工在登录这个网站后，只要输入个人的身份证号码，就可以看到一个介绍这一评价工具及其使用方法的界面。员工可以在上面进行评价，然后审查，并且在正式提交自己的评价结果之前还可以对评价结果进行修改。评价是以匿名的形式进行的，评价一个人大约需要 20 分钟的时间。一旦对某位工程管理人员的所有评价都已完成，那么计算机会自动将所有的评价结果汇集起来，被评价者本人在三天之内就能够收到关于其个人评价情况的文件，在这些工程管理人员所收到的文件中，不仅包括他们关心的评价结果，而且包括他们个人的评价结果与一位"理想的"领导者之间所存在的差距。这份文件还总结了被评价者的同事、上级、下级以及客户分别是如何对他们进行评价的。现在，一方面完成绩效考核以及提供绩效反馈的时间缩短了，另一方面管理者得到了与他们个人在领导能力方面的长处和短处有关的更为具体的信息，并且，在进行下一次评价之前，管理者有了更多的时间来改进他们的短处。

资料来源：李文静，王晓莉. 绩效管理[M]. 大连：东北财经大学出版社，2015：5.

五、绩效信息收集的注意事项

（一）要注意有目的地收集信息

收集信息之前，一定要明确为什么要收集这些信息，有些工作没有必要收集多的过程信息，只需要关注最后结果就可以，那么就不必费尽心思收集过多的绩效信息。如果最后发现收集来的信息并没有太大价值而被置之不理，不但浪费收集过程中的人力、财力、物力，也会使管理者和员工对绩效管理工作产生厌烦。

（二）要收集事实而不是判断

要收集的信息应该围绕绩效行为和结果的事实，而不是对事实的主观判断和推测。例如，"小王与客户打电话时声音越来越高，而且用了一些激烈的言辞"，这是一段对工作行为事实的描述；而"小王的情绪容易激动"，这就是对事实的主观判断。可靠的绩效信息是那些可以被观察或测量的客观行为和结果，行为背后的动机或情感则是信息记录和收集者的主观推测，由于带有较大的感情色彩和个人倾向，所以不能用作绩效信息。

（三）要让员工参与收集信息

作为管理人员，不可能每天 8 小时地盯着员工观察，因此管理者看到的信息可能是不完全或者是偶然性的。让员工参与到绩效信息的收集过程中，教会员工自己做工作记录是解决这一问题的好方法。另外，员工参与能够体现员工的主动性，以此为依据对员工进行评价也容易让员工接受。但是，员工在做工作记录或收集绩效信息时往往会出现选择性记录或收集的情况，报喜不报忧或是夸大成绩、强调困难，对问题和缺陷轻描淡写。所以，最好采用结构化的方式，明确员工所要收集和记录的信息内容和要求，将个人对信息的筛选降低到最小。

（四）要采用科学、先进的方法收集信息

科学、先进的收集和记录方法可以大大提高信息收集的效率和质量。例如抽样方法，就是从一个员工全部的工作行为中抽取一部分工作行为做出记录。这些抽取出来的行为就叫作一个样本，通过代表性的样本客观公正地反映员工的绩效情况。常用的抽样方法有固定间隔抽样、随机抽样、分层抽样等。另外，绩效管理信息系统的应用也越来越广泛。该信息系统包括企业的 ERP 系统或者其他类似业务管理系统（如财务部门的数据系统）中与员工绩效相关的所有数据，为绩效管理提供及时、准确、全面的信息，可以使员工和管理者随时掌握绩效进展的最新情况。

第三节 绩效辅导

不会指导下属的管理者不是有效的管理者，不愿指导下属的管理者不是合格的管理者。优秀的管理者需要针对不同的情况，积极研究如何指导下属，帮助下属提升绩效水平。从某种意义上说，绩效实施的过程就是通过绩效信息的收集进行双向沟通从而实现绩效辅导的过程。

所谓绩效辅导，是指管理者采取恰当的领导风格，在进行充分的绩效沟通的基础上，根据绩效计划，针对下属工作进展中存在的问题和潜在的障碍，激励和指导下属，以帮助其实现绩效目标，并确保其工作不偏离组织战略目标的持续过程。管理者作为绩效辅导的主导者和推动者，不仅需要对下属提出的各种要求作出积极回应，还需要能够前瞻性地发现潜在问题并在问题出现之前将其解决。

一、绩效辅导的作用

（1）向员工提供建议，以帮助他们改进绩效。换句话说，绩效辅导不仅涉及向员工描述清楚需要做什么，而且需要告诉他们应当怎样做。绩效辅导既关注结果，也关注行为。

（2）给予员工指导，从而使他们能够合理地开发自己的知识和技能。绩效辅导需要提供两方面的信息：一是正确地完成工作需要具备哪些方面的知识和技能；二是员工如何才能获得这些知识和技能。

（3）为员工提供支持，同时只在员工确实需要自己时才会出现。绩效辅导要求当员工需要上级的帮助时，上级会及时出现，但它同时也要求管理者不要每时每刻都去对员工的活动进行监督和控制。归根结底，绩效辅导是一种为员工提供便利的活动。改进绩效的责任最终还是要落在员工个人身上。

（4）使员工获得信心，让他们确信自己有能力持续提升个人的绩效，同时增强他们对管理个人绩效的责任感。绩效辅导不仅涉及向他们提供积极的反馈，让员工对自己所做的工作充满信心，而且还涉及向他们提供其他反馈，使他们知道在哪些方面还需要有所改善。

（5）帮助员工提升胜任能力，指导他们获得更丰富的知识和更娴熟的技能，从而帮助他们完成更加复杂的任务，同时能够承担更高级别的工作。绩效辅导需要综合考虑短期目标和长期目标两个方面，其中包括员工如何才能从获得新知识和新技能中获益——在他们未来从事新的工作职位或承担新的工作任务时，这些新知识和新技能将会派上用场。

知识链接 3-3　　　　管理中的皮格马利翁效应

皮格马利翁是古希腊的一名雕塑家，他雕塑了一名美丽的少女雕像，爱不释手，对其倾注了全部心血，结果少女居然真的活了起来。心理学家根据这个故事提出了"皮格马利翁效应"，指的是有的时候人们的期望会使奇迹发生。

教育学家罗森塔尔曾经做过一个实验：在一个小学班级里进行了一次测验，然后把测验结果封存起来，只是告诉班主任其中某几名学生将来可能会有所作为。几年以后，果然那几名学生表现出众。再拿出当年的试卷，发现这几名同学与他人无异。原来罗森塔尔当初只是随机点了这几名学生，真正让他们发生改变的是班主任对他们的关注和期望。

心理学家班图拉提出了"自我效能感"这一概念，也就是指一个人对自己有能力完成一项任务的信念。员工要完成一项工作，首先必须自己相信自己，而管理者的期望对员工自我效能感的提高有很大影响。如果管理者总是担心员工不能胜任，对其所犯错误横加指责，员工往往真的会将事情搞砸。而如果管理者能够对员工鼓励信任，对其所做称赞多一些、批评少一些，员工的表现也愈加会让管理者满意。这就是管理中的"皮格马利翁效应"。

资料来源：李文静，王晓莉. 绩效管理[M]. 大连：东北财经大学出版社，2015：5.

二、绩效辅导的指导原则

1. 良好的绩效辅导关系是基础

为了使绩效辅导发挥作用，非常必要的一点是在提供辅导的教练和员工之间建立起信任与合作的关系。法尔和雅各布斯认为，所有参与这一过程的利益相关者之间的"合作式信任"很有必要。为了建立这种关系，教练首先要认真倾听，从而充分理解员工。换句话说，教练要站在员工的立场，从员工的角度来看待工作和组织。第二，教练要善于寻找员工积极的一面，因为这样更容易被员工理解和接受。第三，教练要认识到，绩效辅导不是要对员工做什么，而是要与员工在一起做些什么。总之，管理者在进行绩效辅导时要善于换位思考，并有同情心。这种辅导方式有助于与员工建立起良好的关系。除此之外，这也给教练本人带来一种好处，即这种同情式的辅导可能成为很多管理者用来释放长期面临的心理压力的良药。有人认为这种形式的辅导之所以能够减轻压力，是因为同情心的感受能够引起某种身体反应，从而刺激有助于减缓压力的副交感神经系统。

2. 员工是自我变革的源头和主导者

教练必须认识到，员工是自我变革和自我成长的源头。毕竟，绩效辅导的目的是改变员工的行为以及为员工在未来表现出不同的绩效指引方向。如果员工不能对自己进行规划和指引，这种改变就不会发生。因此，教练应该为员工制定日程表、目标和方向提供便利条件。

3. 员工是完整而又独特的

教练必须认识到，每一位员工都是独特的个体，都有与工作相关的身份或无关的身份（如计算机网络系统专家、父亲、滑雪爱好者）以及独特的个人经历。教练必须尝试着建立起对员工的整体性、全面性和丰富性的认识。如果教练能够了解员工的生活，并帮助员工以更有意义的方式构建个人生活与工作体验之间的联系，这将会非常有好处。

4. 教练是员工成长的助推器

教练的主要角色其实是一种助推器。教练要指导员工成长，并对其成长的具体内容（如开发计划）提供帮助，但又不包办这些事项。教练需要维持员工乐于探索的态度，帮助员工更好地了解自己的优势、资源和挑战，并且帮助员工制定目标。

三、绩效辅导的风格

（一）依据下属成熟程度选择绩效辅导风格

管理者不可能也不需要随时对下属进行绩效辅导。管理者只需在下属需要辅导时，及时提供辅导与支持即可。对管理者来说,准确判断下属在什么情况下需要绩效辅导就成为一个技术性问题。为了提高绩效辅导的有效性,管理者需要对不同的下属采取不同的方式,使绩效辅导更有针对性。

保罗·赫西(Paul Hersey)和肯·布兰查德(Ke.Blanchard)在 1969 年提出的领导情境理论,又称作领导生命周期理论,为管理者作出正确的判断、选择正确的绩效辅导风格提供了理论指导。该理论将领导划分为任务行为和关系行为两个维度,并根据两个维度组合成指示、推销、参与和授权等四种不同的领导风格。

(1)S1 指示:高任务——低关系领导风格。
(2)S2 推销:高任务——高关系领导风格。
(3)S3 参与:低任务——高关系领导风格。
(4)S4 授权:低任务——低关系领导风格。

该理论还比较重视下属的成熟度,这实际上隐含了一个假设:领导者的领导力大小实际上取决于下属的接纳程度和能力水平的高低。而根据下属的成熟度,也就是下属完成任务的能力和意愿程度,可以将下属分成以下四种类型。

(1)R1:下属既无能力又不愿意完成某项任务,这时是低度成熟阶段。
(2)R2:下属缺乏完成某项任务的能力,但是愿意从事这项任务。
(3)R3:下属有能力但不愿意从事某项任务。
(4)R4:下属既有能力又愿意完成某项任务,这时是高度成熟阶段。

保罗·赫西和肯·布兰查德的领导情境理论的具体模型如图 3-2 所示。

领导情境理论的核心就是将四种基本的领导风格与下属的四种成熟度相匹配,管理者根据下属的不同绩效表现做出适当回应并提供相应的帮助。随着下属成熟度的提高,领导者不但可以减少对工作任务的控制,而且可以减少关系行为。具体来讲,在 R1 阶段,采用给予下属明确指导的指示型风格;在 R2 阶段,领导者需要高任务——高关系的推销型风格;到了 R3 阶段,参与型风格的领导最有效;而当下属的成熟度达到 R4 阶段时,领导者无须再做太多的事情,只需授权即可。

(二)依据环境和下属的权变因素选择绩效辅导风格

管理者在帮助员工实现其绩效目标的过程中,需要充分考虑下属自身的特点和环境的限制因素,然后提供有针对性的绩效辅导。罗伯特·豪斯(Robert Houe)提出的路径—目标理论为管理者提供了相关的理论指导。

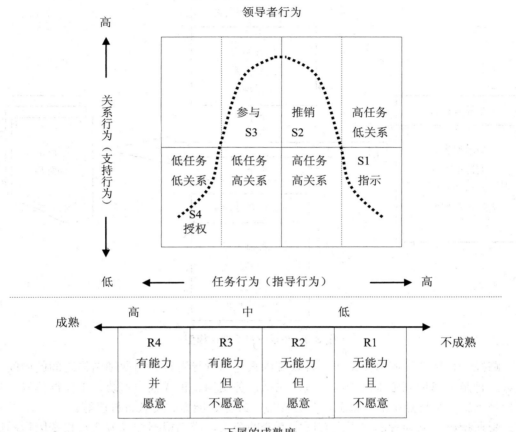

图 3-2 领导情境理论

该理论是豪斯提出的另一种经典的领导权变模型。豪斯认为，如果领导者能够弥补下属或工作环境方面的不足，则会提升下属的工作绩效和满意度。有效的领导者通过明确指出实现工作目标的途径来帮助下属，并为下属消除在实现目标过程中出现的重大障碍。有效的领导是以能够激励下属达到组织目标以及下属在工作中得到的满足程度来衡量的。如图 3-3 所示，豪斯提出了以下四种领导风格。

(1) 指示型领导：领导者发出指示，下属不参加决策。
(2) 支持型领导：领导者对下属很友善，而且更多地考虑下属的要求，关心下属。
(3) 参与型领导：下属参与决策和管理，领导者主动征求并采纳下属意见。
(4) 成就指向型领导：领导者为下属设置挑战性的目标，相信下属能达到这些目标。

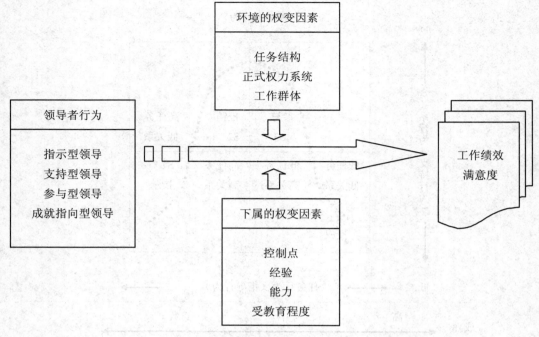

图 3-3 路径—目标理论模型

路径—目标理论同时提出了两种权变因素作为领导者行为与业绩结果之间的中间变量。一种是下属控制范围之外的环境，包括任务结构、正式权力系统、工作群体等。另一种是下属个性特点中的一部分，如控制点、经验、能力、受教育程度等。

豪斯指出，领导者的选用没有固定不变的公式，应当根据领导方式与权变因素的恰当配合来考虑。但是与菲德勒（Fiedler）不同，豪斯认为领导者是弹性灵活的，同一领导者可以根据不同的情境因素选择不同的领导风格。由路径—目标理论还可推导出一些观点，这些观点对于领导行为的指导同样具有很重要的意义。

（1）当面对结构模糊的任务或压力较大时，指示型领导会带来更高的满意度。

（2）当任务结构化的时候，支持型领导会得到比较高的绩效和满意度。

（3）对能力强或经验丰富的下属而言，指示型领导被视为累赘。

（4）组织正式权力系统越完善、越官僚化，领导者越应采用支持型风格，而减少指示行为。

（5）当工作群体内部有激烈冲突时，指示型领导会产生较高的下属满意度。

（6）内控型下属更适合接受参与型领导。

（7）外控型下属则对指示型领导更满意。

路径—目标理论虽然受到中间变量过少的限制,但无论是理论本身还是由之推导出的观点,都得到了不同程度的验证,为领导者选择领导行为奠定了理论基础,这些管理的箴言也符合许多高级管理者的行为理念。

从路径—目标理论可以看出,管理者在选择绩效辅导风格的时候,需要根据下属的全部因素和环境的全面因素等两方面的管理情境,决定在指示型领导、支持型领导、参与型领导以及成就指向型领导等辅导风格中做出具体的选择,从而确保通过有效的绩效辅导来弥补下属的不足,以更好地实现绩效目标。为了实现绩效目标,管理者需要及时、系统地找出并消除绩效障碍,同时,管理者角色也发生了改变,其基本角色不再是法官,更多的情况下是伙伴、教练或者导师。

(三)依据管理者的个性特点和行为偏好

(1)推动者。管理者采用推动型的绩效辅导方法,会直截了当地告诉被辅导的员工应该去做什么。例如,辅导教练可能需要指导一位员工怎样去和客户打交道,在这种情况下,这位推动者倾向于对被辅导的员工这样说:"你必须用这种方式和客户说话。"这种教练往往极其自信,说话时语速很快并且语气非常坚决,常常是只讨论工作任务和事实,不太善于表达,很少流露出自己的个人感受。

(2)说服者。绩效教练可以采用劝说的方法来说服员工按他的想法去做。在上面那种情况下,这位说服者会尽力向员工解释,如果用某种特定的方式去和客户进行沟通,则对组织以及员工本人都会有哪些方面的好处。与推动者类似,说服者也非常自信,不过,说服者往往倾向于使用丰富的肢体语言,更多地谈论人际关系,同时会流露出丰富的个人感受。

(3)温和者。绩效教练会采取一种比较温和的风格,他们希望每一个人都很快乐。这种教练的主观性很可能多于客观性,他们之所以会指导员工用某种方式去和客户交流,只是因为从"感觉上来说"这样做应该是对的,或者是员工觉得这样做是对的。这种教练不是那么自信,说话的时候语气也比较柔和,会经常停顿,他们很少打断别人的谈话,并且喜欢做很多有条件的陈述。

(4)分析者。这种教练喜欢用一种系统的、逻辑性较强的方式对绩效进行分析,在提出建议时往往会依据相关的规则和流程。同样是上面的那个例子,在告诉员工应该如何与客户进行交流时,分析者会这样说:"手册里就是这么说的啊。"总之,分析者不是很自信,但与推动者相似的是,他们会更多地谈论工作任务和事实而不是个人感受。

这四种辅导风格哪一种最好?哪一种最有效?答案是,没有哪一种风格一定优于其他风格。优秀的绩效辅导应当被视为一种学习的机会,同时也是设置目标和分派任务的机会。辅导有时候需要提供指导,有时候需要说服员工怎样以一种特定的方式去做一件事情，有时候则需要同情心和形成一种积极的效应，有时候又需要特别重视既定的规则和流程。不过有一点是肯定的，即只强调其中的任何一种辅导方式对员工的开发和成长都会不利。一位无效的绩效教练往往只会用一种方式进行辅导，而不会使用其他方式，另一方面，适应性的辅导会是最有效的，即教练能够根据员工的需要调整自己的辅导风格。事实上，一项对在工作中得到过绩效辅导的员工进行的调查表明，56%的被调查者都认为，绩效辅导并没有给他们带来太大的帮助，原因是辅导风格和员工需求之间存在不匹配的情况。总之，四种绩效辅导风格要综合起来加以运用。

 随堂小测验　　　你的辅导风格是怎样的

表 3-3 中共有 15 行形容词，其中每行分别包括 4 个形容词。请从每行挑选出最符合你对自己的看法的两个形容词，把这两个词圈出来。如果你觉得某一行的 4 个词都挺符合你的看法，那就请从中挑选出两个最符合的词。如果你觉得这 4 个词中没有一个符合你的看法，那就从中挑选出两个最接近的词。然后统计一下在每一列选择的词语总数有多少个。

表 3-3　辅导风格词汇表

	A	B	C	D
1	有条理	莽撞	有魅力	老练
2	有逻辑地倾听	倾诉	礼貌	倾听
3	勤奋	独立	平易近人	合作
4	严肃	果断	健谈	沉思
5	认真	坚决	热情	仔细
6	中肯	冒险	亲切	温和
7	实用主义	有野心	有同情心	优柔寡断
8	自控	强权	情绪外露	一丝不苟
9	目标导向	独断	友好	耐心
10	有条理	敏捷	真诚	谨慎
11	公事公办	明确	善交际	精明
12	勤勉	坚定	开朗	挑剔
13	有秩序	坚持己见	幽默	思考
14	正式	自信	善于表达	犹豫
15	坚持	有说服力	令人信任	拘谨
合计				

统计出在每一列选择的词语总数后,就可以将这些数字标注在图3-4的坐标轴中的相应位置上。举例来说,如果你在A列选中了6个形容词,就在A轴的数字6附近做一个标记,然后在B、C和D轴上也做标记。最后在这些标记处进行上下左右的延伸,从而形成一个矩形。假如在A列选了9个词,在B列选了8个词,在C列选了7个词,在D列选了8个词,那么这个矩形的形状就如图3-4所示。

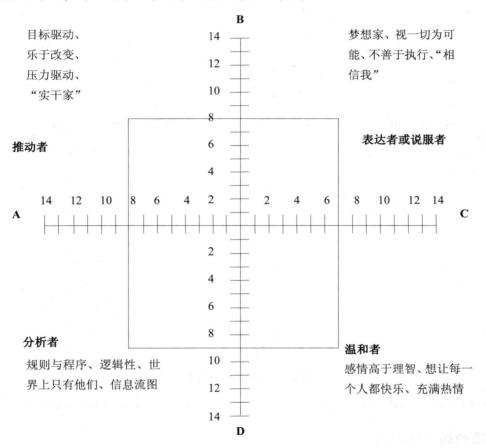

图3-4 辅导风格标记图标

在这个例子中,这个被矩形覆盖的区域表明,这个人主要属于推动者和分析者,但也有可能会是一位说服者和温和者。现在,请你用自己的统计得分在图3-5上画一幅图。

你的辅导风格是怎样的?看一看在四个象限中是否有哪一个象限被这个矩形覆盖的面积比较大,从而表明你的某一种风格明显占据了主导地位。如果有的话,你要怎么做才能很好地运用其他的辅导风格?

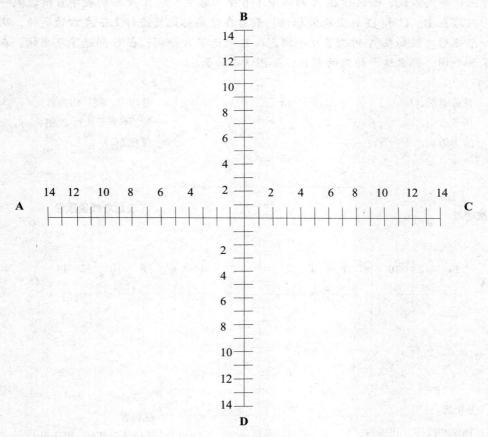

图 3-5　辅导风格标记图

资料来源：你是什么样的领导风格？[EB/OL]．（2014-09-12）．http://www.chinarenli.cn/shownews.php?id=77.

四、绩效辅导的时机

为了对员工进行有效的辅导，管理者必须掌握进行辅导的时机，确保及时有效地对员工进行指导。一般来说，在以下时机对员工进行辅导会获得较好的效果。

（1）当员工需要征求意见时。例如，员工向管理者请教问题或者有了新想法想征求看法时，管理者可以在这个时候不失时机地对员工进行辅导。

（2）当员工希望解决某个问题时。例如，员工在工作中遇到障碍或者难以解决的问题希望得到帮助时，管理者可以传授给员工一些解决问题的技巧。

（3）当管理者发现可改进绩效的机会时。例如，管理者发现某项工作可以用另一种方式做得更快更好时，就可以指导员工采用这样的方法。

（4）当员工通过培训掌握了新技能时。如果管理者希望能够将新技能运用于工作中，就可以辅导他使用这种技能。

（5）当面临新的职业发展机会时。例如，管理者发现员工拥有可供开发的潜力，而企业现在恰好拥有新的项目或发展机会，就可以辅导员工争取机会。

（6）当员工工作业绩出现问题时。例如，员工工作绩效行为或结果不合标准而其自身尚未发觉，管理者就应及时给予提示和指导以纠正其不当行为或观念。

知识链接 3-4　　绩效辅导中处理分歧的小窍门

（1）作为当事人而不是旁观者参与其中。处理分歧时要尽量避免采用单方面的、基于权力的做法，也就是说，经理首先要做的是把自己看作"当事人"，是这场分歧的参与者，而不是"旁观者"和"评论员"，要以绩效合作伙伴的心态和身份参与分歧的处理中。

（2）积极倾听，增进理解。在处理分歧过程中，双方都需要积极听对方说话，并理解对方的愿望、需要和看法。经理不能强迫员工这样做，但你自己可以认真倾听员工说的话，不打断他，并积极配合他、理解他。还可以使用提问技巧和倾听技巧来让员工明白自己的意愿。

（3）用事实和数据说话。在处理分歧时，为了清晰地表达和便于双方理解，你可以试着在你的看法和意见中附上具体事例或你观察到的结果。例如，与其说"我认为你的沟通技巧让人无法接受"，不如试试"我想起来有几次开会时你和几个人都发生了争吵，下面就让我们把这几次你与别人发生的争吵情况沟通一下，沟通完我们再来看看你是否在沟通技巧方面需要做些调整，你看好不好？"

（4）想好做出调整的底线。经理不应该在做出一个独断专行决定的同时，又来召集一个处理分歧的会议来粉饰自己。如果经理在最终考核结论上不愿意做出任何改变，那么处理分歧的过程就会显得比较虚假，是在走过场，也是在浪费时间，员工也会很快发现这一点。因此，无论如何经理都要想好对于分歧自己做出让步的策略和底线，充分显示自己处理分歧的诚意。如果员工有机会考虑一下这些，也是很好的。

（5）适当搁置，考虑周全再讨论。当出现意想不到的分歧时，一个很好的做法就是把这个问题搁置几天，等到双方都仔细考虑清楚之后再回过头来解决。

（6）平时保持密切沟通。如果你事先与产生分歧的员工打过交道，那么处理分歧的时候就会高效得多。如果你在过去一年中都没有和员工说过话，却希望与他进行一次有效的谈判，那么你会失望的。因此，为了更好地化解冲突、处理分歧，经理在整个考核周期内都要与员工保持密切沟通，始终与员工保持紧密联系，掌握员工工作情况的一手信息，这些持续友好的沟通会为考核期间的分歧处理打下良好基础。

（7）先易后难，保持动力。经理需要清楚的是，如果你要解决一个分歧，打破一个僵局，那么你需要时间。特别是在一些关乎员工重大利益的事情上，解决起来更是需要时间。你可以考虑先处理那些你和员工认为最容易解决的分歧，一旦这些较容易问题的解决给你带来了积极的动力，那些难题也就比较容易处理了。对于复杂和困难的问题，可以留出充分的时间专门讨论或者给双方留下时间另外作专题讨论。

（8）共识双赢，避免输赢结局。经理要意识到，人们有时候会不自觉地将分歧处理看作一种竞争或比赛，并且卷入其中。这时，人们往往过于关注这场比赛谁输谁赢，而忽略了分歧处理的根本目的是最终双方就分歧达成一致意见。因此，经理要特别注意这一点并提醒员工也注意这一点，这样做的话，既能合理处理分歧，又能增进经理和员工之间的长期关系。

（9）法外之法，动用权力解决态度问题。处理分歧需要双方的配合，如果员工已经明确表示不愿意真诚地进行谈判，那么你就有理由动用权力来作出决定。不过，单方面动用权力是最后不得已才采取的行动，在得出结论说员工不愿意合作之前，你要留出时间来让他们改变自己的想法。

资料来源：赵日磊. 手把手教你做绩效管理：模型、方法、案例和实践[M]. 北京：电子工业出版社，2016.

五、绩效辅导的程序

进行辅导时，首先要对员工的工作方法、结果进行及时的评价。这种正式的评价，主要是通过描述具体的行为、数据来对照目标进行反馈，提出这些行为数据可能的影响与后果，在此基础上进行辅导。对于高层员工而言，这种辅导更多的是提出建设性的建议；而对于基层的员工来说，更多的是管理者的亲自演示与传授。辅导的常见程序如图 3-6 所示。

第1步：讲授
第2步：演示
第3步：让员工尝试
第4步：观察员工
第5步：对于进步给予称赞或再指导

图 3-6　绩效辅导的程序

辅导员工时应注意以下问题。

（1）对员工信任。

（2）对员工的辅导应该是经常性的，而不是出了问题才进行辅导。

（3）当员工绩效表现出色时也应辅导。一方面认可员工的表现，另一方面要鼓励员工以后做得更好，以更大的工作热忱回应管理者。

（4）将传授和启发相结合。管理者不应总是直接告诉员工该怎么做，还应该启发员工自己思考和探索解决问题的方法。

（5）给员工独立工作的机会。管理者应让员工大胆尝试，而且要对一些过程中的错误表示宽容。

（6）注重提升员工的能力。辅导不应仅仅停留在解决一些具体的问题上，而是应该以提高员工的自身能力为目标。这样，员工以后若遇到类似问题或新问题，就有能力独立应对。

本章小结

员工在执行绩效的过程中，管理者仍然负有重要的管理职责。他需要继续就员工工作中发生的问题进行沟通，及时进行绩效辅导，真正实现绩效管理的员工开发功能；也需要就员工工作中反映的工作情况及时做好绩效信息记录，为绩效考核和绩效反馈做准备。

绩效实施中的绩效沟通能够有助于绩效计划的调整，也为绩效考核、绩效反馈与结果应用提供信息基础。管理者和员工就工作进展、工作困难、绩效目标、工作支持等方面的内容，遵循对事不对人、责任导向和事实导向原则，采取正式与非正式的多样化沟通形式进行绩效沟通。同时，重视积极倾听、非语言沟通、组织信息等方面的技巧，提高绩效沟通的有效性。

绩效信息的收集能够为绩效执行、绩效考核和绩效改进等提供依据，收集的信息应该与工作绩效紧密相关，以该岗位的关键绩效指标或绩效目标/计划作为依据进行信息的收集。绩效信息收集的来源与绩效考核的主体一致，主要包括上级、同事、下级、本人和客户等；可以采用的方法包括工作记录法、观察法、抽查或检查法、关键事件法、他人反馈法等。为提高信息收集的有效性，还应该注意有目的地收集信息、收集事实而不是判断、让员工参与信息收集、采用科学先进的方法等。

通过绩效沟通和绩效信息收集，管理者需要对员工在绩效执行中的问题进行绩效辅导，帮助员工在过程中改进绩效。为使绩效辅导发挥作用，应遵循以下指导原则：良好的绩效辅导关系是基础;员工是自我变革的源头和主导者;员工是完整而又独特的;教练是员工成长的助推器。绩效辅导的风格多种多样,可以依据下属成熟程度、环境和下属的权变因素、管理者的个性特点和行为偏好等采取不同的方式,各种方式都有好有坏,应因人而异综合使用。

思考题

1. 绩效沟通在绩效管理中的作用是如何体现的?
2. 绩效沟通应遵循的原则有哪些?
3. 绩效沟通的形式有哪些?其优缺点是什么?
4. 在绩效沟通时应注意哪些方面的技巧?
5. 绩效信息的收集在绩效管理中的作用如何体现?
6. 如何进行绩效信息的收集?
7. 绩效信息收集的来源有哪些?
8. 绩效信息的收集方法有哪些?
9. 如何提高绩效信息收集的有效性?
10. 绩效辅导应遵循的指导原则有哪些?
11. 如何理解绩效辅导风格的选择?
12. 绩效辅导的基本程序是什么?

案例 3-6　　　　罗伯特·伊顿是个好教练吗

罗伯特·伊顿(Robert Eaton)在 1993—1998 年间一直担任克莱斯勒汽车公司(Chrysler)的首席执行官,他的前任是从 1978 年起就执掌克莱斯勒公司的李·艾柯卡(Lee Iacocca)。1998—2000 年,伊顿在当时新组建的戴姆勒-克莱斯勒汽车公司担任联合首席执行官。戴姆勒-克莱斯勒汽车公司一共拥有36.21 万名员工,2003 年的总收入达到 1 364 亿欧元,公司的乘用车品牌包括 Maybach、梅赛德斯-奔驰、克莱斯勒、吉普、道奇以及 Smart。商用汽车品牌则包括梅赛德斯-奔驰、Freightliner、Sterling、Western Star 以及 Setra。

从担任首席执行官的那天开始,伊顿就一直和下属员工保持着顺畅的沟通,一旦形成了对未来的规划,他就会立即与四位高层管理人员进行讨论,同时向他的搭档鲍勃·卢茨(Bob Lutz)征求意见,在作出事关克莱斯勒公司生死攸关的重大决策之前,他会跟公司里上上下下的人沟通，以避免草率地作出决定。伊顿和卢茨发现，公司现在雇用的员工都挺适合公司的，不需要再招聘新人。唯一的问题在于，他们需要换一种方式，即采用一种更强调员工参与的方式来领导这些员工。

为了找到帮助组织取得成功的办法，伊顿几乎倾听了公司里所有人的意见，其中包括高层管理人员、供应商，还有流水线上的工人。伊顿还鼓励克莱斯勒公司的员工相互之间开展对话和交流。伊顿和卢茨之间紧密合作、坦诚沟通的做法（他们两个人的办公室分别位于一个大厅的两头，两个人上班的时候都不关门）所形成的氛围最终在整个公司里蔓延开来。伊顿和卢茨的走动式管理风格向员工表明了他们对组织的承诺以及充分的敬业精神。此外，伊顿和卢茨会定期组织高层管理团队开会，让大家聚集在一起交换意见和从组织的各个方面获得的信息。

伊顿甚至改革了克莱斯勒汽车公司的汽车设计方式，而这一点在李·艾柯卡执掌克莱斯勒时是被忽视的。伊顿的这一决定基于一项研究得出的这样一个结论，即克莱斯勒公司需要更加具有灵活性，而且公司的高层管理人员需要与产品设计团队保持一种持续性的沟通。一名员工对此这样评价："即使伊顿听到某人跟他说一件他不喜欢或不理解的事情，他也不会一下子就把这个人的想法毙掉。他知道并不是每一种想法都是对的，不过他自己也很疯狂……有时候他会跟我们说一件事情，然后我们告诉他说，你的这个想法太离谱了吧，但是他到最后可能也不会改变自己的主意。不过他会花时间把他思考问题的过程讲给你听。你知道，他的这种做法给我们带来了多大的信心吗？"这种与高层管理人员之间开诚布公的交流被证明是极其成功的，就像一名设计师总结的那样："这是一个会及早发现人才并给他们支付报酬的系统，而这创造了对工作的激情和使命感。"

克莱斯勒公司还有一项被伊顿称为对员工授权的计划，也就是让所有的员工——其中也包括高层管理人员——都参加到新车型的设计过程中来。伊顿的解释是，这样做是为了向工厂中的所有员工表明，公司的高层管理人员非常关注新车型的开发，同时这也为管理人员提供了一个理解和解决工厂一线存在的各种问题的机会。伊顿说："当我们的讨论结束时，这些家伙就已经明白我们将要去哪里以及我们怎样去那里。他们回去以后会将计划付诸实施，全力以赴地实现这个目标。而这正是我们所要做的唯一的事情。"他总结说："很显然，在一个公司中必须有一个共同愿景，但是我们还试图教会员工如何在他们自己的领域做一位领导者，让他们知道公司要到哪里去，知道公司的决定会对他们的领域产生什么样的影响，让他们以世界一流水平作为产出的标杆，然后制订行动计划去追赶世界一流水平。我们还鼓励员工不仅努力实现我们在经营计划上订立的目标，而且还要有更加宏伟的目标。这个更加宏伟的目标就是实现 50%的增长率……如果我们要追求的是 50%的增长率，就得作出一些超乎寻常的事情。你必须跳出框框。"

基于上面的描述，请运用表 3-4 和表 3-5 评价一下伊顿的辅导技能。如果在他身上缺少某种特定的绩效辅导行为或职能，请给他提出建议，告诉他怎样做可能会更有效一些。

表3-4 辅导职能评价表

主 要 职 能	存在吗（是/否）	评论或建议
提供建议		
给予指导		
提供支持		
赋予信心		
提升胜任能力		

表3-5 辅导行为评价表

关 键 行 为	存在吗（是/否）	评论或建议
制定开发目标		
有效沟通		
激励员工		
记录绩效		
提供反馈		
诊断绩效问题		
开发员工		

资料来源：Based on information provided by M.Puris, Comeback: How Seven Straight-Shooting CEOs Turned Around Troubled Companies (New York: Times Books, 1999), 80-118, specifically Chap.4, "Robert Eaton and Robert Lutz;The Copilots."

 团队互动演练

研究型学习小组以所在学校所参加社团或社会实践项目为基础，以在实践中的岗位和活动经历为模拟对象，设计一次绩效沟通过程。

教学目的

- ☑ 强化学生绩效计划在实践工作中应用的意识。
- ☑ 培养学生独立设计一次绩效沟通过程的能力。
- ☑ 加强学生对沟通能力重要性的认识。

教学平台

- ☑ 计算机中心实验室，每位学生配备一台计算机，允许网络连接。
- ☑ 标准化教室，供学生讨论和陈述。

☑ 指导教师提供模拟沟通过程的基本思路。

教学步骤

第一阶段：各小组自由讨论，选择一个小组认同的模拟团队中的具体岗位为模拟对象；对所选岗位进行职位分析，了解岗位在组织中的地位、岗位的职责及任职资格等，进行组织目标分解和职责描述。

第二阶段：对所在岗位上的员工（一位成员模拟）的工作业绩，通过多方面信息收集进行客观整理，可以以小组组长作为直接上司，双方对绩效信息有充分准备。

第三阶段：选择绩效沟通的方式、合理安排时间、布置沟通环境等。

第四阶段：小组课堂展示模拟的绩效沟通的过程，并提交绩效沟通设计的报告。

第五阶段：指导老师为学生模拟过程评定成绩，其主要依据为：第一，所选岗位的职位分析、目标分解合理性；第二，对绩效信息准备的充分性和真实模拟度；第三，模拟沟通时的程序与语言是否规范，以及技巧应用能力；第四，提交模拟总结报告的质量。

团队成员

研究型学习小组在组长指导下合理分工，各负其责，按规定时间完成任务。

研究成果

☑ 课堂展示模拟的绩效沟通过程。

☑ 绩效沟通设计的报告。

第四章　绩效考核体系的设计

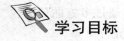 **学习目标**

- ☑ 了解绩效考核指标体系的构成；
- ☑ 明确绩效指标设计的原则，掌握提取绩效指标的方法；
- ☑ 理解绩效标准在绩效考核指标体系中的内涵和表现形式；
- ☑ 掌握指标权重设计的方法；
- ☑ 了解绩效考核方法选择时的影响因素；
- ☑ 把握绩效考核主体的选择及其常见的误差，学会进行针对性培训；
- ☑ 了解绩效考核周期的影响因素。

 **案例 4-1　　　　　天宏公司的绩效管理**

　　天宏公司总部会议室，赵总经理正认真听取关于上年度公司绩效考评执行情况的汇报，其中有两项决策让他左右为难。一个是经过年度考评成绩排序，成绩排在后面的几名人员是否按照原先的方案降职和降薪？排在前面的几名人员是否按照原先的方案进行不同方面的奖励？怎么做更加有效？另一个是人力资源部提出上一套人力资源管理软件来提高统计工作效率的建议，但一套软件能否真正起到支持绩效提高的效果？

　　天宏公司成立仅四年，为了更好地进行各级人员的评价和激励，天宏公司在引入市场化的用人机制的同时，建立了一套绩效管理制度。对于这套方案，用人力资源部经理的话说是，细化传统的德、能、勤、绩几项指标，同时突出工作业绩的一套考评办法。其设计的重点是将德、能、勤、绩几个方面内容细化延展成考评的 10 项指标，并把每个指标都量化出 5 个等级，同时定性描述等级定义，考评时只需将被考评人的实际行为与描述相对应，就可按照对应成绩累计相加得出考评成绩。

　　但考核中却发现了一个奇怪的现象：原先工作比较出色和积极的职工考核成绩却常常排在多数人后面，一些工作业绩并不出色的人和错误很少的人却都排在前面。还有就是一些管理干部对考核结果大排队的方法不理解并有抵触心理。但是综合各方面情况，目前的绩效考核还是取得了一定的成果，各部门都能够很好地完成，唯一需要确定的是对于考核排序在最后的人员如何落实处罚措施，另外对于这些人降职和降薪无疑会伤害一批像他们一样认真工作的人，但是不落实却容易破坏考核制度的严肃性和连续性。另一个问题是，在本次考核中，统计成绩工具比较原始，考核成绩统计工作量太大，人力资源部仅3个人，却要统计总部200多人的考核成绩，平均每个人有14份表格，统计、计算、平均、排序、发布，最后还要和这些人分别谈话，在整个考核期间的一个半月中，人力资源部几乎都在做这个事情，其他事情都耽搁了。

赵总经理决定亲自请车辆设备部、财务部和工程部的负责人到办公室深入了解一些实际情况。

车辆设备部李经理、财务部王经理来到了总经理办公室，当总经理简要地说明了原因之后，车辆设备部李经理首先快人快语回答道："我认为本次考核方案需要尽快调整，因为它不能真实反映我们的实际工作，例如我们车辆设备部主要负责公司电力机车设备的维护管理工作，总共只有20个人，却管理着公司总共近60台电力机车，为了确保它们安全无故障地行驶在600公里的铁路线上，我们的主要工作就是按计划到基层各个点上检查和抽查设备维护的情况。在日常工作中，我们不能有一次违规和失误，因为任何一次失误都是致命的，会造成重大损失，但是在考核业绩中有允许出现'工作业绩差'的情况。实际上我们的考核就是合格和不合格之说，不存在分数等级多少的区别。"

财务部王经理紧接着说道："对于我们财务部门，工作基本上都是按照规范和标准来完成的，平常填报表和记账等都要求万无一失，这些如何体现出创新的最好一级标准？如果我们没有这项内容，评估我们是按照最高成绩打分还是按照最低成绩打分？还有一个问题我认为应该重视，在本次考核中我们沿用了传统的民主评议的方式，我对部门内部人员评估没有意见，但是实际上让其他人员打分是否恰当？因为我们财务工作经常得罪人，让被得罪的人评估我们财务，这样公正吗？"

资料来源：人力资源管理经典案例研究分析：天宏公司的绩效管理[EB/OL]．（2015-07-16）．http://www.chinatat.com/renliziyuanguanlishi/ 251/ma1507166774.shtml.

绩效考核作为绩效管理的核心环节，涉及"评价什么""如何评价""谁来评价""多长时间评价一次"等重要问题。在实施正式的绩效考核前，组织必须就这些问题形成统一的认知，对组织的绩效考核体系进行一次总体设计，在此基础上，再针对不同的员工类型采取差异化的方式灵活管理。为提高考核的科学性与准确性，本章将从绩效考核过程中的考核指标体系构建、考核方法、考核主体和考核周期四个方面进行系统介绍。

第一节　绩效考核指标体系

一、绩效指标的选择

（一）绩效指标的分类

1. 硬指标与软指标

硬指标指的是那些可以以统计数据为基础，把统计数据作为主要评价信息，建立评价数字模型，以数据工具求得评价结果，并以数量表示评价结果的评价指标。使用硬指标可以免除个人经验和主观意识的影响，具有相当的客观性和可靠性。借助于电子信息技术，硬指标可以有效地提高评价的可行性和效率。但是，当评价所依据的数据不够可靠，或者当评价的指标难以量化时，硬指标的评价结果就难以保证客观和准确。同时，硬指标往往比较死板，缺乏灵活性。

软指标指的是主要通过人的主观评价方能得出评价结果的评价指标。实践中人们用专家评价来指代这种主观评价的过程。因此又将软指标评价称为专家评价。所谓专家评价，就是由评价者对系统的输出作出主观的分析，直接给评价对象进行打分或作出模糊判断（如很好、好、一般、不太好、不好等）。这种评价指标完全依赖于评价者的知识和经验，容易受主观因素的影响。所以，软指标的评价通常由多个评价主体共同进行。运用软指标的优点在于这类指标不受统计数据的限制，可以充分发挥人的智慧和经验。

随着信息技术的发展和模糊数学的应用，软指标评价技术获得了迅猛的发展。通过评价软指标并对评价结果进行科学的统计分析，我们能够将软指标评价结果与硬指标评价结果共同运用于各种判断和推断之中，以提高绩效考核结果的科学性和实用性。

2. "特质、行为、结果"三类绩效指标

特质类指标关注的是员工的素质和发展潜力，在选拔性评价中更为常用。行为类绩效指标关注的是绩效实现的过程，适用于通过单一方式或程序化的方式达到绩效目标的职位。结果类指标更多地关注绩效结果或绩效目标的实现程度。

表 4-1 所示为特质、行为、结果三类绩效指标比较一览表。

表 4-1　特质、行为、结果三类绩效指标比较一览表

	特　质	行　为	结　果
适用范围	☑ 适用于对未来的工作潜力作出预测	☑ 适用于评价可以通过单一的方式或程序化的方式实现的岗位	☑ 适用于评价那些可以通过多种方法达到绩效标准或绩效目标的岗位

	特 质	行 为	结 果
不足	☑ 没有考虑情境因素，通常预测效度较低； ☑ 不能有效地区分实际工作绩效，使员工容易产生不公平感； ☑ 将注意力集中在短期内难以改变的人的特质上，不利于改进绩效	☑ 需要对那些同样能够达到目标的不同行为方式进行区分，以选择真正适合组织需要的方式，这一点比较困难； ☑ 当员工认为其工作重要性较小时意义不大	☑ 结果有时候不完全受被评价对象的控制； ☑ 容易诱使评价对象为了达到一定的结果而不惜手段，使组织在获得短期效益的同时丧失了长期利益

如果按照这种分类设计绩效指标，比较好的解决办法是折中，即将评价的维度冠以"特质"标签，而对维度的定义和量表锚点的选择则采取任务与行为定向的方法。然而，这种对工作行为采取"特质"的操作性定义的方法并不能完美地解决问题本身，只是其与单纯依靠特质或单纯依靠行为相比而言更优而已。

3．结果指标与行为指标

在评价各级员工已有的绩效水平时，通常采用的绩效指标有两类：结果指标与行为指标。

结果指标一般与公司目标、部门目标及员工的个人指标相对应，如成本降低 30%、销售额提高 3% 等。行为指标一般与工作态度、协调能力、合作能力、知识文化水平、发展潜力等指标相对应。

由于企业的中高层员工能够更加直接地对企业的关键绩效产生影响，在企业的各个管理阶层中，越是处于金字塔顶层的员工，其绩效考核中的结果指标越多，行为指标就越少；而越是处在金字塔基层的员工，其绩效考核中的结果指标越少，行为指标就越多。具体如图 4-1 所示。

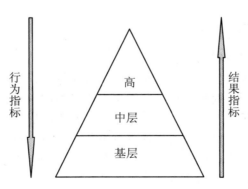

图 4-1　行为指标与结果指标在企业金字塔中的变化示意图

不过，结果指标通常只反映部门和员工过去的工作绩效。如果只关注结果指标，则容易使企业忽略那些影响其长期发展的因素。因此，在设计绩效考核指标时，要将结果指标与行为指标结合使用。

案例 4-2　　　　Lenovo 绩效考核的指标——PQ

联想的绩效考核按季度年度进行考评，考核分为两个部分，两个 100 分：一个是 Q 值——个人绩效，一个是 P 值——部门绩效。

部门绩效考核中采取结果导向，突出团队员工的最终成果，以引导并推动部门沿公司战略轨道前进为出发点，激励部门工作，体现部门价值。部门绩效考核指标大致分成三类：经营指标、业务指标、满意度指标。绩效考核指标设计原则包括：结果导向，体现团队精神；打破大锅饭，体现部门核心竞争力；可量化；考核指标 5 个以内（含 5 个）；第三方考核。如在联想维修部门，考核指标为：营业额；用户对服务整体满意度；硬件维修满意度；单件维修成本；部门费用率。在联想公司采用 5%末位淘汰的方式进行员工的更新调整。

在个人绩效考核中主要考核工作业绩和工作表现。考核依据是工作业绩——岗位职责和工作计划及工作表现——重点体现企业文化的要求。

工作业绩（重点工作完成情况，不超过 6 项），占 75 分。工作表现占 25 分。分别为严格认真（5 分）、主动高效（5 分）、客户意识（5 分）、团结协作（5 分）、学习总结（5 分）。

资料来源：Lenovo 绩效考核指标——PQ[EB/OL]．（2013-04-27）．http://wenku.baidu.com/view/75609ee5f8c75fbfc77db28d.html?from=search．

（二）绩效指标的设计原则

1．定量为主、定性为辅的原则

由于定量化的绩效考核指标便于确定清晰的级别标度，有利于提高评价的客观性，因此在实践中被广泛使用。财务指标一直以来之所以被国内外企业用作关键绩效指标之一，其易于量化的特点不可忽视。不过，这个原则并不能适用于所有的职位。它只是提醒我们要注意尽可能地将能够量化的指标进行量化。同时，对于一些定性的评价指标，也可以借助相关的数学工具对其进行量化，从而使评价的结果更加精确。

2．少而精的原则

绩效指标要通过一些关键绩效指标反映评价的目的，而不需要做到面面俱到。设计支持组织绩效目标实现的关键绩效指标,不但可以帮助企业把有限的资源集中在关键业务领域,同时可以有效缩短绩效信息的处理过程,乃至整个评价过程。另外,少而精的评价指标易于被一般员工所理解和接受,也可以促使评价者迅速了解绩效考核系统,掌握相应的评价方法与技术。所以,在构建绩效考核指标体系的时候,要选取最有助于企业战略目标实现的指标,以引导企业和员工集中实现企业的绩效目标。

3. 可测性原则

评价指标本身的特征和该指标在评价过程中的现实可行性决定了评价指标的可测性。绩效考核指标设置指标的级别标志和级别标度就是为了使绩效指标可以测量。同时,评价指标代表的对象也是不断变化的。在选择绩效指标时,要考虑获取相关绩效信息的难易程度,很难收集绩效信息的指标一般不应当作为绩效考核指标。

4. 独立性与差异性原则

独立性原则强调评价指标之间的界限应该清楚明晰,避免发生含义上的重复。差异性原则指的是评价指标需要在内涵上有明显的差异,使人们能够分清它们之间的不同之处。要做到这一点,首先在确定绩效考核指标的名称时要讲究措辞,明确每一个指标的内容界限,必要时还需要通过具体明确的定义,避免指标之间的重复。例如,"沟通协调能力"与"组织协调能力"中都有"协调"一词,但实际上应用的人员类型是不同的,这两种协调能力的含义也是不同的。"沟通协调能力"往往可以运用于评价普通员工,而对于拥有一定数量下属的中层管理人员,则可以通过他们的"组织协调能力"来评价他们在部门协调与员工协调中的工作情况。如果在一个人身上同时评价这两种"协调能力",则容易引起混淆,降低评价的可靠性和准确性。

5. 目标一致性原则

这一点是选择绩效指标时应遵循的最重要的原则之一。它强调各个评价指标所支持的绩效目标应该具有一致性。针对企业的战略目标建立的评价指标体系,要保证各个绩效指标的确能够支持战略目标在各个层面上的子目标,从而保证企业战略目标的实现。不仅如此,绩效考核指标之间的目标一致性还强调绩效指标的完整性。评价指标应该能够完整地反映评价对象系统运行总目标的各个方面,这样才能够保证总目标的顺利实现。

知识链接 4-1 绩效管理,别忽视定性指标的作用

很多企业十分注重量化,为了量化绩效考核指标,经理们可谓费尽心思,绞尽脑汁,终于做到把所有的指标都量化了。等到考核实施的时候才发现,原来费了那么大的精力搞出来的东西,效果并不理想。为什么?因为这些量化的指标只是考核了工作某一个方

面，而所量化的方面是比较浅层次的。

举一个例子，例如，一个呼叫中心的客服专员的主要工作是接电话，解答顾客的疑问。我们知道，这个工作是不太好量化的，因为接电话的质量是考核该员工的重点，而这个质量是无法精确描述的。那么，为了做到量化该怎么办呢？对，你肯定也想到了。考核她们接电话的及时性，例如，"电话响3声之内就接起"，这个因素是可以衡量的，也是可以观察到的，因为一旦电话响数声还没有被接起，那么，作为经理，你可能已经坐不住了，早就跑过去看看发生了什么了，所以这些数据你很容易获得，也因此很容易衡量员工的工作。

那么，我们思考一下，这样的考核标准能公正衡量一个客服专员的工作吗？一个每次都在3声之内接起电话的客服专员，工作绩效就一定是好的吗？如果这个客户专员接了电话，总是三言两语就把顾客打发了，甚至在电话中和顾客发生了争吵，致使顾客流失，那么你能说这样的员工是好的绩效吗？但是，如果按照上述量化的考核标准，这就是一个绩效优秀的员工。

仅仅是这样还不是大问题，更深层次的问题是：大家都按照这样的考核标准，而且都比较容易达到，那么在汇总考核结果的时候，让你烦心的事情就发生了。你就会发现，原来大家的考核成绩都比较高，甚至大家都是100分，绩效考核没有把员工的绩效区别开来，这是不正常的。因为我们知道，正常的情况下，绩效目标需要跳一跳才能够得着，也就是说，要比实际水平或者过去的绩效水准要提高一些。在这个理念下，一个优秀的绩效考核系统能把绩效优秀的员工和绩效较低的员工区分开来，而这种量化的操作手段却并不能达到这个目标。

作为企业的管理者，看看你们自己的企业的考核指标是否有类似"电话响3声之内就接起"这样的指标，如果你是坚定的量化理论的支持者，我相信，你的企业就肯定会存在这种指标和标准。例如，维修及时性、报纸出刊及时性、报表及时性等。这些及时性类的指标只有动动手、动动腿就能完成，而报表的质量、报告的质量要想得到一个好的成绩，却需要动动脑，再动动脑。

资料来源：赵日磊. 轻松做绩效，让员工和组织一起成长[M]. 北京：中国电力出版社，2012.

（三）绩效指标的选择依据

绩效考核的目的和被评价人员所承担的工作内容与绩效标准是绩效考核指标的选择依据。另外，从评价的可操作性角度考虑，绩效指标的选择还应该考虑取得所需信息的便利程度，从而使设计的绩效考核指标能够真正得到科学、准确的评价。因此，绩效指标的选择依据包括以下几个方面。

1. 绩效考核的目的

绩效考核的目的是选择绩效考核指标的一个非常重要的依据。能够用于评价某一岗位绩效情况的绩效考核指标往往很多，但是绩效考核不可能面面俱到，否则就失去了操作性，进而使评价丧失意义。因此，根据绩效考核的目的，对可能的绩效考核指标进行选择是非常重要的。

2. 被评价人员所承担的工作内容和绩效标准

每一名被评价人员的工作内容和绩效标准都是通过将企业的总目标分解成分目标落实到各个部门，再进行进一步的分工而确定的。每个员工都应有明确的工作内容和绩效标准，以确保工作的顺利进行和工作目标的实现。绩效指标就应体现这些工作内容和标准，从时间、数量、质量上赋予评价指标一定的内涵。使绩效考核指标的名称和定义与工作内容相符，使指标的标度与绩效标准相符。这样的绩效考核指标才能够准确地引导员工的行为，使员工的行为与组织的目标相一致。

3. 取得评价所需信息的便利程度

为了使绩效考核工作能够顺利进行，我们应该能够方便地获取与评价指标相关的统计资料或其他信息。因此，所需信息的来源必须稳定可靠，获取信息的方式应简单可行。只有这样，我们的绩效考核指标体系才是切实可行的，同时在进行绩效考核时才能有据可依。避免主观随意性，使绩效考核的结果易于被评价对象所接受。

知识链接 4-2　　HR 该如何管控各部门绩效指标及目标值的合理性

1. 深入一线

人力资源部门作为绩效考核乃至绩效管理的主要负责部门，其最大的忌讳就是玩办公室政治，每天在办公室中对着电脑，想当然地发布一些政策命令。这样发出的策令往往距离现实有较大差距，无论出发点是什么，往往招来一顿炮轰。如同现在政府的法令一样，尽管有时出发点是好的，但得不到支持。

没有调查就没有发言权，在绩效考核中同样如此。作为人力资源部要想做好绩效考核，必须摒弃以前的"坐商"做法改为"行商"。深入一线部门了解实际情况，记录各部门的想法要求，最后归纳汇总。当然，所有的意见都不能偏听偏信，要站在公正的立场上看待问题，最好不要做其他部门的仲裁员，有的问题不是我们的力量可以解决的。必要的时候，要将相关的意见在不同的部门相互印证，或收集企业的基本数据予以佐证。

2. 紧扣职责

绩效指标的合理性在于将企业整体战略目标分解至每一个部门与个人。但每个部门与个人所承担的职责不一样，所以不能搞一刀切。例如业务部门主要承担企业的利润目标；客服部门应承担支付与服务的事务。如果客服部也主要考核利润目标，那么客服部门就会忽略其本身的主要职责，而把力气用到其他的地方。结果是造成大家的职责不清，甚至有时相互拆台。

另外，企业需要对各岗位进行有重点的考核。对一个岗位的考核指标设项不要超过7个，最好在5个以内。原因在于从心理学上讲，一个人一段时间的关注重点为5+2个，即最高为7个问题。超过7个，因一个人的精力问题，是很难全部及时关注的。不要为了考核而考核，把所有的项目都列在对该岗位该个人的绩效考核表中。见过最吓人的情况，就是一个销售顾问的考核指标居然达到21项，整整两页纸。部分管理人员居然还奉为经典，不知道是忽悠老板还是忽悠自己。

3. 合理取数

绩效的合理目标当是"跳一跳，摘桃子"。有科学家做过实验，将一只猴子关在笼子中，给他喂桃子。结果发现桃子的高度正好位于猴子需要奋力跳起但能够得着的地方，是最能刺激猴子食欲的。其他的无论是放在猴子面前还是挂得很高让猴子够不着，都不如跳起摘桃子的刺激性大。

人也一样。如果目标过低，显然没有必要下很大的力气去完成；目标过高，怎么努力都不行，除非其有较强的主动意识，否则一般情况下会放弃努力。很简单的信念，反正完不成，要挨骂，完成20%和25%没有任何区别，那就算了，不就是被骂，不就是扣点钱吗？

例如，甲公司在2015年1—12月份的销售台次分别为210台、115台、201台、190台、180台、170台、170台、175台、180台、190台、200台、220台。通过折线图马上就可以看出一月、三月、十月、十一月、十二月是全年的销售高峰期，其他月份则属于淡季时间。那么在设立一季度绩效目标时就要综合考虑二月春节假期期间销售可能会受到影响、三季度是全年最低谷、四季度是全年最高峰等相关的因素，不能将企业全年目标平分了事。

最好能多收集一部分数据予以多项对比，以科学合理地发现其中的规律，帮助业务部门根据不同的条件设立不同的目标。这样才会赢得业务部门的尊重，才能赢得绩效考核的支持。

资料来源：HR 该如何管控各部门绩效指标及目标值的合理性[EB/OL]．（2016-04-15）．http://bbs.hroot.com/bbs/Detail163969_0.hr．

（四）提取绩效指标的方法

绩效指标主要来源于两个方面：部门和员工的工作任务、企业的战略目标。而从中提取评价指标的方法主要有工作分析法、个案研究法、业务流程分析法、专题访谈法、经验总结法和问卷调查法六种。

1．工作分析法

工作分析是人力资源管理的基础工作之一，也是组织与工作系统管理的重要基础。它是确定完成各项工作所需履行的责任和具备的知识及技能的系统工程。工作描述、任职资格、工作成果的计量与激励，以及员工的职业发展问题，都是工作分析关注的焦点。其中，工作描述和任职资格是工作分析的两个直接成果。

在以提取绩效考核指标为目的的工作分析中，首先需要分析某一职位的任职者需要具备哪些能力，以及该任职者的工作职责；然后，确定以什么指标来衡量任职者的能力和工作职责，并指出这些能力的相对重要性。这样，就可以明确各个职位的绩效考核指标。

2．个案研究法

个案研究法是指对某一个体、群体或某一组织在较长时间内连续进行调查研究，并从典型个案中推导出普遍规律的研究方法。例如，根据评价目的与对象，选择若干个具有典型代表的任务或事件为调研对象，通过系统的观察、访谈分析确定评价要素。

常见的个案研究法有典型任务（事件）研究与资料研究两大类。典型任务研究是以典型人物的工作情境、行为表现、工作绩效为直接对象，通过对他们的系统观察、分析研究来归纳总结他们所代表的群体的评价要素。资料研究以表现典型任务或事件的文字材料为研究对象，通过对这些资料的对比分析和总结，归纳出评价要素。

3．业务流程分析法

该方法指的是通过分析被考核人员在业务流程中承担的角色、责任及同上下级之间的关系来确定衡量其工作绩效的指标。此外，如果流程存在问题，还应对流程进行优化或重组。

4．专题访谈法

该方法是研究者通过面对面的谈话，用口头沟通的途径直接获取有关信息的研究方法。研究者通过分析汇总访谈所获得的资料，可以获取许多信息。专题访谈法有个别访谈和群体访谈两种。个别访谈气氛轻松、随便、活跃，可快速获取信息。群体访谈以座谈会的形式进行，具有集思广益、团结民主等优点。

专题访谈的内容主要围绕下述三个问题展开。

- ☑ 你认为担任该职位的员工最基本的要求是什么？
- ☑ 该职位的工作的主要特点是什么？
- ☑ 检验该职位的工作成效的主要指标是什么？

5. 经验总结法

经验总结法是指众多专家探讨总结经验，提炼出规律性的研究方法。它一般可分为个人总结法和集体总结法两种。个人总结法是请人力资源专家或人力资源部门的工作人员回顾自己过去的工作，通过分析最成功或最不成功的人力资源决策来总结经验，并在此基础上总结出评价员工绩效的指标目录。集体总结法是请若干人力资源专家或企业内部有关部门的主管（6~10人）集体回顾过去的工作，列出长期以来用于评价某类人员的常用指标，并在此基础上提出绩效考核指标。

6. 问卷调查法

问卷调查法就是设计者根据需要，把要调查的内容设计在一张调查表上，写好填表说明和要求，分发给有关人员填写，收集和征求不同人员意见的一种方法。该方法让被调查者根据个人的知识与经验，自行选择答案。调查的问题应设计得直观、易懂，调查数目不宜过多，应尽可能减少被调查对象的回答时间，以免影响调查表的回收率和调查质量。

例如，研究者通过访谈法把评价某职务人员的绩效考核指标归纳为40个指标，为了从这40个指标中筛选出关键的评价指标，可以用问题或表格的形式进行问卷式的民意调查。问卷调查法按答案的形式可以分为封闭式问卷和开放式问卷两大类。

封闭式问卷分为是非法、选择法、排列法和计分法四种。

（1）是非法。问卷列出若干问题，要求被调查者做出"是"或"否"的回答。例如：
- ☑ 销售人员需要具备较强的口头表达能力吗？　是（　）　否（　）
- ☑ 生产人员是否应具备较强的口头表达能力？　是（　）　否（　）

（2）选择法。被调查者必须从并列的两种假设提问中选择一项。例如：
- ☑ 对部门主管而言，最重要的工作能力应该是高深的专业理论知识。（　）
- ☑ 对部门主管而言，最重要的工作能力应该是协作能力。（　）

（3）排列法。被调查者要对多种可供选择的方案按其重要性进行排序。例如：
- ☑ 一个优秀的主管应具有沟通能力、协调能力、高度的责任心、丰富的专业知识、足够的耐心五项特征，请根据这五大特征的重要性进行排序。

（4）计分法。问卷列出几个等级分数，要求被调查者进行判断选择。例如：
- ☑ 研究人员的口头表达能力应该是：
  A. 稍低于一般水平（　）　　B. 具备一般水平（　）
  C. 具备较高水平（　）　　D. 具备相当高的水平（　）

开放式问卷没有标准化答案，被调查者可以按照自己的意愿自由回答。如某企业对推销员绩效考核指标的问卷中有如下两题：

- ☑ 你认为该职位的员工最重要的是应具备何种能力？
- ☑ 你认为对于该职位的员工来说考勤重要吗？

（五）绩效指标示例

1. 管理人员的任务绩效考核指标

任务绩效是指与工作产出直接相关的，能够直接对其工作结果进行评价的这部分绩效指标。任务绩效是与具体职务的工作内容密切相关的，同时也和个体的能力、完成任务的熟练程度和工作知识密切相关的绩效。

表 4-2 所示为管理人员的任务绩效考核指标示例。

表 4-2　管理人员的任务绩效考核指标示例

姓名：			所在部门：		
考评日期：					
考核指标	计划目标	完成情况	满分	得分	备注
任务完成					
成本节约					
员工流失率					
客户满意度					
总分					

2. 管理人员的管理绩效考核指标

管理绩效的考核主要考察企业管理人员及其各部门正、副职管理人员对岗位管理职能的发挥。管理人员管理绩效主要是对制度体系建设、内部管理、工作创新、企业文化建设等方面进行考核。

表 4-3 所示为管理人员的管理绩效考核指标示例。

表 4-3　管理人员的管理绩效考核指标示例

被考核人姓名		部门		岗位				
管理绩效	序号	指标	权重	A	B	C	D	备注
	1	制度体系建设	25%					
	2	内部管理	25%					
	3	工作创新	25%					
	4	企业文化建设	25%					
考核人	签字：						年　月　日	

3. 普通员工任务绩效考核指标

表 4-4 所示为普通员工任务绩效考核指标示例。

表 4-4　普通员工任务绩效考核指标示例

姓名：			所在部门：		
考评日期：					
考评指标	计划目标	完成情况	满分	得分	备注
业务能力					
工作创新					
应变能力					
执行能力					
工作责任心					
工作主动性					
组织纪律性					
服务配合性					
综合能力					
总分					

二、绩效标准的确定

在绩效计划的制订当中已经谈到了绩效标准的制订问题，它是绩效计划的重要内容之一。但是，在绩效考核指标体系中，绩效标准有更加具体的表现形式，才能更好地为绩效考核服务。因此，在绩效计划中所讲述的绩效标准来源的基础上，本节补充绩效标准的含义，并举例来说明它在绩效考核指标体系中的表现形式。

（一）绩效标准的含义

绩效标准是指在员工绩效考核过程中，对各类员工的功能进行评价的准则和尺度，它由三个要素组成：标志、标号和标度，绩效标准示例如表 4-5 所示。

表 4-5　绩效标准示例

绩效指标	标　　志	标度与标号		
		A	B	C
逻辑思维能力	回答问题是否清楚	清楚	一般	混乱
	论述问题是否周密	周密	一般	不周密
	论点论据是否连贯	连贯	一般	不连贯

标志是指绩效标准的内容，揭示考核要素的关键可辨的特征，它是绩效标准的主要组成部分。标号是指不同程度的标记符号，通常用字母（如 A、B、C、D 等）、汉字（如甲、乙、丙、丁等）或数字来表示。标号没有独立的意义，只有我们赋予它某种意义时，它才具有意义。标度则是测量的标准，它可以是经典的测量尺度（即类别、顺序、等距和比例尺度），也可以是现代数学的模糊集合，尺度可以是数量化的单位，也可以是非数量化的标号。概言之，可以是定量的，也可以是定性的。标度是绩效标准的基础部分，它同考核的计量与计量体系有密切关系。

在员工考核中，各绩效标准之间存在着密切的内在联系，它们相互依存，相互补充，相互制约，组成一个有机的整体，这就是绩效标准体系。绩效标准体系具有完整性、协调性和比例性三个特征。完整性是指各标准相互补充，扬长避短，共同构成一个完整的整体，完整性反映了标准体系的配套性特征。协调性是指各种标准之间在相关的质的规定方面的衔接，相互一致协调发展，它反映了标准体系的统一性与和谐性。协调性有两种形式：一种是相关性的协调，例如，定性标准、同类别尺度标准就是同一种类型具有一致性；另一种是延伸性的协调，例如，模糊定量就是精确定量的发展和延伸，而且是协调的一种更为高级的形式。所谓比例性是指各种标准之间存在一定的数量比例关系，它反映了标准体系的统一性和配比性。

（二）绩效标准的分类

1. 按考核手段分类

按考核的手段划分，可以把考核标准分为定量标准和定性标准。定量标准就是用数量作为标度的标准，如工作能力和工作成果一般用分数作为标度。定性标准就是用评语或字符作为标度的标准，如对员工性格的描述。

2. 按考核尺度分类

按考核尺度分，可将考核标准分为类别标准、等级标准、等距标准、比值标准和隶属度标准。类别标准就是用类别尺度作为标度的标准，它实质上同定性标准中的数字符号为标度的标准相同。等级标准就是用等级尺度作为标度的标准。等距标准就是用等距尺度作为标度的标准，与等级标准不同的是，用等距标准测得的分数可以相加，而等级标准测得的分数则不能相加。比值标准就是用比值作为标度的标准，这类标准所指的对象通常是工作的数量与质量、出勤率等。隶属度标准就是用模糊数学中隶属系数作为标度的标准。这类标准基本上适用于所有考核内容，能回答经典标度无法解决的问题，因而被广泛使用。

3. 按标准的属性分类

按标准的属性分，可以把考核标准分为主观标准和客观标准，绝对标准和相对标准。

主观标准的评价以个人的认识为主；客观标准以客观描述和观察为标度。所谓绝对标准，就是不管什么对象、什么条件、什么评价目的，只用一个标准；所谓相对标准，就是根据不同的对象、不同条件、不同的评价目的，采用不同的评价标准。

4. 按标准的形态分类

按标准的形态，可以把考核标准分为静态标准与动态标准。

静态标准主要包括分段式标准、评语式标准、量表式标准、对比式标准和隶属度标准五种形式。分段式标准是指将每个要素分为若干个等级，然后将指派给各个要素的分数（已赋予权重）分为相应的等级，再将每个等级的分值分成若干个小档（幅度）。评语式标准是指运用文字描述每个要素的不同等级，这是应用最广泛的一种。量表式标准就是利用刻度量表的形式，直观地划分等级，在评估了每要素之后，就可以在量表上形成一条曲线。对比式标准就是将各个要素的最好的一端与最差的一端作为两极，中间分为若干个等级。隶属度标准就是以隶属函数为标度标准，它一般通过相当于某一等级的"多大程度"来评定。

动态标准主要有行为特征标准、目标管理标准、情境考核标准和工作模拟标准。行为特征标准就是通过观察分析，选择一例关键行为作为考核的标准。目标管理标准是以目标管理为基础的考核标准。目标管理是上下级共同确立目标，确定方针，使之有效地达成，同时对成果严格考核的一种管理程序。这种标准的主要特点是将现代管理方法与人事考核制度结合起来，由职工直接参与目标和评价标准的规定，因而特别有利于开发各类人员的能力。同时它的目标以达到的程度为基准，是一种比较客观的标准。情境考核标准是对领导人员进行考核的标准，它是从领导者与被领导者和环境的相互关系出发来设计问卷调查表，由下级对上级进行考核，然后按一定的标准转化为分数。工作模拟标准通过操作表演、文字处理和角色扮演等工作模拟，将测试行为和标准行为进行比较，从而作出评定。

（三）绩效标准示例

1. 设问提示式标准（见表 4-6）

表 4-6 设问提示式标准示例

绩效指标	标志	标度与标号			
		优	良	中	差
协调性	合作意识怎么样				
	见解、想法不固执吗				
	自我本位感不强吗				

2．评语式标准（见表 4-7 和表 4-8）

表 4-7　积分评语式标准示例

绩 效 指 标	分　　值	绩 效 标 准
用人能力	4	1．掌握本部门人员的长处，合理安排得 1 分； 2．能够注意人才培养得 1 分； 3．能够识别人才，有选拔干部成功之例得 1 分； 4．一二把手之间相互尊重，共事较好得 1 分 （4 项得分累加）

表 4-8　期望评语式标准示例

绩 效 指 标	考 核 标 准			
	优	良	中	差
创造能力	善于创新	尚能创新	安于现状	因循守旧

3．方向指示式标准（见表 4-9）

表 4-9　方向指示式标准示例

绩 效 指 标	标　　志	标　　准			
		优	良	中	差
业务经验	主要应从员工所从事工作的业务年限、对工作的熟悉程度、有无工作成果等方面考核				

三、指标的权重设计

（一）主观经验法

主观经验法是一种主要依靠历史数据和专家直观判断确定权重的简单方法。这种方法需要企业有比较完整的考核记录和相应的评估结果，它是决策者个人根据自己的经验对各项评价指标重要程度的认识，或者从引导意图出发对各项评价指标的权重进行分配，也可以是集体讨论的结果。此方法的主要优点在于决策效率高，成本低，容易为人所接受，适合专家治理型企业和规模比较小的企业；主要缺点是所获得数据的信度和效度不高，而且有一定的片面性，对决策者的能力要求很高。

（二）等级序列法

等级序列法是一种简单易行的方法，通常需要一个评价小组对各种评价指标的相对重要性进行判断。首先，让每个评价者根据评价要素的重要性从大到小进行排序。例如，要对营销人员的六项考核要素进行权重分配，就要求其分别对这六项指标从最重要到最不重要进行排序。等级排序法得到的资料是次序量表资料。这种资料可以用以下公式转换成等距量表资料，以比较各种考核指标的顺序及差异程度：

$$P=(\sum FR-0.5N)/nN$$

式中：P——某评价指标的频率；

R——某评价指标的等级；

F——对某一评价指标给予某一等级的评价者的数目；

N——评价者数目；

n——评价指标数目。

求出各评价指标的 P 值后，查正态分布表，将 P 值转换成 Z（数理统计中，正态分布对应的一个固定值）值，从而区分出不同考核要素之间重要性的具体差异。最后，把各评价指标之间的 Z 值转换成比例，就可以得出每个指标的权重值。

（三）对偶加权法

对偶加权法是将各考核要素进行比较，然后再将比较结果汇总比较，从而得出权重的加权方法。

如表 4-10 所示，将各考核要素在首行和首列中分别列出，将行中的每一项要素与列中的每一项要素进行比较。其标准为行中要素的重要性大于列中要素的重要性得 1 分，行中要素的重要性小于列中要素的重要性得 0 分。比较结束后，对各要素的分值进行统计，即可得出各考核要素重要性的排序。

表 4-10 对偶加权法示例

考 核 要 素	A	B	C	D	E
A	—	1	0	1	1
B	0	—	0	1	1
C	1	1	—	1	1
D	0	0	0	—	1
E	0	0	0	0	—

在比较对象不多的情况下，对偶加权法比等级序列法更为准确可靠。与等级序列法一样，这种方法得到的结果也是次序量表资料，只有把它转化为等距量表资料，才能分辨出不同指标间的相对重要性。

其方法是，先求出与其他指标相比，认为某指标更重要的人数，然后把人数转换成比率，再查正态分布表，将 P 值转化为 Z 值，从而区别出不同考核要素之间重要性的具体差异。最后，与等级序列法一样，把每个评价指标的 Z 值转换成比例，就可以得到每个指标的权重值。

（四）倍数加权法

该方法首先要选择出最次要的考核要素，以此为 1。然后，将其他考核要素的重要性与该考核要素相比较，得出重要性的倍数，再进行处理。例如，对营销人员考核要素的加权，表 4-11 中的六项要素中，假设智力素质是最为次要的，其他要素的重要性与智力素质相比，重要性倍数关系也如表 4-11 所示。六项合计倍数为 14.5，故各项考核要素的权重分别是 1.5/14.5、2/14.5、1/14.5、3/14.5、5/14.5 和 2/14.5，最后换算成百分数即为各考核要素的权重。

表 4-11　倍数加权法示例

考 核 要 素	与智力素质的倍数关系
品德素养	1.5
工作经验	2
智力素质	1
推销技巧	3
销售量	5
信用	2

倍数加权法的优点在于它可以有效地区分各考核要素之间的重要程度。另外，它也可以不选用最次要的考核要素，而选用最具代表性的考核要素为基本倍数。

（五）权值因子判断表法

权值因子判断表法的基本操作步骤分述如下：

（1）组成专家评价小组，包括人力资源专家、评价专家和其他相关人员。根据对象和目的的不同，可以确定不同构成的专家小组。

（2）制定评价权值因子判断表，如表 4-12 所示。

表 4-12　权值因子判断表

评价指标	指标1	指标2	指标3	指标4	指标5	指标6	评 分 值
指标1	×	4	4	3	3	2	16
指标2	0	×	3	2	4	3	12
指标3	0	1	×	1	2	2	6

续表

评价指标	指标1	指标2	指标3	指标4	指标5	指标6	评 分 值
指标4	1	2	3	×	3	3	12
指标5	1	0	2	1	×	2	6
指标6	2	1	2	1	2	×	8

（3）由各专家分别填写评价权值因子判断表。填写方法将行因子与列因子进行比较。如果采取的是4分值，那么非常重要的指标为4分，比较重要的指标为3分，重要的指标为2分，不太重要的指标为1分，不重要的指标为0分。

（4）对各专家所填的判断表进行统计，将统计结果折算为权重，如表4-13所示。

表4-13 权值统计结果表

评价指标	考核人员								评分总计	平均评分	权 重	调整后权重
	1	2	3	4	5	6	7	8				
指标1	15	14	16	14	16	16	15	16	122	15.25	0.254 17	0.25
指标2	16	8	10	12	12	12	11	8	89	11.125	0.182 54	0.20
指标3	8	6	5	5	6	7	5	8	54	6.75	0.112 50	1.10
指标4	8	10	8	12	12	12	13	8	83	10.375	0.172 92	0.20
指标5	5	6	7	7	6	5	5	8	49	6.125	0.102 08	0.10
指标6	8	16	12	10	8	9	8	12	83	10.375	0.172 92	0.15
合计	60	60	60	60	60	60	60	60	480	60	1.000 01	1.00

指标权重能够反映企业重视的绩效领域，对于员工的行为有很明显的引导作用。因此，权重的设计应当突出重点目标，体现出管理者的引导意图和价值观念。同时，权重的设计还直接影响着评价的结果。因此，运用上述办法初步确定的指标权重，还必须经过相关部门的审核与讨论，确保指标权重的分配与企业整体指导原则相一致，同时确保指标层层分解下去。

案例4-3　　江苏良宇实业集团绩效考核指标设计

1. 选对指标才能保证绩效和战略挂钩

绩效指标包括结果性指标、过程性指标、阶段性工作指标三个方面。

结果性指标主要包括财务类指标（销量达成率、销售毛利达成率、产值达成率、服务毛利达成率）、满意度指标（客户满意度、客户流失率）。

过程性指标主要包括销售管控类指标（库存车周转率、意向客户到店率、展厅集客完成率、试乘试驾率、订单成交率）、服务管控类指标（一次修复率、内部返工率、外部返工率、出厂及时性、备件周转率）、组织能力建设类指标（招聘达成率、培训完成率、岗位认证通过率、员工满意度、组织架构与流程优化、信息交流与共享通畅性）。

阶段性指标主要是指集团公司各类会议临时安排的阶段性工作以及管理项目的导入实施。

2. 定好数值才能让考核结果的价值最大化

在确定绩效考核指标后，绩效目标值以及权重的确定就显得非常重要，对于目标值，我们在收集企业历史数据的基础上结合行业内标杆企业，在综合市场增长判断与执行部门充分沟通的基础上确定目标值，目标值的制定要合理，不能盲目地拍脑袋。在实践操作中，如果20%的子公司通过努力可以超越指标、40%的通过努力可以达成、30%的可以达成70%~90%之间，剩余10%在50%~60%，我们基本判定这样的目标较为合理并达到预期。

对于目标权重比例，设计的依据主要在于各子公司发展不同阶段以及当前业绩存在的问题及对其所进行的调整，对于成熟型子公司，一般财务指标权重占比不低于40%；过程管控类指标占比在40%左右；剩余20%主要分布在组织能力建设和内部治理考核上；对于起步阶段的子公司，财务指标权重一般控制在20%附近，80%权重调整在内部运营和组织能力建设层面，我们主要考虑的是起步阶段的子公司更应注重内部管理制度、流程、标准的建立和逐步完善，只有内部治理完善，客户满意度才能有根本的保障，后期的财务指标实现就不会有很多问题，因此，权重的设计不是集团一刀切，而是根据子公司不同发展阶段去因地制宜单独进行调整。

而在部门层面绩效指标的确定方面，我们会召开绩效指标评审会对部门指标进行必要的评审，评审主要参考以下四个原则：（1）战略分解原则。部门指标能否做到承上启下的分解作用，将集团公司指标层层分解、层层落实。（2）跨部门协作原则。在部门横向层面，一些跨部门、跨团队的指标设定是否合理，是否能够起到促进跨部门的协作作用。（3）数据收集可行原则。指标的定义清晰、计算公式明确、收集的可操作性。（4）指标数量合理原则。一般绩效指标数量建议不超过10个，指标过多容易分散工作重心，且绩效激励作用会被严重削弱。

对于绩效指标的管控和合理与否，我们会以周、月、季度会议形式召开绩效反馈会，对绩效达成情况进行通报，并组织绩效分析，群策群力指出存在问题，制订行动计划，进行改善，形成绩效闭环。

3. 有效落实才能让你的考核不是走形式

（1）舆论造势，绩效管理要实现高层、中层、基层全方位覆盖，高层的明确表态和培训学习的大规模组织开展，让干部员工明白绩效考核重在绩效反馈与行动改善计划的制订，是一个优秀的管理工具，而不是简单的薪资兑现，在集团公司内部营造良好的绩效实施氛围，这个是绩效考核实施的舆论保障。

（2）绩效指标的设计、目标权重的确定、计算细则的明确要征求干部员工的合理意见。

（3）绩效考核一定要进行正负激励，对于超额完成的，应该给予奖励，树立良好的赶超氛围。

（4）绩效反馈与行动计划工作必须持之以恒地开展，这个是绩效管理的根本目的。

4. 直面难点才能让你的指标设定公平有效

在确定公司财务指标过程中，对于销量与毛利的权重曾经困扰公司，公司的目标是实现销量与毛利指标的共同达成。子公司在遇到市场淡季时，为了确保一项指标达成，往往通过降价形式损失公司毛利下达成销量，集团利润无法得到保障。为了引导子公司健康发展，集团及时调整思路，在总经理层面实行利润达成计提奖励，利润奖励占总经理年薪比例的 40%，这样就极大地调动了子公司层面关注盈利，而不是盲目为了达成销量，从而实现了子公司的健康发展。

另外，职能部门的业绩更多体现在服务与监督方面，这两方面的工作大多很难去量化，对于职能部门的绩效指标我们是通过下面三个方式去确定：（1）公司主要经营指标与职能部门挂钩，权重在 20%左右，对于经营指标超出达成的，也会给予超额奖励，这样引导职能部门尽可能在自己的职能领域通过服务支撑和监督，实现整体盈利，否则，大河无水小河干枯。（2）从职能部门岗位职责中提炼职能领域的绩效指标。（3）从会议布置的阶段性工作中提炼指标作为阶段性考核。

资料来源：王冬. 千万别忽略考核指标的权重. [EB/OL]. （2016-06-23）. http://www.chinahrd.net/article/2016/06-23/231867-1.html.

第二节 绩效考核方法

案例 4-4　　　　　　　　老张的"近忧"与"远虑"

A 公司是一家大型商场，有管理人员与员工共有五百多人。由于大家齐心协力，公司销售额不断上升。到了年底，A 公司又开始了一年一度的绩效考评，因为每年年底的绩效考评与奖金挂钩，所以大家都非常重视。人力资源部又将一些考评表发给各个部门的经理，由部门经理在规定的时间内填写表格，再交回人力资源部。

老张是营业部的经理，他拿到人力资源部送来的考评表格，却不知怎么办。表格主要包括了对员工工作业绩和工作态度的评价。工作业绩那一栏分为五档，每一档只有简短的评语，如超额完成工作任务，基本完成工作任务等。由于年初种种原因，老张并没有将员工的业绩目标清楚地确定下来。因此对业绩考评时，无法判断谁超额完成了任务，谁没有完成任务。工作态度就更难填写了，由于平时没有收集和记录员工的工作表现，到了年底，仅对近一两个月的事情有一点记忆。

由于人力资源部又催得紧，老张只好在这些考评表里勾勾圈圈，又加了一些轻描淡写的评语，交回给人力资源部。想到这些绩效考评要与奖金挂钩，老张感到如此做有些不妥，他决定向人力资源部建议重新设计本部门营业人员的考评方法。老张在考虑，为营业人员设计考评方法应该注意哪些问题呢？

资料来源：http://www.examw.com/hr/gly/moniti/303798/

一、绩效考核方法的分类

绩效考核方法种类较多，每种方法都有各自的优缺点，都有其相对的适用领域。一般来说，大多数企业往往是综合使用多种不同方法，以适应其不同岗位、不同发展阶段对绩效考核的不同需要，实现不同的绩效管理目的。本节内容侧重于从不同角度对绩效考核的方法进行分类，并对其基本情况进行简单介绍，各种方法的具体内容将在后面章节详细展述。

（一）依据考核内容的重点

1. 结果导向型

结果导向型考核着眼于"干出了什么"，而不是"干了什么"。其考核的重点在于产出和贡献，而不关心行为和过程。这类考核对于那些最终绩效表现为客观的、具体的、可量化的指标的员工是非常适合的，如在一线从事具体生产的操作人员。

2. 行为导向型

行为导向型考核重点评价员工在工作中的行为表现，即工作是如何完成的。这种考核类型适合于绩效难以量化考核或需要以某种规范行为来完成工作任务的员工，如管理人员、服务人员等，行为导向型考核面临的主要问题是实际考核时难以开发出所有与工作行为相关的标准。

3. 特征导向型

特征导向型考核主要用于考核员工的个性特征和个人能力等。所选择的内容主要是那些抽象的个人基本品质，如决策能力、对公司的忠诚度、主动性、创造性、交流技巧以及是否愿意与他人合作等。这种类型的考核对员工工作的结果关注不够。

（二）依据考核标准类型

1. 相对评价法

所谓相对评价法，又称比较法，是一种比较简单常用的评价方法。这种方法并没有事先统一制定的评价标准，而是在部门或团队内对人员进行相互比较后作出评价，由于比较法是最为方便的评价方法，评价结果也一目了然，作为各类管理决策的依据时也十分方便，因此得到了广泛应用。但是，采用相对评价法得出的评价结果无法在不同评价群体之间进行横向的比较，而且难以找出充分的理由说明最终评价结果的合理性，因此往往很难让员工接受评价结果，也很难为奖励分配决策提供令人信服的依据。另外，相对评价法最致命的缺点在于无法找出绩效差距的原因，因而也就无法对员工进行有效的绩效辅导以促使其改进。常见的相对评价法主要有排序法（包括直接排序法和交替排序法）、配对比较法和强制分配法等。

2. 绝对评价法

绝对评价是根据统一的标准尺度衡量相同职位的员工，即按照绝对标准评价他们的绩效，绝对评价的标准是客观统一的，不以评价对象为转移，可以对每个员工进行单独评价，在不同员工之间进行横向比较。绝对评价的评价结果也可以直接有效地运用于各种人力资源管理决策，同时为员工修正和改善自己的工作提供参考。但绝对评价法的设计要耗费大量的时间和精力，专业性较强，因此经常需要外部专家的协助。使用时也需要对评价者和被评价者实施系统培训，让其掌握评价技能，进而保证方法的实施效果。

（三）依据考核指标类型

1. 硬指标型绩效考核方法

硬指标主要分两类：一是生产指标，如产量、销售量、废次品率、原材料消耗率、能耗率；二是个人工作指标，如出勤率、事故率、违纪犯规率等。这些指标是客观的、定量的，因而也是最可信的。然而，事实上影响工作绩效的原因很多，员工受自身不可控的环境因素影响很大，并且会因重视短期指标而牺牲长期绩效。

2. 软指标型绩效考核方法

软指标型绩效考核方法主要分为结果导向型和行为导向型两类。结果导向型方法是针对工作之后的成果进行考核评价，主要包括目标管理法、岗位绩效指数化法、产量衡量法等。行为导向型方法是针对工作行为,进行相对考核和绝对考核。进行相对考核时,它称为行为导向型主观评估方法,即将员工间的工作情况进行互相比较,得出每个员工的评估结论,主要包括交替排序法、配对比较法、强制分布法等。进行绝对考核时,它称为行为导向型客观评估方法,即首先对员工的工作行为加以界定,然后根据员工在多大程度上显示了这些行为作出评价,主要包括图尺度评价法、关键事件法、行为对照表法、行为锚定等级评价法等。

(四)依据考核体系的系统性

1. 非系统性绩效考核方法

非系统性考核方法,一般来说,是针对具体岗位的关键性任务设立绩效考核指标,与企业经营绩效、战略实现联系不大。对于工作任务不确定,对企业关键的岗位来说,可能存在问题。主要包括以业绩报告为基础的绩效考核(自我报告法、业绩评定法)、以员工比较为基础的绩效考核(简单排序法、配对比较法、强制分布法等)、关注员工行为及个性特征的绩效考核(因素考核法、图解式考核法、行为锚定等级评价法)、以个人绩效合约为基础的绩效考核、以特殊事件为基础的绩效考核等。

2. 系统性绩效考核方法

由于关键岗位与企业发展、企业战略实现是紧密相连的,这需要在绩效考核中体现出来,而非系统性绩效考核方法无法达到这一目标。另外,任务的不确定性和目标的固定性使得我们必须寻求解决问题的办法。如何将企业成功、战略实现反映在员工绩效考核系统中,需要采用系统绩效考核方法。主要包括当前企业运用越来越多的基于关键绩效指标的考核(KPI)、基于平衡计分卡的考核(BSC)、基于标杆管理的考核、基于目标管理的考核(MBO)等。本书对于绩效考核方法的讲述主要采取的是此种分类方式。

案例 4-5　　胜利油田:注重进步的绩效考核管理

胜利油田供水公司是中国石化胜利油田分公司下属的水务公司。供水营业部是胜利供水公司的销售管理部门。为了提高营业部管理工作水平、调动员工积极性,营业部实行了绩效考核制度。

一、创新考核方法,调动员工积极性

1. 筛选关键性考核指标,简化考核过程

以往的考核管理办法内容冗杂、项目较多,考核指标亟待重新筛选。营业部提出"两条主线,两条副线"的考核管理办法,紧抓关键性指标,重点考核与业绩直接相关的工

· 159 ·

作。"两条主线"主要考察漏损率、产销差率和水费回收的完成情况。"两条副线"考察维修增值服务和新增用户管理。"两条主线"是工作重点，"两条副线"是重要补充。两条路线中的各考核指标的设置也紧紧围绕营业部核心业务，直接反映营业部业绩，针对性强、分工明确。

2. 网格化管理，每人工作量大致相同

网格化管理是将城市管理辖区按照一定的标准划分成为单元网格，通过对单元网格的部件和事件巡查，建立一种监督和处置互相分离的形式。供水营业部在网格化管理过程中，对管理范围进行普查，了解每条管线的现行状况，摸清相关数据，对埋在地下不能经常巡线的管线重点普查。再根据以上数据将整个管辖区域合理划分成若干区域单元，尽量使每个区块内人均工作量大致相同。各个区块明确责任人，确定员工的管理职责，做到"片区清，人员明，水表清，水费明，责任清，任务明"。

3. 创新评比方法，化解改革阻力

在第一阶段，不是单纯考核业绩指标，而是考核业务指标的进步率，并量化成分数作为绩效排名的基础。在"定人、定岗、定责"的基础上，不进行不同区域的横向比较，减少区域差异造成的量化难度，根据每名员工所负责的本区域的考核指标进步情况进行加分奖励，由和别人量化比较变成和自己比较。即员工所负责区域的当月考核指标与上月数据进行比较，相关指标每进步1%就会得到相应加分奖励。这极大地调动了员工的积极性，为了能够获得更多的奖励，员工提高了对工作的重视程度，发现问题，立即上报维修。年底再对每个人的业绩进步率进行大排名，鼓励竞争。以业绩进步率代替原始业务指标，使得工作条件不同的员工具有了可比性。只要比自己以往业绩高就可以得到奖励，员工对考核的信任度增加，积极性也被调动起来。

但是，第一阶段考核的弊端也随着考核的深入暴露出来。随着业绩的提高，员工们进步的空间越来越少；而且管网老化严重、欠费严重的区域工作难度大，员工即使再努力，取得的进步仍很少。所以在第二阶段，主要考核"优秀标准维持率"。基于第一阶段的工作业绩以及各个区域的现实情况，制定每一区域的优秀标准。只要员工达到优秀标准并且维持住，就可以拿到相应加分，如果超出这一标准，还可以得到更多加分奖励。

综合两阶段工作的进展情况，第一阶段考核评比强调竞争，第二阶段在竞争的基础上强调公平。

二、加强绩效考核体系建设，将考核落实到日常管理中

1. 绩效考核与组织结构相结合，考核立体化

营业部依照组织结构层级，对考核任务进行层层分解，做到一级考核一级，明确各级权责，分配考核任务。根据"两条主线、两条副线"的考核思路，经营办公室负责水

量漏损情况，生产办公室负责水费回收考核。各级首尾相互衔接，实现了机关与基层的有机结合，各级可以根据上级的考核目标，对考核任务一层层分解给下级，形成一套"金字塔"型绩效考核组织体系。这样系统的结构有助于细化考核工作量的分配，便于对考核工作完成情况的问责机制执行。

2. 绩效考核与奖惩机制相结合，多劳多得

营业部将每名员工的业绩与薪酬挂钩，根据绩效考核的分数确定绩效奖金的数额。分数越高，奖金越多，同时，为了减少改革阻力，绩效考核以正向奖励为主，初期几乎不进行负面惩罚，让员工可以实实在在感受到绩效考核带来的收益。考核实行累积制度，如果能够连续排名靠前，工资晋级可以优先。

奖惩机制不仅体现在物质方面，也体现在精神层面上。通过"选优""树标兵""大红榜"等形式，满足员工自我实现的需求，同时对那些虽然在工作绩效上没有做到前面，但在团队合作、集体荣誉方面有成绩的员工给予评比和奖励。

3. 绩效考核与信息系统相结合，考核高效率

营业部依托计算机网络技术，建立了绩效考核信息系统。首先将员工的考核指标输入信息系统，员工只需录入自己的工作量，程序后台自动计算出每人的考核成绩，计算过程科学、受人为干扰少，可以作为"评选先进""干部提拔"的参考标准。同时，为了便于管理，营业部根据不同员工职务的高低设置了不同的权限。不同的权限功能也不一样，权限越高能够看到的数据越多。领导可以通过信息系统实时了解各基层队的考核情况，提高了沟通效率和管理信息化水平。

三、加强团队建设，增进凝聚力

1. 团队考核纳入绩效考核体系

通过团队考核将员工结成利益共同体是促进员工间合作的有效手段。营业部对各团队的整体业绩完成情况进行量化，并赋予一定权重加入个人绩效考核成绩中。团队业绩的优劣也会影响到团队成员的个人考核成绩。员工在努力完成个人业绩的同时，需要考虑团队整体业绩情况，促使团队内排名靠前的员工通过帮扶本团队排名落后的员工来提高团队整体成绩，并拉动他们的个人成绩。随着团队考核的开展，各基层队的团队意识逐渐增强。

2. 加强团队文化建设

营业部广泛借鉴国内外知名企业的文化建设经验，并结合实际开展了丰富多彩的文化活动。通过组织活动的方式，给员工提供了一个沟通平台，让工在活动中感受团队的温暖，消除矛盾，密切员工之间的关系，培养员工之间的默契，塑造了一种"积极向上、团结协作"的文化氛围。

3. 重视员工培训，加强经验交流

营业部一方面利用"他山之石"，从高校、咨询公司聘请讲师对员工进行专业知识培训；另一方面"紧接地气"，从基层团队挖掘内部优秀人才，将员工在实际工作中形成的沟通技巧和工作经验转化成经典案例，组织经验交流会，传授给其他员工。

资料来源：胜利油田：注重进步的绩效考核管理[EB/OL].（2015-10-19）. http://bbs.hroot.com/bbs/Detail163146_0.hr.

二、绩效考核方法选择的影响因素

（一）企业战略与绩效考核目标

企业绩效考核的主导目标决定了它应该选择何种绩效考核方法。例如，有的企业经营业绩不佳，急需在一定时期内提升经营业绩，完成既定的目标，企业追求的是如何快速地实现其绩效目标，这时结果导向型的绩效考核方法可能就比较适合这类企业的需要。然而，有的企业追求的是建设一支高素质的稳定的员工队伍，至于企业的短期绩效目标完成情况并不是首先要考虑的问题，这类企业就比较多地采用行为导向型的绩效考核方法。绩效考核目标与绩效考核方法之间的关系如表4-14所示。

表4-14 绩效考核目标与绩效考核方法之间的关系

目 标	导 向	方 法
信息反馈与沟通	绩效导向	业绩评定表法；关键事件法；目标管理法；行为固定业绩评定表法；作业标准法
客观依据	人员导向，绩效导向	业绩评定表法；硬性分布法；行为固定业绩评定表法；排列法
绩效改进	绩效导向	业绩评定表法；关键事件法；目标管理法；作业标准法
人事研究	绩效导向	叙述法；关键事件法；行为固定业绩评定表法；作业标准法

资料来源：林新奇. 绩效管理[M]. 第2版. 大连：东北财经大学出版社，2013：7.

（二）员工的工作性质

1. 工作的独立性

企业内部员工工作的独立性程度主要取决于相互间工作的依赖程度，这与工作内容的可分解程度密切相关。对于团队合作性要求较高、工作结果在很大程度上受到相关外部因素的影响、独立性低的工作，一般采取行为导向型绩效考核方法比较适宜。对于独立性较高、个人对工作控制力强、对他人依赖较小的工作，采用结果导向型绩效考核方法可能更为合适。

2．工作的结构化程度

对于员工工作的结构化程度，主要通过其工作内容、完成方式、程序和结果等的确定性程度来判断，结构化程度高的工作，其外在控制影响力弱，个人自由发挥空间有限，工作内容、程序、完成方式都是确定的，员工只要按照程序化的要求行动就可以达到预期的工作效果，因而一般以采用行为导向型绩效考核方法为宜。反之，结构化程度低的工作，员工对工作方式和内容的自主空间大，上级较难通过行为观察推断其工作绩效，因而一般以采用结果导向型绩效考核方法为好。

3．工作内容的复杂程度

工作内容复杂程度的实质是工作内容的可分解程度，这可以从横向与纵向两个角度进行分析。从横向角度看，工作内容的难易程度决定了工作的可分解程度。简单的劳动可以被分解成不同的程序或环节，且每一个工作环节都可以为独立的个体所承担。复杂的劳动往往很难清晰地分解成单一的工作程序或环节，即使被分解成相对独立的工作程序与环节，独立的个体也往往难以胜任。从纵向角度看，完成一项任务的工作时间的延续性决定了工作的可分解程度。一项时间短暂且不延续的任务往往较易分解为阶段性的工作程序和环节，并可由独立的工作个体完成。复杂性任务往往伴有工作时间长且延续性要求高的特征，很难分解为个体可独立承担的具体工作环节，因此也很难衡量该工作期间个体的具体工作行为。这样，对于复杂程度高的工作往往以结果导向型方法为主进行评估，对于复杂程度低的工作则可通过观察个体行为，以行为导向型考核方法为主进行评估。

4．岗位层级的高低

岗位层级指的是员工在组织中所处的位置，岗位层级的高低和工作性质密切相关，并影响着绩效考核方法的选择。一般而言，在组织中低层级岗位的工作内容大多微观、具体、结构化程度高，一般可以通过工作行为和结果进行衡量，所以采用行为导向型绩效考核方法相对有效。高层级岗位的工作则较多涉及宏观决策，复杂而抽象，常常是思维活动的结果，一般难以通过具体的工作行为显示其绩效，因而通过结果导向型为主的绩效考核方法来评估比较合适。

5．工作目标的可量化度

由于工作性质各异，各项工作目标的可量化度是不同的。一般工作目标可量化度越高，越适宜采用结果导向型的绩效考核方法；反之如果工作目标难以量化，则根据工作行为可测的程度选择相应的行为导向型绩效考核方法为佳。

（三）企业组织特点

1. 组织的规模大小

当组织的规模不断扩大时，分工越来越细化。在工作相关性较高的正式组织中，每个员工只负责完成工作总量的很小一部分，组织很难考核其工作行为是否与组织目标的实现直接相关，因此组织中的各个子系统必须采用一个简单的能够被组织中其他成员清晰理解的绩效衡量手段，这时采用结果导向型绩效考核方法比较合适。对于分工层次不是很明晰，员工个人绩效对组织绩效具有直接影响的组织而言，这时采用行为导向型绩效考核办法则更适宜。例如一个只有七八人的小组织，通过行为观测就能很清晰地了解其工作效果，所以采用行为导向型绩效考核方法就可以进行有效评估。

2. 组织的文化类型

如果一个组织的领导类型倾向于管理方格中的关心人的坐标，拥有"强调员工发展"的组织文化，那么以观测员工行为过程为基础的行为导向型绩效考核方法更适合该类组织。如果一个组织的领导类型倾向于关心工作任务本身，其组织文化倾向于关注员工工作结果的输出，那么结果导向型的绩效考核方法应该在此类组织中更适用。

3. 组织的外部环境

处于不同行业以及不同生命周期的企业所面临的外部环境的压力是不同的。如果组织的开放性强，所面临的外部环境复杂多变、竞争激烈，那么组织为了迅速适应外部竞争的需要，往往更强调当前的工作成效，因而采用获得数据相对迅捷的结果导向型绩效考核方法比较适宜。如果组织面对的外部环境相对稳定，同行业竞争压力较小，或处于生命周期中持续上升的回报期，那么因为其企业实力和时间允许，并且企业战略更倾向可持续发展，选用行为导向型绩效考核方法更符合组织目标。

（四）考核结果的用途

考核结果可以有很多用途，如可为招聘与选拔提供反馈信息，或作为确立员工劳动报酬的依据、晋升和奖励的重要参照标准，员工岗位调配的依据，也可据此确定培训、开发的对象与内容等。绩效考核方法的选择必须事先考虑好其考核结果的用途。

例如员工比较评价法，由于它评价的基础是整体的印象，而不是具体的比较因素，所以较难发现问题存在的领域，因此不适合用来对员工提供绩效改进的建议或进行反馈和辅导，而且它在为奖金的分配提供依据方面的作用也是有限的。如果企业进行绩效考核的目的是进行重大的人事决策，如晋升和提薪等，那么评价者就必须把员工进行相互比较，这时员工比较评价法就是不可或缺的了。又如目标管理考核法，由于不同的部门、不同的岗位所设立的目标一般有所不同，部门之间、员工之间的可比性不强，因此使用这种方法的评价结果就不便于为奖金的分配提供依据，也不适宜为日后的晋升决策提供支持，但是这种方法能够发现具体的问题和差距，便于制订下一步的工作计划，因此非常适合用来对员工提供绩效改进的建议进行反馈和辅导。

（五）承担考核成本的能力

绩效考核成本往往为绩效管理者或设计者所忽视，但是我们在实践中发现它很重要，往往成为影响绩效考核成败的一个重要因素。绩效考核成本不仅包括直接发生的绩效考核费用和时间成本，而且包括间接的机会成本、组织成本等。公司承担考核成本的能力也成为选择考核方法时的重要影响因素。越复杂的考核方法越需要花费更多的考核成本，不仅需要大量的经费，而且需要大量的时间和精力。如要请专家开发专门的考核量表，需要领导进行更慎重的讨论和决策，绩效考核的组织管理部门从平时开始就要有所准备和积累，而且还要在考核运行中运用大量的统计分析方法，要考虑各类储存在计算机里的员工管理资料，以及考核信息与计算机相匹配的问题等，因此成本较高。出于降低管理成本的考虑，很多公司可能更愿意选择一些便于操作、简单易行的方法以减少考核时间、费用和精力。当然，无论采用何种方法，并不仅仅看它是否能节约成本，还要看它是否符合科学、有效的原则，要以企业利益的最大化为标准。

第三节 绩效考核主体

一、绩效考核主体的选择

由于现代企业中的岗位设置和专业分工日益复杂，因此仅凭一个人的观察和评价很难对员工作出全面、准确的判断。能够接触员工工作、获得员工绩效信息的主体是多方面的，上级、下级、同事以及员工本人和外部客户都可以参与到评价过程中来。由于不同的评价主体具有不同的特点，在评价过程中承担不同的评价职责和管理责任，因此，选择不同的评价主体不仅是绩效管理的需要，也是组织整体协同和员工激励的需要。

（一）上级评价

直线经理在绩效管理过程中自始至终都起着十分关键的作用。在大多数组织中，上级评价是最常用的评价方式，研究表明，目前大约有 98%的组织将绩效考核视作员工直接上级的责任，这是由于员工的直接上级通常是最熟悉下属工作情况的人，而且也比较熟悉评价的内容，同时，对于直接上级而言，绩效考核作为绩效管理的一个重要环节，为他们提供了一种引导和监督员工行为的手段，从而帮助他们促进部门或团队工作的顺利开展，如果直接上级没有进行绩效考核的权力，将会削弱他们对于其下属的控制力。另外，绩效管理的开发目的、与员工的上级对其进行培训与技能开发的工作是一致的，员工的上级能够帮助人力资源管理部门更好地将绩效管理与培训制度相结合，从而充分发挥这两种人力资源管理制度的行为引导作用。总之，直接上级在观察和评价其下属人员的工作绩效方面占据着最为有利的位置，同时也承担了更多的管理责任。

但是，直接上级对员工工作的观察未必是全面和客观的，观察时间的限制以及个人的主观偏见有可能使其评价缺乏准确和公正性，因此，在员工的直接上级独立地对员工绩效进行评估后，一般还要由员工直接上级的上级对评估结果进行复核，这样会有助于减少肤浅的或有偏见的评估结果，因为间接上级往往比直接上级更能把握和平衡标准、作出客观的评判。

（二）自我评价

提倡自我评价的理论基础是班杜拉（Albert Bandura）的"自我强化理论"，这一理论包括自我目标设定、对目标执行的自我监控、自我实施奖励以及惩罚。该理论认为，许多人都了解自己在工作中哪些做得好，哪些是需要改进的。如果给他们机会，他们就会客观地对自己的工作业绩进行评价，并采取必要的措施进行改进。另外，自我评价的实施能够提高员工对最终绩效考核结果的接受程度，提倡自我评价的员工会在自我工作技能开发等方面变得更加积极和主动。

但是，大多研究都表明，员工对他们自己的工作绩效所作出的评价一般总是比他们的主管人员或同事所作出的评价等级要高。一项研究显示，当员工被要求对自己的工作绩效进行评价时，所有各种类型的员工中有 40%的人将他们自己放到绩效最好的 10%（"最好者之一"）之列；剩下的人要么是将自己放入前 25%（"大大超出一般水平"）之列，要么是将自己放入前 50%（"超出一般水平"）之列；通常情况下，只有不到1%或2%的人将自己列入低绩效等级范围之中。而那些总是将自己列入高绩效等级的员工在很多时候则往往是低于一般绩效水平的。

（三）同级评价

同级评价是由被评估者的同级同事对其进行评价。这里的同级不仅包括被评价者所在团队或部门的成员，还包括其他部门的成员。这些人员一般与被评价者处于同一管理层级，并且与被评价者有经常的工作联系。研究表明，同级评价的信度和效度都很高。同时，同级评价还是工作绩效预测的有效因子。这是由于同级经常以一种与上级不同的眼光来看待他人的工作绩效，如他们会更加注重相互之间在工作中的合作情况。另外，上级与员工接触的时间毕竟有限，员工总是会在上级面前把他最优秀的方面表现出来，而他的同事却总能看到他的真实表现，这则是同级评价最有价值之处。此外，使用同级作为评价主体来补充上级评价有助于形成关于个人绩效的一致性意见，并帮助人们消除偏见，促进被评价者更好地接受评价结果。实证研究表明，一名员工的同事对他的评价可以有效地预测出此人将来能否在管理方面获得成功。

尽管来自同事的评价信息极具价值，但这一评价主体也有其难以克服的局限。当绩效考核结果与薪酬和晋升等激励机制结合得十分紧密时，同级之间的竞争关系会引发利益冲突，从而影响人际关系和工作氛围。另外，同级之间的个人关系也可能影响评价的可信程度。一些人对与其私交较差的同事进行评价时往往会不考虑其绩效而给予较低的评价，反之则给予高分。再有，同事之间还可存在"互相标榜"的问题，即所有同事串通起来相互为对方打高分，进而使评价结果失去意义。

（四）下级评价

下级评价给管理者提供了一个了解员工对其管理方式和风格看法的机会，由于下属的视角独特，因此这种自下而上的反馈更多侧重于对管理者管理技能的评判，而不是对其实际工作业绩的评价。适合下级评价的管理技能包括领导能力、沟通能力、团队协调能力、组织能力等，而计划、预算、创新等能力由下级评价就不太适当。下级评价要采用匿名提交的方式，而且要保证足够的下级数量，以提高评价者的安全性和评价结果的公正性。

由于下级评价与传统的自上而下的管理方式相悖，因此该方法的使用要格外谨慎。下级从未做过管理者从事的工作，很有可能想当然地对其行为加以判断，因此对其评价结果要合理地分析之后再做应用。另外，管理者也有可能担心由于某些必要的管理行为触动了员工的利益（如批评、惩罚）而在评价时遭到报复。当然，员工在评价时也会忧虑对上级作出诚实的评价会引来对自己的谴责和威胁。总之，下级评价在很大程度上还是一种管理突破，使用得当会对提高管理质量、培养组织氛围大有好处，因此越来越多的企业组织员工以不署名的方式参与对上级的评价，特别是对员工进行广泛问卷调查的方式非常普遍。

（五）客户评价

基于全面质量管理的考虑，愈来愈多的企业开始使用内部和外部客户作为员工评价的主体之一。外部客户中，常见的做法是选择消费者和供应商。例如在服务行业中，以顾客为评价主体对那些直接面对顾客的服务人员进行评价，可以更多地了解他们在实际工作中的表现。更为重要的是，由于客户满意度已经成为企业成功的关键因素，因此将客户作为评价主体来引导员工行为可以促进员工更好地为客户提供服务。

与外部客户相比，内部客户包括企业内部任何得到员工服务与支持的人。例如，直线经理得到了人力资源部门招聘和培训员工的服务支持，那么直线经理就可以成为对人力资源部门进行评价的内部客户。内部客户的确认和评价可以提高组织整体的协同配合，增加流程运作的质量和效率，进而提高企业的内部实力。

绩效本身具有多维性，而不同评价主体从不同角度观察和感受，自然对同一员工的工作绩效判断不同，各种评价主体并不是相互孤立、相互排斥的，而是应该根据岗位特点选择多个评价主体，即多视角的方法，以保证考核结果的客观、公正。当然，这样做也必然会增加评价的时间和成本，因此要量力而行。上级与自我评价相结合的方法是最常用的评价体系，其操作流程如图4-2所示。

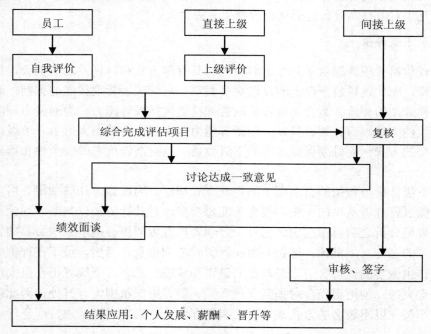

图 4-2　上级与自我评价相结合的操作流程

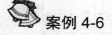 **案例 4-6**　　360 度评估：如何将时间从 1 个月缩减成 1 周
　　　　　　　　　——一位绩效评估人员的工作总结

在公司开展 360 度评估，起初人数往往控制在 10 人以内，这对我而言还是可以驾驭

的，然而人数一旦超过 10 人，就显得有些吃力了。

公司的上半年 360 度评估要开始了。评估参与人数增多，中层被评估人由 8 人增加到 20 人，问卷数达到 140 份。由于工作量过多，我向上级申请调用一些人员协助，然而，公司业务繁忙，最终只调用行政部一名同事。

（1）设计问卷：我们根据领导对本次 360 度评估的要求，指定了相应的指标，设计了 41 道题目，并将指标与题目进行匹配、分类。

（2）评估关系、人员编制：将本次所有参加评估的人员，按照上级、下级、平级、评估人自己进行划分，并对参与人进行了评估关系的编制。

（3）开展评估——数据录入：根据名单印制问卷，将问卷发放。本以为这个环节所用时间会少一些，怎料有人因事物繁多，没有及时进行问卷作答；一些高层管理人员又长时间不提交答卷，很想催促，却由于职级关系，不便开口。半个月，工作进展到数据录入，共计要录入 5 740 条数据。同时需要整理出 21 份报告，含 20 份个人分析报告、1 份团队报告。

（4）分析报告整理：花费 3 周时间，我们提交了 21 份报告，包含个人分析报告、团队分析报告。然而，由于工作过于仓促，部分内容不够细致，boss 对此很不满意。要求我重新给他一份满意的结果。

一位做 HR 的朋友告诉我，他们的 360 度评估都是在一家叫作"问道网"的云测评平台完成的，通常一项评估都能在一周完成。

最终，我获得了上级批准，首次在问道网进行 360 度评估。此次，唯一协助我的是问道网一对一咨询师，工作只用了一星期的时间，工作用时如下。

（1）设计问卷（2 天）。

（2）导入评估人名单、属性（1 天）。

（3）发送邀请、提醒作答（3 天）。

（4）回收答卷、剔除无效问卷（半天）。

（5）生成报告（半天）。

期间，省去了数据录入、报告整理的繁杂工作。并且相比于人工数据录入，系统自动录入更能保证不出现差错。指标、维度、权重都可以重复修改，不至于牵一发而动全身。

资料来源：360 度评估：如何将时间从 1 个月缩减成 1 周[EB/OL]．（2016-06-29）．http://bbs.hroot.com/bbs/Detail164125_0.hr．

二、绩效考核主体的常见误差

（一）无意误差

1．相似性误差

相似性会产生吸引力，因此我们往往喜欢那些与我们相似的人。这样，在有些情况下，主管人员很有可能对于那些与自己有相似之处的人给予较高的绩效考核，这种相似可能体现在态度、偏好、个性以及包含族裔和性别在内的人口统计学特征方面。

2．首因误差

评价者在一开始对一位员工作出了好或不好的判断之后，就会忽略随后那些并不支持评价者早期作出的这种判断的信息。这种类型的误差可能会与相似性误差并存，这是因为第一印象往往建立在某种程度的相似性基础之上：一位员工与主管人员越相似，主管人员对员工的第一印象就越有可能是良好的。

3．对比误差

当主管人员将一位员工与其他人进行对比，而不是与事先确定下来的绩效标准进行对比时，对比误差就出现了。即使采用绝对评价体系也会出现对比误差。例如，当一位主管人员将某位员工的绩效考核为合格水平时，员工的绩效考核可能已经超出了这位员工的实际绩效水平，其原因在于这位主管评价过的其他人的绩效水平都很低，而这位员工的绩效水平之所以评价为合格，只不过是因为他的绩效水平看起来比其他人更好一些而已。这种误差最有可能出现在同一位主管人员需要在同一时间段完成对多人的绩效考核的情况下，因为在这类情况下，主管人员在对某位员工的绩效进行评价时，很难完全不考虑对其他员工已经给出的评价结果。

4．晕轮误差

晕轮误差发生在评价者无法对需要评价的各个绩效方面进行有效的区分时。如果一位员工在某个绩效维度上得到了高分，他就有可能同时在其他所有绩效维度上也获得高分，即使他在所有绩效维度上的表现并不是一样的。例如，如果一位员工的出勤记录特别好，那么评价者可能就会对此人的敬业度和生产率也给予很高的评价。然而，可能只是因为这位员工有一大笔银行贷款要还，因而不敢失去这份工作，而不是因为他真的是一位绩效优秀的员工。换言之，出勤率高并不代表一个人就是高生产率的员工。出现这种误差的一个典型原因是，主管人员是根据自己对这位员工的整体印象作出评价的，而不是针对员工在每个绩效维度上的表观分别进行评价的。

5. 前因误差

当绩效考核结果主要受到绩效考核周期初期收集到的那些信息影响时，就会出现前因误差。例如，在对员工的沟通技巧进行评价时，主管人员往往对发生在绩效考核周期开始时的那些涉及沟通的事件赋予较高的权重，而对发生在后期的沟通事件赋予较低的权重。

6. 近因误差

当绩效考核结果主要受到在绩效考核周期后期收集到的信息影响时，便会出现近因误差。近因误差与前因误差恰恰相反，评价者会更多地受到在绩效考核周期的后期发生的那些行为的影响，而对于在整个绩效考核周期的其他阶段发生的事件则没有给予同样的关注。

7. 负面误差

当评价者更重视负面信息而不是正面信息或中性信息时，便会产生负面误差。例如，一位评价者可能观察到了某位员工和一位客户之间出现过的一次不愉快的互动，但是他也同样观察到了这位员工与客户之间的几次很愉快的互动，而且这几次互动都让客户很满意。然而，这位评价者在对这位员工的"客户服务"维度进行评价时，却重点考虑了那次负面事件，事实上，这种负面误差与现实中的另一种情况是完全相符的，即大多数人在读报纸或者看电视时，都更倾向于记住那些负面的新闻，而不是那些正面的新闻。

8. 溢出误差

当员工在前面的绩效考核周期中得到的评价分数对于他们在后面得到的绩效考核结果产生了不恰当的影响时，溢出误差便发生了。例如，一主管人员可能会假定：一位在前几个评价周期中都表现优秀的员工，在当前的评价周期内也应该是表现优秀的，因而会按照他的这种信念作出绩效考核。

9. 刻板印象误差

刻板印象误差发生在主管人员简单地基于员工所属群体的总体特征来对员工进行评价的时候。例如，主管人员可能会有这样一种信念，即特定的员工群体（如女员工）具有比较谦逊的沟通风格。这样，在对一位女员工进行评价时，这位主管人员很可能会在没有任何行为证据支持的情况下，自然而然地将这位女员工的沟通风格描述为"谦逊的"。当一个人（如女员工）承担的是与刻板印象并不相符的某种职位类型（如飞机零部件组装），但是并没有表现出刻板印象所固化的那种行为模式时，这种类型的误差就有可能导致绩效考核偏见。这种评价误差会导致对某些群体成员的绩效长期作出较低的评价。例如，一项研究要求黑人主管和白人主管分别对同一组白人工人和黑人工人进行评价，结果发现，与黑人主管相比，白人主管打出的白人工人的评价分数和黑人工人的评价分数之间的差距更大。换言之，如果是对白人工人进行评价，则无论作为评价者的主管人员是白人还是黑人，得出的评价结果相差无几；但如果是对黑人工人进行评价，则主管人员个人所属的族裔就会影响到评价结果——在对黑人工人作出评价时，黑人主管会比白人主管给出更高的评价分数。

10．归因误差

归因误差是指主管人员认为员工的绩效之所以较差是由于员工的个人因素（例如人格和能力）导致的，而不是环境因素（例如设备故障）造成的。换言之，在进行绩效考核时，不同的主管人员会对环境因素赋予不同的权重。如果主管人员错误地放大了员工的个人因素对绩效产生的影响，而忽视了环境因素的作用，那么随后进行的绩效改进计划很可能是无效的，这是因为环境对绩效的制约依然存在（例如设备过时）。

（二）有意误差

1．宽大误差

宽大误差发生在一位评价者对大部分员工或所有员工都给予较高水平的评价时。换言之，宽大误差涉及人为地抬高绩效考核分数的情况。宽大误差极有可能是一种有意的误差，主管人员出于以下几个方面的考虑，往往会故意制造这种误差：使员工获得绩效加薪或报酬的可能性最大化；激励员工避免撰写书面材料；避免与员工产生对抗；将不想要的员工晋升出去；让自己的上级认为自己更优秀。最近的一些研究已经揭示出，具有某些特定人格特点的人更有可能表现出比较宽大的倾向，这些特点包括责任心不强（也就是说，不是一贯地努力追求卓越），宜人性程度更高（也就是说，更让人信任、合作性更强以及更有礼貌）。一项调查结果显示，在3/4的实施了绩效考核体系的企业中，绩效考核的信度都受到了宽大误差的影响。

2．严格误差

严格误差发生在一位评价者对大部分员工或者所有员工都给予较低（严格）评价时。也就是说，严格误差涉及人为压低绩效考核分数的情况。大部分严格误差都是评价者故意制造出来的误差，主管人员往往希望通过这种做法来：警醒员工；教训不听话的员工；暗示员工应该考虑离职了；留下一份关于员工不良绩效的记录。

3．居中趋势误差

居中趋势误差通常发生在这样一种情况下：评价者只使用评价尺度中间的那些点，而避免使用评价尺度两端的点。这种做法导致大多数员工或全部员工都被评为"合格"。这也是一种有意的误差，它主要是由于主管人员希望确保安全而人为造成的。这类误差的一个负面影响就是，很难区分出在接受同一位评价者评价的一些员工中，哪些人的绩效水平较高，哪些人的水平较低。

三、绩效考核主体的培训

(一) 参照框架培训

参照框架培训主要通过让考核者彻底熟悉需要评价的各种绩效维度来提高考核者作出评价的准确性。这种培训的总目标是通过建立一个通用的参考框架，使评价者获得对每位员工在每种绩效维度上的表现都能作出准确评价的技能。

在典型的参照框架培训课程中，首先会让评价者讨论需要接受评价的员工目前承担的工作职责及其职位描述。然后，让评价者通过认真考察和讨论每个绩效维度的定义以及代表优秀绩效、一般绩效和较差绩效的例子，来熟悉需要评价的这些绩效维度。接下来，让评价者利用在现实绩效管理体系中使用的绩效考核表格，对某位假想员工的绩效进行评价，这位员工的情况往往会以书面形式描述出来，或者通过录像中的现实场景呈现出来。最后，培训并会告知受训者，对每个绩效维度进行评价的正确结果应该是什么，得出这种评价结果的原因是什么，同时还要讨论正确的绩效考核结果和受训者得出的绩效考核结果之间存在的差别在哪里。通常情况下，参照框架培训课程包括以下几个正式步骤。

（1）告知评价者他们需要根据三个绩效维度对三位员工分别进行绩效考核。

（2）将绩效考核表格分发给评价者，指导他们阅读，同时大声朗读每个绩效维度的定义及其评价尺度。

（3）针对绩效考核表格中的每个评价尺度，让评价者讨论能够代表员工在每个评价尺度上的各种绩效水平的相应行为，这样做的目的是在评价者当中建立起一种通用的绩效理论（参照框架），使他们能够对绩效维度的含义以及各种不同行为代表的绩效水平达成共识。

（4）让全体受训者共同观看一段模拟现实场景的录像，录像中包括与所要评价的那些绩效维度相关的一些行为，观看录像后，培训者会要求受训者利用事先提供的评价尺度对录像中的员工进行绩效考核。

（5）每位受训者得出的绩效考核结果都要与本小组中的其他成员分享并加以讨论。培训者则会尽量确定受训者在得出他们的评价结果时主要是依据录像中的哪些行为，并且要找出不同的评价结果之间存在哪些方面的差异。

（6）培训者向受训者提供反馈，解释录像中的员工在每一个绩效维度上为什么应当获得某种特定的评价结果（目标分数），同时展示出在目标分数和受训者打出的分数之间存在的差异。

（二）行为观察培训

行为观察培训是一种为了使无意的误差最小化而实施的培训。行为观察培训关注的是评价者如何观察、存储、回忆以及运用绩效信息的问题。总的来说，这种类型的培训会提高评价者观察绩效的技能。

例如，有一种类型的行为观察培训就是要向绩效考核者展示应当如何利用笔记或日志这些辅助观察工具。在事先对每个绩效维度中包括的各种相关行为都做好编号的情况下，这些辅助观察工具就可以帮助评价者很方便地记录员工的行为（记录行为编号即可）。在利用这些辅助工具的情况下，评价者能够记录下在特定时期内观察到的更多员工行为事件。不仅如此，对于使整个绩效考核周期内的行为观察以及关键事件记录变得更加标准化来说，日志等工具也是非常有效的。此外，在填写绩效考核表格时，这些工具也能够起到帮助提取记忆的作用。在提取记忆方面能够获得帮助是非常有用的，这是因为评价本身往往都是仅仅根据记忆来完成的，如果没有记录或者日志，就很容易因为社会背景（如友谊偏差）和时间（如上下级关系保持的时间长短）等方面的因素而使评价结果出现歪曲。

（三）自我领导力培训

自我领导力培训的目标是强化评价者对自己的绩效管理能力所具有的信心。自我领导力培训包括积极的自我言语、心理意象以及积极的信念和思维模式。这种培训的一种基本假设是，如果评价者的自我指导性、自我激励性以及自信心有所增强，则评价的准确性就会提高。总的来说，自我领导力培训强调行为标准的根本（即内部）源泉，它强调人们会为实现自己的内在价值而做事。

自我领导力培训已经成为在实施绩效管理体系时广泛使用的一种工具，即使主管人员不一定参与绩效管理体系，它也是一门非常有益的培训课程。几项研究的结果显示，自我领导力培训能够有效地强化心理过程，同时提升自我效能感（也就是说，一个人相信，只要自己尝试着去做某件事情，就一定会取得成功）。我们可以根据下面的几个步骤设计一套自我领导力培训课程。

（1）观察并记录现有的信念、假设、自我言语以及心理意象模式，例如，对绩效管理体系的信念是什么？管理者如何看待自己在绩效管理体系中扮演的角色？他是否相信自己有能力准确地观察和记录绩效？

（2）对在步骤（1）中发现的信念、假设、自我言语以及心理意象模式的功能性和建设性进行分析。例如，管理者关于绩效管理体系的信念对于该体系在未来取得成功是有害的吗？

（3）识别或形成更加具有功能性和建设性的信念、假设、自我言语以及意象模式，从而取代那些功能紊乱的信念、假设、自我言语以及意象模式。例如，形成这样一种对员工的印象，即员工从自己的上级主管人员那里获得绩效反馈之后会感到满意，而不是表现出一种防御或对抗姿态。

（4）用更能发挥功能的思维模式代替在实际情境中形成的功能紊乱的思维模式。例如，可以想象出一些更加积极的假设、与本人进行对话的更加积极的方法，再有就是关于与一位员工进行绩效讨论的可能后果的积极意象等，在一张纸上将这些内容写下来。

（5）在以后的时间里继续监控并且维持这些积极的信念、自我言语以及意象模式。

有一个相关培训项目名为评价者自我效能培训（SET-R）。这一培训的目的是减少绩效管理中的人际互动给评价者带来的不舒适感，增强评价者对自身拥有的必要绩效管理能力的信心。这种培训一般包括以下几个步骤。

（1）让评价者观看能够让其间接体验到成功评价经历的录像，这些录像中需要包括经理同下属人员完成了一场成功的绩效审议会议方面的内容。

（2）评价者接着需要针对录像中的哪些特定行为促成了会议的成功进行讨论。这种讨论包含双重目标：首先，它让评价者注意到录像中的经理人员运用了哪些技能来提供负面反馈；其次，它告诉评价者，他们本人也有能力召开这样成功的绩效审议会议。

（3）评价者参与到角色扮演练习中，评价者在这种练习中需要对员工提供绩效反馈。这种练习需要重复进行，直到评价者掌握了一定程度的绩效反馈技巧。

总的来说，评价者在提供绩效考核信息时，既有可能出现有意的误差，也有可能出现无意的误差。有意的误差大多与动机问题有关。在有些情况下，评价者会看到，歪曲评价信息会比提供正确的评价信息获得更多的好处。无意的误差在很大程度上是由于认知偏差造成的，这些认知偏差之所以会出现，则是因为观察、编码、存储以及回忆绩效信息确实是一项非常复杂的任务。通过制定和实施良好的绩效管理体系、沟通计划以及各种培训项目，可以使评价误差在很大程度上最小化。关于沟通计划，很重要的一个方面是，它必须提供令人信服的理由来说明一点，即提供更准确的信息要比提供不准确的信息对自己更有利。培训课程的重点常常应当放在对评价者通常容易犯的一些错误进行描述方面（评价者误差培训）。除此之外，这些培训课程还应当帮助评价者形成一个在进行绩效考核时可以使用的通用参照框架，同时还应当能够为他们提供一些有助于改善其观察能力和记忆能力的工具。当绩效考核的重点是行为时，参照框架培训非常有用。另一方面，当绩效考核的重点是结果时，行为观察培训则显得特别有用，这是因为评价者在这种培训中不仅要学习如何观察行为，还要了解行为与结果是如何联系起来的。

第四节　绩效考核周期

一、绩效考核时机的选择

什么时候是进行绩效考核的最佳时机呢？大部分组织会采取下列两种做法。

第一种做法是，在员工进入组织满一年时或在此前后对他们进行绩效考核。在每半年进行一次绩效考核的情况下，第一次绩效考核通常在员工入职尚不满一年但是满 6 个月时进行，第二次绩效考核则是在员工入职刚好满一年时或者是在这一时间前后进行。这种做法的最大好处是，管理者不需要一次填写所有员工的绩效考核表格。这种做法的不利之处在于，由于对某些员工进行绩效考核的时间与对全体员工进行评价的通常时间不一致，因此，无法使绩效考核结果与报酬挂钩的时间和通常的财政年度起止时间保持一致。

填写绩效考核表格的第二种时间选择是在一个财政年度结束时。如果在一个组织的绩效考核系统中包含半年评价，则一次绩效考核是在年中时完成的，另一次绩效考核是在财政年度结束时进行的。采取这种做法的好处是，使所有员工的绩效考核表格都在同一时间里完成，这为在不同员工之间进行绩效比较以及报酬分配提供了便利。根据财政年度周期进行绩效考核的另一个好处是，个人的目标设定可以更容易地与公司的目标设定联系起来，因为大部分公司都会将它们的经营目标与财政年度联系在一起。因此，根据财政年度来进行绩效考核的做法有助于将员工的工作活动和工作目标与他们所在部门和组织的工作活动和工作目标保持一致。对于那些需要在短时间内对所有员工开展绩效考核的管理者而言，这会不会给他们增加额外的工作负担呢？如果一个组织实施的绩效管理体系不是本书中阐述的这些最佳绩效管理实践，并且绩效考核也不是每年只进行一次，那么这确实可能会成为一个重要的问题。如果上级管理者与员工之间在全年当中都保持关于绩效问题的持续沟通，管理者在填写绩效表格时就应该不会遇到什么意外的情况。同时，对于管理者来说，填写绩效考核表格的工作也不应该有太大的时间压力。

二、绩效考核周期的影响因素

（一）评价指标与评价周期

决定绩效考核周期长短的最重要的因素就是评价指标的类型和内容。在绩效考核过程中，针对不同的评价指标设定的评价周期也不一样。对于组织中的过程性指标，其评价周期要相对较短，这是由于绩效取得过程的情况会直接影响到最终绩效结果，需要进行不断的监控和评价；而结果性指标则要在较长一段时间内才能反映出来，其评价周期可以相对较长。另外，从工作业绩指标和工作态度指标的角度来看，也要设置不同的考核周期以达到准确衡量的目的。工作业绩是工作产生的结果，业绩指标通常表现为完成工作的数量指标、质量指标、工作效率指标以及成本费用指标。工作业绩指标的评价周期要根据其绩效反映出来的时间长短来确定，例如次品率等指标在短期内就可以衡量，应该适当缩短其评价周期，如以日、周或一个月来计算。这样可以使员工把注意力集中于这些短期业绩指标，及时调整自己的行为，以便完成短期工作任务。而利润率、资产总额等业绩指标需要很长的时间（通常是一个财年）才能计算，因此这类指标要适当延长评价周期。

对员工行为的评价可以反映其对待工作的态度，态度评价也是绩效考核中的重要的内容。因此，找出每个职位的具体行为指标很有意义，因为了解了这些行为，就可以指导员工并让员工知道什么样的行为是组织所期望的。虽然态度的真正转变需要很长的时间，但在实践中也可以通过缩短态度指标的评价周期、增加态度指标的权重来引导员工关注工作态度问题，通过不断的考核来实现员工态度的最终转变。

（二）管理层级与评价周期

高层管理者是指对组织整体负责的领导。对高层管理者的评价旨在促使其理清思路，抓住组织发展的战略重点，并承担起落实宏观战略、完成整体目标的责任，因此，对高层管理人员的考核主要围绕以下内容进行：愿景及战略的规划和制定。影响组织发展的重要的结果性指标的完成情况、处理复杂情况、组织文化建设、组织架构及流程的设计、绩效及管理改进计划的制订和实施、人员培养与开发，以及一些职业素养和工作态度的评价。对高层管理者的评价过程实际上就是对整个组织的管理状况进行全面、系统评价的过程，而这些战略实施和改进计划都不是短期内就能取得成果的。因此，高层管理者的评价周期比较长。

中层管理者是指组织中的部门负责人。对中层管理者的评价一方面根据组织战略目标的分解与承接落到其所在部门的指标完成情况确定，另一方面是由其个人绩效完成情况及工作态度等确定的。中层管理者在组织中起到承上启下的作用，要兼顾组织层面、部门层面和个人层面的绩效目标，其评价周期要比高层管理者短。基层管理者和普通员工的评价周期一般比较短。他们的绩效结果一般显现得比较迅速。同时出于对其绩效不断改进的目的，也要尽量缩短评价周期，保证出现的问题能够及时得到解决。

（三）职位类型与评价周期

市场营销人员主要从事产品推广、销售与品牌提升工作，其考核指标主要包括市场占有率、项目成功率、客户忠诚度、品牌与技术营销、销售额、回款率及客户满意度等。这些指标也是企业重点关注的指标，及时获取这些信息并进行反馈，有利于尽早调整战略、战术。因此，根据市场销售人员的工作性质与特点，可以以月或季度为评价周期，或者根据情况缩短评价周期。对于生产工人，在特别强调质量管理的今天，在评价产量的同时，应当引入质量指标，并注重绩效改进的评价指标比重。这些实际上都传达了一个信息：生产绩效需要短期的反馈，以便于员工进行横向的比较，找出绩效差距，确定改进方法。另外，生产工人的薪酬发放也要尽量缩短时间，这样才能起到激励他们的作用。要为这种短期薪酬发放提供依据，必然要求短期的、及时的绩效考核。

服务人员的工作同时具有生产人员和销售人员工作的性质，因为服务本身就是企业的一种甚至是全部的产品，而服务人员的绩效与销售具有密切的相关性，在一些以提供的服务作为其全部或主要产品的企业中，服务人员本身就是承担销售指标的人员。因此，服务人员的评价周期应当与市场销售、生产人员一样，尽量采用较短的评价周期。

事实上，市场销售、生产和服务人员一般都属于带有生产性质的人员。对于这类带有生产性质的人员，一般来说，应当尽量缩短评价周期，以便及时对他们的工作进行认可和反馈。一般情况下，进行月度评价比较合理，部分稳定发展的企业可以进行季度评价。

对研发人员的评价是为了向研发人员提供正确的支持意见和改进建议，为研发人员的工作创造一个宽松、稳定的环境，激励研发人员进行更有成效的研发活动，避免导致急功近利的短期行为。对研发人员的绩效考核旨在检查其目前的工作进度，找出存在的问题和改进的方法，以提高研发工作的效率和效果。因此，对研发人员既可以根据项目周期确定评价周期，也可以定期进行检查。

行政人员主要是指人力资源、财务、计划、秘书等对公司的业务起支撑和辅助作用的人员。行政人员的评价标准不像业务人员那样有容易量化的指标，对行政人员的评价结果通常也会由于缺乏数据支持而变得没有说服力。因此，如何评价那些无法直接用数量指标来衡量的业绩，是设计行政人员评价体系的重点。应根据职位和职责的履行情况进行评价，衡量一定质量要求下的工作量和工作进度，重点评价的是过程而非结果。鉴于行政人员的工作特点，大多数企业都采用随时监督的方式，并以季度或者月度评价为主。

（四）绩效管理实施的时间与评价周期

绩效管理的实施要经历由初始的摸索期到后来的成熟期等几个阶段。绩效管理系统的完善不是一蹴而就的,需要经过几个绩效周期的经验积累,不断从以前绩效周期的管理中吸取教训并总结经验。

正是因为绩效管理刚开始实施时需要不断地试错,刚开始实施绩效管理时,评价周期不能过长。如果绩效周期过长,绩效管理系统中的问题需要很长时间才能暴露出来,就会影响绩效管理系统的有效性和稳定性。以绩效指标的选择为例,由于没有经验,一开始选择的指标可能并不能很好地反映评价对象的真实绩效情况。这就要求绩效考核周期要短,通过短期评价,检验评价指标的信度和效度,及时对指标系统进行修正,并在下一个绩效考核周期对新修订的指标进行检验。

随着绩效管理实施时间的推进,组织实施绩效管理的经验越来越丰富,绩效管理系统越来越完善,这时应当如何确定绩效周期呢?从理论上说,评价周期越短越好。缩短绩效周期,一方面,在较短的时间内,评价主体对评价对象的工作产出有较清晰的记录和印象,能够比较准确地对其绩效进行评价,如果都等到年底再进行评价,可能会由于绩效信息收集的不全面并受到近因效应的影响或主观感觉的影响而使评价结果的客观性、公正性大打折扣。另一方面,对工作的产出及时进行评价和反馈,可以有效激励组织成员,并且有利于及时改进工作。但是,由于绩效考核需要涉及人员、机构、时间以及资源等多个方面的配合,所以绩效周期短就意味着绩效管理的成本高。考虑到实施绩效管理的成本,在绩效管理系统成熟后可以适当延长绩效考核周期。

(五)评价目的与评价周期

一般来讲,绩效考核的目的有两个:一是了解并准确评估绩效水平;二是分析并改进绩效。当绩效考核是为了评估绩效水平时,必须把员工在评价周期内的所有绩效表现全部纳入进来,并作为薪酬、晋升、培训与开发等决策的依据。但有很多结果性指标需要较长时间才能完成,只有评价周期设置得相对长一些,才能保证所有层次的绩效结果都有足够的时间显现出来,以保证评价的准确性和完整性。当绩效考核是为了了解绩效水平时,评价周期一般以季度、半年或一年为宜。当绩效考核是为了分析并改进绩效时,则需要对绩效进行短期回顾与评价,以日、周、月为周期对绩效进行评价,以便能够及时发现绩效问题并加以改进。

 **本章小结**

绩效考核体系主要包括绩效考核指标体系的构建、绩效考核方法的选择、绩效考核主体的选择和绩效考核周期的确定。

绩效考核指标体系由绩效指标、绩效标准和绩效指标的权重设计三大部分构成。其中，绩效指标的选择为最关键的环节，也是首要环节。绩效指标选择应遵循定量为主、定性为辅、少而精、可测性、独立性与差异性、目标一致性等原则，依据绩效考核的目的、被评价人员所承担的工作内容和绩效标准、取得评价所需信息的便利程度等方面，灵活采用工作分析法、个案研究法、业务流程分析法、专题访谈法、经验总结法、问卷调查法等方法。绩效标准由标志、标号和标度三个要素组成，在绩效考核指标体系中有多种具体的表现形式。指标的权重设计主要有主观经验法、等级序列法、对偶加权法、倍数加权法和权值因子判断表法等。

绩效考核方法有不同的分类方式，本书采用的是系统与非系统性分类方法，重点讲解基于关键绩效指标的考核（KPI）、基于平衡计分卡的考核（BSC）、基于标杆管理的考核、基于目标管理的考核（MBO）等系统性绩效考核方法。绩效考核方法在选择时应考虑企业战略与绩效考核目标、员工的工作性质、企业组织特点、考核结果的用途、承担考核成本的能力等因素。

绩效考核的主体应该力求多元化，包括能够获得员工绩效信息的上级、同事、下属、客户以及员工本人。在考核中，这些考核主体不可避免地会出现一些无意误差，包括相似性误差、首因误差、对比误差、晕轮误差、前因误差、近因误差、负面误差、溢出误差、刻板印象误差、归因误差等；也可能出现宽大误差、严格误差、居中趋势误差等有意误差。这就需要提前对绩效考核进行针对性培训，包括参照框架培训、行为观察培训、自我领导力培训等，减少误差发生的可能性。

绩效考核的时机主要有两种：工作年度法和财政年度法，企业当前采用较多的是财政年度法。企业在选择考核周期的具体长短时，应综合考虑评价指标、管理层级、职位类型、绩效管理实施的时间、评价目的等因素。

 思考题

1. 绩效考核指标的选择应遵循哪些原则？
2. 绩效指标选择的依据有哪些？
3. 绩效指标选择的方法有哪些？
4. 绩效标准在绩效考核指标中的表现形式是什么？
5. 绩效指标的权重设计有哪些方法？其各自的优缺点是什么？
6. 绩效考核方法选择时应考虑的因素有哪些？
7. 不同的绩效考核主体进行评价的侧重点是什么？

8. 绩效考核主体在评价中可能出现的有意和无意误差分别有哪些？
9. 如何对绩效考核主体进行针对性的培训，以减少考核误差？
10. 绩效考核周期的长短与哪些因素有关？

案例 4-7　　　　　　这个绩效考核太温情吗

　　斯凯尔公司人力资源副总裁埃克达尔吃午饭的路上遇到首席财务官安妮塔，安妮塔敦促他抓紧启动公司的裁员计划。安妮塔说，公司经过两轮收购后，机构臃肿，部门设置重复，必须马上开始整合，减员增效。交谈中，安妮塔还亮出了尚方宝剑，说公司CEO哈尔跟她的想法一样，希望在接下来的4个月内缩减2 000万美元的薪酬支出。

　　埃克达尔辩驳说，裁员不是个简单的数字问题，他们得确保每个岗位都安排上最合适的人。但安妮塔对此不以为然，说他们人力资源部门做事总是不慌不忙，"现在机构臃肿、冗员过多，我们没有那么多时间等你慢慢为所有岗位都物色到不二人选"。埃克达尔听出她话里带刺，他不禁想到已离职的前任——米兰尼斯。六个月前，正是因为安妮塔嫌米兰尼斯做事优柔寡断，才怂恿CEO哈尔逼迫米兰尼斯退了休。

　　埃克达尔与安妮塔话不投机，匆匆别过，就去城里老地方与米兰尼斯会面了。吃饭的时候，他把与安妮塔的对话学了一遍给米兰尼斯。米兰尼斯叫他不要被安妮塔拿住，该坚持的就要坚持，因为这次裁员关系到斯凯尔的未来。

　　米兰尼斯让埃克达尔坚持的东西，其实就是他早先亲自设计的一套绩效评估系统，他当初设计这套系统的目的，是为了确保并购后的裁员能凭数据说话，做到客观公正。在此之前，在斯凯尔公司，大家的绩效评估成绩年年都是虚高"膨胀"，评估工作得到的一大堆数据根本没用，无法根据这些数据选拔人才。CEO哈尔起初很支持米兰尼斯建立新系统，孰料这个项目非常耗时，迟迟不能完结，最后米兰尼斯被指效率低下，"光荣"退休。

　　埃克达尔接任后，很快创建了一张简单的绩效评估表格，经理们只要在表格上的7个方面为每个员工打分就可以了，包括"任务完成结果""树立内部信誉"等。分数等级从1分到5分："显著低于他人"为1分，"稍低于他人"为2分，"显著强于他人"为5分。另外，埃克达尔要求每个经理在评估时一定要高标准、严要求。

　　但是，评估结果出来后，他发现不仅没有人得2分或1分，就连3分都难得一见。电脑自动计算出的平均分是4.6分。埃克达尔很沮丧，他打电话给米兰尼斯寻求建议。米兰尼斯劝他让经理们重填表格，要他们敢于打出1分和2分。"埃克达尔，聪明点儿，"米兰尼斯说，"看看我的下场吧。如果你一项不落地全部再分析一遍，别人只会觉得你做事拖泥带水。你只要让经理们放心大胆地打出 1 分或 2 分就行了。你要让他们明白，给每个人每一方面都打 4 分或 5 分根本没有意义。怎么可能都显著强于他人呢？逻辑上也说不通啊，又不是在做梦。培训上几次，这个问题就能解决了，培训还不简单？"

埃克达尔简要地向安妮塔汇报了第一次评估结果。安妮塔有些自得，因为她一直认为评估员工绩效的最好方法是看其所在部门的损益情况，还说有时候裁员就得狠下心来，不能太瞻前顾后。埃克达尔提出想再让经理们做一遍评估，安妮塔持反对意见，她认为经理们还有很多正事要做，不该把时间和精力浪费在这种没有意义的事情上。

"这就是正事。"埃克达尔说，"绩效评估很重要，其重要性不仅在于给裁员和晋升提供正确的依据，这我想你是知道的。合理有效的评估可以为公司提供培养人才所需的数据。员工们也需要知道他们在哪方面做得好，哪方面还有提升的空间。我进公司后，第一次绩效评估米兰尼斯给了我 2 分。这 2 分是针对我的工作灵活性的，说明我在接受建议、尝试新方法方面还有欠缺。我把这个 2 分视为对我的挑战。第二年，我就拿了 4 分。有效的评估对于管理来说至关重要。"

安妮塔怒目圆睁，她可不喜欢听人说教。"好，就算你强迫经理给员工打低分。这些低分又有什么意义呢？经理只会给他们不喜欢的员工打低分，其他的还不是随便打个分数了事。埃克达尔，有些时候，遇到非裁员不可的情况，那就只能硬起心肠来，设计一个程序，把所有名单过一遍。这样做虽然很痛苦，但可以快刀斩乱麻。"

但是，埃克达尔很坚持，他说他一定要从绩效评估中获取有价值的结果。他打算给经理们做培训，再进行第二次评估。他打算迅速安排培训，他将现身在视频课程中，向经理们解释，他们必须给每位员工至少在一方面的绩效考核中打 2 分或 3 分，并且他们所有的直接下属的平均分数必须是 3 分。毕竟，他当年得的那个 2 分对他起了很大的促进作用。

第二次评估截止时间到了，埃克达尔打开电脑浏览结果，他越看越觉得不对劲儿——太多 3 分了，根本没办法区分优劣。安妮塔对这个结果虽没表现出幸灾乐祸，但是从她的语气中，埃克达尔还是嗅到了一丝"我早告诉过你了吧"的味道。

接下来几天，人力资源部对数据进行了分析，发现全公司不是 3 分的寥寥无几。经理们往往给那些就要晋升的人打高分，给那些他们不太熟悉的人打低分。还有一名经理给一个人全部打了 1 分，调查后才知道，那个员工刚刚离世。

埃克达尔想知道，他是不是应该继续坚持自己的信念，让各位经理继续做绩效评估，直到做对为止。还是就此承认失败，管它有没有依据，大刀阔斧地开始裁员？

资料来源：[美]霍尔·B.，瓦什楚克·A.. 这个绩效考核太温情[J]. 唐晓丽，译. 商业评论，2011（9）.

思考与讨论：

1．人力资源副总裁埃克达尔与首席财务官安妮塔对于绩效考评的观点为什么会有如此大的差异？请分析原因并说明你对绩效管理实施价值的观点。

2．绩效考核数据的问题产生的原因是什么？接下来应该如何继续？请说明你的观点。

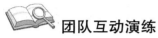 **团队互动演练**

研究型学习小组以所在学校所学专业的人才培养方案为基础，以学生四年的学习成长经历为模拟对象，以学生在本专业领域的整体素质为评价核心。

教学目的

- ☑ 加强学生对所学专业的人才培养要求的认识。
- ☑ 提高学生独立构建绩效考核指标体系的能力。
- ☑ 强化学生对绩效考核过程的理解。

教学平台

- ☑ 计算机中心实验室，每位学生配备一台计算机，允许网络连接。
- ☑ 标准化教室，供学生讨论和陈述。
- ☑ 指导教师提供模拟评价过程的基本思路和所需材料。

教学步骤

第一阶段：指导老师提供《××专业本科人才培养方案》为参照，各组学生可对材料中的考核指标及权重赋分等进行设定。

第二阶段：分散分组的个人评价中先由学生本人进行自我评价，然后由本组组长以直接上司身份进行评价，组长的评价表中上司评价部分可由任一组员代评。

第三阶段：分组陈述时组员均须出场，由组长陈述为主，组员可适当补充。陈述的内容主要为：第一，对评价表中设定的评价指标及权重等的解释；第二，对本小组成员的自评以及组长以上司身份评价的客观性；第三，评价结果的控制情况；第四，本次模拟评价活动的切身感受。

第四阶段：总结报告分小组提交，以小组的认识和感受为主要内容，类似于绩效主管的年度工作小结。

第五阶段：指导老师为学生模拟过程评定成绩，其主要依据为：第一，对评价表中各项指标的设定及解释水平；第二，评定表中各项内容的评定和本人真实情况的符合程度；第三，小组陈述时表现的专业水平及配合程度；第四，提交模拟总结报告的质量。

团队成员

研究型学习小组在组长指导下合理分工，各负其责，按规定时间完成任务。

研究成果

- ☑ 每个小组成员的评价表格。
- ☑ 以小组为单位的模拟总结。
- ☑ 模拟评价的过程及感受交流。

第五章　非系统的绩效考核技术

学习目标

- ☑ 理解业绩评定表法、图尺度评价法、比较法、关键事件法、行为锚定法、行为观察量表法等考核方法的含义，能对各种方法进行比较和评价；
- ☑ 着重把握各种考核技术方法的适用条件和实施步骤；
- ☑ 清楚各种考核技术方法的优缺点。

案例 5-1　　　　绩效考核要如何跟上时代

达纳·明巴耶娃（Dana Minbaeva）不知道今年她的职业评估将会是什么样子——甚至不知道是否会进行评估。她所在的组织让团队负责人自由试验，然后决定是否改变其绩效考核方式。这再合适不过了，因为明巴耶娃教授正在为哥本哈根商学院（Copenhagen Business School）研究绩效评估和员工反馈问题。

她的雇主并非唯一对员工评级和评估体系修修改改的雇主。过去 3 年里，许多企业宣布改革（或者已经改革了）它们的绩效考核系统，其中包括通用电气（General Electric）、微软（Microsoft）、德勤（Deloitte）、埃森哲（Accenture）和思科系统（Cisco Systems）。

评级制度首当其冲。员工早就抱怨称，它们导致了"评级然后解雇"过程——在钟形曲线上评分最低的人将被迫走人。它们进而还会使得团队成员与同事陷入恶性竞争。微软的一位工程师在 2012 年告诉《名利场》（Vanity Fair）："负责（软件）功能的人将会公开破坏其他人的努力。"微软在一年后放弃了强制评级制度。

即便没有"毒性"，评级体系也可能令人困惑。英国一家咨询公司的一位团队负责人表示，他被要求从 3 个方面给员工评级。"坦率说，其中两个方面我从未弄明白，无论我与人力资源部门讨论过多少次"。

然而，即便此类粗糙的评级制度行将消亡，但雇主仍不清楚哪种制度能取代它们。他们发愁的是，如何收集足够的信息来决定薪酬和擢升事宜？

绩效管理的整体未来还略微容易预测一些，但年度职业评估正在快速消失。即便它存活下来，也在转变为一套持续反馈的流程。在许多情况下，这其中的灵感来自自下而上的"敏捷"产品开发，期间定期评估朝着目标的进展情况。

阿什利·古多尔（Ashley Goodall）最初在德勤推出一项新制度，后来去了思科牵头实施类似项目。他表示，公司不再质问你们有5档评级还是7档评级，或者是年度评估？他们看的是整个体系。思科一度没有任何传统流程："你可以干脆不这么做，结果天没有塌下来。"

改变的一个理由是，填表和钟型曲线分析的效率极低。德勤的首席人才官迈克·普雷斯顿（Mike Preston）表示："我们花这么多时间提议、辩论和沟通一个评级，以至于我们真的没有时间开发人才。"

埃森哲首席执行官去年引发一波赞赏，当时他表示，这家咨询公司"将取消90%过去所做的事情"。每年其员工每人有21个小时、公司总计有800万个小时投入绩效管理。其中有16个小时只是在履行流程。

然而，企业并没有试图收回全部浪费的时间。他们希望重新配置这些时间。通用电气（GE）的绩效管理专家贾尼丝·森佩尔（Janice Semper）表示，这家工业集团的管理人员现在花更多时间"指导并推动组织内部的决策下行"——这与前首席执行官杰克·韦尔奇（Jack Welch）相比有很大的变化，后者曾敦促管理人员绘制"活力曲线"，并迫使任何团队中表现最差的10%的员工走人。

改革者相信，较为年轻的员工更乐意定期使用移动APP来衡量和更新绩效和目标，而不是等上12个月。销售目标设定软件的Better Works的创始人克里斯·达根（Kris Duggan）辩称："想象一下，如果Fitbit（可穿戴健身追踪器）只是在年末给你发邮件的话。"

德勤和思科基于咨询公司马库斯·白金汉（Marcus Buckingham）开发的方法出台了绩效考核项目，在这些项目中，经理们采用一套组合方式，包括定期"登记"、快速员工参与度调查，以及季度绩效"快照"。通用电气将定期讨论称为"触点"；非正式反馈会议称为"洞察力"。

透明度是最新评估方法常见的另一个元素。埃森哲希望到今年年中对其37.3万名员工作出一次全面调整，要求各团队分享优势、商定工作重点，并根据对工作进展情况的公开评估进行调整。

公司也在试图将反馈和绩效评估责任下放到较小单位，相信同僚更善于迅速发现后进者，并做出应对。

埃森哲推出一项试点项目，把薪资决定权交给各个团队，其中一些团队只有30人。该集团首席领导力和人力资源官埃琳·舒克（Ellyn Shook）承认："这是我以前感到有些紧张的地方,因为我们不想让奖酬变得毫无规则可循。"

批评者质疑这些改革是否聚焦于正确的问题,因为人类喜欢反馈而憎恶评级的事实并不新鲜。当年推动日本制造业质量发生革命性转变的美国管理专家威廉·爱德华兹·德明(W. Edwards Deming)在20世纪80年代就写道,评级"培育了短期业绩,搞砸了长期规划,滋生了不安,摧毁了团队合作,助长了对立和政治"。

德明的追随者相信,公司应该纠正有问题的工作方式,而不是纠结于注定各有不同的个人表现。咨询师、The Deming Institute顾问凯利·艾伦(Kelly Allan)表示,应该取消正式的评级制度,他说:"一旦你听到自己在总分五分的尺度上得到三分,你就听不到其他东西了。"

通用电气正在收集3万名员工的看法,这些员工近期尝试了一个没有评级的世界。森佩尔表示,其新的绩效谈话"动量巨大",大家认为评级可能损害这一过程。按照通用的做法,她相信团队负责人将有更多恰当奖励员工所需的数据。同样的理念启迪着思科和德勤的项目,这些项目产生有关团队业绩的散点图表,而非单个数字,让经理们发现异常值,并且更为公平、准确地评估个人表现。

然而,人们可能很难改变旧日的习惯。埃森哲的反馈表明,团队负责人仍想要一个框架帮助他们分配薪酬,舒克将这种框架称为"围栏"。一些团队负责人在旧制度下长大,他们可能抵制这种变化。欧洲某家大型公司的一位人事高管表示,习惯于旧制度的经理们只是使用新的持续反馈工具来记录传统的年度评估。供应此类工具的SAP Success Factors的史蒂夫·亨特(Steve Hunt)表示,有一家公司在废除评级体系后在重组员工方面陷入了困境。他说:"他们最终问道'我们可以用薪酬增加作为(个人业绩的)代表吗?'这简直是疯了。"

明巴耶娃教授表示,只要绩效管理机制符合企业战略,而且每个人都认可,那么它们的具体结构并不重要。她指出,丹麦经理已经使用MUS(丹麦语"员工发展谈话"的缩写)这种结构。当他们看到跨国公司的改革计划时,"他们耸耸肩说道:有什么新东西吗?"对于她在商学院进行的绩效管理实验,"如果他们最终确定采用一套只是略有不同的制度,我不会感到意外"。

资料来源:绩效考核要如何跟上时代?[EB/OL]. http://hr.hr369.com/performance/201607/186736.html, 2016.

一个优秀的员工,总是希望他的努力及努力的成果能被主管所赏识。相反地,不努力的员工则是希望能够滥竽充数,不为他人所发现。留住优秀员工,淘汰差的员工,对于绩效考核是很有效的方法。一个良好的员工绩效考核可以支撑企业持续产生高绩效,保证企业的长久发展,这一点是毫无疑问的。问题是打造一套适用于本企业的绩效考核系统，确实是一个费时费力的过程。虽然，我们有一些系统考核技术，如基于关键业绩指标的绩效考核系统、基于目标管理的绩效考核系统、基于平衡计分卡的绩效考核系统等，但是更多的企业在进行绩效考核时，并不是自组织战略目标到员工个人绩效目标逐级进行系统考核，而是就具体的工作任务，在员工个体绩效层面上设计考评并进行绩效考核。在本章专门介绍一些主要针对于员工个体绩效考核的非系统绩效考核技术，员工个体绩效考核的非系统化技术非常多，在这里我们做了一个总结和分类，如表5-1所示。

表5-1 非系统化的个体绩效考核技术分类表

以业绩报告为基础	以员工比较为基础	关注员工行为及个性特征	以个人绩效合约为基础	以特殊事件为基础	全方位考核	其他绩效考核方法
自我报告法；业绩评定表法	简单排序法；交替排序法；配对比较法；强制分布法	因素考核法；图解式考核法；行为锚定法；行为观察量表法；混合标准量表法	绩效合约	关键事件法；不良事故考核法	360度考核法	个人绩效合约考核法；日清日结法；工作标准法；对照法；AFP方法

第一节 以业绩报告为基础进行绩效考核

非系统的绩效考核方法很多，但不外乎直接描述式和间接描述式两大类。直接描述式比较适合评价成型工作，即可见性强、事件感强的工作。间接描述式比较适合于评价非成型工作，即可见性和事件性都不强的工作。前者的优点是客观性强、精确度高，缺点是无法反映出潜在的工作负荷，而后者正好相反。在实际使用中，以上两种方式常常结合应用，下面分别介绍各种常用的绩效考核方法。

一、报告法（自评）

报告法是利用书面的形式对自己的工作进行总结及评价的一种方法。这种方法多适用于管理人员的自我评估，并且测评的人数不宜太多。自我评估是自己对自己一段工作结果的总结，让被考核者主动地对自己的表现加以反省、评估，为自己的绩效作出评价。

报告法通常让被评估人填写一份员工自我鉴定表，如表5-2所示，对照岗位要求，回顾一定时期内的工作状况及列出将来打算，并举出在这段时间内1～3件重大贡献事例及1-3件失败的事，给出相应的原因，对不足之处提出有待改进的建议。一般每年在年终进行，要求大家集中在一起，预先不清楚集中的目的，且要求没有助手参加，自己独立完成总结。

表 5-2　员工自我鉴定表

姓名		学历		专业	
部门		入本部门日期		现任岗位	
项　目					
目前工作	本月（年）你所实际担任的工作是什么；在执行工作时，你曾感到有什么困难				
工作目标	本月（年）你的工作目标是什么				
目标实现	本月（年）你的目标实现程度				
原因	你的目标实现（或不能实现）的原因				
贡献	你认为本月（年）对公司较有贡献的工作是什么？你做到了什么程度				
工作构想	在你担任的工作中，你有什么更好的构想？请具体说明				

二、业绩评定表法（他评）

业绩评定表法是一种被广泛采用的考评方法，它根据所限定的因素来对员工进行考评。采用这种方法，主要是在一个等级表上对业绩的判断进行记录。这个等级被分成几类（通常是一个 5 级或 7 级的量表），它常常采用诸如优秀、一般和较差这些形容词来定义。当给出了全部等级时，这种方法通常可以使用一种以上的业绩考核标准。业绩评定表受到欢迎的原因之一就是它的简单、迅速。

评价所选择的因素有两种典型类型：与工作有关的因素和与个人特征相关的因素。如表 5-3 所示，注意到与工作有关的因素是工作质量和工作数量，而涉及个人因素的有诸如可靠性、积极性、适应能力和合作精神等特征。评价者通过指明最能描述出员工及其业绩的每种因素的比重来完成这项工作。

表 5-3　员工业绩评定表

员工姓名：	考核说明：
工作头衔：	1. 每次仅考虑一个因素，不允许因某个因素给出的考核结果而影响其他因素的考核；
部门：	2. 考虑整个考核期内的业绩。避免集中在近期的事件或孤立事件中；
基层主管：	3. 以满意的态度记住一般员工应履行的职责。高于一般水平或优秀的考核，表明该
考核时期：	员工与一般的员工有明显的区别

续表

考核因素 \ 考核等级	较差，不符合要求	低于一般，需要改进，有时不符合要求	一般，一直符合要求	良好，经常超出要求	优秀，不断地超出要求
工作量：考虑完成的工作量，生产率达到可接受的水平了吗？					
工作质量：在进行任务指派时要考虑到准确、精密、整洁和完成情况					
可靠性：在进行任务指派时要考虑到其以往完成工作的准确、精密、整洁和完成情况					
积极性：该员工实现工作承诺的信任程度					
适应能力：考虑是否具备对需求变化和条件变化的反应能力					
合作精神：考虑为了他人及与他人共同工作的能力。如果让你加班，是否愿意接受？（ ）					
未来成长和发展的潜力： ☑ 当前工作的最好或接近最好的业绩 ☑ 这个工作中最高或接近最高的业绩，但在另一工作中有成长的潜力。例如，…… ☑ 经过进一步培训和实践能取得进步 ☑ 没有明确的限定					
员工声明： 我同意□ 不同意□ 这个考核					
评论：					
员工		负责人		审查人
日期		日期		日期

有些公司为评价人对给定的每一因素作出评价提供了一定灵活运用的空间。当评价者作出最高或最低的评价时，要求应注明理由，即使是被要求这样做，这种做法也会受到鼓励。例如，如果对一名员工的积极性评价为不满意，则评价者需提供这种较低评价结论的书面意见。这种书面要求的目的在于，避免出现武断或草率的判断。

表 5-3 对每种因素和每一等级也作出了定义。为了得到一个对工作质量的较优秀的评价，一个人必须不断地超额完成其工作要求。对各种因素和等级定义得越精确，评价者就会越完善地考评员工的业绩。当每个评价者对每个因素和等级都按同样的方法解释时，则会取得整个组织评价上的一致性。

许多绩效考核的业绩评定表还提供了对员工成长潜力的评价。表 5-3 包含了与一个人未来成长和发展潜力有关的几个类别。考核的结果从当前工作的最好或接近最好的业绩一直排列下去，没有明显的界限。虽然在对过去业绩或将来潜力同时作出评价方面有些欠缺，但这种做法还是经常被采用。

第二节　以员工比较系统为基础进行绩效考核

大部分的绩效考核工具要求评定者依据某些优胜标准来评价员工绩效。然而，使用员工比较系统，员工的绩效是通过与其他员工的绩效相比较来评价的。换句话说，员工比较系统是用于排序，而不是用于评分。排序形式有多种，如简单排序、配对比较或强制分布。简单排序要求评定者依据工作绩效将员工从最好到最差进行排序。配对比较法则是评定者将每一个员工相互进行比较。如将员工1与员工2、员工3相比，员工2与员工3相比。赢得最多"点数"的员工获得最高等级。强制分布法要求评定者在每一个绩效程度档次上（如"最好""中等""最差"）都分配一定比例的员工。强制分布法类似于在曲线上划分等级，一定比例的员工得A，一定比例的员工得B，如此等等。

一、简单排序法

在使用简单排序法进行绩效考核时，评价者只要简单地把一组中的所有员工按照总业绩的顺序排列起来即可。例如，部门中业绩最好的员工被排列在最前面，最差的被排在最后面。这种方法的主要问题是，当个人的业绩水平相近时难以进行准确排序。

作为简单排序法的一种演变，平均比较法将每个员工的工作业绩与其他员工的工作业绩进行简单比较，获得有利的对比结果最多的员工，就在绩效评估中被排列在最高的位置上。而有些人力资源管理者对这样一种评估方法持有异议，他们的观点是员工所要达到的是他们的任务目标，而不是他们取得的目标要比工作小组中的其他人更好。这种考核方法的使用，事实上已超出了个人绩效领域，因此应在一个更广泛的基础上进行考虑。

二、交替排序法

通常来说，根据某些工作绩效评价要素将员工们从绩效最好的人到绩效最差的人进行排序，要比绝对地对他们的绩效进行评价容易得多，因此，交替排序法也是一种运用得非常普遍的工作绩效评价方法。其操作方法如下。

（1）将需要进行评价的所有下属人员名单列举出来，然后将不是很熟悉因而无法对其进行评价的人的名字划去。

（2）用表 5-4 所示的表格来显示在被评价的某一特点上，哪位员工的表现是最好的，哪位员工的表现又是最差的。

（3）再在剩下的员工中挑出最好的和最差的。依此类推，直到所有必须被评价的员工都被排列到表格中为止。

表 5-4　运用交替排序法进行员工绩效考核

考核所依据的要素：			
针对你所要考核的每一种要素，将所有员工的姓名都列出来。将该考核要素上绩效最高的员工姓名列在第 1 行的位置上，将最差的列在最后一行的位置上。然后依此类推，交替排序下去，直到所有员工都被排列出来。			
1		6	
2		7	
3		8	
4		9	
5		10	

很显然，运用简单排序法进行绩效考核的最大优点就是简单实用，其考核结果也令人一目了然。但这种方法容易对员工造成心理压力，在感情上也不易被接受。

三、配对比较法

配对比较法使得排序型的工作绩效法变得更为有效。其基本做法是，将每一位员工按照所有的评价要素（工作数量、工作质量等）与所有其他员工进行比较，根据配对比较的结果，排列出他们的绩效名次，而不是把各被评估者笼统地排队。假定需要对 5 位员工进行工作绩效评价。那么在运用配对比较法时，你首先应当列出一张表格来，其中要标明所有需要被评价的员工的姓名以及需要评价的所有工作要素。然后，将所有员工根据某一类要素进行配对比较，然后用"+"（好）和"-"（差）标明谁好一些、谁差一些。最后将每一位员工得到的"好"的次数相加，如表 5-5 所示。

表 5-5　配对比较法对员工绩效考核表

就"工作质量"要素所作的考核						就"创造性"要素所作的考核					
被考核员工姓名						被考核员工姓名					
比较对象	A	B	C	D	E	比较对象	A	B	C	D	E
A		+	+	-	-	A		-	-	-	-
B	-		-	-	-	B	+		-	+	+

续表

就"工作质量"要素所作的考核						就"创造性"要素所作的考核					
被考核员工姓名						被考核员工姓名					
比较对象	A	B	C	D	E	比较对象	A	B	C	D	E
C	−	+		+	−	C	+	+		−	+
D	+	+			+	D	+	−	+		
E	+	+	+	−		E	+	−	−	+	
	2+	4+	2+	1+	1+		4+	1+	1+	2+	2+

配对比较法的缺点是,一旦下级人数过多(大于5人),手续就比较麻烦,因为配比的次数将是按$[n(n-1)]/2$(其中 n 为人数)的公式增长的。5个下级的配比需要10次,10个下级就要配比45次,如有50个下级就要1 225次。而且只能评比出下级人员的名次,不能反映出他们之间的差距有多大,也不能反映出他们工作能力和品质的特点。

四、强制分布法

该方法需要评估者将被评估者按照绩效考核结果分配到一种类似于正态分布的标准中去。这种方法是基于这样一个有争议的假设,即所有小组中都有同样优秀、一般、较差表现的员工分布。可以想象,如果一个部门全部是优秀员工,则部门经理可能难以决定应该把谁放在较低等级的小组中。

强制分布法与"按照一条曲线进行等级评定"的意思基本相同。使用这种方法,就意味着要提前确定准备按照一种什么样的比例将被评价者分别分布到每一个工作绩效等级上去。例如,我们可能会按照表5-6所列比例原则来确定员工的工作绩效分布情况。

表5-6 确定员工的工作绩效分布情况的比例原则

绩 效 等 级	比　　例
绩效最高的	15%
绩效较高的	20%
绩效一般的	30%
绩效低于要求水平的	20%
绩效很低的	15%

这种方法的优点是有利于管理控制,特别是在引入员工淘汰机制的公司中,它能明确筛选出淘汰对象。由于员工担心因多次落入绩效最低区间而遭解雇,因而具有强制激

励和鞭策功能。当然，它的缺点也同样明显，如果一个部门员工的确都十分优秀，如果强制进行正态分布划分等级，可能会带来多方面的弊端。

从以上介绍的三种基本的比较方法可以看出，员工比较系统的优点是成本低、实用，评定所花费的时间和精力非常少。而且，这种绩效考核法有效地消除了某些评定误差，如避免了宽厚性错误及评定者的趋中性错误。当然员工比较系统也有几个缺点。首先，因为判定绩效的评分标准是模糊或不实在的，评分的准确性和公平性就可能受到很多质疑。其次，员工比较系统没有具体说明一个员工必须做什么才能得到好的评分，因而它们不能充分地指导或监控员工行为。最后，公司用这样的系统不能公平地对来自不同部门的员工的绩效进行比较。比较常见的例子，如A部门排在第六名的员工可能比E部门的第一名做得更好。而且，当一组员工人数很少时，也许并没有理由假定正态分布会符合员工表现的实际差别。有时评估者可能会为自己被迫在员工中人为地制造一个根本不存在的正态分布，而感到有心理压力，致使其产生趋中效应，干脆把员工都放在中间位置。为了克服强制分配方法的缺陷，同时也将员工的个人激励与集体激励更好地结合起来，可以使用团体评价制度以改进强制分配法的效果。

其主要实施步骤如下：(1) 确定各等级的奖金分配点数，在这里要特别提醒注意的是，各等级之间点数差别应该具有充分的激励效果。(2) 每个员工根据绩效评估标准对自己以外的其他员工进行0~100分的评估。员工的评价结果应该严格保密，以防引起同事之间的矛盾和纠纷。(3) 对称地去掉若干个最低分和最高分，求出每个员工的平均分。(4) 将部门中所有员工的平均分加总，再除以部门员工人数，计算出部门所有员工的绩效评估平均分。(5) 用每位员工的平均分除以部门的平均分，就可以得到一个标准化的平均得分。评价的标准分在1分左右的员工，应该得到"中等"的评价，明显大于1分的员工，应该得到"良"甚至是"优"的评价，而标准分明显低于1分的员工，应得到"差"甚至是"劣"的评价。也有些企业为体现管理人员的作用，将员工团体评价结果与管理人员评价结果的加权平均值作为员工最终的评估结果。一般而言，管理人员的权重不应过大。各个平均等级之间的数值界线可由管理人员根据过去员工的绩效评估结果的离散程度来确定。(6) 根据每位员工的评价等级所对应的奖金分配点数，计算部门的奖金总点数，然后结合可以分配的奖金总额，计算每个奖金点数所对应的金额，并得出每位员工应该得到的奖金数额。其中，各个部门的奖金分配总额是根据各个部门的主要管理人员进行相互评价的结果来确定的。各部门的评价结果是公开的，以促进部门之间的良性竞争。(7) 为了鼓励员工尽量客观准确地评价自己的同事，那些对同事的评价排列次序与最终结果的排列次序最接近的几个员工应该得到提升评价等级或其他形式的奖励。

著名的英特尔公司的绩效评估采用排列法。英特尔公司的评价周期是一年，员工的评价记录载入档案。对员工进行评价的方式是主管人员在一起开会，对承担相同工作的员工，根据他们对部门或组织的贡献大小进行排序。该公司的经验是一个评估单位中包括的员工数目最好在 10～30 人。在过去，英特尔公司将员工区分为常见的 A、B、C、D、E 五个等级，结果被评价为"C"的员工最多，但是他们并不被视为有成就的员工，这严重影响了员工的心理。现在，英特尔公司已经将评价结果的 5 个等级简化为"杰出""成功""有待改进"三个层次，有效地克服了这一问题。在英特尔公司，员工评价工作由一位"排序经理"（Ranking Manager）负责组织和实施，直到最后生成一个员工名次的"龙虎榜"。

第三节 针对员工行为及个性特征进行绩效评估

一、因素评价法

因素评价法是将一定的分数按权重分配给各项绩效考核指标，使每一项绩效考核指标都有一个评价尺度。然后根据被评估者的实际表现在各评估因素上评分，最后汇总得出的总分，就是被评估者的考绩结果。此法简便易行而且比排队法更为科学。

例如，我们可以为被评估人设定以下四个绩效评估指标，运用因素评价法划分权重并制定标准如下，并以此为基础对员工绩效进行评估。

（1）出勤，占总分 30%，分为上、中、下三个等级。出勤率 100% 为满分（30），病事假一天扣 1 分，旷工一天扣 20 分，迟到或早退一次扣 15 分，旷工一天以上或缺勤 30 天以上者不得分。

（2）能力，占总分 20%，分上、中、下三等。技术高、能独立工作、完成任务好、胜任本职工作的评为上，低于这个技术水平的评为中或下。在考核阶段内如有 1 个月未完成下达任务的扣 10 分。

（3）成绩，占 30%，分上、中、下三等。协调性好，积极主动工作，安全生产、完成任务好的评为上，较差的评为中，再差的评为下。在工作、生产中出现一次差错，造成损失的或安全、质量方面的事故，经公司研究做出处理者一次扣 10 分，情况严重者不得分。如有 1 个月未完成下达任务的扣 15 分，病事假每 1 天扣 0.5 分。

（4）组织纪律，占 20%，分为上、中、下三等。工作服从分配、遵守规章制度、讲究文明礼貌、能团结互助的评为上，否则评为中或下。违反公司规章制度或因工作失职经公司处理者一次扣 10 分。各考核因素的上、中、下三个等级的比例均分别控制在 25%、60%、15%。

二、图解式评估法

图解式评估法也称为图尺度评估法。图解式评估法主要是针对每一项评定的重点或考评项目，预先订立基准，包括依不间断分数程度表示的尺度和依等级间断分数表示的尺度，前者称为连续尺度法，而后者称为非连续尺度法。实际运用中，常以后者为主。表 5-7 就是一种典型的图尺度评估表。它列举出了一些绩效构成要素（如"质量"和"数量"），还列举出了跨越范围很宽的工作绩效等级（从"不令人满意"到"非常优异"）。在进行工作绩效评估时，首先针对每一位下属员工，从每一项评估要素中找出最能符合其绩效状况的分数，然后将每一位员工所得到的所有分值进行加总，即得到其最终的工作绩效评估结果。

表 5-7 图尺度考核表 1

员工姓名				职位	
部门				员工薪酬	
绩效考核目的：□年度例行考核□晋升□绩效不佳□工资调整□试用期结束□其他					
员工到现职时间		最后一次考核时间		正式考核时间	
说明：请根据员工所从事工作的现有要求仔细地对员工的工作绩效加以考核。请核查各代表员工绩效等级的小方框。如果绩效等级不合适，请以 N 字样说明。请按照尺度表中所表明的等级来核定员工的工作绩效分数，并将其填写在相应的用于填写分数的方框内。最终的工作绩效结果通过将所有的分数进行加总和平均而得出。					
考核等级说明					
O：杰出（Outstanding）。在所有各方面的绩效都十分突出，并且明显比其他人的绩效优异得多； V：很好（Very good）。工作绩效的大多数方面明显超出职位的要求，工作绩效是高质量的并且在考核期间一贯如此； G：好（Good）。是一种称职的和可信赖的工作绩效水平，达到了工作绩效标准的要求； I：需要改进（Improvement needed）。在绩效的某一方面存在缺陷，需要进行改进				U：不令人满意（Unsatisfactory）。工作绩效水平总的来说无法让人接受，必须立即加以改进。绩效考核等级在这一水平上的员工不能增加工资； N：不做考核（Not rated）。在绩效等级表中无可利用的标准或因时间太短而无法得出结论	
员工绩效考核要素		考核尺度		考核的事实依据或评语	
质量：所完成工作的精确度、彻底性和可接受性	O	□	91~100 分	分数	
	V	□	81~90 分		
	G	□	71~80 分		
	I	□	61~70 分		
	U	□	60 分及以下		

续表

生产率：在某一特定的时间段中所生产的产品数量和效率	O V G I U	☐ ☐ ☐ ☐ ☐	91～100 分 81～90 分 71～80 分 61～70 分 60 分及以下	分数
工作知识：实践经验和技术能力，以及在工作中所运用的信息	O V G I U	☐ ☐ ☐ ☐ ☐	91～100 分 81～90 分 71～80 分 61～70 分 60 分及以下	分数
可信度：某一员工在完成任务和听从指挥方面的可信任程度	O V G I U	☐ ☐ ☐ ☐ ☐	91～100 分 81～90 分 71～80 分 61～70 分 60 分及以下	分数
勤勉性：员工上下班的准时程度、遵守规定的工间休息、用餐时间的情况及总体的出勤率	O V G I U	☐ ☐ ☐ ☐ ☐	91～100 分 81～90 分 71～80 分 61～70 分 60 分及以下	分数
独立性：完成工作时不需要监督和只需要很少监督的程度	O V G I U	☐ ☐ ☐ ☐ ☐	91～100 分 81～90 分 71～80 分 61～70 分 60 分及以下	分数

当然，许多企业还不仅仅停留在对一般性绩效考核指标（如"数量"和"质量"）的评估上，他们还将作为评估标准的工作职责进行进一步分解。例如，表 5-8 所显示的是对行政秘书职位的工作绩效评估表。在这里，工作的五种主要职责标准都是从工作说明书中选取出来的，并被放在了优先考虑位置。这五种职责的不同重要性都是以百分比的形式反映出来的。在图中还有一个空白地方，这是留给评估人做一般性说明的，在对秘书报告工作的及时性以及遵守工作规章的情况等这些"一般性绩效"进行评估时，它将十分有用。

表 5-8 图尺度考核表 2

工作内容与责任		被考核职位：行政秘书
A. 打字速写	权重：30%	考核等级：1□2□3□4□5□
以每分钟 60 个单词速度按照适当的格式准确地将来自以下各个方面的指令打印成文件：口头指示、录音内容、手写笔记或正式笔记、总经理的手写材料、手写会议纪要等；打印通知、会议议程、工作日程和其他以下内容材料：打印商业协会调查；汇总和打印经营报告和其他各种报告，包括文本和表格；打印从报纸杂志上摘选下来的文章，整理和打印信件、备忘录、文件副本以及其他要求打印的文件		评语：
B. 接待	权重：25%	考核等级：1□2□3□4□5□
当面或通过电话核定已经签订的合同，热心地帮助来电话者和来访者；回答打进来的电话，转移消息、提供信息或将电话留言转给某人；接待来访者，提供信息或直接将客人引到相应的办公室或个人处；作为主人在客人等待期间提供临时服务，操纵自动应答设施；与来电话的来访者保持一种合作态度		评语：
C. 计划安排	权重 20%	考核等级：1□2□3□4□5□
对工作日程进行有效管理，包括对约见、会议、施行以及其他此类活动的安排；对工作日程进行安排；为总经理、董事会成员和其他人员约见面人员；为办理出差补贴做好准备；协助进行年度会议的安排；为保证在职培训计划的实施，在房间内、课间供应咖啡以及饮食方面提供必要的服务；对组织各项设施的使用进行计划安排；为外部发言人、咨询专家安排好交通、旅程以及相应的费用		评语：
D. 文件与资料管理	权重：15%	考核等级：1□2□3□4□5□
创建并维护一个合适的文件管理系统，能够按照要求迅速地放置和取出文件，制定文件空间分配计划，分别在文件管理系统中为回函、会议记录、报告、规定以及其他相关文件做出妥当的安排；将资料放进文件夹中的适当地方；从文件夹中查找并取出需要的资料；对文件进行挑选、装订和剔除，在必要时进行文件汇总或销毁；保存和保护某些重要文件；将文件资料整理成可直接使用的形式		评语：
E. 办公室一般服务	权重：10%	考核等级：1□2□3□4□5□
以一种受欢迎的方式和既定的程度来履行相关办公室职责；通过邮递中心处理邮件、寄送文件和邮品；查阅外来邮件并进行分捡；对文件进行复制；掌握一定的现金；从相关的报纸和杂志中摘取与组织有关的文章；负责公告栏的书写；完成其他预定的工作		评语：
该员工是否能够按照要求报告工作并坚持在工作岗位上？□是的　□不是 如果不是，请予以解释		

续表

该员工是否听从指挥并遵守工作规章制度？□是的 　□不是 如果不是，请予以解释	
该员工在工作中是否能与同事自觉保持协调一致并主动进行配合？□是的 　　□不是 如果不是，请予以解释	
该员工是否具备顺利完成工作所必需的知识、技术、能力和其他方面的资格要求？□是的 　□不是 如果不是，请予以解释	
请说明员工需要采取何种特定的行动来改善其工作绩效	
请根据以上各方面情况总结该员工的总体工作绩效水平	
此份报告是根据本人对工作以及员工行为的观察和了解而得出的	本人的签名只说明我已经看到这份工作绩效考核表，但这并不意味着我同意上述的结论
考核者姓名	日期		
审查者姓名	日期	员工姓名	日期

利用图尺度评估表不仅可以对员工的工作内容、责任及行为特征进行评估，而且可以向评估者展示一系列被认为是成功工作绩效所必需的个人特征（例如，合作性、适应性、成熟性、动机），并对此进行评估。如我们可以为每一个必备的特征给定一个5级或7级的评定量表，量表上的分数用数目或描述性的词或短评加以规定，用以表示不同的绩效水平。表5-9给出了一个按5级划分用于评估员工特征的评估量表。

表5-9 图尺度考核表3

员工姓名：	部门：	职位：	评估人：	
用下列评定量表按每一品质评估该员工： 5=优秀，你所知道的最好的员工； 4=良好，满足所有的工作标准，并超过一些标准； 3=中等，满足所有的工作标准； 2=需要改进，某些方面需要改进； 1=不令人满意，不可接受				
A. 衣着和仪表	1	2	3	4	5
B. 自信	1	2	3	4	5
C. 可靠程度	1	2	3	4	5
D. 机智和圆滑	1	2	3	4	5
E. 态度	1	2	3	4	5
F. 合作	1	2	3	4	5
G. 热情	1	2	3	4	5
H. 知识	1	2	3	4	5

图解式评估法的优点是它实用而且开发成本小，人力资源经理们也能够很快地开发出这种图解形式，因此许多组织都使用图解式评定量表。当然此种方法也有缺点，图解式评定量表也有很多问题，如量表不能有效地指导行为，也就是说，评定量表不能清楚地指明员工必须做什么才能得到某个确定的评分，他们因而对被期望做什么一无所知。例如在"态度"这一项上，员工被评为"2"这个级别，可能很难找出如何改进的办法。

除此之外，图解式的评定量表也不能提供一个良好机制以提供具体的、非威胁性的反馈。因为多数负面反馈一般应集中在具体行为上，而不是评定量表所描述的定义模糊的个人特征。例如，如果告诉员工他们不可靠，大部分员工会很生气，感到被冒犯。如果用行为的条件给出反馈："上周有 6 位顾客向我投诉你没有回他们的电话"，那么员工会感觉好一点。

与图解式评定量表相关的另一个问题是评定的准确性。由于评定量表上的分数未被明确规定，所以很可能得不到准确的评定。例如，两位评定者可能用非常不同的方式来解释"平均"标准，这样未被明确规定的绩效标准会导致评定失误的增加，还有可能提供偏见产生的各种现成机制。也有一些人认为，图解式评定量表作出的评定只不过是"主观判断的说法"，并裁决这种评定量表不应用于晋升决策，因为在这样一个主观的过程中可能存在潜在的偏见。

三、行为锚定等级评定量表法

行为锚定等级评定量表法是传统业绩评定表和关键事件法的结合。使用这种方法，可以对源于关键事件中有效和非有效的工作行为进行更客观的描述。熟悉一种特定工作的人，能够识别这种工作的主要内容，然后他们对每项内容的特定行为进行排列和证实。因为此种方法的特点是需要有大量的员工参与，所以它可能会被部门主管和下属更快地接受。

在行为锚定法中，不同的业绩水平会通过一张等级表进行反映，并且根据一名员工的特定工作行为被描述出来。例如，假设进行员工绩效评估所选择的一个评估要素是"吸收和解释政策的能力"，那么对于这个评估要素中最积极的评估结果可能是："可以期望该员工成为组织中其他人新政策和政策变化的信息来源。"而针对这个评估要素最消极的评估结果可能是："即使对员工重复解释后，该人也不可能学会什么新东西。"在最消极和最积极的层次之间可能存在几种层次。行为锚定法对各种行为进行了举例，而不仅仅是为检查诸如最积极业绩提供一个可能。因为特定的行为可以被指出来，所以这种方法更便于在考核中进行讨论。这种方法可以克服其他评估方法的弱点。有关行为锚定有效性的报告褒贬都有，并无法完全确认它在克服评估者误差或取得心理测验有效性方面比其他方法更优越。这种方法的一个特定缺陷是，使用的行为是定位于作业而不是定位于结果上。这给部门经理提出了一个潜在的问题，即他们不是对必须实现期望目标的员工，而是必须对正在执行作业的员工进行评估。

行为锚定等级评价法的目的在于：通过一个像表 5-10 所示的那样一种等级评价表，将关于特别优良或特别劣等绩效的叙述加以等级性量化，从而将描述性关键事件评估法和量化等级评价法的优点结合起来。因此，其倡导者宣称，它比我们所讨论过的所有其他种类的工作绩效评估工具都具有更好和更公平的评估效果。

表 5-10　客户服务行为锚定等级考核表

等　级　锚　定	行　　　为
7	把握长远赢利观点，与客户达成伙伴关系
6	关注顾客潜在需求，起到专业参谋作用
5	为顾客而行动，提供超常服务
4	个人承担责任，能够亲自负责
3	与客户保持紧密而清晰的沟通
2	能够跟进客户回应，有问必答
1	被动的客户回应，拖延和含糊回答

开发一项行为锚定式评价量表的过程是相当复杂的，我们可以简要概括如下：行为锚定式评价量表开始于工作分析；使用关键事件技术；然后，事件或行为依据维度加以分类；再后，为每一维度开发出一个评价量表，并用这些行为作为"锚"来定义量表上的评分。运用行为锚定等级评价法进行员工绩效评估，通常要求按照以下几个步骤来进行行为锚定式评价量表的设计。

（1）确定关键事件。一组对工作内容较为了解的人（员工本人或其直接上级）用工作分析的关键事件技术来得出一系列有效和无效的工作行为。

（2）初步建立绩效评价指标。再找些人将确定的关键事件合并为几个（通常是五个到十个）绩效评价指标，并给出指标的定义。

（3）重新分配关键事件，确定相应的绩效评价指标。在不知道所分配的维度的情况下，与主题有关的另一组同样熟悉工作内容的人来评论行为清单。换言之，将每一维度的名称和定义告知这些人，要求他们将所有的行为按正确的维度加以分类。如果第二组中一定比例的人（通常 80%或更多）分配给同一行为的维度与工作分析者分配给它的维度相同，则该行为被保留下来。

（4）确定各关键事件的评价等级。"保留"下来的行为由第二组与主题有关的人加以评审。这些人依照一项工作绩效去评定每种行为的等级。例如，如果使用一个 7 级量表,"7"将标志着该行为代表一个极其有效的绩效水平;"1"标志着极其无效的绩效。

(5) 建立最终的员工绩效评估体系。分析者为每个特征构建一个评定量表,量表中列出该特征的名称和定义。对行为的描述被放置在量表上的一个与它们的平均有效性评分相对应的位置上。

行为锚定等级评价法的优点很多。尽管使用行为锚定等级评价法要比使用其他的工作绩效评价法(如图尺度评价法)花费更多的时间,但是许多人认为,行为锚定等级评价法有以下一些十分重要的优点。

(1) 工作绩效的计量更为精确。由于是由那些对工作及其要求最为熟悉的人来编制行为锚定等级体系,因此行为锚定等级评价法应当能够比其他评价法更准确地对工作绩效进行评价。

(2) 工作绩效评价标准更为明确。等级尺度上所附带的关键事件有利于评估者更清楚地理解"非常好"和"一般"等各种绩效等级上的工作绩效到底有什么差别。

(3) 具有良好的反馈功能。关键事件可以使评估人更为有效地向被评估人提供反馈。

(4) 各种工作绩效评价要素之间有着较强的相互独立性。将众多的关键事件归纳为5~6种绩效要素(如"知识和判断力"),使得各绩效要素之间的相对独立性很强。例如,在这种评价方法下,一位评估者很少会有可能仅仅因为某人的"知觉能力"所得到的评价等级高,就将此人的其他所有绩效要素等级都评定为高级。

(5) 具有较好的连贯性。相对来说,行为锚定等级评价法具有较好的连贯性和较高的信度。这是因为,在运用不同评估者对同一个人进行评估时,其结果基本上都是类似的。

从行为锚定与图解式评定的比较上看,行为锚定等级评价法和图解式评定量表一样,要求评估者根据个人特征评定员工。典型的行为锚定等级评价量表包括7个或8个个人特征,被称作"维度",每一个都被一个7级或9级的量表加以锚定。

但是行为锚定式评价量表中所使用的评价量表与图解式评价量表中所使用的评价量表在结构上并不相同。行为锚定式评价量表是用反映不同绩效水平的具体工作行为的例子来锚定每个特征。如表5-11所示的就是一个企业内训师的课堂培训教学技能维度的行为锚定。

表5-11 一个企业内训师授课行为锚定考核的例子

等级		课堂培训教学技能
优秀	7	
	6	内训师能清楚、简明、正确地回答学员的问题
	5	当试图强调某一点时,内训师使用例子

续表

等级		课堂培训教学技能
中等	4	内训师用清楚、能使人明白的方式授课
	3	讲课时内训师表现出许多令人厌烦的习惯
	2	内训师在班上给学员们不合理的批评
	1	

行为锚定式评价量表最大的优点在于它指导和监控行为的能力。行为锚定使员工知道他们被期望表现哪些类型的行为，从而给评估人提供以行为为基础的反馈机会。在最初被提出时，行为锚定式评价量表被预测将大大优于图解式评价量表。人力资源管理专家认为，行为锚定导致更准确的评分，因为它们能使评估者更好地诠释评定量表上不同评分的含义。然而，正如我们将要看到的，这种期望并未达到。

实际上，行为锚定式评价量表比图解式评价量表的优势远未被研究证实。绝大部分研究都没能提供证据证明建立和使用行为锚定式评定量表所花费的大量时间和精力从结果上看是值得的。

行为锚定式评价量表的失败可能在于评估者在尝试从量表中选择一种员工绩效水平的行为时所遇到的困难。有时一个员工会表现出处在量表两端的行为，因此，评定者不知应为其分配哪种评分。例如，在表 5-11 中所介绍的行为锚定式评价量表上，被评定的内训师可能清楚地回答了问题而同时又不合理地批评了学员。

四、行为观察量表法

行为观察量表法（Behavioral Observation Scales，BOS）也称行为评价法、行为观察量表评价法，是在关键事件法的基础上发展起来的。它是由工作绩效所要求的一系列合乎组织期望的行为组成的表单。它与行为锚定等级评价法大体接近，只是在量表的结构上有所不同。它不是首先确定工作行为处在何种水平上，而是确认员工某种行为出现的概率，它要求评定者根据某一工作行为发生的频率或次数多少来对被考评者打分。例如，从不（1分），偶尔（2分），有时（3分），经常（4分），总是（5分）。既可以对不同工作行为的评定分数相加得到一个总分数，也可以按照对工作绩效的重要程度赋予工作行为以不同的权重，加权后再相加而得到总分。

下面以管理人员在企业改革中克服阻力或障碍的能力，进行行为观察量表举例。

☑ 勇于承担领导责任：1、2、3、4、5。
☑ 解释变革的必要性：1、2、3、4、5。
☑ 倾听群众的意见或建议：1、2、3、4、5。

☑ 向下属说明改革的细节：1、2、3、4、5。
……
总分 =

（一）行为观察量表法的实施步骤

开发行为观察量表，主要有以下若干步骤。

（1）要根据关键事件技术找出关键行为，将内容相似或者一致的关键事件归为一组，形成一个行为项目。由考核者或分析人员将相似的行为项目归并成一组，从而形成行为观察量表中的一个评价标准。

（2）评定量表的内部一致性。将工作分析得到的关键事件随机排序并拿给第二个或者第二组人，同样按照上述做法将关键事件进行重新归类。把归类一致性达 80%的考核标准保留下来。如何计算归类的内部一致性呢？如果第一组人将 1、2、3、4、5 这五个关键事件归到一个考核标准下，而第二组人将 1、2、4、5 归入到同一指标之下，则归类的内部一致性为 $4 \div 5 \times 100\% = 80\%$，该考核指标可以保留下来。

（3）检查行为观察量表内各考评标准之间的相关性。它应该由十分熟悉被考核者工作内容的人员对考评工具进行系统评价，以判断考评工具是否包括了所关心的行为项目的代表性样本。可以记录随着被分类的关键事件的增加而增加的行为指标的数目。如果75%的关键事件分类后 90%的行为指标已经出现，则可以认为是比较满意的。

（4）将每个行为指标划分为五级利克特（Likert）量表。以管理人员"向下属说明改革的细节"这一关键事件为例，如果 0～64%的情况下会做，则得分 1；65%～74%的情况下会做，得分为 2；75%～84%的情况下会做，得分为 3；85%～94%的情况下会做，得分为 4；95%～100%的情况下会做，得分为 5。

（5）根据行为观察量表，并视考核实际情况，删除不具有鉴别度的行为指标。

（6）进行因子分析形成相关考评标准。如果被考评的人数是行为项目的 3～5 倍，就可通过因子分析方法，根据行为项目的相关程度将行为项目分组，从而形成不同的考评标准，也就是通过统计学方法得到绩效考评的标准（即构建量表的结构效度）。

（7）为考核指标赋予适当的权重。行为观察量表是基于利克特量表发展起来的，在权重方面给予每个考评指标相同的权重。但根据实际需要，可以赋予不同的权重。

以上七个步骤是开发行为观察量表的基本步骤。在实际操作中，应该不断改进和完善各个行为项目、考核指标以及指标权重等，使之更加趋于准确。

（二）行为观察量表法的优缺点

1. 行为观察量表法的优点

（1）研究显示，行为观察量表内容上是有效的，即具有内容效度。行为观察量表在量表的内部一致性上是令人满意的。所有区分成功和不成功绩效的行为都被包括在量表中。

（2）行为观察量表是用使用者提供的数据针对使用者而开发的，因而对于量表的理解和使用比较便利。调查表明，使用行为观察量表之后，管理者与下属抱怨考评工具中的考核指标太模糊、不能理解或完成不适合考评员工的情况一般都大大减少了。

（3）行为观察量表有利于进行清晰的绩效反馈，它鼓励在管理者和员工之间就员工的优缺点进行有意义的讨论。清晰的绩效反馈结合明确的目标设定，可以促进产生和保持积极的行为变化，实践证明这是一个有效的激励因素。

（4）行为观察量表本身可以单独作为职位说明书或作为职位说明书的补充。作为一种工作描述，行为观察量表也可以对潜在的工作候选人进行"工作预览"，通过显示行为观察量表，使他们了解什么是他们被期望做的。

2．行为观察量表法的缺点

（1）行为观察量表要求考评者根据详尽的行为清单对员工进行观察，这有相当的难度。因为指标虽然很多，但是很难包含所有的行为指标的代表性样本。

（2）行为观察量表的效度有待提高。

（3）主管人员单独考核工作量太大，不具有可操作性。

（4）五级频率标度在实际把握上有很大的困难。它要求管理者弄清一个人到底是在95%的情况下还是94%的情况下会做某件事，从而确定4分还是5分是不切合实际的。对于这一点的改进方案是：不要以同样的标准评价每一行为，有些行为50%情况下发生则可接受，而有些行为必须100%发生才可接受。

（三）行为观察量表法与其他评价方法的比较

1．行为观察量表法与行为尺度评定量表法

如果把行为观察量表和行为尺度评定量表相比较，可以看到它们之间具有一定的相似性。它们都是关键事件技术的变异，都以对任务成功有着关键的、可观测的工作行为为基础，都使用工作者的术语，都考虑到工作绩效的多维性或复杂性。

但是，两者之间的区别也是明显的。行为尺度评定量表除了要求将无效行为到有效行为划分等级，还特别要求每个标准须建立在连续的垂直的图尺度量表上，同时它的行为等级包含观察到的行为和期望行为。而行为观察量表是对被观察者在五等级表上对其关键行为的频数进行打分，每个个体的总分是针对每个行为要素反应的次数的总和来决定的，其中要素分析选择是最有差别的要素。行为观察量表中的要素是由那些与量表总分有着最高相关度的要素组成的。

2. 行为观察量表法与行为锚定等级评价法

如果把行为观察量表法和行为锚定等级评价法相比较，则可发现，行为观察量表法也有许多长处。例如，行为观察量表在行为要项的产生上，"关键"的主观定义被减少到最小，重点被放在行为清单的制定、个体次数的分等、针对内部和外部标准所进行的要素分析上，这些都对最后用在考评量表中的每个标准应由哪些行为指标构成具有决定性的影响。

此外，在运用行为锚定等级评价法进行评价的时候，考评者可能找不到合适的事件来进行对照。但是运用行为观察量表，就能使考评者知道他在观察被考评者时应该注意什么，雇员也明确知道老板在关注什么。

最后，行为观察量表法还能最小化考评者的主观判断。运用行为锚定等级评价法时，由于行为对照标准与实际行为的不相一致，可以导致管理者在两个等级之间的主观判断。而在使用行为观察量表时，考评者只需要指出他们所看到的行为发生的频率即可，这些被观察的行为已经列在了量表中。

五、混合标准量表法

（一）混合标准量表法的含义

混合标准量表法（Mixed Standard Scales，MSS）又称混合标准尺度法，简称混合量表法。它作为与工作标准相对照的一种绩效考评方法，是由美国学者伯兰兹（Blanz）和吉塞利（Ghiselli）于1972年在传统的评价量表的基础上提出的，主要目的是减少诸如晕轮效应和过宽、过紧误差。这种量表不让考评者知道所考评的标准是什么，考评者只需根据行为指标评价员工的表现，是优于（+）、等于（=）还是差于（-）行为指标描述的内容即可。

（二）混合标准量表法的实施

1. 开发混合标准量表的要点

开发混合标准量表，需要掌握以下几个要点。

（1）确定考评维度。考评维度是由设计者根据组织的实际需要和被考评者所从事的工作性质等因素决定的。H.J.Bernadin 和 J.S.Kane 提出了在绩效考评中最常用的六个主要维度：质量、数量、及时性、成本节约、监督的需要和人际影响。若考评的维度较大，也可以在每一个维度下再拟出几个子维度。

（2）维度的表达。维度的表达就是为每一个考评维度的好、中、差三等级拟出一条范例性的陈述句。若维度中包含子维度，则要对每一个子维度作出好、中、差的范例性陈述。

（3）确定每一个维度和子维度的权重。由于考评的角度不同，目的不同，每一个维度的重要性也就不同。每一个子维度又是一个维度的各个方面的分别体现，因此也可以因重要性而调整权重，但必须确保每组子维度权重之和为 1，维度权重之和也应为 1。

（4）打乱次序，掩盖评分等级。要打乱每一个评估指标的好、中、差三种行为表述的次序，使得每一个考评维度等级不易被人看出。可以说，打乱次序是混合标准量表法的最大特色，是检验考评者是否客观、认真、有效地进行评估的重要手段，这对于提高考评的效度与信度具有十分重要的作用。

表 5-12 是用于评价巡警的一个混合标准评价量表。表中采用了 11 个行为导向的绩效评价指标。这些指标是通过使用一种类似于行为锚定评价法中确定评价指标的方式确定下来的。找一些熟悉评价对象工作的人写出代表高、中、低三种绩效水平的行为描述。例如，对于"预防犯罪行为"这一尺度，他们用如下的描述表示三个层次的绩效水平。

表 5-12　混合标准量表法例一

本部分的每一项目涉及巡警工作不同侧面的绩效水平。请仔细阅读每一项目，确定被评价巡警的一般工作表现是"正适合于"、"优于"还是"劣于"项目中的描述，并请分别在相应的被评价巡警号码下的圆括号内划上 "0" "+" "-" 来表示这三种情况。										
巡警号码										工作表现
5	7	4	3	1	9	2	8	10	6	
( )	( )	( )	( )	( )	( )	( )	( )	( )	( )	1. 行为有时紧张，但并不影响他发挥职责；
( )	( )	( )	( )	( )	( )	( )	( )	( )	( )	2. 尽管有时因工作繁忙，制服略有不整，但大多数时间穿戴整齐；
( )	( )	( )	( )	( )	( )	( )	( )	( )	( )	3. 工作报告良好，但偶尔需要深入或条理化。有时有表达方面的困难；
( )	( )	( )	( )	( )	( )	( )	( )	( )	( )	4. 在巡区采取大量措施预防和控制犯罪，教育市民防止毒犯的技巧，且对预防设备有广泛的知识；
( )	( )	( )	( )	( )	( )	( )	( )	( )	( )	5. 与本区市民极少或几乎没有接触，未能告知他们预防犯罪的方法；
( )	( )	( )	( )	( )	( )	( )	( )	( )	( )	6. 几乎在任何场合下能做出适当判断，以预先采取、选择或表现合适的行为；
( )	( )	( )	( )	( )	( )	( )	( )	( )	( )	7. 对于与什么人共事或不与什么人共事很挑剔。难以与许多警官相处；
( )	( )	( )	( )	( )	( )	( )	( )	( )	( )	8. 在任何时候任何场合下表现出最大的热情和努力；
( )	( )	( )	( )	( )	( )	( )	( )	( )	( )	9. 即使在极端紧张的情形下，表现也镇定自若，没有紧张的表现；

续表

巡警号码										工作表现
5	7	4	3	1	9	2	8	10	6	
( )	( )	( )	( )	( )	( )	( )	( )	( )	( )	10．令人满意地执行任务。几乎不投机取巧或曲解规则；
( )	( )	( )	( )	( )	( )	( )	( )	( )	( )	11．格外注意形象。几乎常常表达出一种为公众服务的自豪感；
( )	( )	( )	( )	( )	( )	( )	( )	( )	( )	12．干净利落地解决大多数骚乱，尽管有些是棘手的。在工作中运用以往经验，以求尽善尽美；
( )	( )	( )	( )	( )	( )	( )	( )	( )	( )	13．跟其他人在一起时表现出深刻的见识和技能，常能防止和解决冲突，缩短了市民与他们的距离；
( )	( )	( )	( )	( )	( )	( )	( )	( )	( )	14．能与任何合作者友好相处，愿意帮助新警官并指导他们。准确如一地执行命令；
( )	( )	( )	( )	( )	( )	( )	( )	( )	( )	15．在大多数情况下，有判断能力，表现得当，满足市民需要；
( )	( )	( )	( )	( )	( )	( )	( )	( )	( )	16．了解法律的新变化，但偶尔忽视执行之。很了解巡区

巡警号码									工作表现
8	2	7	5	4	10	1	3	6	9	
( )	( )	( )	( )	( )	( )	( )	( )	( )	( )	17．必须严密监督其工作表现，否则可能不符合标准；
( )	( )	( )	( )	( )	( )	( )	( )	( )	( )	18．外表向公众表露出一种对工作漫不经心的态度；
( )	( )	( )	( )	( )	( )	( )	( )	( )	( )	19．在任何情形下意识到法律及其适用性。对巡区有彻底的了解；
( )	( )	( )	( )	( )	( )	( )	( )	( )	( )	20．工作报告对于侦破犯罪并无用处。工作报告中材料重复；
( )	( )	( )	( )	( )	( )	( )	( )	( )	( )	21．其行为说明在许多场合下经常缺乏适当判断。经常做出草率粗心的判断；
( )	( )	( )	( )	( )	( )	( )	( )	( )	( )	22．在巡区做一些努力强调犯罪。对预防设备有适当的知识；
( )	( )	( )	( )	( )	( )	( )	( )	( )	( )	23．不去有意了解与工作相关的信息。有时在本巡区内迷路；
( )	( )	( )	( )	( )	( )	( )	( )	( )	( )	24．高标准地完成职责，并在没有监督的情况下坚持：无论涉及的是谁，他都是个公正的执法者；
( )	( )	( )	( )	( )	( )	( )	( )	( )	( )	25．在一场冲突中如果不造成大量麻烦几乎不能恢复秩序；
( )	( )	( )	( )	( )	( )	( )	( )	( )	( )	26．把警察工作制当作一时之计，随时准备跳槽。几乎没有表现出工作热情；
( )	( )	( )	( )	( )	( )	( )	( )	( )	( )	27．尽管与有些人格类型的人难以相处，但能同大多数人共同工作。虽能训练新巡警，但宁肯不去训练

（1）高水平：在巡区采取大量措施预防和控制犯罪，教育市民防止罪犯的技巧；对预防设备有广泛的知识。

（2）中等水平：在巡区做一些努力，强调预防犯罪，对预防设备有适当的知识。

（3）低水平：与本区市民极少或几乎没有接触，未能告知他们防止罪犯的方法。

2．混合标准量表法的具体实施步骤

完成混合标准量表的开发后，即可由人力资源部门或者相关的主管部门对所有考评者发放该量表。如果采用360度考评反馈法，那么就可以让被考评者本人，其上级、下级以及同事或客户都参与考评，必要时还可以外聘专家进行考评。

运用混合标准量表法进行考评，要求考评者针对被打乱的混合标准量表中的陈述句逐一进行评价。若是范例描述与被考评者的实际工作表现相符，则在此范例陈述句后写上"="号；若是被考评者的表现优于范例描述，则在此范例陈述句后写上"+"号；若是被考评者的表现差于范例描述，则要在此范例陈述句后写上"-"号。

根据考评者所给出的符号，最后对被考评者的表现作出评判。其具体实施步骤如下。

首先，将打乱次序的规范陈述按照原来的维度分布进行重排，并将考评者的打分填入其中，形成表5-13。

表5-13 考评者的打分

分 类 Σ维度权重=1 Σ子维度权重=1	优于（3分）；差于（1分）；等于（2分）					
	第一维度（40%）			第二维度	……	
	子维度1 （30%）	子维度2 （20%）	子维度3 （20%）	……		
优的表述	3	2	3	2		
中等表述	3	3		2		
差的表述	3	3	2	2		
分值	7	6	6	6		

其次，判断逻辑的有效性。对于每一个维度或子维度的优、中、差三种描述，考评者一般都会给出三种答案，但是按照逻辑分析，有些显然是不成立的。如表5-13中第三得分列所示，被考评者的表现优于优的表述，却差于中等表述，等于差的表述显然是不符合逻辑的。在整个混合标准量表中，若是某个考评者的评分无效率达到一定的程度（如>30%），就应该舍弃该评价表。

再次，求和，计算总分。将有效判断分数进行汇总，每一子维度的分数乘以权重，得出维度的分数；每个维度的分数乘以权重，得出总分数。该总分即是考评者对被考评者的总体评价分数。

最后,求得最终分数。对于每一考核者给出的有效评价分数进行简单平均,也可以按照考评者的类型赋予不同的权重,加权平均得到最后的分数。

这里,表 5-14 和表 5-15 给出了一个更简单的例子。为了更好地了解量表的内容,在表 5-14 的左侧我们给出了描述对应的评价指标。这在正式的表格中是不必给出的。另外,我们可以从表 5-15 中看到赋分的标准以及计算最后得分的过程。

表 5-14　混合标准量表法例二(一)

被评价的三个维度		绩效等级说明	
主动性;智力;与他人关系		高;中;低	
说明:请在每一项陈述后面填列评价:雇员的绩效高于陈述水平的(填"+")、相当于陈述水平的(填"0")、低于陈述水平的(填"-")。			
主动性	高	1. 该雇员确实是个工作主动的人。个人一贯都是积极主动地做事,因此从来不需要上级来督促	+
智力	中	2. 尽管这位雇员可能不是一个天才,但是他/她也确实比我认识的许多人都更聪明	+
与他人的关系	低	3. 这位雇员有与别人发生不必要冲突的倾向	0
主动性	中	4. 虽然通常来说工作还是积极主动的,但是有时候也需要由上级来督促其完成工作	+
智力	低	5. 尽管这位雇员在理解问题的速度方面比某些人要慢一点,在学习新东西方面也比别人要花更长的时间,但是他/她也还是具有一般的智力水平	+
与他人的关系	高	6. 这位雇员与每一个人的关系都不错,即使是与别人意见相左的时候,他/她也能够与其他人友好相处	-
主动性	低	7. 这位雇员有点儿坐等指挥的倾向	+
智力	高	8. 这位雇员非常聪明,他/她学东西的速度非常快	0
与他人的关系	中	9. 这位雇员与大多数人相处都比较好。只是在少数情况下偶尔会与他人在工作上产生冲突,这些冲突很可能是要受到监督的	

表 5-15　混合标准量表法例二(二)

赋分标准	陈述			得分
	高	中	低	
	+	+	+	7
	0	+	+	6
	-	+	+	5

续表

	−	0	+	4
		−	+	3
		−	0	2
		−	−	1

根据上述评价等级确定分数的过程举例

	陈述			得分
	高	中	低	
主动性	+	+	+	7
智力	0	+	+	6
与他人的关系	−	−	0	2

（三）混合标准量表法的优缺点

混合标准量表法与行为锚定量表法相比具有两个最突出的特点，同时也具有两个优点。

首先，混合标准量表法打散各评价指标的各级标度。这种方式能够避免人们受到等级规定的影响而不能客观地根据标度的描述进行评价。在大多数评价方法中，评价者往往需要与评价尺度对应的等级打交道。就以行为锚定量表法为例，评价者在评价的时候可以看到每个锚定物都对应着特定的等级，这样容易发生诸如宽大化倾向之类的主观误差。混合标准量表法则避免了这种情况的发生。

另外，我们可以看到，混合标准量表法采用了特殊的"评分"方式。在合理编制标度的前提下，可以通过寻找评价结果中是否有自相矛盾的情况来判断评价者是否认真地进行了评价。例如，在前一个例子中，表5-12中的第26项和第8项分别代表了工作态度这一评价指标的低水平和高水平。如果评价者在评价同一名巡警时，在第8项画"0"，而在第26项也画"0"，则说明评价结果是非逻辑性的。这种情况如果在多个评价者身上发生，就应该考虑重新设计混合标准量表的标度了。

此外，在上面的例子中，如表5-12所示，量表在中间的位置将评价对象的排列顺序进行了变更。这种方式能够在一定程度上避免评价者受惯性思维的影响。在可能的情况下（用同样的量表评价两个名义上的评价对象时），我们可以在使用其他评价方法时借鉴这种做法。当然，这种方式究竟能起多大作用还很难作出定论。

当然，混合标准量表法也有不足，主要有以下两个方面。

(1)绩效衡量标准量化不足，可能导致不同的评价者对于绩效标准作出不同的解释，有时可能会得出差异非常大的评价等级，排出十分不同的绩效顺序。

（2）有限的几个维度描述难以表达被考评者所有的现实行为。在实际工作过程中，有各种复杂性因素左右着员工的行为，环境的急速变化导致了员工行为的多样化。

六、综合尺度量表法

所谓综合尺度量表法是将结果导向量表法与行为导向量表法相结合的一种评价方法。在该法中，评价指标的标度规定采用了行为与结果相结合的方式。这种方式既能够有效地引导员工的行为，又能够对结果进行直接控制。表 5-16 和表 5-17 是两个用于评价工作态度指标的例子。

表 5-16 综合尺度量表法例一

要素名称	协作性	职位等级	中层管理者	职位类别	职能管理
要素定义：在工作中是否能够充分认识本部门在工作流程中所扮演的角色，考虑别人的处境，主动承担责任，协助上级、同事做好工作					
等级	定义				评分
S	正确认识本部门在流程中所扮演的角色，合作性很强，自发主动地配合其他部门的工作，积极地推动公司总体工作的顺利进行					20
A	愿意与其他部门进行合作，在其他部门需要的时候，能够尽量配合工作，从而保证公司总体工作的正常进行					16
B	大体上能够按规定配合其他部门的工作，基本上能够保证公司总体工作的正常进行					12
C	有时候有不配合其他部门工作的现象，存在部门本位主义倾向，从而导致公司的总体工作有时会遇到困难					8
D	根本不与其他部门进行沟通和协调，部门本位主义倾向明显，在工作中经常与其他部门发生冲突，导致公司总体工作陷入僵局					4

表 5-17 综合尺度量表法例二

要素名称	自律性	职位等级	中层管理者	职位类别	职能管理
要素定义：本人以及本人所管理的部门是否能够严格遵守公司的各项规章制度和工作纪律，有无违反规定的现象发生					
等级	定义				评分
S	本人清正廉洁，严于律己，很受大家尊重，同时能够严格约束下属，本人及其所属部门能够严格遵守公司的各项规章制度以及工作纪律，从来没有违反公司规定的现象出现					20
A	本人对自己的要求比较高，受到大家的尊重，同时对下属人员的纪律要求也比较严，本人及其所属部门能够遵守公司的各项规章制度以及工作纪律，基本没有违规事件					16

续表

等级	定义	评分
B	本人有一定的自律性，总体上能够获得大家的认可，同时对下属人员也注意约束，本人及其所属部门基本上能够遵守公司的各项规章制度以及工作纪律，违规事件较少	12
C	本人的自律性不够，周围的人对其有一定的意见，同时（或者）对下属人员不注意纪律约束，本人或所属部门有时不遵守公司的规章制度和工作纪律，违规事件时有发生	8
D	本人的自律性非常差，周围的人对其意见很大，同时（或者）对下属人员根本不加以约束，本人或所属部门经常不遵守公司的规章制度和工作纪律，违规事件屡屡发生	4

运用综合尺度量表法最大的困难在于如何设计与职务相关的指标尺度。因此，使用这种评价方法时需要较大的设计成本。有西方学者主张将评价指标名称贴上"特质"的标签，评价指标的定义和尺度则采用行为导向和结果导向相结合的方式。综合尺度量表法中所使用的评价量表采用的就是这种设计思路。

七、行为对照表法

行为对照表法，亦称普洛夫斯特法，是由美国圣保罗人事局的 J.B.普洛夫斯特在 1920 年创立的一种评价方法。运用这种方法时，评价者只要根据人力资源部门提供的描述员工行为的量表，将员工的实际工作行为与表中的描述进行对照，找出准确描述了员工行为的陈述（即评价者只要做出"符合、不符合"二选一的决定），评价者选定的项目不论多少都不会影响评价的结果。这种方法能够在很大程度上避免因评价者对评价指标的理解不同而出现评价偏差。

制作行为对照表是一项十分繁杂的工作。由于行为对照表中列举的内容与评价对象的工作内容密切相关，因而必须由熟悉评价对象工作内容的人逐项进行核定。表 5-18 是一个简化了的例子。

表 5-18 行为对照法

评　价	评　价　项　目	项目计分（不公开）
√	懒惰	-2
	对自己的工作十分熟练	1
	行动迟钝	-1/-2
√	值得信赖	1
	语言粗俗	-1/-2
	声音态度十分明朗	1
√	人际关系良好	1
……	……	……

在表 5-18 这个例子中，左边的"评价"一栏中打钩的项目就是评价者认为被评价者的行为与项目描述一致。右边的"项目计分"栏在实际的评价表中是不公开的。这是为了避免评价者由于了解评价项目的加分或减分情况影响了他们的判断。

行为对照表法的优点有以下几方面。

- ☑ 评价方法简单，只需对项目和事实进行一一核实，并且可以回避评价者不清楚的情况。
- ☑ 不容易发生晕轮效应等评价者误差。
- ☑ 可以进行员工之间的横向比较，较好地为发放奖金提供依据。
- ☑ 评价标准与工作内容高度相关，评价误差小，有利于进行行为引导。
- ☑ 执行成本很小。

同时，行为对照表法存在以下缺点，影响了该方法的普及程度。

- ☑ 评价因素项目所列举的都是员工日常工作中的具体行为。无论如何，这种列举不可能涵盖工作中的所有行为。
- ☑ 设计难度大，成本高。在拟定各个项目、确定排列方式、各项目的分数比重时，都需要高度的专业知识，必须借助专家的力量才能完成。
- ☑ 由于评价者无法对最终结果作出预测，因而可能降低评价者的评价意愿。
- ☑ 能够发现一般性问题，但无法对今后员工工作绩效的改进提供具体明确的指导，故不是特别适合用来对员工提供建议、反馈、指导。

总之，行为对照表法的设计重复是通过简单易行的评价过程防止评价者的主观与草率。但是，如果不能科学地进行设计并谨慎地控制评价过程，很可能会导致不良后果的发生，在使用中需加留意。

第四节　以特殊事件为基础进行绩效评估

一、关键事件法

某些现代绩效考核应用了关键事件法，以使考核更具有针对性。关键事件法利用一些从一线管理者或员工那里收集到的工作表现的特别事例进行考核。通常，在这种方法中，几个员工和一线管理者汇集了一系列与特别好的或差的员工表现有关的实际工作经验，而平常的或一般的工作表现均不予考虑。特别的好或差的工作表现可以把最好的员工从一般员工中挑出来。因此，这种方法强调的是代表最好或最差表现的关键事例所代表的活动。一旦考核的关键事件选定了，所应用的特别方法也就确定下来了。关键事件法一般有如下几种。

（一）年度报告法

年度报告法的一种形式是一线监督者保持考核期内员工关键事件的连续记载。监督者每年报告决定员工表现的每一个员工记录，其中特别好的或特别差的事例就代表了员工在考核期内的绩效。在考核期中没有或很少记录的员工所做的工作是令人满意的，他们的绩效既不高于也不低于预期的绩效水平（标准或平均绩效水平）。年度报告法的优点是它特别针对工作，其工作联系性强。而且由于考核是在特定日期就特定事件进行的，考核者一般很少或不受偏见的影响。

年度报告法的主要缺陷是很难保证员工表现的精确记载。由于监督者更优先地考虑其他事情，因此常常不会给记录员工表现分配以充足的时间。这种不完善可能是由于监督者的偏见或简单地由于缺乏时间和努力。如果管理当局对监督者进行必要的训练，使他们能客观、全面地记载员工的关键事件，这种考核方法也可以用于开发性目标。年度报告法的另一缺陷是缺乏关于员工的比较数据，很难用关键事件的记录来比较不同员工的绩效。

（二）关键事件清单法

关键事件法也可以开发一个与员工绩效相联系的关键行为的清单来进行绩效考核。这种考核方法对每一工作要给出 20 或 30 个关键项目。考核者只简单地检查员工在某一项目上是否表现出众。出色的员工将得到很多检查记号，这表明他们在考核期表现很好。一般员工将只得到很少的检查记号，因为他们仅在某些情况下表现出众。

关键事件清单法常常给不同的项目以不同的权重，以表示某些项目比其他项目重要，通常权重不让完成被考核的考核者得知。在将员工关键事件清单上的检查记号汇总以后，就可以得到这些员工的数量型的评价结果。由于这种方法产生的结果是员工绩效的数量型总分，因此必须为组织内每一不同岗位制定一个考核清单，这种方法是很费时间而且费用也很高。

（三）行为定位评级量表

行为定位评级量表把行为考核与评级量表结合在一起，用量表对绩效作出评级，并把关键行为事件根据量表值作出定位。这种方法用起来很方便。这种量表用于评价性目标，它可以很容易获得与绩效增长和提升可能性相联系的数字型评价结果。这种方法也能用于开发性目标，因为它是与工作紧密相联系的，而且是用代表好的工作成绩的关键事项作为评价事项。

二、不良事故评估法

在对员工绩效进行评估时,我们往往会发现对于某些例行的工作会存在这样一种现象,那就是即使这些工作被很好地完成,也不会被列为重要的绩效评估指标。而一旦这些例行的工作出了差错,却又会给整个组织带来巨大的损失。如何对以这些常规性的、例行性的工作为主要工作内容的员工进行绩效评估,这里我们建议使用不良事故法来进行评估,即通过预先设计的不良事故清单对员工行为进行评估以确定员工的绩效水平。作者在为企业设计绩效评估体系的实践中,多次运用了这样一种绩效评估方法。表 5-19 给出的案例详细说明了如何设计不良事故清单以及运用不良事故评估法的操作流程。

表 5-19 不良事故管理

××公司财务部不良事故管理办法

一、目的:为规范公司会计行为,保证会计资料真实、完整,加强经营和财务管理,提高经济效益,特制定本办法。

二、定义:会计核算与财务管理的不良事故,是指由于个人原因违反《会计法》和国家统一制定的《会计准则》制度以及公司规定的会计行为而引起的后果。根据其影响面的大小分为 A 级(重大事故);B 级(一般事故)。

三、不良事故的监督与预防:

1. 公司员工对违反本法和国家统一的会计制度规定的会计事项、会计行为有权拒绝办理或予以解决。

2. 无权处理的应以书面的形式向单位负责人或向上一级领导人报告,请求查明原因做出处理的责任和义务。

3. 各级领导必须随时对公司的各项经济业务进行监督、控制和防范,对已发生的事故应及时提报并设法控制予以解决。

4. 每位员工在提交工作报告中如实地反映问题,对造成事故的当事人要提出相应的处罚意见。

5. 公司总经理、各相关部门应按照《公司法》《会计法》及公司的有关规定进行定期检查。

四、不良事故的查处程序及处罚规定:

1. 举报或寻查知有不良事故→由人事部门记录并转相关部门查实→查实后填表上报(包含处罚意见)→由部门主管审核认定→转人事部根据处罚规定进行绩效考评。

2. 季度内 A 级事故发生一次,B 级事故发生三次以上,扣除当事人当季绩效奖金;若及时查办上报并采取了补救措施,则记录在册并在季度绩效考评时适当扣分;若没有及时上报造成事态严重的,则当季业务管理评分记为零分。

五、不良事故的名称与判定:

1. 伪造原始凭证、账簿、会计资料:不依法索取原始凭证或设置会计账簿,致使财务数据失真,不良事故为 A 级。

续表

2. 随意变更会计处理方法：会计处理方法不确定，违反《会计法》造成损失的，不良事故级别为 A 级。
3. 提供虚假的会计信息：向不同的会计资料使用者提供的财务会计报告不一致的，由于个人原因造成的不良事故级别为 A 级。
4. 隐匿会计资料：隐匿会计资料和上级文件精神，给公司造成不良影响的，不良事故为 B 级；造成经济损失的为 A 级。
5. 故意销毁会计资料：未按照规定保管会计资料致使会计资料毁损、丢失的，不良事故级别为 A 级。
6. 预算不准确：预算额与实际差异在 30% 以上不良事故级别为 A 级，在 10%～30% 以下不良事故级别为 B 级。
7. 指使强令他人行为：强迫指使他人意志和行为造成不良影响的，不良事故级别为 B 级，造成经济损失的不良事故级别为 A 级。
8. 丢失（被盗）现金、支票和印鉴者：因故丢失或被盗现金、支票和印鉴者，造成影响或损失的，不良事故级别为 A 级。
9. 预测信息不准确：预测信息不准，导致决策失误的不良事故级别为 A 级。
10. 挪用公款：未按规定，挪作其他用途 1 万元内为不良事故 B 级；1 万元以上的为不良事故 A 级。
11. 职务侵占：未经他人允许超越工作范围或权限，给他人造成影响的不良事故级别为 B 级，给公司造成经济损失的不良事故为 A 级。
12. 泄露公司秘密：泄露公司财务秘密，给公司经营决策造成不良影响的，不良事故级别为 A 级。
13. 账务处理不及时：工作拖延给公司或他人造成影响的不良事故级别为 B 级；造成经济损失的为 A 级。
14. 不及时催收发票：催收发票不及时给公司造成经济损失，不良事故级别为 A 级。
15. 手续不全，付款造成损失：手续不完备，不符合《会计法》及公司规定的付款程序，造成经济损失 1 000 元之内的不良事故级别为 B 级；1 000 元以上经济损失的，不良事故级别为 A 级。
16. 违规操作：不按工作流程程序办事造成损失的，不符合公司规定程序工作的，不良事故级别为 B 级；造成经济损失的，不良事故级别为 A 级。
17. 贪污公款：私自截留公款并据为己有，不良事故级别为 A 级。
18. 私设"小金库隐匿收入或其他业务资金来源不入账，而进行私自存放的，不良事故级别为 A 级。
19. 成本、费用不实：不按规定处理，该摊销或提取记入当期损益的，没有按规定摊销或提取，致使经营成果不实的，不良事故级别为 A 级。
20. 财产不实，盘亏或盘盈巨大：不按《会计法》及公司规定的核算方法进行核算，不及时记账、结账、对账，给公司造成损失的，不良级别为 A 级。
21. 渎职失职：不尽职尽责、滥用职权、玩忽职守、徇私舞弊、给公司带来严重影响或造成经济损失，不良事故级别为 A 级。
22. 其他：不按公司规定和《会计法》要求去做，给公司造成严重影响和重大损失的，按照会计法规定，应适当给予经济处罚或行政处分等。

第五节　360度考核法

绩效考核一直是人力资源管理领域的一个难点和重点，在人事决策（如奖惩、人员选拔等）和薪酬管理方面具有重要的作用。随着人力资源管理理论和实践的不断深入和发展，管理者越来越认识到员工的发展与企业的发展是紧密联系在一起的。因此，员工的职业生涯发展、工作生活质量的提高等成为了人力资源管理的新焦点。与此相对应，绩效考核的内容和形式也在不断地变革和创新，尤其值得注意的是，近几年一种新的绩效考核方法——360度绩效评价反馈系统在国外许多公司受到青睐，相关学术研究也成为人力资源管理和组织行为学的一大热点。

一、360度考核法的概念

360度考核法，也称为全方位考核法或多源考核法。它是一种从不同层面的人员中收集评价信息，从多个视角对员工进行综合考核的方法，也就是由被考核者本人以及与他有密切关系的人，包括被考核者的上级、同事、下级和内外部客户等，分别从四面八方对被考核者进行全方位的匿名评价，然后由专业人士根据各方面的评价结果，对比被考核者的自我评价向被考核者提供反馈，从而使被考核人知晓各方面的意见，清楚自己的所长所短，以达到帮助被考核者改变行为、提高能力水平和绩效的目的。作为一种新的业绩改进方法，360度考核法得到了广泛的应用。

二、360度考核法的特点

（1）全视角。从任何一个方面去观察人，作出的判断都难免片面。360度考核的考核者来自企业内外的不同层面，得到的考核信息角度更多，考核更全面、更客观。

（2）考核结果误差小。360度考核的考核者不仅来自不同层面，而且每个层面的考核者都有若干名，考核结果取其平均值，从统计学的角度看，其结果更接近于客观情况，可减少个人偏见及评分误差。

（3）针对性强。360度考核对不同的被考核人分别使用不同的考核量表，针对性强。

（4）匿名考核。360度考核采用匿名方式，使考核人能够客观地进行评价，以保证考核结果的可靠性，减少考核者的顾虑。

（5）参照开放式的表格。通过开放式表格，能够收集到很多比较中肯的评价意见。与传统方法相比，它需要对收集到的大量表格和考核信息进行分门别类的统计和分析，绘制多种统计图表，从中发现问题，提出考核意见。

三、如何实施360度考核法

（一）360度考核法实施前的准备

实施360度考核法是一个系统工程，如果在启动这项工程之前，哪一个准备工作不够完善，都将导致实施的失败，造成评价者和被评价者之间关系的紧张，给公司带来不利的后果，因此如何做好360度考核法实施前的准备工作将是成败的关键。

（1）实施360度考核法必须先获得高层管理人员的支持与协助。360度考核法归根到底是为提高企业绩效、顺利完成企业战略目标服务的。因此，高层管理人员必须很明确地提出考核法所要达到的目标以及评价活动与企业战略、竞争力之间的关系。另外，在实行考核法之初，人们对评价常常会抱有一种防御的态度，实施新的评价方法很容易受到怀疑和阻力，获得高层领导的支持，自上而下地推行，将有利于实施过程的顺利进行。因此，高层管理人员有必要在推行考核法之前指派一个由管理层和员工代表共同组成的委员会来负责360度考核法的实施工作。

（2）要充分了解360度考核法，包括评价的目的、参与者和如何进行评价。在开始实行考核法之前请先弄清楚以下问题。

① 企业自身是否做好了实行评价的准备？例如对沟通技巧、领导能力和管理模式等的培训就是非常行之有效的准备工作，而且在企业内部做一个调查以确定考核法的实施是否还存在任何问题，实施评价的环境如何也是非常重要的。

② 参与者有哪些？360度考核法将关注哪些员工？由谁来制定评价体系？

③ 谁将有机会得到考核？是所有人都接受考核还是只有管理人员接受考核？

④ 还需要哪些人同意？谁是360度考核法的主体？人力资源部，企业领导，还是来自不同级别的跨部门的员工？不同企业，评价的主体会略有差别。

⑤ 360度评价将采用哪些方法？被调查的员工只需要填写调查问卷，还是需要更进一步的面谈和考察呢？最后的调查报告只是单纯反映统计结果的数据和图形还是整理过的书面的建议？是用手工还是用计算机自动生产反馈报告？

⑥ 收集到的数据需要在多大程度上给予保密？如果倾向于匿名调查，那么在报告和反馈面谈中，就要尽量避免提到考核者或者被考核者的姓名。另外，管理人员常常要回答一些关于个人的问题，评价数据可能会在面谈时无意中泄漏出去。

⑦ 哪些信息需要被公开？

⑧ 360度考核法的结果是什么？被评价者会得到提升、培训、告诫或者被辞退？360

度考核法是唯一的决定因素吗?

⑨ 为实施360度考核法,组织结构需要做哪些调整?考核法的实施常常是企业组织结构变革的一部分,很少单独进行。所以,我们必须了解考核法在什么时候,如何与培训、薪酬等其他体系相关。

⑩ 为保证考核法的顺利实施还需要哪些后勤支持?是通过网络还是书面调查问卷收集调查问卷?需要哪些技术上的支持?

(3)实施前要努力营造360度考核法的氛围。换句话说,也就是要让相关人员都信任考核法,相信反馈的结果将被用于个人和企业的发展,而且对所有人都是公平的(具有良好的保密性和有用性)。应该由被挑选的考核者和被考核者信任,并且对360度考核法非常熟悉的人来从事这项工作。例如,可以让考核者和被考核者提名,由谁来负责考核法的运作。由于外部聘请顾问师或专家与考核者和被考核者之间的利益关系较少,立场中立,容易被认为更具有公正性。如果从企业外部聘请项目负责人,则应注意尽量聘请与公司有长期合作,已经取得员工信任的专家。

(4)要有足够的开放性。每个成员能够敞开心扉,愿意接受别人评价也愿意对别人提出自己的看法。良好的氛围是开放的基础,员工只有感受到公平、正面、积极的氛围,才会自愿地、主动地提出自己的想法并接受别人提出的批评和建议。

(二)360度考核法实施的流程

要在企业内部成功地实施360度考核法,我们必须做好以下几个阶段的工作。

1. 明确360度考核法的目的

这一阶段的工作相当重要,它影响着考核过程的顺利进行和考核结果的有效性。主要目的是使所有相关人员,包括所有考核者与被考核者,以及所有可能接触或利用考核结果的管理人员,正确理解企业实施360度考核的目的和作用,进而建立起对该考核方法的信任。

对被考核人进行如何接受他人的反馈的训练,可以采用讲座和个别辅导的方法进行,关键在于建立对于考核目的和方法的可靠性的认同,与奖励、薪酬挂钩只是一个方面。更要让被考核者体会到,360度考核法的结果主要是用于为管理者、员工改进工作和未来发展提供咨询建议的。

360度考核法的主要目的,应该是服务于员工的发展,而不是对员工进行行政管理,如提升、工资确定或绩效考核等。实践证明,当用于不同的目的时,同一考核者对同一被考核者的考核会不一样;反过来,同样的被考核者对于同样的考核结果也会有不同的反映。当360度考核法的主要目的是服务于员工的发展时,考核者所作出的考核会更客观和公正,被考核者也更愿意接受考核的结果。当360度考核法的主要目的是进行行政管理，服务于员工的提升、工资确定等时，考核者就会考虑到个人利益得失，所作的考核相对来说难以客观公正；而被考核者也就会怀疑考核者考核的准确性和公正性。究竟是把360度考核法用于员工的发展，还是对员工进行的行政管理，当然取决于公司的高层管理人员。但是我们认为，尽量把360度考核法用于员工的发展。

这并不是说不能把360度考核法用于对员工的行政管理。但是在这样做的时候，一定要注意事先向员工如实讲清楚。不要在开始考核的时候，告诉员工考核结果将用于员工的发展，而在考核过程中或者考核之后再告诉员工考核结果将用于对员工的行政管理，否则就会使员工对管理层的信任大打折扣。

2．组建360度考核法队伍

无论是由被考核人自己选择还是由上级指定，都应该得到被考核者的同意，这样才能保证被考核者对结果的认同和接受。360度考核法一般是让被考核者的上级、同事、下属和客户对被考核者进行考核，但是并不是所有的上级、同事、下属和客户都适合做考核者，一定要选那些与被考核者在工作上接触多、没有偏见的人充当考核者。即使是这样，也不一定要求所有的考核者对被考核者的所有方面进行考核，可以让被考核者确定由谁来对他（她）的哪些方面进行考核。例如，对于被考核者的客户服务意识，可能由客户来考核更合适；对于被考核者的沟通能力，可能由同事来考核更合适。

3．对考核者进行360度考核法技术的培训

在进行360度考核法时，一般都是由多名考核者匿名进行考核。采用多名考核者，确实扩大了信息收集的范围，但是并不能保证所获得的信息就是准确的、公正的。同样，虽然匿名考核可能会使考核结果更加真实，但是更真实的考核并不一定就是更有效的。

在360度考核法的过程中，受到信息层面、认知层面和情感层面因素的影响，可能会导致所获得的考核结果是不准确的、不公正的。从信息层面来说，考核者对被考核者所承担的职位角色可能并不是非常了解，也有可能不知道应该对被考核者的哪些行为表现进行考核，也有可能没有或者很少有机会观察被考核者的行为表现。由于没有掌握相应的信息，或者了解的信息是不全面的，就会使考核结果出现误差。

从认知层面来说，由于对人的考核是一项复杂的活动，需要考核者正确地获取、储存、提取并集成不同时间段与被考核者所担任的职位、工作业绩有关的各项信息，来对被考核者作出考核。而考核者可能会简化这项活动，只是根据他们对被考核者的整体印象，而不是具体的行为表现来对被考核者进行考核。

从情感层面来说，考核者可能会无意识或者有意识地歪曲对被考核者的考核。为了维护自己的自尊，一般的考核者在考核时，会给自己较高的考核，而给其他人以较低的考核。并且在对自己进行考核时，倾向于把成功归因于自己的能力，把失败归因于外部环境的限制；而对他人进行考核时，倾向于把成功归因于外部环境，把失败归因于被考核者。在同一公司工作的员工，既是合作者，又是竞争者，考虑到各种利害关系，考核者有时还会故意歪曲对被考核者的考核。例如，可能会给跟自己关系好的被考核者以较高的考核，会给跟自己关系不好的被考核者以较低的考核。

由于以上原因，我们必须对考核者进行有效的培训，否则会导致考核结果产生误差。

为避免考核结果受到考核者主观因素的影响，提高考核结果的准确性和公正性，在进行360度考核法之前，应对考核者进行指导和培训，使他们熟悉并能正确使用该技术，让考核者对被考核者的职位角色有所了解，让考核者知道如何来做出正确的考核，让考核者知道在考核的过程中经常会犯哪些错误。在培训的时候，最好能让考核者先进行模拟考核，然后根据考核的结果指出考核者所犯的错误，以提高考核者实际考核时的准确性和公正性。

此外，理想情况下，企业最好能根据本公司的情况建立自己的能力模型要求。

4. 问卷设计

360度考核法一般采用问卷法。问卷的形式分为两种：一种是给考核者提供5分等级，或者7分等级的量表，称之为等级量表，让考核者选择相应的分值；另一种是让考核者写出自己的考核意见，称之为开放式问题。二者也可以综合采用。从问卷的内容来看，可以是与被考核者的工作情境密切相关的行为，也可以是比较共性的行为，或者是二者的综合。

目前，常见的360度考核法问卷都采用等级量表的形式，有的同时包括开放式问题。问卷的内容一般都是比较共性的行为。采用这种问卷进行360度考核法有两个优点：一是成本比较低；二是实施起来比较容易。采用现有的360度考核法问卷，公司所需要做的事情就是购买问卷、发放问卷，然后将问卷交给供应商统计处理，或者按照供应商提供的方法进行统计处理就够了。但是，这种方法也有其不足，最主要的一点就是问卷内容都是共性的行为，与公司的战略目标、公司文化、具体职位的工作情境结合并不是很紧密，加大了结果解释和运用的难度，会降低360度考核法的效果。

因此，一些公司开始编制自己的360度考核法问卷。采用这种方法要求人力资源工作者能分析拟考核职位的工作，抽取出典型的工作行为，编制考核问卷，对考核结果进行统计处理，并向被考核者和考核者提供反馈。采用这种方法所编制的问卷，能确保所考核的内容与公司的战略目标、公司文化以及具体职位的工作情境密切相关，使得考核结果能更好地为公司服务。但是，这种方法对人力资源部门的技能要求比较高，同时其成本也要比购买成熟的问卷高。

在实际工作中，越来越多的公司开始采用折中的方案。即先从外部购买成熟的问卷，然后由考核者、被考核者和人力资源工作者组成专家小组,判断问卷中所包括的行为与拟考核职位的关联程度,保留关联程度比较高的行为;然后,再根据对职位的分析,增加一些必要的与工作情境密切相关的行为。采用这种方式,既能降低成本,同时也能保证问卷所包括的行为与拟考核职位具有较高的关联性。

5. 实施360度考核法

实施360度考核反馈,分别由上级、同级、下级、相关客户和本人按各个维度标准进行考核。考核过程中,除了上级对下级的考核无法实现保密之外,其他几种类型的考核最好是采取匿名的方式,必须严格维护填表人的匿名权以及对考核结果报告的保密性,大量研究表明,在匿名考核的方式下,人们往往愿意提供更为真实的信息。

在这个阶段需要对具体实测过程加强监控和质量管理。例如,从问卷的开封、发放、宣读指导语到疑问解答、收卷和加封保密的过程,实施标准化管理。如果实施过程未能做好,则整个结果是无效的。

6. 统计评分数据并报告结果

在提供360度考核报告时要注意对考核者匿名需要的保护。还有重要的一点,要确保其科学性。例如,报告中列出各类考核人数一般以3~5人为底限;如果某类考核者(如下级)少于3人的话,则必须归入其他类,而不得单独以下级考核的方式呈现考核结果。

7. 反馈和辅导阶段

向被考核者提供反馈和辅导是一个非常重要的环节。360度考核法最后能不能改善被考核者的业绩,在很大程度上取决于考核结果的反馈。考核结果的反馈应该是一个双向的反馈。一方面,应该就考核的准确性、公正性向考核者提供反馈,指出他们在考核过程中所犯的错误,以帮助他们提高考核技能;另一方面,应该向被考核者提供反馈,以帮助被考核者提高能力水平和业绩水平。当然,最重要的是向被考核者提供反馈。

在考核完成之后,应该及时提供反馈。一般可由被考核者的上级、人力资源工作者或者外部专家,根据考核的结果,面对面地向被考核者提供反馈,帮助被考核者分析在哪些方面做得比较好;哪些方面还有待改进,该如何来改进。还可以比较被考核者的自评结果和他评结果,找出考核结果的差异,并帮助被考核者分析其中的原因,让被考核者更加全面地了解自己的长处和短处,更清楚地认识到公司和上级对自己的期望及目前存在的差距。如果被考核者对某些考核结果确实存在异议,可以由专家通过个别谈话或者以集体座谈的方式向考核者进一步了解相关情况,然后再根据座谈结果向被考核者提供反馈。当然,如果公司有着良好的信息共享机制和氛围,也可以让员工在专家的辅导下,自由地就考核结果进行沟通交流。如果企业是第一次实施360度考核法时,最好请专家或顾问开展一对一的反馈辅导谈话,以指导被考核者如何去阅读、解释以及充分利用360度考核和反馈报告。另外，请外部专家或顾问也容易形成一种"安全"（即不用担心是否会受惩罚等）的氛围，有利于与被考核者深入交流。

四、360度考核法的优点和缺点

360度考核可称为多渠道考核，是指通过收集与被考核者（主要是管理者）有密切工作关系的来自不同层面的人员的考核信息，来全方位地考核反馈被考核者的工作行为与表现的过程。

通常认为，360度考核法具有以下优点。

（1）360度考核法同传统的绩效管理方法相比具有更多的信息渠道，与只有上级介入的考核方法相比更有可能发现问题。

（2）在只有管理者一人参加的传统反馈方法中，员工有可能对反馈的信息持怀疑态度，因为它只是来自一个人，而这个人可能有偏见。在360度考核法中，如果从上司、同事、下属和下级都说某人的沟通能力有问题，因为它来自不同渠道的信息，所以他就更有可能接受这条意见。

360度考核法具有以下缺点。

（1）被考核者的各类考核人主要由本人提名，有失公允；个别被考核者的考核人选取缺少广泛性、代表性，不排除有提名与自己关系好的人作为考核人的现象。

（2）各维度的评价标准不够明确，考核人在评价时不太好掌握。

（3）由于360度考核法侧重于被考核者各方面的综合考核，属定性考核，缺少定量的业绩考核。

（4）当各种渠道的评分和信息不一致时，理解这些评分和信息就会很难。例如，对同一员工的沟通能力问题，上级评为优，下级评为中，而客户评为差，这应该怎么办？

（5）360度考核法涉及的数据和信息比单渠道考核法要多，因此收集和处理数据的成本较高。

使用360度考核来提取员工绩效信息，由于参与考核的主体较单一考核主题更为复杂，因此需要采取相应的措施来保证考核信息的质量。当英特尔公司建立了360度考核体系后，他还建立了以下保障措施以使考核信息的质量达到最优和可接受程度达到最大。

（1）确保匿名。确保员工不会知道其他任何人对他的考核（不包括上司）。

（2）使信息反馈者富有责任感。上司应该与每个参与考核的人员进行讨论，让每个人知道他是否正确使用了考核标准、他是否作出了可靠考核以及其他人是如何参与考核的。

（3）防止对系统"开玩笑"。有些人试图通过给超低分来帮助或伤害某个员工。小组成员有可能串通一气统一打高分。上司应该查处这些明显的"作弊"行为。

（4）使用统计程序。使用加权平均或其他数量方法来综合考核。上司应该慎用主观的方法，因为这有可能对系统造成破坏。

（5）辨认和鉴别偏见。如检查是否存在年龄、性别、种族或其他方面的偏见。如表 5-20 所示是美国通用（GE）的 360 度考核的案例。

表 5-20　GE 研发中心 360 度考核表

项目	考核评定标准	上级	同级	下属	其他
工作目标	清楚简单地使他人理解公司研发中心的工作目标，使他人清楚地了解组织的方向； 激励他人致力于完成公司研发中心的工作目标，以身作则； 想得远，看得广，向想象挑战； 如果必要，需完善公司的工作目标以反映不断加剧的变化影响着公司的业务				
主人翁精神	在公司的所有活动中加强公司的使命感及战略紧迫性，用积极的态度使他人了解公司碰到的挑战； 用专业技能有效影响公司及研发中心的行为和业务决策，无论成败敢于承担责任				
以顾客为中心	听顾客发表意见，把令顾客满意作为工作的最先考虑，包括令公司内部的顾客满意； 通过跨功能、多元化的意识展示对业务的全面掌握和认识； 打破壁垒，发展业务之间、功能之间、团队之间的相互影响的关系； 作出的决策要反映公司的全球观及顾客观； 将速度作为一种竞争优势				
责任心	坚持公司道德的最高标准，服从并宣传 GE 及公司研发中心的所有政策——"做正确的事情"				
廉洁正直	言行一致，受到他人的完全信任； 实现对供应商、顾客、管理层和雇员的承诺； 表现自己坚持信仰、思想及合作的勇气和信心，表现自己对防止环境受到危害有不可推卸的责任				
鼓励最佳表现	憎恨/避免"官僚"，并努力实现简明扼要； 不断寻求新方法改进工作环境、方式和程序； 努力改进自己的弱项，为自己的错误勇于承担责任； 为最佳表现确定富有挑战性的标准和期望；承认并奖励取得的成就； 充分发挥来自不同文化、种族、性别的团队成员的积极性				

续表

项目	考核评定标准	上级	同级	下属	其他
刺激变化	创造真正的积极变化，把变化看作是机遇； 积极质疑现状，提倡明智的试验和冒险				
团队工作	迅速实施加以改进的好的工作方法； 提倡发表不同看法，因为这些看法对积极变化非常重要； 发挥既是一名团队领导，又是一名团队成员的积极作用； 尊重团队成员的才智和贡献；创造一种人人可以参与的环境； 将团队的目标和组织与其他团队的目标联系起来； 热情支持团队，即使团队处于困境当中，对团队的错误承担责任； 解决问题时不疏远团队成员				
自信	承认自己的力量和局限，从团队成员那里寻求坦率的反馈； 境况不佳时也能保持性情不变； 公开诚实地和大家一起探讨问题，超越传统的边界分享信息，易于接受新思想				
沟通	向团队成员和供应商解释 GE 和研发中心的工作目标及挑战； 本着公开、坦率、清晰、全面及持续的态度进行沟通——欢迎不同意见； 和大家一起探讨开展一个项目、计划或程序的最佳做法； 积极倾听，对团队成员显示真正的兴趣				
授权	敢于将重要任务交给下属去做，而不是只让下属做不喜欢做的事； 给下属与责任相匹配的权利，并给他们完成工作必需的资源保证； 促进下属和同事独立发展的能力；恰当的时候应将功劳归于他们； 充分利用团队成员（文化、种族、性别）的多样性来取得成功				
发展技能	使工作/任务利于雇员的个人发展与成长，和团队成员一起分享知识和专业技能； 确定富有挑战性的目标以促进提高现有水平，开发新技能； 给下属的表现和职业发展不断提供坦率的教导和信息反馈，并用书面形式记载结果； 尊重每个人的尊严，信任每个人				

案例 5-2　　　　360 度考核法缘何遇到阻力

李生加入公司已经两年了，现在已经成为这家制造企业的人力资源部经理。最近他在公司内部推行 360 度考核法时，遇到了执行上的困难。

提出要实施 360 度考核法的是董事长。他在与同行的交流中得知这种考核法不仅能够避免在考核中出现人为因素干扰，而且还能促使员工自觉提高绩效，他便让李生制定相应的考核系统，并授权他在公司内部推广实施。李生也知道原有考核方法有缺陷，由上级对下级进行单向评分，容易出现人为因素干扰而不能反映员工真实的表现。凭借良好的专业知识，参考了一些资料，李生很快就编制出了一份 360 度考核制度及推行方案。按照新的考核制度，被考核人的上级、同级、下级和服务的客户对他进行评价，使被考核人清楚自己的长处和短处，来达到提高自己的目的。被考核人初步定为公司中层领导和关键员工，普通员工如果有需求，也可以主动提出来作 360 度考核。

按照既定步骤，李生首先组织 5 个部门经理和 1 个总监开会，对新考核方法进行介绍和说明。已经到了开会时间，部门经理和总监才三三两两地来到会议室。李生在会上进行讲解和演示，大家似听非听、似懂非懂地看着李生。生产部经理边听边拿出要出货的订单盘算着，而财务总监则拿起不停响铃的手机听着说着，还不时地问问旁边的财务经理一些数据。

李生讲解完毕，希望主管们提出问题和意见，但是大家的回应很含糊，有的说：行，有的则回答：差不多。会议就这样结束了。按计划，第二天李生向各部门收取要求填写的最新的《职务说明书》时，问题又来了：生产部和采购部提交的《职务说明书》，填写的内容与以前一模一样。前一天在会上不是明明白白地说了这些职务的职责有了变化吗？而财务总监则说自己忙还没有做，也不知道要忙到什么时候才有空。李生于是要求生产部和采购部重新填写，并要求财务总监尽早完成。

等了两天，未见有任何动静，李生终于忍不住找到了董事长汇报。董事长说："财务总监也没交？哦，他可能比较忙，你直接追他好了"。从董事长那里出来，李生自问："怎么会这样呢？360 度考核法本身是比较科学的，其效果也应当是不错的，是哪儿出了问题，怎么才能将 360 度考核法顺利实施呢？"

资料来源：当考核遇到阻力[EB/OL]．http://www.chinacpx.com/zixun/114969.html．

第六节　其他绩效考核方法

一、个人绩效合约考核法

个人绩效合约并不是一个新鲜事物，它借用了目标管理的核心思想，强调员工绩效目标的实现及员工对组织目标达成的具体承诺。个人绩效合约法是以个人绩效合约为基础进行绩效考核的方法。

运用个人绩效合约对员工绩效进行考核，首先需要将组织绩效目标自上而下地层层分解，确定不同员工的主要绩效范围，然后设定相应的绩效目标并确定具体的考核指标，员工在与其直接上级进行沟通后签订个人绩效合约，员工在与直接上级负责监督绩效合约的完成，如在每周的例会上向员工通报合约的完成情况，并负责根据绩效合约的具体要求对员工进行绩效考核。表 5-21 为某公司绩效合约样表。

表 5-21 某公司绩效合约样表

主要绩效范围	需求	重要性	权重	潜在障碍	绩效目标	指标（质量/数量/时间/成本）	行动计划（人员、任务、时间）
成本控制	需在第二季度期间减少15%的部门开支	必须提高利润	25%	卖方价格过高及竞争的限制	对所有零件招标竞价；找到至少3家新供应商	任务完成提高了1%	王：在4月10日前做好招标计划；李：在4月15日前核准招标计划；周：在5月10日前实施招标计划
生产时间安排	把待货订单的延期减少到3个工作日	会失去主要客户	40%	新机器开支雇员的抵制	9月1日前安装一线、二线自动化零件生产线	错过最后期限的产品；保住的顾客百分比；是否赶上了启动日期	谢：在5月1日前准备好报告；张：在5月12日前核准计划；刘：在6月30日前完成自动化项目
供应	储备断供船运延期	上月流失了4个客户，损失总数为18.5万美元的订单	15%	卖主不可靠；采购部未验收	寻找新卖主；指派检验员到采购部	完成天数；保住的客户数；拒收货物的百分比；货物延期造成的损失金额	陈：在4月20日前找到新卖主；赵：在4月30日前挑选、培训新的检验员
保安	消除雇员偷窃行为	上季度库存货物损失达5.5万元	10%	绝大多数材料存放在无人看管的地方	在3个月内库存货物损失减少50%	盗窃事件数目；丢失材料价值总数	康：在4月1日前提出行动计划；常：在4月15日前为重要材料提供安全的储存地

续表

主要绩效范围	需求	重要性	权重	潜在障碍	绩效目标	指标（质量/数量/时间/成本）	行动计划（人员、任务、时间）
生产安全	第一季度因事故造成的时间损失上升30%	过去的两年里保险费用上升了60%	10%	发现了新的保险承保单位；主管不重视	本季度将事故频率减少12%，本季度将事故严重程度减少12%	能在事故第二天写出报告的次数和百分比；损失的人工作时；改善不安全工作条件的开支	钱：从4月1日起每周作一次报告；孙：在5月1日前提出修改行动方案；吴：在6月30日前实施计划

二、日清日结法

（一）日清日结法的含义

日清日结法，即 OEC 法（Overall Every Control and Clear），是指全方位地对每人、每事、每天进行控制和清理，做到"日清日毕，日清日高"。其中"O"代表"Overall"，意为"全面的"；"E"代表"Everyone，Everything，Everyday"，意为"每个人、每件事、每一天"；"C"代表"Control and Clear"，意为"控制和清理"。

OEC 法是根据企业总体发展战略所确定的方向和目标，在对企业战略目标层层分解量化为具体指标的前提下，通过有效的整体控制和员工自我控制，对企业和员工的每一种行为、每一项活动进行精细的量化监控与激励性管理，从而形成一种日常性的、常规性的管理机制和方法。"清理"是指对企业的人、事、物、时间、空间进行全面清理。"控制"是在工作目标和要求清楚，劳动者责任明晰的前提下，使每个员工的行为与企业目标始终保持一致，确保企业整体目标计划的实施和完成。

（二）日清日结法的实施程序和原则

OEC 法的具体实施程序如下。

（1）设定目标，对全公司所有的工作、物品及区域进行详细分工，形成人人都管事、事事有人管的目标管理体系。

（2）控制，OEC 中的 PDCA 循环将管理工作的循环周期压缩到一天，对反映出来的问题随时进行纠偏，使偏差在最短时间、最小环节内得到控制和消除，减少了损失和浪费，提高了质量和效率，提高了管理工作的及时性和有效性。

（3）考评与激励，根据日清日结记录进行考核评价，使员工的绩效考评有据可查、事实清楚，体现了"客观、真实、公正、公平和公开"的原则。

在实施过程中，应该遵循以下原则。

（1）闭环原则。凡事都要善始善终，坚持PDCA（Plan Do Check Action）的循环原则，使各项工作保持螺旋式上升和发展。

（2）比较分析原则。纵向与自己的过去比，横向与同行业比，没有比较就没有发展。

（3）不断优化的原则。根据木桶理论，找出薄弱环节，及时进行整改，从而提高全系统水平。

三、工作标准法

工作标准法（Working Standard），又称劳动标准法或劳动定额法，是通过制定工作标准、劳动标准或劳动定额，然后把员工的实际工作和工作标准相比较以考核员工工作绩效的一种方法，这是绩效考核的常用方法之一。

工作标准确定了员工在某一工作岗位上正常的或平均的劳动产出。工作标准一般是确定每小时生产多少或生产单位产品所需要的时间。这种工作标准使企业可以支付员工以计件工资。但是制定工作标准不是一项简单的事情，需要进行艰苦细致的调查和研究。时间研究是一个重要的方法，它可以用来制定特定的岗位员工的产出标准。建立在随机抽样基础上的统计技术也可以用来制定工作标准。

现代组织一般很少单独使用工作标准法进行绩效考核。在许多情况下，工作标准只是作为绩效考核程序的一部分。因为劳动定额或生产数量仅仅是工作绩效的一部分，随着社会经济的发展，特别是由制造业时代逐渐过渡到现代服务业或知识经济时代，工作产出或结果性指标以外的过程性、行为性指标越来越重要，其他一些方面的标准也应该考虑到。此外，能够单独用个人的生产水平来衡量的工作越来越少，团队之间的协作变得越来越重要，并且严重影响了员工的个人绩效。

四、对照法

对照法（Comparing）是依据一定的标准，根据标准进行比较，找出被考评对象的差距的一种方法。该方法首先将能力进行区分，同一能力存在高低程度上的差异，于是在量上加以区分。每一点上的差异都要控制其变动范围，对每一能力做出详细的解释，让考核者没有理解上的差别，最后还要制定能力对照表，以便对每个被考评者进行考核和对照。

案例 5-3　　　　　通用（中国）公司的绩效考核

通用（中国）公司的绩效考核工作是一个系统工程，包括目标计划的制订，良好的沟通，开放的氛围，过程考核与年终考核结合，信息的及时反馈，考核与员工的利益紧密联系，强调通用（中国）公司的价值观，领导的支持，管理层与一般员工的积极参与，有一个制度保证等。

目标计划的制订：目标计划是全年考核的基础，目标计划必须符合"SMART"标准：S 是 Specific，目标计划必须具体、明确；M 是 Measurable，目标计划必须是可衡量的；A 是 Actionable，目标计划必须是可执行的；R 是 Realistic，目标计划必须是可行的；T 是 Time-bound，目标计划必须有时间表。目标计划的制订必须与公司、部门的目标一致，制订目标计划必须与员工反复沟通推敲，在执行时如发现有不妥之处，必须立即修正。

通用（中国）的年终目标考核共有四张表格。前三张是自我鉴定。其中，第一张是个人学历记录；第二张是个人工作记录（包括在以前公司的工作情况）；第三张是对照年初设立的目标自评任务的完成情况，根据一年中的表现取得的成绩，对照通用（中国）公司的价值观、技能要求等，确定自己哪些方面是强项，哪些方面不足，哪些方面需要通过哪些方式来提高，需要得到公司的哪些帮助，在未来一年或更远的将来有哪些展望等。第四张是经理评价，经理在员工个人自评的基础上，参考前三张员工的自评，填写第四张表格，经理填写的鉴定必须与员工沟通，取得一致意见。如果经理和员工有不同的意见，必须有足够的理由来说服对方；如果双方不能取得一致，将由上一级经理来处理。在相互沟通、交流时必须用事实来证明自己的观点，不能用任何想象的理由。

过程考核与年终考核：考核是为了激励与提高完善员工，所以信息要及时给予反馈，员工表现好要及时给予肯定表扬，在员工表现不好时，及时提醒，到了年终考核时，不仅有说服力，而且人力资源部的工作也避免了繁杂，因为全年不断地积累素材，平时把工作做到位了。

良好的沟通：各部门的上下级之间，人力资源部与其他部门之间，保证无阻碍畅通的沟通。这样员工和经理才能得到比较全面的信息。通用（中国）公司的环境是开放的，员工可以很轻松地与经理甚至总裁交流。良好的沟通也是通用（中国）公司的价值观所要求的：乐于听取各方的意见……致力于群策群力，良好的沟通不仅包括面对面的交流，员工有什么想法，有什么要求，希望得到公司哪些帮助等都可以在考核时写清楚。

确立每个员工的行为准则，视六西格玛为生命：管理人员、公关人员的考核不易量

化，是考核中的难点。通用（中国）公司一开始就给管理人员、领导人员确立一个行为准则，这些行为准则不仅是面对领导、管理人员的，而且也是面对员工的。管理人员根据这些行为准则对照自己的行为，可以清楚、明白地知道自己哪些方面做得好，哪些方面有差距。同时，员工也可以根据行为准则评价管理人员或领导人员。这样对管理人员和领导人员的考核就可以很具体、清楚。能量化的尽可能用六西希格玛标准量化，如公关人员的工作量化可以用接了多少个电话，回了多少个电话，用了多少时间来回答，安排了多少采访等。

360度考核并不普遍地使用，一般是在考核领导人员和员工为了自我发展、自我提高时使用，作考核评价的是上级、下级、同事、客户，由被考核者自己在这些人中各选择几个人来作评价，对于考核的结果由外面的专业机构来分析，这样可以保证结果的客观性与科学性。

资料来源：潘海腾. GE 的考核秘笈[J]. 企业改革与管理，2002（3）.

五、AFP 方法

AFP 方法是三种考核方法的综合：A 表示 AHP，即层次分析法；F 表示 Fuzzy，即模糊测评法；P 表示 Pattern Recognition，即模式识别法。A、F、P 三者有机地结合在一起，相互弥补，形成了一个完整的考评体系。AFP 方法不仅可以科学地确定指标体系的结构、权重，识别、筛选极端的意见，还可以使评分根据实际情况而变化。AFP 方法可以进行直接绝对评分、两两比较相对评分、模糊评分或任何两种或者三种的混合评分。

AFP 方法的应用软件是以非工程类专业背景的人力资源工作者为对象，在目前已经十分普及的各种类型的个人电脑上采用简明的中文人机对话方式进行信息传递，操作者只要根据计算机屏幕上的中文提示操作，便可迅速得到自己需要的结果。对测评结果可以通过屏幕直接显示或打印，也可以进行文件存储、复制、删除或调用。

 本章小结

对企业而言，要留住优秀员工，淘汰差的员工，最有效的方式是进行绩效考核，一个良好的员工绩效考核系统，可以支撑企业持续产生高绩效，保证企业的长久发展。

关于员工个体绩效考核的非系统化技术非常多，总结起来有以下几种：以业绩报告为基础的绩效考核、以员工比较为基础的绩效考核、关注员工行为及个性特征的绩效考核、以个人绩效合约为基础的绩效考核、以特殊事件为基础的绩效考核、全方位考核以及其他绩效考核方法。这些绩效考核技术可根据企业的实际情况和员工的类型，既可单独使用，也可以综合起来使用，例如，对某企业而言，中高层管理人员的考核使用以个人绩效合约为基础的绩效考核技术，而对于除中高层管理人员以外的其他员工则使用关注员工行为及个性特征的绩效考核技术等。

思考题

1．关于员工个体绩效考核的非系统化技术主要有哪些？这些技术的优缺点分别是什么？

2．作为一种绩效考核与绩效管理工具，同单纯的目标管理相比，个人绩效合约在设计上的优势主要体现在哪些方面？

3．有人认为360度考核非常有效，但也有人认为只有员工的直接上级才了解员工的真实业绩，360度考核没有意义。你如何看待这个问题？

4．在本章所列的几种主要的非系统的绩效考核技术中，你认为哪些技术在设计上是有联系的？哪些技术可以合并起来使用？

5．假如你是一名企业管理者，你要选择一些技术和工具来考核你手下的员工，你会重点考虑哪些因素？

案例 5-4　　　　　　摩托罗拉的成绩报告表

摩托罗拉公司进行业绩评估的成绩报告表（Scorecard），是参照美国国家质量标准制定的。各个部门根据这个质量标准，针对具体业务制定自己的目标。摩托罗拉员工每年制定的工作目标包括两个方面：一个是战略方向，包括长远的战略和优先考虑的目标；另一个是业绩，它可能会包括员工在财政、客户关系、员工关系和合作伙伴之间的一些作为，也包括员工的领导能力、战略计划、客户关注程度、信息和分析能力、人力发展、过程管理法。

员工制定目标的执行要求主管和下属参与。摩托罗拉每3个月会考核员工的目标执行情况。员工在工作中有一个联系紧密的合作伙伴，摩托罗拉称之为Key Work Partner，他们彼此之间能够相互推动工作。跨部门同事和同部门同事之间有紧密联系，使考核达到360度的平衡。

摩托罗拉公司认为，绩效管理是一个不断进行的沟通过程，在这个过程中员工和主管应当以合作伙伴的形式就下列问题达成一致。
- ☑ 员工应该完成的工作。
- ☑ 员工所做的工作如何为组织的目标实现作贡献。
- ☑ 用具体的内容描述怎样才算把工作做好。
- ☑ 员工和主管怎样才能共同努力帮助员工改进绩效。
- ☑ 如何衡量绩效。
- ☑ 确定影响绩效的障碍并将其克服。

从定义里可以看出,摩托罗拉的绩效管理关注的是员工绩效的提高,而员工绩效的提高又是为组织目标的实现服务,这就将员工和企业的发展绑在了一起,同时也将绩效管理的地位提升到了战略的层面。定义特别强调了员工和主管是合作伙伴的关系,这种改变不仅仅是观念的改变,而且也是更深层次的观念创新,给了员工更大的自主和民主,也一定程度上解放了管理者的思维。随着这种观念的深入,员工和主管的关系将更加和谐,之间将会有更多的互助、互补提高、共同进步,这也正是绩效管理致力要做到的工作和完成的任务。

同时,定义也强调了具体的可操作性,工作内容的描述要具体,衡量的标准要具体,影响绩效的障碍要具体,只有具体的东西,才有解决的操作性,因此,具体两个字包含着极其深刻的内涵。

沟通也是一个特别强调的用词,没有沟通的绩效管理无法想象,没有沟通的管理也不能给我们希望,因此,强调沟通,实施沟通在绩效管理中显得尤其重要。这些都是摩托罗拉给我们的一些启示,是我们必须学习和吸取的地方。

在摩托罗拉,绩效管理的定义如下。
- ☑ 一个公司总体人力资源战略的一部分。
- ☑ 评价个人绩效的一种方式。
- ☑ 重点放在提高员工个人综合技能提高上的一种过程。
- ☑ 将个人绩效与公司的任务和目标相联系的一种工具。

摩托罗拉认为绩效管理有如下五个组成部分。

一、绩效计划

在这个部分里,主管与员工就下列问题达成一致。
- ☑ 员工应该做什么?
- ☑ 工作应该做多好?
- ☑ 为什么要做该项工作?

- ☑ 什么时候要做该项工作？
- ☑ 其他相关的问题：环境、能力、职业前途、培训等。

在这个过程中，主管和员工就上述问题进行充分的沟通，最终形成文字的记录。

员工的绩效目标，是整个绩效管理循环的依据和绩效考评的依据，其作用非常重要，需要花费必要的时间和精力来完成。在摩托罗拉大约用一个季度的时间，摩托罗拉的第一个日历季度就是绩效目标制定季度。

二、持续不断的绩效沟通

沟通贯穿绩效管理的整个过程，不仅仅是年终的考核沟通，仅仅一次两次的沟通是远远不够的，也是违背绩效管理原则的，因此，摩托罗拉强调全年的沟通和全通道的沟通，这一点在摩托罗拉手机的广告词里也有体现：沟通无极限。

它主要包括如下几个方面。

- ☑ 沟通是一个双向的过程，目的是追踪绩效的进展，确定障碍，为双方提供所需信息。
- ☑ 防止问题的出现或及时解决问题（前瞻性）。
- ☑ 定期或非定期，正式或非正式，就某一问题专门对话。

在这个过程中也要形成必要的文字记录，必要时经主管和员工双方签字认可。

三、事实的收集、观察和记录

为年终的考核做准备，主管需要在平时注意收集事实，注意观察和记录必要的信息。包括以下两点。

- ☑ 收集与绩效有关的信息。
- ☑ 记录好的及不好的行为。

收集信息应该全面，好的不好的都要记录，而且要形成书面文件，必要的要经主管与员工签字认可。

以上两个过程一般在二、三季度完成。进入四季度，也就到了检验一年绩效的时候了。

四、绩效评估会议

摩托罗拉的绩效评估会议非常讲究效率，一般是选定某个时间，所有的主管集中在一起进行全年的绩效评估。它主要包括以下四个方面。

- ☑ 做好准备工作（员工自我评估）。
- ☑ 对员工的绩效达成共识，根据事实而不是印象。

- ☑ 评出绩效的级别。
- ☑ 不仅是评估员工,而且是解决问题的机会。

最终形成书面的讨论结果,并以面谈沟通的形式将结果告知员工。考核结束,不是说绩效管理就到此为止,还有一个非常重要的诊断过程。

五、绩效诊断和提高

这个过程是用来诊断绩效管理系统的有效性,用来改进和提高员工绩效,主要包括以下四个方面。

- ☑ 确定绩效缺陷及原因。
- ☑ 通过指导解决问题。
- ☑ 绩效不只是员工的责任。
- ☑ 应该不断进行。

关于这一点,摩托罗拉也有一个非常实际有效的工具衡量,包括以下十个方面。

- ☑ 我有针对我工作的具体、明确的目标。
- ☑ 这些目标具有挑战性,但合理(不太难,也不太容易)。
- ☑ 我认为这些目标对我有意义。
- ☑ 我明白我的绩效(达到目标是如何评估的)。
- ☑ 我觉得那些绩效标准是恰当的,因为它们测量的是我应该做的事情。
- ☑ 在达到目标方面我做得如何,我能得到及时的反馈。
- ☑ 我觉得我得到了足够的培训,这使我能得到及时准确的反馈。
- ☑ 公司给我提供了足够的资源(例如,钱、仪器、帮手等),使我达到目标成为可能。
- ☑ 当我达到目标时,我得到赞赏和认可。
- ☑ 奖励体系是公平的,我因为自己的成功而得到奖励。

每一项有 5 个评分标准,这样通过打分可以得知一年以来的绩效管理的水平如何,差距在哪里,从而做到拾遗补缺,改进和提高绩效管理的水平。

此外,摩托罗拉的绩效考核表里没有分数,而是运用等级法,实行强制分布,这样既能分出员工绩效的差别,又尽可能地避免了在几分之差上的无休止的争论。

在与薪酬管理挂钩上,摩托罗拉也采取了简单的强制分布,而不是绞尽脑汁地去精确地联系,因为这样既耗费时间,也偏离了绩效管理的方向,绩效管理致力的是员工绩效的提高,而不仅仅是为薪酬管理服务。

资料来源:摩托罗拉的绩效管理[EB/OL]. (2011-03-16). http://wenku.baidu.com/view/d856f6a7f524ccbff1218455.html.

思考与讨论：

1. 摩托罗拉公司的绩效管理的主要内容和操作步骤是什么？
2. 摩托罗拉公司的绩效考核有什么样的特点和意义？
3. 我们可以从摩托罗拉公司的绩效考核中得到什么样的启发？

 知识链接   管理人员能力素质 360 度评估问卷

您准备评估的管理者的姓名：	您准备评估的管理者的职位名称：
您与被评估者的关系：	（ ）您自己（ ）您的上司（ ）您的同事（ ）您的下属

360 度调查是一种用于评估个人领导和管理技巧的方法和机制。此种调查包括了四种被调查对象，即被评估者、他/她的上司、同级和下属。问卷共包括两个部分，即能力评估、素质评估。四个被调查对象群都需对这四部分作答。

问卷的填写是保密和匿名的，问卷填写者即使给出的评估很低也不必担心上司会知道，反馈给管理者的将只是所有上级、同级与下属的评估结果的算术平均值。

您的评估将有助于被评估者清楚地了解自己的领导与管理力度和发展需要。您的反馈将作为被调查对象核心职业发展的基础，并帮助他成为一位更富效率的管理者和领导。

非常感谢您抽出时间与我们合作。

指导语：

第一部分能力评估是对被评估者是否具备该项能力或能否有效运用该项能力的评价，第二部分素质评估是对被评估者在日常工作中所表现出来的个人职业化素养的评价，即是否出现相关行为或相关行为出现的频次的判断。

所有参与评价的员工都被要求根据被评价者的实际情况完成该部分问卷。

每个问题只选一项。

如果问题未涉及被评估者的工作和行为或者您对该被调查者的此项行为活动不清楚，则回答"N"。

根据您对所评定的管理者的观察与了解，对下面的每一陈述都要作出选择。

第一部分　能力评估

下表是每项能力表现出来的四种行为的具体描述，请对照您准备评估的管理者现在的行为表现，判断他们的行为属于 1、2、3、4 中的哪一种，并请将对应的数字（1、2、3、4）填入最右一列。

序	能力项	能力的四种行为描述				能力评估
		1	2	3	4	
1	领导能力	了解分配工作与权力的方法、能够指导员工进行工作	能够顺利分配工作与权力，有效传授工作知识，帮助被授权员工完成任务	善于分配工作与权力，并能积极传授工作知识，引导被授权员工完成任务，并能够提前防范授权的风险	对分配工作与权力做到收放自如，被授权员工可以独立完成工作任务，做好授权风险防范和应对措施，对授权环节能进行充分而准确的评估，形成可操作的授权手册	
2	人际交往能力	能够与他人相处，建立正常的工作关系，相处较为融洽	通过努力，能够与他人建立信任的关系	与他人协作顺畅，能够与他人建立可信赖的长期关系	易与他人建立可信赖的积极发展的长期关系	
3	文化传播能力	能充分理解公司的文化，并能够用其价值观念要求自己、积极正面影响他人	能够充分理解公司文化及其内涵，并能够践行以及通过言行积极正面影响其他人	能够把握正确的舆论导向，并能够利用公司各种途径有意识地向其他人员影响和传播	是公司文化的提出者、倡导者，是公司文化的牵引，善于通过各种渠道向公司内外传播公司的文化	
4	组织协调能力	工作中能够进行基本的人员组织和任务分配，能协调基本的工作关系，完成任务	工作中能顺利地进行人员组织、任务分配和工作关系的协调，顺利完成任务	能够根据成员的特长合理组织人员、分配工作，充分调动组织成员的积极性，圆满完成任务	善于协调与工作相关的各方关系，组织跨部门的团队，解决疑难问题，并能够组织和完成公司重大任务	
5	解决问题能力	问题发生后，能够积极主动去思考问题解决方法	问题发生后，能够分辨关键问题，找到解决办法，并设法解决	对重大问题，能够准确分析问题的原因，能够找到解决问题的突破口	能迅速理解并把握各种重大复杂的事物的本质，能够快速找到问题的突破口，并能够制订问题预防的策略	
6	决策能力	能够在上级的指导或协助下，作出相关的决策	能够对下属提出的一般性建议进行决策或能向上级提供一般性合理的决策建议，能考虑决策所需要的重要因素	能够对下属提出的重要建议进行决策或能向上级提供重要的合理决策建议，并能对影响决策因素进行全面分析，决策较为准确	能够在复杂的情况下对全局性的工作作出决策，决策准确	

续表

序	能力项	能力的四种行为描述				能力评估
		1	2	3	4	
7	沟通能力	能够为工作事项进行联系或相互简单口头交流	能够与他人进行较清晰的思想交流,能够抓住重点,让别人易于理解	沟通技巧较高,具有较强的说服力和影响力,有较强的感染力	沟通时有较强的个人魅力,影响力极强,有很强的感召力	
8	计划能力	能针对工作内容,制订工作计划合理安排本职工作	能够合理地制订某一领域(如管理、营销、技术、财务、生产等)内一个方面的工作计划,并能利用计划进行有效管理	能够有效地制订一个或几个领域的工作计划,预先分配时间及其他资源	能够全面地制订工作计划,预测准确,能够对计划执行情况进行深入分析并及时进行调整	
9	创新能力	以开放热情的态度对待各种新思路、新想法,在解决问题时,不固守已有模式,经常找到新点子	能恰当地质疑已存在的解决问题模式,能从一个崭新的角度来看待问题	能思考各种解决方案的优点,形成新的解决方案,或提出可行的、可靠的建议	能从多方面征求大家意见,创造性地解决问题,或形成新的观点和主意	
10	过程监控能力	清楚地分配具体的工作项目、任务和职责范围,了解完成该项工作过程所需监控的关键环节	能根据个人的技能、角色和兴趣等分配工作任务,预先判断关键环节可能出现的问题,能够根据工作进展情况并及时提供必要的咨询和回馈	能在恰当的时候给予员工或团队辅导,并能够灵活调整员工或团队的工作任务和进度,以应付工作重点的转变	能从全局把握工作进展状况,通过多种形式或管理体系来监控各方面的工作质量,能预见并制定出工作重点发生转变时所应采取的关键策略,重新配置和协调各种资源以保证完成	
11	团队建设能力	能组织领域内一个方面的团队,协调内部关系,完成工作目标	能组织一个领域的团队,协调内外部关系,完成较复杂的工作目标	能组织跨领域或跨部门的团队,明确团队目标,协调各方面的关系,完成复杂的工作目标	能运用全局性的资源,制定明确的团队目标,并发挥团队优势,使得团队能够高效运作,运用分级管理授权,完成全局性工作目标	

续表

序	能力项	能力的四种行为描述				能力评估
		1	2	3	4	
12	分析判断能力	在问题解决的过程中，能利用正确的逻辑推理进行判断	在问题解决过程中，能从不同的角度来分析问题，作出的判断通常是正确的	在问题解决过程中，预见和寻找各种问题和因素之间的相互关系，作出的判断通常都是正确的	在问题解决过程中，能全面考虑对解决问题有影响的各种因素，作出的判断几乎都是正确的	

分数合计：

第二部分　职业素质测评

下表是对每项素质表现出来的行为的描述，请对照你准备评估的管理者现在是否表现出相应的行为，以及这种行为出现的频率进行评估，评估分标准如下。

1——几乎从未表现出该项素质与相应的行为。

2——偶然表现出该项素质与相应的行为，且缺乏持续性。

3——经常表现出该项素质与相应的行为，且是可持续性的，存在缺点但在可接受范围内。

4——充分表现出该项素质与相应的行为，并部分超越该项能力被期待的所有行为标准。

请在下表出现频率列相应的数字（1、2、3、4、5）空格中打勾"√"。

序	素质项	素质行为描述	出现频率					对于1和5，请列举被评估人实际行为事例来证明您的评价建议（可不写）
			1	2	3	4	5	
1	责任意识	热爱本职工作，坚守职业操守 对于工作职责范围内的任务、风险、出现的问题等主动承担责任，并且积极跟进处理						
2	团队精神	尊重团队成员，工作中能积极协调配合 关心团队建设，在团队利益与个人利益出现冲突时，能优先考虑团队利益						
3	主动性	依靠个人的能动性、紧迫感积极主动地承担工作、完成任务						
4	进取心	把工作做好，或设定更高的标准挑战自我，不断追求卓越						

续表

序	素质项	素质行为描述	出现频率					对于1和5，请列举被评估人实际行为事例来证明您的评价建议（可不写）
			1	2	3	4	5	
5	诚信	在工作中不弄虚作假、诚实						
		做人做事恪守信誉和职业操守						
6	全局意识	能够站在公司的角度来考虑整体问题与平衡整体利益的意识						
7	抗压能力	在遭受诱惑、阻力、敌意、压力时，能够保持冷静、抑制负面情绪及行动						
8	影响力	在适当的时候采用适当的策略和措施行动，希望别人接受某种观点或采取某种行动						
9	忠诚度	忠实于公司，愿意长期与公司共同发展						
		认同公司的文化，能始终如一地遵从公司的政策和文化						
10	悟性	能在复杂的问题中把握问题的关键，能识别问题的根源，而不仅仅是停留在问题的表面						
		能从经验中学习，防止同样事情的再次发生						
		能提前觉察到潜在的危机，并采取相应的预防措施						
11	学习能力	通过阅读、听讲、研究、实践等方法迅速获得工作所需要的知识或技能，并且能学以致用						
12	心态	无论对人还是对事，能够始终保持积极、正面的态度						
		自信但不自负，不求全责备，不怨天尤人						

分数合计：

资料来源：管理人员能力素质 360 度评估问卷[EB/OL]．（2015-01-28）．http://wenku.baidu.com/view/171d49a349649b6649d74709.html?re=view．

 团队互动演练

研究型学习小组以所在学校为基础，完成学校某类岗位人员的《行为锚定法绩效考核方案》。操作指导如下。

教学目的

☑ 熟悉行为锚定法的构建流程。

☑ 理解行为锚定法的设计原则。
☑ 了解行为锚定考核法的适用范围。

教学平台

以学生熟悉的组织为依托，选择某一类岗位，完成行为锚定法绩效考核方案设计。

硬件支持：计算机中心实验室，每位学生配备一台计算机，允许网络连接。标准化教室，供学生讨论和陈述。

教师提供行为锚定法绩效考核方案设计基本思路。

教学步骤

第一步，将学生分成若干小组，每小组 5~6 人，两两搭配为一个大组，如果是奇数组，则余出一组作为专家组，若是偶数组，则每组抽调一人形成专家组。专家组成员分别派到两两搭配的大组间工作。

第二步，每个大组选择同一岗位进行观察（全班可以选同一个岗位），每个大组内的小组分别用工作分析的关键事件技术来得出一系列有效和无效的工作行为。

第三步，每个小组将这些行为分类为个人行为大致能表征的工作维度或工作者特征，这些指标（大概 5~10 个）由分析者归类和加以定义。

第四步，重新分配关键事件，确定相应的绩效评价指标。在不知道所分配的维度的情况下，与主题有关的另一组同样熟悉工作内容的人来评论行为清单。换言之，大组间承担专家身份的同学将对方小组设定的每一维度的名称和定义告知该小组，要求他们将所有的行为按正确的维度加以分类。如果两组中一定比例的人（通常 80%或更多）分配给同一行为的维度与工作分析者分配给它的维度相同，则该行为被保留下来。

第五步，确定各关键事件的评价等级。"保留"下来的行为由各小组加以评审。大家依照一项工作绩效去评定每种行为的等级。例如，如果使用一个 7 级量表，"7"将标志着该行为代表一个极其有效的绩效水平；"1"标志极其无效的绩效。

第六步，建立最终的员工绩效评估体系。分析者为每个特征构建一个评定量表，量表中列出该特征的名称和定义。对行为的描述被放置在量表上的一个与它们的平均有效性评分相对应的位置上。

团队成员

研究型学习小组在组长指导下合理分工，各负其责，按规定时间完成任务。

研究成果

☑ 《行为锚定法绩效考核方案》。
☑ 点评小组方案和设计感悟。

第六章 基于关键绩效指标的绩效考核

 **学习目标**

- ☑ 了解关键绩效指标的定义、内涵和意义；
- ☑ 把握关键绩效指标的特征；
- ☑ 掌握关键绩效指标的构建原则和设计的基本思路；
- ☑ 熟悉审核关键绩效指标的原则和方法。

 **案例 6-1　　　　关键绩效指标如何制定**

××公司前身是国有企业，经过转制后变成纯粹的民营企业。公司主要产品是牛仔服装加工，基本上依靠海外订单，客户主要集中在俄罗斯与欧洲。××公司现有员工 1 500 人，年销售额为 1.7 亿元。

公司的总经理 C 是大老板的儿子，在业务部门锻炼了几年后，被提拔为总经理，全权打理××公司。大老板要求 C 在 3 年之内，把公司建设成为一个可持续发展的知名服装企业。

C 与管理顾问仔细分析了公司的现状，认为要想成为一个知名的、可持续发展的服装企业，现有的商业模式必须进行大的调整。从民营化至今，企业始终没有自己的品牌，全部依靠为国外的客户加工服装赚取加工费而生存。随着时间的推移，这种商业模式的弊端越来越显现出来。珠三角的劳动力成本越来越高，而内地又由于这些年经济发展分流了大量熟练工人；如此持续下去，企业利润将会越来越薄。

讨论的结果，公司高层决定三个步骤实现企业的长远目标：首先，稳定国外客户，提高产能，为公司积累资金；然后在此基础上摸索国内市场，逐步建立品牌；最后，当自己的品牌有一定知名度后，渐渐放弃贴牌外销生产，将外销订单转包给其他服装公司。

今年，先走第一步：稳定与开拓国外客户，提高产能，摸索国内市场。C 和管理顾问商讨，如果要达到预定的目标，需要在几个方面做好，才能为今后的发展打下良好的基础。

利润增长：在 2006 年的基础上，有 30% 的增长，这些增长主要实现在两大区域：一个是俄罗斯市场；另一个是欧洲市场。

提高产能：经过资源等方面的分析，决定不新建厂房，而是在现有厂房的基础上，通过提高劳动生产率、改造设备来提高产能。

管理提升：公司可获得长足发展，做管理各方面的工作以提升满意度非常重要，这样可以带来高毛利的订单；公司要扎扎实实地通过 ISO 认证，以认证为契机，提高管理水平。

接下来还要在管理顾问的帮助下推行绩效考核，通过对工作要求点的考核，提高管理水平。

队伍建设：虽然是劳动密集型行业，但是能及时找到与留住熟练工人在公司服务，对于企业的竞争力至关重要。

品牌建立：筹备品牌问题公司一直没有投入，现在分析起来，必须赶在服装博览会前推出一个服装品牌，以便在会上争个好彩头；这样，就有很多准备工作要做在前面，如服装款式的设计、内销市场的调研等工作。

这五个方面，就是××公司今年能够获得发展需关注的主要因素。C 知道光有这几个因素是不够的，必须将这些因素细化成 KPI，然后落实到责任者身上，否则，这些都会成为空谈，无法实现大老板对自己的期望与要求。C 要求管理顾问帮助企业分解这些主要因素。

对于利润增长的评价应该比较明确，也就是实际利润与目标利润之间的差距，或者按照目标利润计划达成率来进行衡量，这个指标是企业短期与中期经营都需要的一个重要指标。承担这个 KPI，需要能全面控制公司的管理与运营，只有 C 自己能够承担该指标的责任。

影响利润的因素很多，最直接的因素有四个，分别是销售额、毛利、期间费用、生产成本与制造费用。对于这几个因素，可以用销售增长率、毛利率、期间费用占销售额的比例、制造费用与生产成本同比降低率来进行衡量。这样，利润增长又细化为四个 KPI。业务经理全面管理公司的销售，销售增长率应该由业务经理来负责，订单的价格都是业务经理与客户商讨的结果，毛利率也可以由业务经理负责。而对于期间费用率来说，因为涉及销售费用、财务费用、管理费用等几个内容，这个指标由 C 自己负责；厂长主管生产，制造费用与生产成本同比降低率可以由厂长负责。这样，C 就将利润目标分解到了手下的各个经理头上。

各个经理又按照这个方法进一步分解，业务经理根据公司的业务情况与下属的情况，将这个指标分解给了俄罗斯部经理与欧洲部经理。他们分别承担在自己的市场上的销售增长率。如此层层分解下去，总经理的利润增长指标就分解到了各个经理、主管、主任、业务员的头上。

对于提高产能、队伍建设、管理提升、品牌建立筹备等几个关键领域，也采取了同样的方法，层层分解下去，直到分解到每一个责任人的身上。经过进一步细化，明确了每个责任者的 KPI。

资料来源：关键绩效指标如何制定？[EB/OL]. http://wenku.baidu.com/view/235db3d2c1c708a1284a4444.html,2012.

对于任何一个想要发展壮大的企业来说，只有在明确自己的发展目标基础上，将指标层层分解落实，才能将企业的目标与个人、团体的目标协调起来，最终实现组织的目标。从上述案例中可以看出，指标体系的分解是一项复杂的管理技术，需要考虑到组织结构、部门职能、岗位职责、工作流程、组织战略、工作计划等一系列复杂因素。指标体系的建立是绩效管理中的重点与难点，只有在充分理解公司战略目标、行动计划、部门职能、工作流程、岗位职责的前提与基础上，才能取得良好的效果。

第一节 关键绩效指标概述

一、KPI 的起源

1897 年，意大利经济学家帕累托在研究中发现了一件奇怪的事情：19 世纪英国人的财富分配呈现一种不平衡的模式，大部分的社会财富都流向了少数人的手里。后人对他的这项发现有不同的命名，二八法则是其中的一个说法，还有帕累托法则、帕累托定律、最省力法则等说法。尽管帕累托首先发现了二八法则，但是直到第二次世界大战后，一位罗马尼亚裔的美国工程师朱伦才开始引介它。朱伦将二八法则应用于日本企业实践，受到日本企业的大力欢迎，它对第二次世界大战后日本工业的崛起推动作用很大。美国经济受到威胁后，二八法则才受到西方的尊重。

劳伦斯·彼得在研究美、日知名企业成功运用二八法则的经营实践中，得到两点收益：其一，明确自己企业中 20%的经营要务是哪些；其二，明确应该采取什么样的措施，以确保 20%的重点经营要务取得重大突破。那么，二八法则对管理者而言意味着什么呢？这要求经营管理者在平常的经营管理上不应事无巨细，要抓住管理的重点，包括关键的人、关键的环节、关键的岗位、关键的项目等。

KPI 的理论基础是二八法则。二八法则运用到绩效管理中，具体体现在 KPI 上，即一个企业在价值创造过程中，每个部门和每位员工的 80%的工作任务是由 20%的关键行为完成的，抓住 20%的关键，就抓住了主体。

一般对管理比较重视的企业，常常接受过西方管理技术的培训；或者接受过绩效管理咨询的企业，大部分员工都知道 KPI 这三个字母。"KPI 是战略导向的绩效管理系统"，KPI 不同于其他绩效管理方法的地方在于，KPI 能够很好地分解组织的战略目标。以往的绩效考核是"有什么考什么"，一般是考核工作者的品德怎么样、工作能力如何、工作态度是否好、工作量做了多少，所谓"德能勤绩"考核法，它往往容易脱离企业、团队的目标，缺乏系统性。

而 KPI 坚持的是"要什么考什么"，具有计划性、系统性。首先明确企业的战略目标，并在企业会议上利用头脑风暴法和鱼骨图分析法找出企业的业务重点，也就是企业价值评估的重点。然后，再用头脑风暴法和鱼骨图分析法找出这些关键业务领域的 KPI，即企业级 KPI。KPI 是从战略目标，或者说是从总目标上分解而来的，各部门的主管需要依据企业级 KPI 建立部门级 KPI，并对相应部门的 KPI 进行分解，确定相关的要素目标，分析绩效驱动因数（技术、组织、人），确定实现目标的工作流程，分解出各部门级的 KPI，以便确定考核指标体系。最后，各部门的主管和部门的 KPI 人员一起再将 KPI 进一步细分，分解为更细的 KPI，即各职位的业绩衡量指标。这些业绩衡量指标就是员工考核的要素和依据。这种对 KPI 体系的建立和测评过程本身就是统一全体员工朝着企业战略目标努力的过程，这也必将对各部门管理者的绩效管理工作起到很大的促进作用。因此，KPI 是一种先进的绩效管理方法。

二、KPI 的核心思想

（一）KPI 的概念

KPI 是通过对组织内部某一流程的输入端、输出端的关键参数进行设量、取样、计算、分析，衡量流程绩效的一种目标式量化管理指标。它是一种把企业的战略目标分解为可运作的远景目标的工具，是企业绩效管理的基础。KPI 考核可以使各级主管明确各级部门的主要责任，并以此为基础，确定各部门人员的业绩衡量指标。

KPI 是基于企业经营管理绩效的系统考核体系。我们可以从以下三个方面来理解关键绩效指标的深刻含义。

（1）关键绩效指标是用于考核和管理被评估者绩效的可量化的或可行为化的标准体系。也就是说，关键绩效指标是一个标准化的体系，它必须是可量化的，如果难以去量化，那么也必须是可以行为化的。如果可量化和可行为化这两个特征都无法满足，那么就不是符合要求的关键绩效指标。

（2）关键绩效指标体现为对组织战略目标有增值作用的绩效指标。这就是说，关键绩效指标是连接个体绩效与组织战略目标的一个桥梁。既然关键绩效指标是针对组织战略目标起到增值作用的工作产出而设定的指标,那么基于关键绩效指标对绩效进行管理,就可以保证真正对组织有贡献的行为受到鼓励。

(3)通过在关键绩效指标上达成的承诺,员工与管理人员就可以进行工作期望、工作表现和未来发展等方面的沟通。关键绩效指标是进行绩效沟通的基石,是组织中关于绩效沟通的共同辞典。有了这样一本辞典,管理人员和员工在沟通时就可以有共同的语言。

(二)KPI 指标应具备的主要特征

Wayne Erickson 在他的 Ten Characteristics of a Good KPI 一文中指出,一个 KPI 一定是一个指标,但是一个指标并不一定就是一个 KPI。它们之间的主要区别在 KPI 反映的是组织战略驱动因素,而普通的指标可能仅仅是某一项商业活动的衡量指标。

我们必须时刻清楚 KPI 需要同时具备十个不同的特征,而一个普通的指标可能只具备其中的几个。因此,我们在设计 KPI 时要注意它们是否具备以下十个特征。

1. 反映战略价值的驱动因素

KPI 反映和衡量的是公司价值的主要驱动因素。有效的驱动因素意味着这样的行动:如果它们被正确地执行下去,那么就能够确保公司未来取得成功。有效的驱动因素能够使组织朝着正确的方向前进以实现规定的财务目标和组织目标。例如,有效的驱动因素可能是"较高的顾客满意度""较好的产品质量"等。

但是在很多情况下,KPI 并不是一些财务指标。确切地说,KPI 反映了那些公司财务状况影响最大的几个领域内的运行状况。KPI 往往是关于公司财务绩效方面的一些"领先"而非"落后"指标。相反地,大部分财务指标(尤其是那些现在公司的月度财务报告或者年度财务报告中的)多半是"落后"指标。

2. KPI 是由"高层管理者"确定的

在公司召开的计划会议上,高层管理者往往会决定组织的短期和长期的战略方向,并以此为依据来确定衡量组织绩效的关键绩效指标。

3. KPI 在组织上下形成一个层级结构(公司级、部门级、个人)

在每个组织的每个层级中的每个小组都要由一些"管理者"来管理,他们要召开战略计划会议来确定小组中关键的驱动因素、目标和计划。在一些相对较低的层次上,这些驱动因素、目标和计划往往是更高层次的驱动因素、目标和计划的传递和分解。

4. KPI 是基于公司标准的基础之上的

所谓公司标准,包含两个意思:一个是公司制定 KPI 的目的或目标,这与企业理念、战略管理或绩效考核、绩效管理的目的、目标相关联;另一个是公司现有的绩效管理标准和体系，如某种绩效导向或指标结构要求等。

5. KPI 是基于有效数据的基础之上的

很多高层管理人员发现为关键的价值驱动因素设计 KPI 非常容易。事实上，许多组织都已经建立起一套衡量组织未来成功的指标体系。不幸的是，知道衡量什么，与实际所衡量的往往是两码事。在高层管理人员最终把 KPI 确定下来之前，他们需要向技术分析人员询问能否利用当前已经获得的数据计算出指标值以及这些数据是否已经准确到可以传递有效的结果。但技术分析人员给出的答案往往是不能！在这种情况下，高层管理人员就需要投入资金搜集新的数据或者删掉那些现存的但无用的数据，甚至需要重新设计 KPI。

6. KPI 必须易于理解

大部分 KPI 目前存在的问题是指标太多了。这使 KPI 失去了能够引起雇员注意和改正员工行为的作用。根据 TDWI 调查研究表明，KPI 最合适的数量应该是 7 个。如果多于 7 个则可能使得员工很难细读这些关键绩效指标并采取必要的行动。除此之外，KPI 必须是易于理解的。雇员必须知道哪些是将要被衡量的以及它们是怎么被计算出来的，更重要的是，雇员必须知道他们能做什么（或不能做什么）以积极影响 KPI。这就意味着仅仅公布一个评分表是不够的。管理人员必须让员工明白哪些绩效将被跟踪，并且要让员工经常得到反馈以保证他们能够理解并采取相应的行动。"没有会议的评价是无效的"。

7. KPI 经常是恰当的

为确保 KPI 能够持续提高绩效，我们必须周期性地审核 KPI 来判断其是否有用和恰当。因为在多数情况下，KPI 是有生命周期的。在最初被引进的时候，它使雇员工作时充满旺盛的斗志，并且提高了绩效。但是过了一段时间之后，KPI 失去了它的效用，这时可能就需要重新设计 KPI。目前很多公司一般都是每季度审视一下 KPI 并加以修订。

8. KPI 能够提供未来绩效的情境

普通的指标（不包括 KPI）往往只提供一些反映绩效的数字。但是 KPI 却把绩效放在一定的情境当中。它根据预期设定的目标来评价绩效的好坏。我们主要是通过以下几种形式来表达未来的绩效情境的。

（1）门槛（如可接受的绩效的上下限）。

（2）目标（如预先设定的目标，像每个季度增加 10%的新客户）。

（3）基准。此外大多数的 KPI 也指明了绩效的方向，或者是"上升""下降"，或者是"不变"。

9. KPI 能够让使用者充满动力

为使 KPI 有效，KPI 必须与奖金联系起来。目前将近 40%的公司在实施 KPI 的时候重新设计了奖金体系。此外，在 KPI 没有完全被审核完之前千万不要把奖金和 KPI 挂钩。在 KPI 取得预期效果之前它们必须做适当修改或重新设计。

10. KPI 能够产生积极的结果

KPI 应该产生预期的结果——提高绩效。不幸的是，许多组织让小组独立地设计 KPI，这使得各个小组之间的 KPI 可能发生冲突并对组织产生破坏性的结果。

Wayne Erickson 最后指出：一个组织可能会有成百上千个指标，但是只有少数几个 KPI 能够使员工把注意力集中在那些为组织创造最大价值的几个关键活动中。同时 KPI 实际上也是一种沟通工具。它们使高层管理者能够向员工传递组织使命和组织所关注的方面，并且能够引起员工的注意。当 KPI 贯穿于整个组织的各个层级时，就能确保层级上的每个人步调一致地沿着正确的方向前进并实现组织价值的最大化。

（三）KPI 指标体系的特点和作用

1. KPI 指标体系的特点

首先，KPI 来自于对公司战略目标的分解，是对重点经营活动的衡量，是对公司价值、利润影响程度很大的关键指标。

其次，KPI 是对绩效构成中可控部分的衡量。KPI 的选择必须有明确的定义和计算方法，易于取得可靠和公正的初始数据，同时指标能有效进行量化和比较。

再次，KPI 在实际绩效考核中具有敏感性，即指标能正确区分出绩效的优劣。

最后，KPI 考核是一个完整的系统，在这个系统中，组织、经理和员工参与进来，经理和员工通过沟通的方式，将企业的战略、经理的职责、管理的手段以及员工的绩效目标等管理的基本内容确定下来，在持续不断沟通的前提下，经理帮助员工清除工作过程中的障碍，提供必要的支持、指导和帮助，与员工一起完成绩效目标，从而实现组织的远景规划和战略目标。

战略导向的 KPI 指标体系与一般绩效考核体系的区别，如表 6-1 所示。

表 6-1 战略导向的 KPI 指标体系与一般绩效考核体系的区别

指标类型	战略导向的 KPI 指标体系	一般绩效考核体系
假设前提	假定人们会采取必要的行动努力达到事先确定的目标	假定人们不会主动（也不知道）采取行动以实现目标，制定和实施战略与一般员工无关
考核目的	以战略为中心，指标体系的设计和运用都是为战略服务的	以控制为中心，为了更有效地控制个人的行为
指标来源	来源于组织的战略目标与外部竞争的需要	来源于对过去行为和绩效的修正
指标产生	在组织内部自上而下对战略目标层层分解而产生指标	通常是自下而上根据个人以往的绩效与目标而产生指标

续表

指标类型	战略导向的 KPI 指标体系	一般绩效考核体系
指标的构成和作用	财务指标与非财务指标相结合；关注长期发展，兼顾短期效益；指标传达结果，也传达产生结果的过程	注重财务指标，忽视非财务指标；注重对过去绩效的评价；绩效改进与战略需要脱节
价值分配体系与战略的关系	与 KPI 指标的值与权重相搭配，有助于推动组织战略的实施	与个人绩效密切相关，与组织战略关系不大

2．KPI 指标体系的作用

从表 6-1 可以看到，KPI 指标体系特别强调其在企业战略中具有的重要作用。

（1）作为公司战略目标的分解，KPI 的制定会有力地推动公司战略在各单位、各部门的执行。

（2）KPI 使上下级对职位工作职责和关键绩效要求有了更清晰的共识，能确保各层各类人员的努力方向具有一致性。

（3）KPI 为绩效管理提供了透明、客观、可衡量的基础。

（4）作为关键经营活动的绩效反映，KPI 可以帮助各职位的员工集中精力处理对公司战略具有最大驱动力的问题。

（5）通过定期测算和回顾 KPI 的执行结果，管理人员能清晰地了解经营领域中的关键绩效参数，及时诊断存在的问题，及时采取行动予以改进。

所以，KPI 指标体系的出发点就是将指标作为牵引所期望的行为和结果的内在动力，成为激励产生所期望业绩的风向标，注重把企业战略有效地转化成为企业的内部管理过程，尽量采用各种能有效量化的指标来反映最终结果，并通过指标转化成企业成员的具体行动。KPI 指标体系不仅能够成为企业员工行为的约束机制，同时能够发挥战略导向的牵引作用。战略导向的 KPI 指标体系在评价、监督员工行为的同时，强调了战略在绩效管理过程中的核心作用。

（四）KPI 设计的基本思路

建立关键绩效指标体系，其基本思路分述如下。

（1）明确企业的战略是什么。我们首先要明确企业的愿景和战略，并且形成企业的战略方针。另外，还要明确"如何去实现愿景与战略"。

（2）根据岗位业务标准，确定哪些是导致企业成功的因素。同时，找到"我如何去抓住它"的方法。

（3）确定关键绩效指标、绩效标准与实际因素的关系。在提取 KPI 的过程中，不仅要包含财务 KPI，还应该包含非财务 KPI。也就是说，既要有"销售额""利润率"等财务性 KPI，也要有"客户满意度"等非财务性 KPI。

（4）关键绩效指标的分解。通常，企业关键绩效指标由以下几个层级构成：是公司级关键绩效指标，它是由公司的战略目标演化而来的；二是部门级关键绩效指标，它是根据公司级和部门职责来确定的；三是部门关键绩效指标落实到工作岗位的业绩衡量指标。

（五）KPI 导入的必要条件

1．收集并分享背景资料

高质量而又充分的信息对构建 KPI 的成功开发是非常重要的。通常需要收集的信息主要包括以下几方面。

- ☑ 企业的使命、愿景和战略。
- ☑ 企业的经营环境、经营模式及组织管理模式。
- ☑ 企业的运营情况及人员状况。
- ☑ 行业资料及竞争对手的资料等。

对这些资料的广泛收集、精心整理和深度分析将为 KPI 开发的后续工作提供很好的基础。例如，对企业战略的准确理解将有助于 KPI 与企业长远而持续的发展相一致；了解内部经营管理状况将保证 KPI 的切实可行；而对竞争对手做一些基准研究不仅能为 KPI 的设立带来灵感，同时也可以为制定 KPI 的目标值提供有力依据。

值得注意的是，准备阶段应收集、整理一些有关 KPI 的资料（最好既能有理论知识，也能包含其他企业的成功案例），并应用这些材料在本企业中进行宣传和分享，使从基层员工到中、高层管理者都能对 KPI 有一个较为正确的初步认识，从而为本企业制定和推行 KPI 打好基础。

2．确认使命、愿景和战略

首先应该弄清什么是使命、愿景和战略。不同的人对此有不同的理解和定义，从而造成了一些混乱。本书中，我们试图综合一些看法来对这些概念进行简单的描述：使命界定了一个企业的核心目标，说明了企业为什么而存在；愿景描绘了一份未来的蓝图，指出企业在未来五年或十年想要成为什么样子；战略则是为了达到预期的结果而采取的与众不同的措施和行动。

3．KPI 考核的支持环境

有了关键绩效考核指标体系，也不能保证这些指标就能运用于绩效考核，达到预期的效果。要想真正达到效果，还要看企业是否有关键绩效指标考核的支持环境。如果没有支持其实施的环境，关键绩效指标也只是空中楼阁，无法达到预期的效果。所以，建立这种支持环境同样是关键绩效指标设计时必须考虑的。

（1）拥有以绩效为导向的企业文化的支持。建立绩效导向的组织氛围，通过企业文化化解绩效考核过程中的矛盾与冲突，形成追求优异绩效为核心价值观的企业文化。

（2）拥有良好的人力资源管理平台的基础建设。清晰地界定职位边界，实现权责对等，不同责任主体对目标实现的贡献相对明确，这些都能够支持关键绩效指标的分解。

（3）绩效管理不仅仅是人力资源部的事情，各级主管人员都肩负着绩效管理任务。分解与制定关键绩效指标是各级主管应该也必须承担的责任，而专业人员起着技术支撑作用。

（4）重视绩效沟通制度建设。在关键绩效指标的分解与制定过程中，关键绩效指标的建立与落实是一个自上而下、自下而上的制度化过程。没有良好的沟通制度作保证，关键绩效指标考核就不会具有实效性和挑战性。

（5）绩效考核结果与价值分配挂钩。实践表明，两者挂钩的程度紧密，以关键绩效指标为核心的绩效考核系统才能真正发挥作用，对企业有价值的行为才会受到鼓励。

第二节　关键绩效指标体系的构建

无论是应用于组织、部门、团队或是个人的绩效考核，我们都期望得到这样一种绩效评估的指标体系。

- ☑ 能清晰描述绩效考核对象的增值工作产出。
- ☑ 针对每一项工作产出提取了绩效指标和标准。
- ☑ 划分了各项增值产出的相对重要性等级。
- ☑ 能追踪绩效评估对象的实际绩效水平，以便将评估对象的实际表现与要求的绩效标准相对照。

按照这样的指标体系标准，我们可以从以下几个步骤设计基于关键绩效指标体系的绩效评估体系（见图6-1）。

一、确定工作产出

所谓确定工作产出，主要是界定某个个体或团队的工作结果是什么。工作产出是设定关键绩效指标的基础。工作产出可以是一种有形的产品，也可以是某种作为结果的状态。例如，作为一名总经理秘书，他的工作产出可能会是"打印录入好文件""起草报告信函的草稿""差旅安排、会议服务的情况"等；对于一名客户服务经理来说，其工作产出可能会是"获得了满意的客户""客户服务有关的数据和报告""下属的生产力和工作满意度"等。

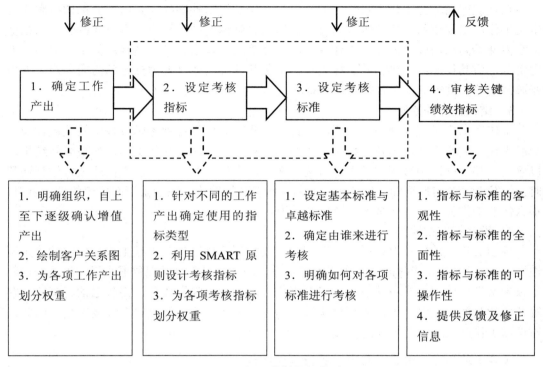

图6-1 设计关键指标体系

在设定工作产出的时候，我们需要问以下问题。

（1）被考核者面对的组织内外客户分别有哪些？

（2）被考核者分别要向这些客户提供什么？

（3）组织内外客户所需要得到的产品或服务是什么样的？

（4）这些工作产出在被考核者的工作中各自占多大比例？

（一）确定工作产出的四个原则

为使工作产出的确定更加符合组织的战略目标，促进组织工作绩效的改进，在确定工作产出时，应该遵循以下几个基本原则。

1．增值产出的原则

增值产出的原则是指工作产出必须与组织目标相一致，即在组织的价值链上能够产生直接或间接增值的工作产出。

2. 客户导向的原则

凡是被评估者的工作产出输出的对象,无论是组织外部的还是内部的都构成客户,定义工作产出需要从客户的需求出发。这里尤其强调的是组织内部客户的概念,这是把组织内部不同部门或个人之间工作产出的相互输入、输出也当作是客户关系。例如,人力资源部为其他部门提供招聘选拔人员,那么其他部门就是人力资源部门的客户,人力资源部门的关键绩效指标就是客户满意的指标。

3. 结果优先的原则

工作产出应尽量表现为某项活动的结果,实在难以界定则考虑过程中的关键行为。一般来说,定义工作产出首先要考虑最终的工作结果,对于有些工作,如果最终结果难以确定,那么就采用过程中的关键行为。例如,有的企业在对研发人员的绩效进行评估时,就发现很难用最终的结果来衡量。因为研发结果的价值在于留下有价值的技术资料,那么他的工作就是为企业带来了增值的行为。

4. 设定权重的原则

各项工作产出应该有权重。设置权重时要根据各项工作产出在工作目标中的"重要性",而不仅仅是花费时间的多少来设定权重。例如,对于总经理秘书来说,为总经理起草报告文件可能并不是花费时间最多的工作,而日常的收发传真、接听电话、接待来客等花费的时间则更多。但从重要性来说,为总经理起草公文的重要性程度更高,因此,对这项工作产出应设定较高的权重。

(二)绘制客户关系示意图,明确工作产出

我们通常将某个个体或团队的工作产出提供的对象当作是这个个体或团队的客户,这样的客户通常包括内部客户和外部客户。客户关系示意图就是通过图示的方式表现一个个体或团队对组织内外客户的工作产出。在这个客户关系示意图中,我们可以看到一个个体或团队为哪些内外客户提供工作产出,以及对每个客户提供的工作产出分别是什么。那么在进行绩效评估时,就可以考虑内外客户对这些工作产出的满意标准,以这些标准来衡量个体或团队的绩效。

例如,某销售部的秘书的客户关系如图 6-2 所示。这个销售部秘书的主要工作职责有以下几方面。

- ☑ 协助销售部经理处理日常事务,包括起草文件、收发信件、接待客人等。
- ☑ 协助销售部的业务人员处理日常事务,包括会议后勤、差旅安排和其他一些日常事务。
- ☑ 汇总部门的财务票据和数据,提供给财务部门。

第六章 基于关键绩效指标的绩效考核

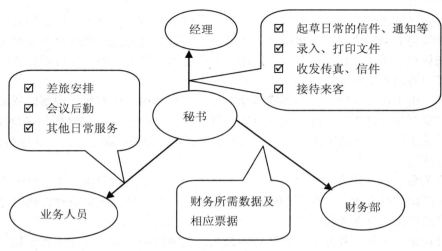

图 6-2 销售秘书的客户关系图

因此，从客户关系图中我们可以看出，这个部门秘书所面对的客户主要有三类：一是部门经理；二是部门内的业务人员；三是财务部门的相关人员。

秘书向部门经理提供的主要工作产出有以下几方面。

- ☑ 起草日常信件、通知等。
- ☑ 录入和打印文件。
- ☑ 收发传真、信件。
- ☑ 接待来客。

在这里，经理是秘书的上司，在客户关系示意图中，我们也将其作为秘书的一个客户。那么，我们衡量秘书对部门经理的工作完成得怎么样时，就可以考虑在上面这四项工作产出上经理的满意度。秘书的绩效标准也就是这几项工作产出的质量、数量、时效性等。例如，文件的录入、打印准确性如何，起草的文件是否能达到经理对质量的要求等。

秘书向部门中的业务人员提供的工作产出主要有以下几方面。

- ☑ 差旅安排。
- ☑ 会议后勤。
- ☑ 其他日常服务。

秘书向业务人员提供的工作产出主要是为业务人员的业务工作提供一些辅助性的支持。秘书为业务人员的差旅安排提供的服务主要有预订机票、酒店、安排车辆等。那么在这方面判断一个秘书的工作做得怎么样时，主要会考虑她的服务是否给业务人员的工作带来了方便，这主要通过业务人员的满意度来体现。秘书为业务人员提供会议的后勤服务，主要包括预订会议室、安排会议设备、会议过程中为参会者提供会场服务等，在这方面衡量秘书的工作做得怎么样时，主要可以通过会议是否顺利进行以及参会人员的满意度来体现。另外，作为部门秘书，还要为业务人员提供其他一些日常服务，例如，与行政部门协调借用设备等有关事宜。

另外，由于该公司财务部门规定各项财务报销和费用支出都统一由部门秘书经手，因此部门秘书要向财务部门提供相关的数据和票据。因为财务部门是秘书所面对的客户，所以在提供工作产出时就需要按照客户的要求来提供。秘书在这个方面工作做得怎么样，需要财务部门进行判断。

客户关系示意图的方法不仅适用于对个体的工作产出进行分析，也同样适用于对团队的工作产出进行分析。前面所举的这个例子是对一个个体的绩效进行评估时分析个体的工作产出过程，下面我们需要看一看团队的工作产出如何设定。

某公司是一家从事礼品设计和销售的公司。礼品的需求通常有时间性变化，因为在某些特定的节日往往特定的礼品需求量会增大，因此，业务量和产品结构具有明显的随时间波动的趋势。基于这种特点，该公司经常根据某些特定的节日形成特定的任务团队来开展业务。这就需要对团队的绩效进行评估。

例如，在圣诞节期间，该公司专门成立了圣诞节礼品小组开展圣诞节礼品的开发、营销等工作。这个圣诞节礼品小组的客户关系如图6-3所示。

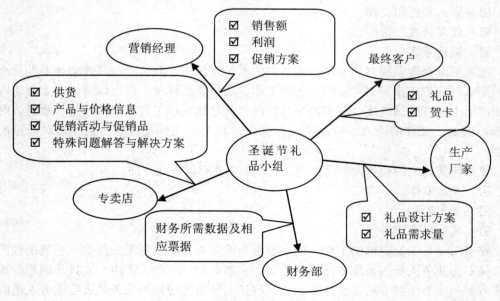

图6-3 圣诞节礼品小组的客户关系图

从上面这个圣诞节礼品小组的客户关系图中可以看出,这个小组接受营销部经理的领导,对专卖店、最终客户、生产厂家和财务部分别有工作产出。

圣诞节礼品小组向营销部经理提供的工作产出主要有以下几方面。

- ☑ 销售额。
- ☑ 利润。
- ☑ 促销方案。

在这些工作产出上,主要体现在圣诞节礼品小组要完成向上级承诺的工作目标,实现销售额和利润,同时提出让上级满意的促销方案。

这家礼品公司的销售渠道主要是各个专卖店,用户会在专卖店中订货,而圣诞节礼品小组按照订单的需求为专卖店供货。礼品小组向专卖店提供的工作产出主要有以下几方面。

- ☑ 供货。
- ☑ 产品与价格信息。
- ☑ 促销活动与促销品。
- ☑ 特殊问题解答与解决方案。

在对礼品小组向专卖店提供的这些工作产出进行评估时,主要可以考虑这样一些因素:供货是否及时、准确;是否能准确清晰地向专卖店提供有关产品和价格的信息;促销活动开展情况和促销品发放的数量、质量;当专卖店遇到一些难以回答的特殊问题时,礼品小组是否能及时提供令人满意的解答和解决方案。

由于圣诞节的礼品最终要提供给用户,那么最终用户对礼品的满意程度也至关重要。对最终用户,也就是礼品的消费者,圣诞节礼品小组提供以下工作产出。

- ☑ 礼品。
- ☑ 贺卡。

从最终客户的角度评估礼品小组的工作绩效主要是看客户得到的礼品是否能满足他们的需求,例如是否可以表达他们对朋友、亲人的感情,礼品的多样性是否可以满足送给不同对象的需求等。

这家礼品公司在礼品生产方面采用业务外包的方式,即委托一个专门的生产厂家来帮助它们生产礼品。圣诞节礼品小组必须提供给生产厂家以下工作产出。

- ☑ 礼品设计方案。
- ☑ 礼品需求量。

为了保证礼品的生产,礼品小组必须提供给生产厂家准确、清晰的设计方案,并且要及时提供，另外，对各种礼品的数量需求也要及时准确地提供。

另外，财务部门也是圣诞节礼品小组的一个内部客户。礼品小组要向财务部门及时、准确地提供与财务有关的数据和票据。

使用客户关系示意图的方式来界定工作产出，进而对绩效指标进行评估这种做法有以下几方面好处。

（1）能够用工作产出的方式将个体或团队的绩效与组织内外其他个体和团队联系起来，增强每个个体或团队的客户服务意识。

（2）能够使我们更加清晰地看到个体或团队对整个组织的贡献。

（3）这种直观的方式能使我们全面地了解个体或团队的工作产出，不易产生大的遗漏。

二、建立评估指标

在确定了工作产出之后，我们需要确定应分别从什么角度去衡量各项工作产出，从哪些方面评估各项工作产出。

许多经理人认为对绩效进行评估时，数量化的指标最好。然而，并不是所有的工作产出都可以数量化，例如，礼品小组的促销方案。那么就需要寻找其他一些可以验证和观察得到的指标。

（一）关键绩效指标的类型

通常来说，关键绩效指标主要有四种类型：数量、质量、成本和时限。

在建立绩效指标时，我们可以试图回答以下问题（如果这些问题得到回答，那么关键绩效指标也就得出来了）。

- ☑ 通常在评估工作产出时，我们关心什么（数量、质量、成本、时限）？
- ☑ 我们怎么来衡量这些工作产出的数量、质量、成本和时限？
- ☑ 是否存在我们可以追踪的数量或百分比？如果存在这样的数量指标，就把它们列出来。
- ☑ 如果没有数量化的指标来评估工作产出，那么谁可以评估工作结果完成得好不好呢？能否描述一下工作成果完成得好是什么样的状态？有哪些关键的衡量因素？

表 6-2 列出了常用的关键绩效指标的类型、一些典型的例子，以及从哪里可以获得验证这些指标的证据来源。

表 6-2 关键绩效指标的示例

指标类型	举例	证据来源
数量	产量； 销售额； 利润	业绩记录； 财务数据
质量	破损率； 独特性； 准确性	生产记录； 上级评估； 客户评估
成本	单位产品的成本； 投资回报率	财务数据
时限	及时性； 到市场时间； 供货周期	上级评估； 客户评估

（二）确定关键绩效指标的原则

在确定关键绩效指标时有一个重要的原则，即 SMART 原则。SMART 是 5 个英文单词第一个字母的缩写。S 代表的是 Specific，意思是指"具体的"；M 代表的是 Measurable，意思是指"可度量的"；A 代表的是 Attainable，意思是"可实现的"；R 代表的是 Realistic，意思是指"现实的"；T 代表的是 Time-bound，意思是指"有时限的"。

表 6-3 体现了在确定绩效指标时应如何运用这些重要的原则，怎样做符合这些原则，怎样做不正确。

表 6-3 确定绩效指标的 SMART 原则

原则	正确做法	错误做法
具体的	切中目标； 适度细化； 随情境变化	抽象的； 未经细化； 复制其他情境中的指标可度量的
可度量的	数量化的； 行为化的； 数据或信息具有可得性	主观判断； 非行为化描述； 数据或信息无从获得
可实现的	在付出努力的情况下可以实现； 在适度的时限内实现的	过高或过低的目标； 期间过长
现实的	可证明的； 可观察的	假设的； 不可观察或证明的

续表

原 则	正 确 做 法	错 误 做 法
有时限的	使用时间单位； 关注效率	不考虑时效性； 模糊的时间概念

在设定关键绩效指标时，我们需要依据上面提到的这些原则来做。例如，在产品设计方面，通常有"产品的创新性"这样的指标，这个指标就属于抽象的没有经过细化的。如果经过细化就可能至少包括这样的指标——在性能上提供竞争对手没有的三种以上的功能，至少设计出三种在外观上不同的款式。有些工作产出没有办法给出数量化的指标，那么就需要给出一些行为化的指标，也就是说，关键绩效指标或者是数量化的，或者是行为化的。例如，为会议提供服务这样的活动就难以给出数量化的指标，我们可以用一些行为化的指标进行界定。如在会议开始之前准备好会议所需的一切设施，在会议的过程中无须为寻找或修理必要的设施而使得会议中断等。行为化的指标还体现在这些指标可以观察到，一些心理状态的指标就不是外显的可以观察到的，这样的指标就不能用作关键绩效指标。例如，听课时的注意力集中程度，这样的指标是内部的心理活动，不易衡量和验证，因此不宜用这样的指标。在时限性的指标上，应该尽量避免使用"尽快""较快"等模糊的时间概念，应该给出清晰的时间限制。

三、设定考核标准

（一）指标与标准

设定评估标准往往与建立评估指标一起完成，我们之所以将其分成两个步骤进行介绍，主要是为了让人们分清楚两个不同的概念：指标与标准。

一般来说，指标指的是从哪些方面对工作产出进行衡量或评估，而标准指的是在各个指标上分别应该达到什么样的水平。指标解决的是我们需要评估"什么"的问题，标准解决的是要求被评估者做得"怎样"或完成"多少"的问题。

当我们界定了绩效指标之后，设定绩效的评估标准就成了一件比较容易的事情。对于数量化的绩效指标，设定的评估标准通常是一个范围。如果被评估者的绩效表现超出标准的上限，则说明被评估者做出了超出期望水平的卓越绩效表现；如果被评估者的绩效表现低于标准的下限，则表明被评估者存在绩效不足的问题，需要进行改进。对于非数量化的绩效指标，在设定绩效标准时往往从客户的角度出发，需要回答这样的问题："客户期望被评估者做到什么程度？"表6-4列举了一些绩效指标与绩效标准的实例。

表 6-4 指标和标准的区别示例

工作产出	指标类型	具体指标	绩效标准
销售利润	数量	年销售额； 税前利润百分比	年销售额在 20 万元～25 万元； 税前利润率 18%～22%
新产品设计	质量	上级评估： 创新性； 体现公司形象	上级评估： 至少有三种产品与竞争对手不同； 使用高质量的材料、恰当的颜色和样式，代表和提升公司的形象
	质量	客户的评估： 性价比； 相对竞争对手产品的偏好程度； 独特性； 耐用性； 提出的新观点的数量	客户的评估： 产品的价值超过了它的价格； 在不告知品牌的情况下对顾客进行测试，发现选择本公司产品比选择竞争对手产品的概率高； 客户反映与他们见到过的同类产品不同； 产品使用的时间足够长； 提出 30～40 个新的观点
零售店销售额	数量	销售额比上一年同期有所增长	销售额比上一年同期增长 5%～8%
竞争对手总结	质量	上级评估： 全面性； 数据的价值	上级评估： 覆盖了所有已知竞争对手的所有产品； 提供的数据包括对产品的详细描述，如产品的成本、广告费用、回头客的比例等
	时限	预定的时间表	能在指定的期限之前提供关于竞争对手的总结数据
销售费用	成本	实际费用与预算的变化	实际费用与预算相差 5%以内

（二）基本标准与卓越标准

在设定绩效指标时，通常需要考虑两类标准：基本标准与卓越标准。

1．什么是基本标准

基本标准是指对某个被评估对象而言期望达到的水平。这种标准是每个被评估对象经过努力都能够达到的水平。并且，对一定的职位来说，基本标准可以被有限度地描述出来。

基本标准的作用主要是用于判断被评估者的绩效是否能够满足基本的要求。评估的结果主要用于决定一些非激励性的人事待遇,如基本的绩效工资等。

2. 什么是卓越标准

卓越标准是指对被评估对象未做要求和期望,但是可以达到的绩效水平。卓越标准的水平并非每个被评估对象都能够达到,只有一小部分被评估对象可以达到。卓越标准不像基本标准那样可以被有限度地描述出来,它通常是没有顶的。

由于卓越标准不是人人都能达到的,因此卓越标准主要是为了识别角色榜样。对卓越标准评估的结果可以决定一些激励性的人事待遇,例如,额外的奖金、分红、职位的晋升等。表6-5列出了一些职位的基本标准和卓越标准。

表6-5 基本标准和卓越标准示例

举例职位	基 本 标 准	卓 越 标 准
司机	按时、准确、安全地将乘客载至目的地; 遵守交通规则; 随时保持车辆良好的性能与卫生状况; 不装载与目的地无关的乘客或货物	在几种可选择的行车路线中选择最有效率的路线; 在紧急情况下能采取有效措施; 在旅途中播放乘客喜欢的音乐,或在车内放置乘客喜欢的报刊以消除旅途的寂寞; 高乘客选择率
销售代表	正确介绍产品或服务; 达成承诺的销售目标; 回款及时; 不收取礼品或礼金	对每位客户的偏好和个性等做详细记录和分析主观判断; 为市场部门提供有效的客户需求信息; 维持长期稳定客户群
打字员	速度不低于100字/分钟; 版式、字体等符合要求; 无文字及标点符号的错误	提供美观、节省纸张的版面设置; 主动纠正原文中的错别字

可以看到,即便是一个非常普通的职位,例如司机、打字员,也会有很多卓越表现的标准。通过设定卓越标准,可以让任职者树立更高的努力目标。这些卓越标准本身就代表着组织所鼓励的行为。组织对做出这些所鼓励的行为的人,会给予相应的奖励。

四、审核关键绩效指标

在我们确定了工作产出并且设定了关键绩效指标和标准之后,还需要进一步对这些绩效指标进行审核。对关键绩效指标进行审核的目的主要是为了确认这些关键绩效指标是否能够全面、客观地反映被评估对象的工作绩效,以及是否适合于评估操作,从而为适时调整工作产出、绩效评估指标和具体标准提供所需信息。审核关键绩效指标主要可以从以下几个方面进行。

（1）工作产出是否为最终产品？由于通过关键绩效指标进行评估主要是对工作结果的评估，因此在设定关键绩效指标的时候主要关注的也是与工作目标相关的最终结果。在有最终结果可以界定和衡量的情况下，我们就尽量不去追究过程中较多的细节。

（2）关键绩效指标是否是可以证明和观察的？在设定了关键绩效指标之后，我们就要依据这些关键绩效指标对被评估者的工作表现进行跟踪和评估，所以这些关键绩效指标必须是可以观察和证明的。

（3）多个评估者对同一个绩效指标进行评估，结果是否能取得一致？如果设定的关键绩效指标真正是 SMART 的绩效指标，那么它就应该具有清晰明确的行为性评估标准。在这样的基准上，不同的评估者对同一个绩效指标进行评估时就有了一致的评估标准。能够取得一致的评估结果。

（4）这些指标的总和是否可以解释被评估者 80%以上的工作目标？关键绩效指标是否能够全面覆盖被评估者工作目标的主要方面，也就是我们所抽取的关键行为的代表性问题，也是我们非常关注的一个问题。因此，在审核关键绩效指标的时候，我们需要重新审视一下被评估者主要的工作目标，看看我们所选的关键绩效指标是否可以解释被评估者主要的工作目标。

（5）是否从客户的角度来界定关键绩效指标？在界定关键绩效指标的时候，充分体现出组织内外客户的意识。因此很多关键绩效指标都是从客户的角度出发来考虑的，把客户满意的标准当作被评估者工作的目标。所以，我们需要审视一下，在设定的关键绩效指标中是否能够体现出服务客户的意识。

（6）跟踪和监控这些关键绩效指标是否可以操作？我们不仅要设定关键绩效指标，还需要考虑如何依据这些关键绩效指标对被评估者的工作行为进行衡量和评估，因此，必须有一系列可以实施的跟踪和监控关键绩效指标的操作性方法。如果无法得到与关键绩效指标有关的被评估者的行为表现，那么关键绩效指标也就失去了意义。

（7）是否留下超越标准的空间？需要我们注意的是，关键绩效指标规定的是要求被评估者达到工作目标的基本标准，也就是说，是一种工作合格的标准。因此，绩效标准应该设置在大多数被评估者通过努力可以达到的范围之内，对于超越这个范围的绩效表现，我们就可以将其认定为卓越的绩效表现。

经过上述四大步骤，我们就可以得到能够衡量和验证的关键绩效指标。这样，我们采取措施对绩效表现进行跟踪和记录，就可以得到被评估对象在这些绩效指标上的表现。

第三节 关键绩效指标体系实施过程中的问题

一、KPI 系统设计原则误区及解决思路

当进行 KPI 系统设计时，设计者被要求遵循 SMART 原则。一般来讲，KPI 的设计者对于这个 SMART 原则是很熟悉的，但是，在实际设计应用的时候，却往往陷入以下误区。

（一）对具体原则理解偏差带来的指标过分细化问题

具体原则的本意是指绩效考核要切中特定的工作指标，不能笼统。但是，不少设计者理解成指标不能笼统就应尽量细化。然而，过分细化的指标可能导致指标不能成为影响企业价值创造的关键驱动因素。例如，天津某化工原料制造企业在其原来的 KPI 考核系统里，对办公室平日负责办公用品发放的文员也设定了一个考核指标："办公用品发放态度"，相关人员对这一指标的解释是，为了取得员工的理解以便操作，对每个员工的工作都设定了指标，并对每个指标都进行了细化，力求达到具体可行。而实际上，这个"办公用品发放态度"指标尽管可以用来衡量文员的工作效果，但它对企业的价值创造并非是"关键"的。因此，将该指标纳入 KPI 系统是不合适的。

（二）对可度量原则理解偏差带来的关键指标遗漏问题

可度量原则是指绩效指标是数量化或者行为化的，验证这些绩效指标的数据或信息是可以获得的。可度量原则是所有 KPI 设计者应注重的一个灵魂性的原则，因为考核的可行性往往与这个原则的遵循有最直接关系。然而，可度量并不是单纯指可量化，可度量原则并不要求所有的 KPI 指标都必须是量化指标。但是，在 KPI 系统实际设计中，一些设计者却过分追求量化，尽力使所有的指标都可以量化。诚然，量化的指标更便于考核和对比，但过分追求指标的量化程度，往往会使一些不可量化的关键指标被遗漏在 KPI 系统之外。例如，销售部门的绝大多数指标是可以量化的，因此应尽量采用量化指标，而人力资源部门的某些工作是很难量化的。这时，如果仍旧强调指标的可量化性，则会导致一些部门的 KPI 指标数量不足，不能反映其工作中的关键业绩。

（三）对可实现原则理解偏差带来的指标"中庸"问题

可实现原则是指绩效指标在付出努力的情况下可以实现，要避免设立过高或过低的

目标，由于过高的目标可能导致员工和企业无论怎样努力都无法完成，这样指标就形同虚设，没有任何意义；而过低的目标设置又起不到激励作用，因此，KPI 系统的设计者为避免目标设置的两极化，往往都趋于"中庸"，通常选择均值作为指标。但是，并非所有"中庸"的目标都是合适的，指标的选择需要与行业的成长性、企业的成长性及产品的生命周期结合起来考虑。例如，厦门某软件公司是一个成长型企业，2003 年的销售收入是 800 万元。在制定 2004 年的 KPI 体系时，对于销售收入这一指标的确定，最初是定在 1 980 万元。咨询公司介入 KPI 体系设计后，指出这一目标定得太高，很难实现，会丧失激励作用。而后，该企业又通过市场调查，重新估算了 2004 年的销售收入，认为应在 900 万元~1 300 万元之间，并准备将两者的平均数 1 100 万元作为 KPI 考核指标，咨询公司在综合各方面因素，尤其是分析了公司的成长性后提出，1 100 万元这个看似"中庸"的目标对一个处在成长阶段的公司来说尽管高于上一年的销售收入，但与通过积极努力可以实现的 1 300 万元相比，激励仍显不足，咨询公司建议选择 1 300 万元作为 KPI 指标，该指标是在企业现有实力下，员工们经过努力，而且是巨大的努力可以实现的。因此，对于可实现这一原则的理解，指标不仅要可以实现，还必须是经过巨大努力才可以实现的，这样考核才可以起到激励作用。

（四）对现实性原则回避而带来的考核偏离目标的问题

现实性原则指的是绩效指标实实在在，可以证明和观察。由于考核需要费用，而企业本身却是利益驱动性的。很多企业内部 KPI 体系设计者为了迎合企业希望尽量降低成本的想法，对于企业内部一些需要支付一定费用的关键业绩指标，采取了舍弃的做法，以便减少考核难度，降低考核成本，而他们的理由（或者说借口）往往是依据现实性这一原则，提出指标"不可观察和证明"。实际上，很多情况下，因这个借口被舍弃的指标对企业战略的达成是起到关键作用的。甚至因这类指标被舍弃得过多导致 KPI 与公司战略目标脱离，它所衡量的职位的努力方向也将与公司战略目标的实现产生分歧。因此，如果由于企业内部的知识资源和技术水平有限，暂时无法考核这一类指标，而这类指标又正是影响企业价值创造的关键驱动因素，那么，可以寻求外部帮助，如聘请外部的专家或咨询公司进行 KPI 系统设计，不能因为费用问题阻止 KPI 指标的正确抉择。

（五）对时限原则理解偏差带来的考核周期过短问题

时限原则是指注重完成绩效指标的特定期限，指标的完成不能遥遥无期。企业内部设计 KPI 系统时，有时会出现这种周期过短问题，有些 KPI 设计者虽然是企业内的中高层管理人员，但是他们中一些人并没有接受过系统的绩效考核培训，对考核的规律性把握不足，对考核认识不够深入。他们往往认为，为了及时了解员工状况及工作动态，考核的周期是越短越好。这种认识较为偏颇。实践中，不同的指标应该有不同的考核周期，有些指标是可以短期看到成效的，可以每季度考核一次，而有些指标是需要长时间才可以看出效果的，则可能需要每年考核一次。但是，在一般情况下，KPI 指标不推荐每月考核，因为这会浪费大量的人力和物力，打乱正常的工作计划，使考核成为企业的负担，长久以往，考核制度势必流于形式。

二、KPI 指标设计缺陷及解决思路

很多企业的 KPI 系统建立之后无法达到预期的目的，这往往是由于 KPI 指标设计存在缺陷造成的。常见的缺陷有以下几个方面。

（一）KPI 与 KRA 混淆

很多企业在进行 KPI 系统设置时，常会将 KPI 与 KRA 混淆。KRA（关键成果领域）是英文 Key Result Area 的缩写，也可以叫关键职责，有目标的性质。KRA 与 KPI 是相互联系的，每一个 KPI 都要有相应的 KRA 与之对应。例如，某公司销售经理的一项 KRA 是"完成全年销售计划"，那么与之对应的即"全年销售收入"，实际上，KPI 是关键业绩指标，不是目标，但可以籍此确定目标，KPI 是反映一个部门或员工关键业绩贡献的评价指标，即衡量业绩贡献的多少，是衡量目标实现的程度。一旦各部门或职位的 KRA 明确后，每个人的工作重点也就是清楚的，相应的工作重点，即阶段性关键的业绩贡献也就能够明确，这可避免一些无效的对目标达成没有意义的工作。

（二）KPI 指标数量过多或过少

有些设计者认为，KPI 指标越多越好，越详细越好，便于全面考核；但也有一些设计者认为 KPI 指标少一些，才能突出工作重点。KPI 是关键业绩指标，并不是所有指标都可以成为 KPI，只有那些对公司战略目标的实现起推动作用的，才可以成为公司的 KPI 指标。一般来说，KPI 指标数控制在 6 个左右为宜。因为过多的指标，无法突出关键所在，也会增加考核的难度；而过少的指标，会使每个指标的权重过大，使人过分专注于一两个关键指标，而忽略了其他应办事宜。

（三）KPI 指标不可量化

这与之前所述的可度量原则误区并不矛盾，可度量原则误区部分侧重的是不可以偏激地追求指标的全面量化程度，而这里强调的是，在定量和定性指标都可以使用的情况

下，应尽量使用定量指标。

现实中，有很多的 KPI 指标设置为"人员配置合理程度""日常工作的表现"等，而且很多相关的指导书籍中也经常使用这样的指标。当然，定性指标并非不可以用，在一些情况下，工作很难量化，使用定性指标是可以的。但是，这样的定性指标一定要具有可操作性，并且要辅助设计可供实际测量的软指标量表。事实上，非量化的考核指标在实际操作中是很难评价的，而且这样的 KPI 指标会大大增加评价打分者的主观因素。例如，"日常工作表现"，如果是部门经理负责评价下属员工的这一指标，在没有其他辅助工具的情况下，很可能出现经理按照关系亲疏远近打分的情况，这样则会丧失考核的公平公正性。

因此，在 KPI 指标设计中，如果可以使用定量指标，则应尽量使用定量指标，一方面减少定性指标的巨大工作量，另一方面也会减少定性指标的主观性。

（四）KPI 指标重复提取

有些企业 KPI 中包含"出勤率"或"迟到率"这样的指标，应该说，这种指标是不合理的。首先，很多企业的"出勤率"直接与工资挂钩，少上一天班就扣发一天的工资（带薪假期除外）。如果在 KPI 系统中还要设定这样一个指标，则是重复提取。类似地，某些工作内容，如果已经直接与奖惩制度挂钩，则不应再记入 KPI 系统；其次，KPI 指标是绩效指标，不是能力或态度指标。

KPI 关注的只是业绩方面，很多情况下，"出勤率"与业绩并非相关关系。

（五）KPI 指标信息来源不明确或来源成本过高

有些 KPI 指标符合了可量化、可操作性的标准之后，却依然无法达到考核的效果，主要原因是指标信息来源不明确或信息来源成本过高，后面一种情况更为突出。例如，"市场占有率"这一指标，表面上看，完全可以量化，而在现实中很多销售人员的 KPI 中都有这一指标。仔细分析起来，这个指标确定需要的外部支持非常大，最主要的就是进行市场调查，调查市场有多大，这一产品销售额有多少。可能对于某些大企业来说，是可以做到的，他们拥有自己的市场调查机构；然而对于绝大多数的企业来说，这种调查工作却需要依赖于外部的调查机构，这将大大提高考核的成本。所以，有些企业对于这个调查过程会偷工减料，致使考核无法达到预期目的。

一些看起来很"完美"的指标，恰恰是由于没有明确的信息来源或信息来源成本过高，导致指标失去预期效用，使考核流于形式。因此，在设计 KPI 体系的时候要特别留意那些看似"完美"的指标，如果这些指标没有明确的信息来源或成本过高，则不要使用。

三、KPI 应用缺陷及解决思路

即使在指标设置合理的情况下，KPI 考核有时也难以完全发挥效用，主要是由于应用中存在以下两个缺陷。

（一）KPI 指标设定固化

通常，KPI 指标设定之后，应该具有一定的稳定性，不应轻易更改。否则，整个 KPI 系统的操作将失去其系统的连续性和可比较性。正常情况下，一套合理的 KPI 指标设定之后，应适用于整个经营周期。但是，这并不是说，KPI 指标设定之后就具有了刚性，不能改变。实际上，由于公司阶段性目标或工作中的重点不同，相应各个部门的目标也随之发生了变化，在阶段性业绩的衡量上重点也不同，因此，KPI 存在阶段性、可变性或权重的可变性。如果 KPI 与公司战略目标脱离，则它所衡量的职位的努力方向也将与公司战略目标的实现产生分歧，KPI 指标与实际工作不对应是绩效考核流于形式的一个重要因素。

（二）使用 KPI 系统考核之后，缺乏必要的沟通过程

在企业里，基层员工对绩效考核有莫名的惧怕和抵触情绪，觉得绩效考核就是"管制""束缚""惩罚"的代名词，而某些中高层人员却只把绩效考核与"工资待遇"等同起来，或者考核流于形式，单纯为考核而考核，这种情况的出现与 KPI 设置的初衷相悖，绩效考核是激励的手段，是为了发现工作中的不足并弥补不足，以促进绩效的改进和提高。为扭转这种状况，就要求沟通在先，高层管理者要做的是，在工作过程中与下属不断沟通、不断辅导与帮助下属，记录员工的工作数据或事实依据，保证目标达成的一致性，这比考核本身更重要。简而言之，就是要在考核之后，让被考核者清楚地知道，在上一个考核期间内，他的工作在哪些方面存在不足，以及下一个阶段应该如何改进。另外，考核结果不能束之高阁，更不能成为恫吓员工、刺激中层的工具。

在许多有关绩效考核的书籍中也或多或少地提出了一些与 KPI 相关的注意问题，但是，在实践中这些问题仍在反复出现，这说明对 KPI 的本质与特点的理解把握需要一个过程，正确而有效地进行 KPI 实务需要对经验教训的认真总结与思考。

综合以上思路，可以将 KPI 的操作方法概括为三步，如图 6-4 所示。

（1）确定每一岗位的关键指标。
（2）定期计算指标并制作报表。
（3）以指标为中心进行工作管理。

```
┌─────────────┐ ┌─────────────┐ ┌─────────────┐
│ 确定每一岗位  │→│ 定期计算指标  │→│ 以指标为中心  │
│ 的关键指标    │ │ 并制作报表    │ │ 进行工作管理  │
└─────────────┘ └─────────────┘ └─────────────┘
```

- ☑ 指标选择依据三个判据
  ——对公司价值/利润的影响程度
  ——指标计算的可操作程度
  ——该岗位对指标的可控程度

- ☑ 每个机构统一由一个部门（管理信息室）负责计算结果以避免口径不一
- ☑ 对同级同行进行综合得分排名
- ☑ 对趋势进行分析
- ☑ 将报表分发各层级

- ☑ 定期召集管理会议，针对指标进行反馈、计划、追踪
- ☑ 用标准规范的表格

图 6-4　KPI 的操作要点

本章小结

关键绩效指标是用于考核和管理被评估者绩效的可量化的或可行为化的标准体系，体现为对组织战略目标有增值作用的绩效指标，通过在关键绩效指标上达成的承诺，员工与管理人员就可以进行工作期望、工作表现和未来发展等方面的沟通。

建立关键绩效指标体系，首先要明确企业的战略是什么，根据岗位业务标准，确定哪些是导致企业成功的因素，对关键绩效指标进行分解，最后，确定关键绩效指标、绩效标准与实际因素的关系。

关键绩效指标体系的构建的具体步骤为确定工作产出、建立评估指标、设定考核标准以及审核关键绩效指标。

针对实施 KPI 可能存在的问题，企业必须制定清晰明确的战略目标，并将战略目标进行有效分解，KPI 的实施必须以优化流程和组织结构及培育 KPI 企业文化为前提，通过绩效考核，建立良好的考核关系，重视 KPI 指标的创新，时刻保持管理优化的理念。

思考题

1. 什么是 KPI？它的含义是什么？你是怎么理解的？
2. 如何构建 KPI 体系？简述其设计思路。
3. KPI 有哪些类型？设计应遵循什么原则？

4. 企业在设计关键绩效指标体系时有哪些误区？如何避免？
5. 搜寻一些企业案例，讨论其设计和实施 KPI 体系的利弊。
6. 到某一个企业或单位进行调查，为其设计 KPI 体系。

案例 6-2　中国移动调整 KPI 考核办法：从 36 个细项减少到三个指标

记者近日了解到，由中国移动集团财务部牵头制定的新 KPI 考核办法，将在这个月集团年终工作会之后正式下发。

新版考核最大的亮点是，将从 2013 年的 36 个细项，减少到收入、利润率和 EVA 三个主要指标（不含管控扣分项目），其中收入是考核新增收入行业份额，这意味着中国移动不再追求绝对的、没有参照物的增长！各省公司也无须再为一大堆过程性指标而忙乎了，以始为终，只要能赚到钱就行。还有一个喜大普奔的好消息是，将不再公布 31 省分公司的绩效排名了！这个调整，对当下面临内忧外患的中国移动来说，虽非立竿见影的猛药，也是绝对的治愈系。从 2004 年深化考核以来，中国移动管理全班的规则是，31 个省公司每年一次大考，作为评定各项绩效的唯一标准，还要张榜公布成绩和排名，搞得这 31 个学生都非常紧张，生怕自己考不及格或排名落后。

以各种增长为主要目标的考核，成就了中国移动一家独大的局面，带着电信联通也跳到坑里，也制定了各种变形的 KPI，只是指标体系没有移动那么复杂。相比移动 30 多个细项，联通每年大约是三大类指标和十余个小指标，电信有用户数、收入、利润等十多个指标。这里面也有很大一部分是过程性指标。

所以说，三个运营商省分公司的困惑是一样一样儿的，一年到头都要为这些指标拼命，否则扣工资、扣奖金甚至降级、在全集团被打脸等后果就会接踵而来。

其实总部设立新增用户、存量用户保有、网络利用率等这些过程指标，也是好心，目的是为了指导省公司方向，规避经营中的风险。但在考核压力下，什么指标都有办法破解，如每月月底和年底的"突击增长""上月开户、下月销号"这样的"技术式增长"，出现了半数用户月支付额小于 1 元、集中异网拨打把对手基站打瘫的奇葩事件，更可怕的是曾经在数据业务上产生了庞大的利益输送。

可以说，三大运营商各分公司在 KPI 指标上的小动作已经是集体行为，KPI 已逐渐失去奖优罚劣的功效。根据中国移动内部统计，从 2005 年以后，各省公司 KPI 得分已经接近重合。但各省还是依旧要为这无意义的 KPI 投入不少资源，包括把压力放大向基层传递，电信联通出现了全员营销，市场竞争也不可避免地陷入了价格战等低层次无序状态。

因此这次中国移动将精简 KPI 指标的消息，引发了三大运营商内部的一致叫好，电信联通人还有点儿美慕嫉妒恨的意思。

那么究竟这次精简 KPI，会对中国移动产生哪些影响呢？

- ☑ 把经营自主权交给前线，回归企业经营本质，真正向客户为中心靠拢。总部不以寻找存在感而指挥前线，抽出时间考虑战略、规则制定、资源协调等。
- ☑ 所有省公司都会考虑如何赚钱，成本补贴项目会急剧萎缩，考核 EVA 就要多考虑赚钱的新项目，如大数据之类。
- ☑ 这三个 KPI 指标，东南沿海一带的学霸省表示躺着也能完成任务，但对于能力和环境相对较差的"学渣省"，估计还要适应一段。
- ☑ 如何考核网络、客服等后台部门的成绩？失去 KPI 的衡量，他们的工作没有那么显性，需要新的方案来匹配。
- ☑ 对一些失去 KPI 的环节来说是短期利差。如没有网络利用率等 KPI，对传统网优的影响就比较大，逼着供应商向用户可感知的新方案转变。网络层面的 KPI 都是供应商帮助来完成的。
- ☑ 一个很大的问题是省公司如何考核和引导地市公司，省公司一向也是依靠更高能的 KPI 指标分解，来管理地市分公司，这次势必也要调整。但这是一个崭新的命题，也是一个令人头疼的问题。

最终，这个考核调整，会让市场竞争变得更加理性，在整个通信业已经走向有限增长的成熟阶段，让运营商把资源用在如何提高用户体验、维系用户、提高利润率上，而不是玩命抢用户、胡乱砸钱换收益。学习两桶油、银行业等良好的竞争秩序，比效益、比差异、比创新、比服务。对一直裹足不前的虚商也是好事，中国移动和通信业会由此焕发出怎样的青春，期待中。

资料来源：林紫玉.中国移动调整 KPI 考核办法：从 36 个细项减少到三个指标[EB/OL].（2014-12-08）http://www.c114.net/news/118/ a871953.html,2014/12/8.

思考与讨论

1. 根据本章所学内容，理清中国移动构建 KPI 指标体系的思路。
2. 你认为这套体系有效吗？为什么？
3. 你觉得还存在哪些问题？应该如何改进？
4. 中国移动构建 KPI 指标体系的案例给了我们哪些启示？

知识链接   各主要责任中心 KPI 指标举例

一、研发系统
1. 组织增幅
指标名称：新产品销售额增长率和老产品市场增长率。
指标定义：年度新产品订货额占全部销售订货额比率的增长率，老产品的净增幅。
设立目的：反映产品研发的效果，体现公司后劲的增长，坚持产品的市场检验标准。
数据收集：财务部。

2. 生产率提高
指标名称：人均新产品毛利增长率。
指标定义：计划期内新产品销售收入减去新产品销售成本后的毛利与研发系统员工平均人数之比的增长率。
设立目的：反映研发系统人员的平均效率，控制研发系统人员结构和改善研发管理。
数据收集：人力资源部。

3. 成本控制
指标名称：老产品技术优化及物料成本降低额。
指标定义：计划期内，销售的老产品的物料成本降低额，要扣除那些因采购成本升（降）带来的物料成本变化额，而这些采购成本变化是可以比较得出的。
设立目的：促使研发部门不断完善和改进老产品，降低老产品物料成本，提高老产品竞争力。
数据收集：财务部。
指标名称：运行产品故障数下降率。
指标定义：计划期内，网上运行产品故障总数的下降率。
设立目的：促使研发系统提高新、老产品的质量和稳定性，降低产品维护费用。
数据收集：市场部。

二、营销系统
1. 组织增幅
指标名称：销售额增长率。
指标定义：计划期内，分别按订货口径计算和销售回款口径计算的销售额增长率。
设立目的：作为反映公司整体组织增幅和市场占有率提高的主要指标。
数据收集：财务部。

指标名称：出口收入占销售收入比率增长率。
指标定义：计划期内，出口收入占销售收入比率的增长率。
设立目的：强调增加出口收入的战略意义，促进出口收入增长。
数据收集：财务部。

2. 生产率提高

指标名称：人均销售毛利增长率。
指标定义：计划期内，产品销售收入减去产品销售成本后的毛利与营销系统平均员工人数之比。
设立目的：反映营销系统货款回收责任的履行情况和效率，增加公司收入，改善现金流量。
数据收集：人力资源部。

3. 成本控制

指标名称：销售费用降低率。
指标定义：计划期销售费用支出占销售收入比率的降低率。
设立目的：反映销售费用收入产生销售收入的效果，促使营销系统更有效地分配和使用销售费用。
数据收集：财务部。

指标名称：合同错误降低率。
指标定义：计划期内发生错误的合同数占全部合同数比率的降低率。
设立目的：促进营销系统减少合同错误，合理承诺交货期，从而提高整个公司的计划水平和经济效益。
数据收集：生产总部。

三、采购系统

1. 组织增幅

指标名称：合格物料及时供应率提高率。
指标定义：指计划期内，经IQC检验合格的采购物料及时供应的项次各占生产需求的物料采购项次比率的提高率。
设立目的：反映采购系统管理供应商的能力，以及对均衡生产的保障能力和响应能力。
数据收集：生产总部。

2. 生产率提高

指标名称：人均物料采购额增长率。

指标定义：计划期内，到货的物料采购总额与采购系统平均员工人数之比。
设立目的：反映采购系统的生产率，促使其减人增效。
数据收集：人力资源部。

3. 成本控制

指标名称：可比采购成本降低率。
指标定义：按代表性物料品种（重点是 A 类物品）计算的与上年同期比较或与业界最佳水平比较的采购成本降低率，在采购成本中包含采购系统的费用分摊额。
设立目的：降低物料采购综合成本。
数据收集：生产总部。

四、生产系统

1. 组织增幅

指标名称：及时齐套发货率增长率。
指标定义：指在计划期内生产系统按照订货合同及时齐套正确发货的产值占计划产值的比率。
设立目的：反映生产系统和公司整体的合同履约能力。
数据收集：市场部。

2. 生产率提高

指标名称：人均产值增长率。
指标定义：计划期内生产系统总产值与平均员工人数之比。
设立目的：反映生产系统的劳动生产率，促使其减人增效。
数据收集：人力资源部。

3. 成本控制

指标名称：制造费用降低率。
指标定义：产品制造成本中制造费用所占比率的降低率。
设立目的：促使生产系统降低制造费用。
数据收集：财务部。
指标名称：产品制造直通率提高率。
指标定义：产品（含元器件）一次性通过生产过程各阶段检验的批次占全部二产批次比率的提高率。
设立目的：提高制造质量，降低制造成本。
数据收集：管理工程部。

五、财经管理系统

1. 组织增幅

指标名称:净利润增长率。

指标定义:计划期内,净利润增长率。

设立目的:旨在促进财经管理系统通过全面预算的有效控制和对货款回收的有效监控,促使公司最终成果的增长。

数据收集:管理工程部。

2. 生产率提高

指标名称:财经管理人员比例降低率。

指标定义:计划期内,财经管理系统人员平均数占公司员工平均数的比例降低率。

设立目的:旨在促进财经管理系统减人增效。

数据收集:人力资源部。

3. 成本控制

指标名称:管理费用降低率。

指标定义:计划期内,公司管理费用支出(不含研发费用)占销售收入的比率的降低率。

设立目的:促使财经管理系统通过全面预算管理,有效地提高管理费用支出效果和降低管理费用率。

数据收集:管理工程部。

资料来源:华为公司内部资料。

 团队互动演练

研究型学习小组以所在学校为基础,完成学校某类岗位人员的《KPI 考核方案》。操作指导如下。

教学目的

☑ 熟悉关键绩效指标体系的构建流程。
☑ 理解关键绩效指标的特征和设计原则。
☑ 了解 KPI 考核的作用和重要性。

教学平台

以学生熟悉的组织为依托,选择某一类岗位,完成 KPI 绩效考核方案设计。

硬件支持：计算机中心实验室，每位学生配备一台计算机，允许网络连接。标准化教室，供学生讨论和陈述。

教师提供 KPI 绩效考核方案设计基本思路。

教学步骤

第一步，收集和研究组织背景信息。要求：组织概况、发展战略与企业文化、组织结构与职位分类、工作说明书、现有绩效考核制度、××年岗位工作目标。

第二步，设计关键绩效考核指标体系。要求：根据组织战略定位制订出公司级 KPI、部门级 KPI、岗位级 KPI，注意结合职责说明、工作流程，绘制客户关系示意图，确定工作产出，建立关键绩效考核指标。

第三步，设定某岗位的绩效考核标准。针对不同的岗位 KPI，根据该岗位的具体工作职责、工作内容以及任职资格要求等设定出相应的绩效考核标准。要求：设定基本标准与卓越标准、确定考核主体、明确如何对各项标准进行考核，依据标准划分出评价等级与分值。

第四步，审核 KPI 指标，形成和讨论某岗位绩效考核方案。要求：审核指标与标准的客观性、全面性与可操作性，提供反馈及修正信息；形成和讨论某岗位绩效考核方案。

团队成员

研究型学习小组在组长指导下合理分工，各负其责，按规定时间完成任务。

研究成果

- ☑ 《KPI 绩效考核方案》。
- ☑ 对其他小组的方案进行点评。

第七章 基于平衡计分卡的绩效考核

学习目标

- ☑ 了解平衡计分卡的产生背景及其发展和完善；
- ☑ 掌握平衡计分卡的结构；
- ☑ 把握平衡计分卡指标系统的特点和设计思路；
- ☑ 学会实施平衡计分卡的操作要点以及基本步骤；
- ☑ 能对平衡计分卡的理论与实践作出较贴切的评价。

案例 7-1　　　　可口可乐公司的 BSC 之路

可口可乐公司以前在瑞典的业务是通过许可协议由瑞典最具优势的啤酒公司普里普斯公司代理的。该许可协议在 1996 年到期终止后，可口可乐公司已经在瑞典市场上建立了新的生产与分销渠道。1997 年春季，新公司承担了销售责任，并从 1998 年年初开始全面负责生产任务。

可口可乐瑞典饮料公司（CCBS）正在其不断发展的公司中推广平衡计分卡的概念。若干年来，可口可乐公司的其他子公司已经在做这项工作了，但是，总公司并没有要求所有的子公司都用这种方式来进行报告和管理控制。

CCBS 采纳了卡普兰和诺顿的建议，从财务层面、客户和消费者层面、内部经营流程层面以及组织学习与成长四个方面来测量其战略行动。

作为推广平衡计分卡概念的第一步，CCBS 的高层管理人员开了 3 天会议。把公司的综合业务计划作为讨论的基础。在此期间每一位管理人员都要履行下面的步骤。

- ☑ 定义愿景。
- ☑ 设定长期目标（大致的时间范围：3 年）。
- ☑ 描述当前的形势。
- ☑ 描述将要采取的战略计划。

☑ 为不同的体系和测量程序定义参数。

由于 CCBS 刚刚成立,讨论的结果是它需要大量的措施。由于公司处于发展时期,管理层决定形成一种文化和一种连续的体系,在此范围内所有主要的参数都要进行测量。在不同的水平上,将把关注的焦点放在与战略行动有关的关键测量上。

在构造公司的平衡计分卡时,高层管理人员已经设法强调了保持各方面平衡的重要性。为了达到该目的,CCBS 使用的是一种循序渐进的过程。第一步是阐明与战略计划相关的财务措施,然后以这些措施为基础,设定财务目标并且确定为实现这些目标而应当采取的适当行动。

第二步,在客户和消费者方面也重复该过程,在此阶段,初步的问题是"如果我们打算完成我们的财务目标,我们的客户必须怎样看待我们?"

第三步,CCBS 明确了向客户和消费者转移价值所必需的内部过程。然后 CCBS 的管理层问自己的问题是:自己是否具备足够的创新精神、自己是否愿意为了让公司以一种合适的方式发展而变革。经过这些过程,CCBS 能够确保各个方面达到了平衡,并且所有的参数和行动都会导致向同一个方向的变化。但是,CCBS 认为在各方达到完全平衡之前有必要把不同的步骤再重复几次。

CCBS 已经把平衡计分卡的概念分解到个人层面上了。在 CCBS,很重要的一点就是,只依靠那些个人能够影响到的计量因素来评估个人业绩。这样做的目的是,通过测量与他的具体职责相关联的一系列确定目标来考察他的业绩。根据员工在几个指标上的得分而建立奖金制度,公司就控制或者聚焦于各种战略计划上。

在 CCBS 强调的既不是商业计划,也不是预算安排,而且也不把平衡计分卡看成是一成不变的;相反,对所有问题的考虑都是动态的,并且每年都要不断地进行检查和修正。按照 CCBS 的说法,在推广平衡计分卡概念过程中最大的挑战是,既要寻找各层面的不同测量方法之间的适当平衡,又要确保能够获得所有将该概念推广下去所需要的信息系统。此外,要获得成功重要的一点是,每个人都要确保及时提交所有的信息。信息的提交也要考虑在业绩表现里。

资料来源:雷蒙. 平衡计分卡应用案例之一:可口可乐(瑞典)饮料公司[J]. 中国企业家,2002(4).

可口可乐公司运用平衡计分卡改变了原来传统的以财务为单一衡量指标考核企业和个人经营绩效的方法,全面反映企业各个部门,包括营销部门的工作对企业整体绩效的整体影响,反映各个部门之间的相互影响,使企业主管对于企业的运营状况一目了然,增强了组织长期战略计划的实现能力,将绩效评价与战略管理完美地结合在一起。

第一节　平衡计分卡的诞生和发展

一、平衡计分卡的诞生

在平衡计分卡（BSC）产生之前，传统的考核指标已经产生了重大的缺陷。纵观人类历史上的绩效考核，不管是中国古代的考绩与考课制度，还是近代欧洲的绩效考评与考核（自工业化开始），都侧重于从某个角度去考察某个人的绩效。在平衡计分卡产生之前的 20 世纪 80 年代，各国的大公司都发现，采用传统的以财务为单一衡量指标考核企业和个人经营绩效的方法，已经不能适应现代社会竞争日益剧烈的环境的需要。在某些方面，传统的财务指标已经妨碍了企业的进步，具体表现在以下几方面。

（1）依靠传统的财务指标已不能向企业高层提供切实可靠的信息。仔细研究不难发现，企业的经营绩效受很多因素的制约，仅仅依靠财务指标实际对我们产生了很多的误导。结果我们的所有精力都放在了节约成本上，然后想办法增加利润。事实却事与愿违，我们的利润不是在稳步提升，而是在不断枯竭。

（2）无形资产的地位提升和日益受重视，大大减弱了单一财务指标作为衡量企业绩效的代表性。现在来看，企业财务指标已经将无形资产纳入到财务指标中，但在当时，财务指标更多地侧重于有形资产的考核和管理。

（3）企业自身的发展与社会发展相对应，一开始企业的首要任务就是搞好生产，以求低成本、大批量地供应产品，满足巨大的社会需求，因此，那时的企业是以生产为中心的。接着，随着形势的发展，企业不仅需要提供高质量、低成本的产品，还需要注重销售问题，企业的中心也就由一个变为两个。到了 20 世纪末，企业面对的是全球性的竞争，顾客的要求也变得严格多样，这就要求企业关注需求分析、产品创新设计、生产制造、市场营销、售后服务等方方面面的问题。为了与企业的职能变化相适应，企业的组织结构也要随之改变，也就是说，企业的职能范围越来越广，企业的组织结构也越来越复杂，构建于简单企业基础之上的管理控制体系越来越力不从心。此外，精益生产、实时生产、制造资源计划、世界级制造、全面质量管理等先进管理技术的发展对管理控制体系也提出了更高的要求。在这种情况下，客观环境要求我们去寻求一个更好的考核方法，摆在我们面前的是：如何用一种新的方法并且比单一财务指标更有效地去考核企业和个人绩效？

1992 年卡普兰（Robert S. Kaplan）和诺顿（David P. Noton）通过对绩效测评方面处于领先地位的 12 家公司进行了为期一年的研究之后，在《哈佛商业评论》和《成本管理杂志》上发表了第一篇关于平衡计分卡的论文——"绩效考核：平衡计分卡方法",正式提出了这一概念。"平衡计分卡"是一种将传统的财务指标分析与非财务指标相结合来评价组织绩效的方法,可以提供给管理者更广泛、丰富的管理及决策信息,实际上是一种战略管理工具。

调查表明,至 2004 年,财富 1000 强的企业组织中超过 55%开发了平衡计分卡系统。2005 年 3 月下旬,BSC 的创始人罗伯特·卡普兰来到中国"布道"平衡计分卡,掀起了一股平衡计分卡旋风,许多组织对 BSC 产生了浓厚的兴趣。目前,大多数管理咨询公司在指导各类组织的战略实施及绩效提升的过程中普遍使用平衡计分卡的理论及分析框架。

二、平衡计分卡的发展

BSC（Balanced Score Card）,我们译为平衡计分卡,它改变了以前绩效考核只是从财务指标入手的片面性,改而从四个方面去关注企业的绩效：财务角度、市场顾客角度、内部流程角度、学习与发展角度。过去的研究主要集中在如何给这四个方面设定具体指标,不同行业可能考核指标、指标权重有所差异。今天的平衡计分卡已经发展到将战略置于中心地位,它根据公司的总体战略目标将之分解为不同的目标,为之设定具体的绩效考核指标,并通过将员工报酬与测评指标联系起来的办法促使员工采取一切必要的行动去达到这些目标。

（一）第一代平衡计分卡

20 世纪 80 年代末,卡普兰和诺顿发现,企业单纯依靠财务指标进行绩效考核存在很多问题,过度关注财务指标会引发企业的短期行为,进而损害企业的长期利益,甚至给企业带来毁灭性的打击。因此,他们在 1992 年发表在《哈佛商业评论》的文章中,提出了平衡计分卡的概念。他们建议从多个角度来审视企业的绩效,强调绩效考核既要看结果,更要注重过程,设置均衡的衡量指标体系。

在这个阶段,卡普兰和诺顿建立了平衡计分卡的逻辑框架,即从财务指标和非财务指标两个方面来综合衡量绩效。该方法从四个角度关注企业绩效：财务角度（Financial）、顾客角度（Customer）、内部流程角度（Internal Business Process）、学习与发展角度（Learning and Growth）。然后选择那些与具体的战略目标相连的指标来构成整个测量体系。因此,整个平衡计分卡体系实际反映了多种平衡关系：短期和长期目标、财务和非财务指标、滞后和领先指标、外部和内部业绩视角。但是他们并没有对什么是平衡计分卡进行十分清楚的定义。这时平衡计分卡是作为一个对绩效评估的改进工具来使用的,以弥补传统目标管理在业绩指标体系设计方面的弊端。

早期的平衡计分卡关注于战略和愿景，但是没有说明如何有效设计和使用平衡计分卡。因为组织中的指标繁多复杂，卡普兰和诺顿没有说明在设计平衡计分卡时如何进行指标的过滤（也就是选择一小部分具体的指标来进行测量）和分类（也就是决定如何将测量指标分组成"角度"）。当时他们在其著作中仅仅建议"设计考核指标要以企业战略和愿景为导向"，并给出了一些提示性的问题供企业参考，如"为了让客户和股东满意，我们要完善和做好哪些业务流程"等，并没有具体提出一套具有可操作性的方法和工具来提炼衡量指标。显然，这种方式缺乏系统性和可操作性，不利于平衡计分卡在企业中的实际应用。很多企业在设计平衡计分卡时陷入迷茫。这对平衡计分卡的适用性提出了很大的挑战。

（二）第二代平衡计分卡

针对平衡计分卡的难以操作化的缺陷，卡普兰和诺顿对平衡计分卡进行了第一次重大改进。这次改进的一个关注点是因果联系。由于早期关于平衡计分卡内部的因果联系的阐述是不足的，卡普兰和诺顿在1996年发表了两篇文章，分别阐述了测量指标之间以及战略目标之间的因果联系。当时，他们建立了"战略联系模型"（在他们2004年的文章中称为"战略图"）来展示和阐述战略目标之间的联系，帮助企业识别需要进行考核的行为和结果。要求根据战略目标来确定一系列指标体系中的关键指标，这导致了平衡计分卡的设计流程发生了重大改变，对如何进行指标过滤和分色的问题提供了指导。同时，由于强调指标之间的因果关联性，不同部门的指标有所不同，但平衡计分卡体系却由此成为一个有机整体。经过这次发展，平衡计分卡从"改进的测量系统"发展成为"核心管理系统"（Core Management System）。

同时，在这次改进中，卡普兰和诺顿为了强调平衡计分卡对组织战略执行管理的支持，提出平衡计分卡是"战略管理系统"的一个核心要素，战略是衡量指标体系的灵魂。他们强调绩效衡量指标应该反映企业特有的战略意图，企业应设置具有战略意义的衡量指标体系。战略图是一个能够帮助企业明晰战略、沟通战略的有效工具。

（三）第三代平衡计分卡

有学者认为，第一代平衡计分卡更关注的是指标选择的过滤问题，而第二代平衡计分卡更关注的是指标选择的分类问题。但是在实践中，很多开发平衡计分卡的组织发现在测量指标的选择和目标设定，以及如何理性地由高层次平衡计分卡推衍出较低层次的平衡计分卡方面存在严重的实践问题，并且很多企业的管理流程在不同程度上都存在缺乏一致性的问题，各个管理体系分散，没有整合成一体化的管理体系，导致战略难以落地。

因此，卡普兰和诺顿对平衡计分卡进行了再一次的重大改进。这次改进主要体现在设计方法上的重大变化。详细来说，也就是对模型本身以及各种指标进行重新确认和定义，有了这些具体明确的陈述之后，管理者可以根据这些陈述来进行选择与发展，不必参考其他的东西。

在第三代平衡计分卡中，卡普兰和诺顿提出了"目标陈述"（Destination Statement）的概念，作为选择战略目标、选择测量指标和目标设置的出发点。目标陈述是一种描述，包括对组织在未来应是什么样子的量化细节的描述。通过目标陈述，战略目标的选择、因果假设的阐述都更加容易，并且管理团队能更迅速地达成一致。

通过这次改进，平衡计分卡已经上升为战略性绩效管理体系，作为战略执行的工具来使用。它强调企业应建立基于平衡计分卡的战略管理体系，帮助公司统一管理思想和战略执行方向，调动企业所有的人力、财力和物力等资源，集中起来协调一致地去达到企业的战略目标。

综上所述，第一代平衡计分卡主要是提出了平衡计分卡的逻辑框架，主要作为一种绩效评估的改进工具。第二代平衡计分卡主要是用"战略图"建立了战略目标间的因果联系。第三代平衡计分卡提出了"目标陈述"的概念，平衡计分卡成为一种战略执行工具。虽然平衡计分卡在内容上发生了很大的变化，但是卡普兰和诺顿最初提出的平衡的理念始终没有变化。

三、平衡计分卡的重要意义

平衡计分卡作为一个系统化的公司经营战略实施工具，面世以来受到了普遍的重视，这从目前美国一些商学院已经将平衡计分卡作为一门单独的课程就可见一斑。从理论上讲，平衡计分卡顺应了近年来公司经营目标从单纯对股东负责到对利益相关人负责的管理思想的转变；从技术上讲，平衡计分卡为公司经营战略与实施计划的设计和事后结果的考评提供了一套系统化的思路，是对公司高层关注的战略管理问题与基层关注的运营控制问题的一个对接和整合。

平衡计分卡是一个以组织战略目标为中心、以因果链为分析手段而展开的战略指标综合评价系统。它克服了传统的绩效评价方法过分强调财务绩效的缺点，采用多个方面的指标进行综合评价。把组织的战略目标与实现的过程联系起来，把企业当前的业绩与未来的获利能力联系起来，通过评价体系使企业的组织行为与企业的战略目标保持一致。具体有以下几方面。

（1）由于将员工的日常工作与企业的战略目标建立起了一个自然的联系，企业的战略目标的实现就有了保障。

（2）由于企业的员工知道自己日常所做的工作是在为实现企业的战略目标作贡献，员工会比较有成就感、方向感，提高了员工的工作热情。

（3）分解指标的过程，是一个高效的双向沟通的过程，这个过程提高了企业的凝聚力，加强了员工对企业的认同度，因此也就降低了人才流失。

（4）企业最高领导者通过平衡计分卡的体系，可以方便地掌握自己企业内部各个部门清晰、全面的运作状况。

（5）在企业的绩效考核指标制定过程中会发现各个部门、岗位的设置是否合理、工作量是否饱满。

（6）平衡计分卡技术帮助企业管理层梳理企业流程，发现企业中存在的各种问题，改善企业的管理水平。

（7）平衡计分卡技术衡量绩效的范围更全面、更实际、更客观。

（8）传统的财务绩效考核反映的是已有成果的总结，是过去式，向后看；平衡计分卡技术表明工作方向和目前达到的水平，是向前看，向前进。

（9）平衡计分卡方法是企业战略目标的分解，是帮助企业提高战略能力、实现战略目标的绩效推进指南，是与企业的使命、战略目标联系在一起的。

（10）平衡计分卡技术指出了绩效管理路线，从而蕴含了工作进步和工作管理的方向，为企业管理体系的构建和改革提供了思路。

（11）平衡计分卡技术把战略（而不是控制）置于中心地位。

（12）该方法不但完全改变了企业绩效评价思想，而且还推动企业自觉去建立实现战略目标的管理体系。在产品、内部流程、顾客和市场开发等关键领域使企业获得突破性进展。

第二节 平衡计分卡的基本内容

一、平衡计分卡的结构

平衡计分卡是以企业战略为基础，将各种衡量方法整合为一个有机的整体，它既包含了财务指标，又包含了顾客角度、内部流程角度、学习与成长等业务指标，使得组织能够一方面追踪财务结果，另一方面又密切关注能使企业提高能力并获有未来增长潜力的无形资产等方面的进展，这样就使企业既具有反映"硬件"的财务指标，同时又具备能在竞争中取胜的"软件"指标。

平衡计分卡是使企业战略落地的工具。它最突出的特点就是将企业的愿景、使命和发展战略与企业的业绩评价体系联系，把企业的使命和战略转变为具体的目标和测评指标，以实现战略和绩效的有机结合。

平衡计分卡的基本结构，如图 7-1 所示。

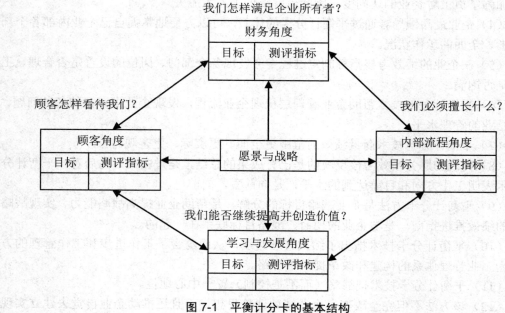

图 7-1 平衡计分卡的基本结构

（1）顾客角度——顾客如何看我们？企业为了获得长远的财务业绩，就必须创造出客户满意的产品和服务。平衡计分卡给出了两个层次的绩效评估指标：一是企业在客户服务方面期望达到绩效而必须完成的各项目标，主要包括市场份额、客户保有率、客户获得率、客户满意度等。二是针对第一层次各项目标进行逐层细分，选定具体的评价指标，形成具体的绩效评估量表。

（2）内部流程角度——我们必须擅长什么？这是平衡计分法突破传统绩效评价的显著特征之一。传统绩效评价虽然加入了生产提前期、产品质量回报率等评价，但是往往停留在单一部门绩效上，仅靠改造这些指标只能有助于组织生存，而不能形成组织独特的竞争优势。平衡计分卡从满足投资者和客户需要的角度出发，从价值链上针对内部的业务流程进行分析，提出了四种绩效属性：质量导向的评价、基于时间的评价、柔性导向评价和成本指标评价。

（3）学习与发展角度——我们能否继续提高并创造价值？这个方面的观点为其他领域的绩效突破提供手段。平衡计分卡实施的目的和特点之一就是避免短期行为，强调未来投资的重要性，同时并不局限于传统的设备改造升级，更注重员工系统和业务流程的投资。注重分析满足需求的能力和现有能力的差距，将注意力集中在内部技能和能力上，这些差距将通过员工培训、技术改造、产品服务加以弥补。相关指标包括新产品开发循环期、新产品销售比率、流程改进效率等。

（4）财务角度——我们怎样满足企业的所有者？作为市场主体，企业必须以盈利作为生存和发展的基础。企业各个方面的改善只是实现目标的手段，而不是目标本身。企业所有的改善都应该最终归于财务目标的达成。平衡计分法将财务方面作为所有目标评价的焦点。如果说每项评价方法是综合绩效评价制度这条纽带的一部分，那么因果链上的结果还是归于"提高财务绩效"。

经理可以通过把公司的战略和使命转化为具体的目标和测评指标，建立平衡计分卡。例如，为了建立平衡计分卡中侧重于顾客满意度的那一部分，电子线路公司经理确立了顾客绩效的总体目标：使标准产品早日上市，为顾客缩短产品上市时间，通过与顾客建立伙伴关系，向其提供多种选择，同时开发能够满足顾客需要的产品。经理们把战略的这些组成因素转化成四个具体指标，并为其一一确定了测评指标。

二、平衡计分卡的平衡

与传统的绩效考核工具相比，平衡计分卡强调实现以下四个平衡。

（一）财务指标与非财务指标的平衡

基于企业目标的思考是平衡计分卡思想的来源，也是平衡计分卡之所以平衡的原因。因为在过去的企业目标设置及其完成情况的考察中，都只注重了其中一两个方面，特别是只注重财务方面目标的实现，而忽略了客户、内部流程、学习与成长等方面的建设。在工业生产时期，财务指标足可以作为公司的目标而运作得非常好，但是到了如今这个时代，企业要不断地增强自身的各种技能与面对激烈的竞争环境，单纯采用财务指标可能会使企业的技能降低，产品技术加快落伍和核心人员流失加快等，所以这时要注重财务指标与非财务指标的平衡，如图7-2所示。

（二）长期目标与短期目标的平衡

正如卡普兰和诺顿所说的，"你所得到的就是你所衡量的"，所以寄希望于通过财务目标的实现带动客户、内部流程、学习与成长等方面的目标的实现是不现实的，财务目标的驱动力往往是短期的，员工一般不会自觉为了财务目标的增长而作长远的规划，特别是那些有利于长远的工作损害到近期工作的时候，员工为了避免主管的责难和不给主管留下业绩不良印象，他们只会做短期的动作来取悦主管。

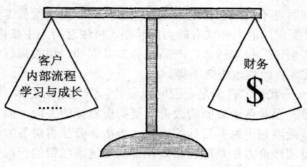

图 7-2　平衡计分卡的平衡

员工对于长远的规划或是有利于长远规划的工作，往往较为冷淡，于是这些工作便成为了主管的专属工作，员工从不参与。这样显然是浪费人力，如果主管在作长远规划时能得到工作在一线的员工的看法，如果主管在实施长远规划时员工能很好地理解并积极地进行配合，那样主管就会省下很多力气。

所以管理者能不单单把视线集中在财务目标，从而也引导员工不只是盯着财务目标，而是平衡各方面的发展，使员工参与到非财务目标及企业长期价值的创造上来。

（三）结果与动因的平衡

企业的所有者要求的当然是企业财务业绩的最大化，但这只是一个结果，前面也已论述过，单纯设立这个最终目标会导致难以控制，会使得最终目标是否能实现变得难以确定。所以要退一步，寻找实现这个目标的原因，从而设立分目标。对原因进行追索从而确定分目标是平衡计分卡最大的特色。平衡计分卡对原因和结果都进行了探讨，平衡了两方面的关系。所以平衡计分卡考虑到了企业内部各利益主体与价值创造主体的利益，兼顾财务指标与非财务指标，平衡了短期利益与长远利益的关系，明晰了结果与动因之间的逻辑关系，使企业能更加稳健地发展。

（四）前置与滞后的平衡

平衡计分卡提供了一个自上而下的时间思考维度，既关注那些能反映过去绩效的滞后性指标，也关注能反映、预测未来绩效的前置性指标。既要明确目前的财务指标在很大程度上是绩效周期公司行为的结果，又能够预测公司现在采用新技术后，财务指标将是下一年度经营效率的目标和经营行为的结果。

（五）内部与外部的平衡

关注公司内外的相关利益方有效实现外部（例如客户和股东）与内部（例如流程和

员工）之间的平衡。一方面，一个好的内部流程对于任何公司都非常重要，它可能与公司外部没有太多联系。另一方面，公司在市场上建立的客户形象和客户关系也非常重要。这两个方面都反映在平衡计分卡中。

平衡计分卡的核心思想就是通过财务（Financial）、客户（Customers）、内部经营过程（Internal Business Progress）、学习与成长（Learning and Growth）四个方面指标之间相互驱动的因果关系（Cause-and-Effect Links）展现组织的战略轨迹，实现绩效考核→绩效改进以及战略实施→战略修正的目标。平衡计分卡中每一项指标都是一系列因果关系中的一环，通过它们把相关部门的目标同组织的战略联系在一起；而"驱动关系"一方面是指计分卡的各方面指标必须代表业绩结果与业绩驱动因素双重含义，另一方面计分卡本身必须是包含业绩结果与业绩驱动因素双重指标的绩效考核系统，如图7-3所示。之所以称此方法为"平衡（Balanced）"计分卡，是因为这种方法通过财务与非财务考核手段之间的相互补充"平衡"，不仅使绩效考核的地位上升到组织的战略层面，使之成为组织战略的实施工具，同时也是在定量评价与定性评价之间、客观评价与主观评价之间、指标的前馈指导与后馈控制之间、组织的短期增长与长期发展之间、组织的各个利益相关者的期望之间寻求"平衡"的基础上完成的绩效考核与战略实施过程。

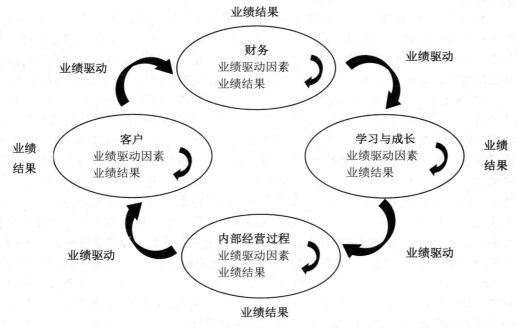

图 7-3　平衡计分卡的指标驱动关系

三、平衡计分卡的特点

平衡计分卡反映了财务与非财务衡量方法之间的平衡、长期目标与短期目标之间的平衡、外部和内部的平衡、结果和过程的平衡、管理业绩和经营业绩的平衡等多个方面。所以能反映组织的综合经营状况，使业绩评价趋于平衡和完善，利于组织长远发展。

平衡计分卡方法因为突破了财务作为唯一指标的衡量工作做到了多个方面的平衡。平衡计分卡与传统评价体系比较，具有如下特点。

（1）平衡计分卡为企业战略管理提供强有力的支持。随着全球经济一体化进程的不断发展，市场竞争的不断加剧，战略管理对企业持续发展而言更为重要。平衡计分卡的评价内容与相关指标和企业战略目标紧密相连，企业战略的实施可以通过对平衡计分卡的全面管理来完成。

（2）平衡计分卡可以提高企业整体管理效率。平衡计分卡所涉及的四项内容，都是企业未来发展成功的关键要素，通过平衡计分卡所提供的管理报告，将看似不相关的要素有机地结合在一起，可以大大节约企业管理者的时间，提高企业管理的整体效率，为企业未来成功发展提供坚实的基础。

（3）注重团队合作，防止企业管理机能失调。团队精神是一个企业文化的集中表现，平衡计分卡通过对企业各要素的组合，让管理者能同时考虑企业各职能部门在企业整体中的不同作用与功能，使他们认识到某一领域的工作改进可能是以其他领域的返步为代价换来的，促使企业管理部门考虑决策时要从企业整体出发，慎重选择可行方案。

（4）平衡计分卡可提高企业激励作用，扩大员工的参与意识。传统的业绩评价体系强调管理者希望（或要求）下属采取什么行动，然后通过评价来证实下属是否采取了行动以及行动的结果如何，整个控制系统强调的是对行为结果的控制与考核。而平衡计分卡则强调目标管理，鼓励下属创造性地（而非被动）完成目标，这一管理系统强调的是激励动力。因为在具体管理问题上，企业高层管理者并不一定会比中下层管理人员更了解情况，所作出的决策也不一定比下属更明智。所以由企业高层管理人员规定下属的行为方式是不恰当的。另一方面，目前企业业绩评价体系大多是由财务专业人士设计并监督实施的，但是由于专业领域的差别，财务专业人士并不清楚企业经营管理、技术创新等方面的关键性问题。因而，无法对企业的整体经营的业绩进行科学合理的计量与评价。

（5）平衡计分卡可以使企业信息负担降到最少。在当今信息时代，企业很少会因为信息过少而苦恼，随着全员管理的引进，当企业员工或顾问向企业提出建议时，新的信息指标总是不断增加。这样，会导致企业高层决策者处理信息的负担大大加重。而平衡计分卡可以使企业管理者仅仅关注少数而又非常关键的相关指标在保证满足企业管理需要的同时，尽量减少信息负担成本。

（6）平衡计分卡是一种绩效评价新思路。由图7-3可以看出，为实现企业的战略，平衡计分卡从四个方面进行考察，而这四个方面以其内在的因果联系全面、系统地对企业的关键方面进行了目标的设置与其要达到的标准。平衡计分卡与其他绩效考核方法最大的不同是，它提出了从财务、客户、内部流程和学习与成长四个具有内在联系的角度，改变了过去过分重视财务指标而轻视其他指标的弊端，同时也为人们衡量非财务指标提供了一种新的思路。

（7）从控制的角度来看，平衡计分卡是一个较为完善的控制系统。为了实现企业的使命和战略，平衡计分卡提供了更易于控制的四个方面的目标。这样使得较为抽象的战略构想较为全面地转化为四个具体的层面，将抽象的东西进行分解，有利于提高控制力。另外，从平衡计分卡的四个维度内部来看，它们之间存在着因果联系，环环相扣，有利于控制。

（8）平衡计分卡是一个战略管理系统。平衡计分卡的实质是将战略规划落实为具体的经营行为，并对战略的实施加以实时控制。所以平衡计分卡实现的远不止绩效的管理，它是一种战略管理的工具。平衡计分卡从财务、内部业务流程、客户、创新与学习四个方面全面地关注企业。这四个方面几乎涵盖了企业的各个方面，从这一点上讲平衡计分卡是一个战略管理系统。通过平衡计分卡的建立，所有员工都清楚地知道自己的工作对企业战略实现的意义，使企业员工在一套评价指标的引导下努力工作，从而实现组织战略目标。界定清晰的指标体系只是表面的战术制定过程，平衡计分卡的更核心的特征在于以评价系统为核心完成一系列重要的管理过程，从而对战略的实施过程进行系统管理。所以平衡计分卡的发明者卡普兰和诺顿认为"如果没有对公司愿景和优势有一个全面了解的高层管理者的参与，平衡计分卡是无法顺利实施的。"

四、平衡计分卡的内在逻辑及四个维度绩效指标的设计

（一）平衡计分卡的内在逻辑

平衡计分卡的四个维度不是毫不相关的四个维度，而是具有紧密的内在逻辑关系的。这些逻辑关系主要表现为前后相应、因果相照的关系。平衡计分卡提供的是这样一种思想：在追求某种目标的时候，我们的眼睛不能只是盯在它上面，而是要退一步从其原因着手。如果原因还有其被引起的原因，那么应继续寻找下去。平衡计分卡的四个维度就是根据这种思想得出来的。事实上，每个企业不必拘泥于这四个维度，可以根据自身企业的状况进行原因的寻找，从而得出自身企业的原因体系，这也是平衡计分卡，如图7-4

所示。

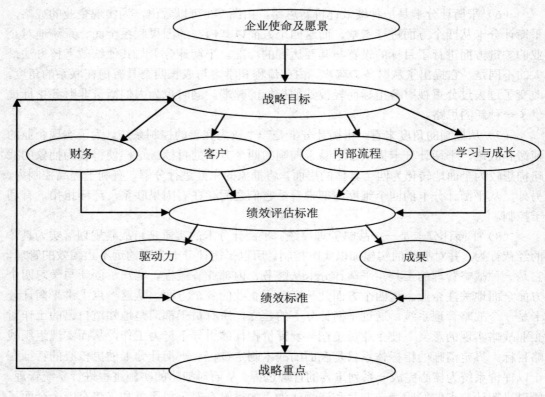

图 7-4　平衡计分卡的战略性质

那么，这里来看一下平衡计分卡的最初发明者是怎么想的。要达到既定的财务目标，我们寻找其最直接的原因。什么是利润实现的关键？不是产品质量、人员素质，而是客户。客户的每一次购买等于是对企业生产及盈利的认可。只有客户满意了，企业的财务目标才能得以实现。这样一个滞后性的指标（财务指标）就可以转变为一个前向性的指标（客户指标），从而使得企业对目标有更好的把握。所以财务目标的直接原因是客户的满意。

接下来，要使客户满意，就要能将适合客户的产品及时地送到客户手里，并提供良好的售后服务，这就是企业的整个内部流程管理。优质流程的每一个环节，其质量的保证靠的是每一个员工良好的素质。所以系统地提高员工的素质对于支撑优质的流程是至关重要的。图 7-5 所示为平衡计分卡的内在逻辑。

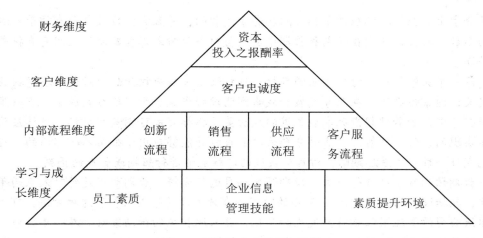

图 7-5 平衡计分卡的内在逻辑

 案例 7-2　　平衡计分卡在沃尔沃公司的应用

自从 1993 年与雷诺汽车公司（Renault）的兼并计划被取消，整个沃尔沃集团经历了重大的变革。该公司首先把大量的时间与资源花在了阐明沃尔沃集团各个子公司的愿景与战略上。1995 年年初，沃尔沃汽车公司（以下简称 VCC）提出了新远景"成为世界上最理想、最成功的专业汽车品牌"。基于该远景，为公司的每个部门都阐明了详细的战略。通过以行动为基础的商业计划，这些战略在整个公司得以实施。

在阐明战略的过程中，公司的管理层意识到沃尔沃集团的预算和计划体系无法提供可靠的预测。管理控制体系没有正确地估计技术、产品以及成为市场上的有力的竞争者所需要的进程。公司需要一个灵活的管理控制工具，该工具能够模拟现实情况并且能够对商业环境中的变化作出快速的反应。这些因素导致公司开始引入了"新计划过程"。

新计划过程是一种报告和控制，在该过程中公司一年中至少准备四次长期和短期预测，同时还要把关注的焦点放在目标和当前的经营计划上。新计划过程不强调预算安排，甚至会传递这样一种信息："不需要预算"。依照管理的要求，预算已经成为一种形式，一种对有效控制经营起阻碍作用的每年一次的仪式。

利用新计划过程，沃尔沃想把关注的焦点从细节转向目标。沃尔沃认为决策的制定应该尽可能贴近客户。这要求有一个能够提供早期预警信号的管理控制体系；一旦现实情况开始偏离预期，应该采取积极决策行动来使公司朝着已经确定的目标调整。

沃尔沃的管理控制是通过测量各个部门的业绩指标来进行的，业绩指标以图形显示在计分卡上。业绩指标应该是相关的和易于测量的，并且它们应该包含有货币或者非货币的参数。而且，它们在短期和长期中应该与财务业绩或者资本使用之间有直接或者间接的联系。

每一个业绩指标都对应相应的目标。目标设定过程应该开始于对部门理想状况的清晰定义；通常情况下，在业务发展和战略阐明过程中这个步骤已经完成了。下一步骤定义将引导部门朝着理想情况发展关键的成功要素指标变成可测量的目标。目标应该是有可能实现的、便于理解的、能够分解为次要目标并能够应用于公司不同部门的。应该设定完成每个目标的最后期限，对目标实现的过程能够进行短期或长期的预测。

长期预测每季度进行一次，短期预测按月进行分解。长期预测是针对未来两年的，这样，包括过去的两年，就有 5 年的时间段在被关注的范围内。用这种方法，可以警告沃尔沃公司的管理层注意将要发生的变化，并采取相应的行动策略。在一年当中，绩效的评估是连续不断地对每一个绩效指标都进行经常的预测和控制。

VCC 业绩报告包括 VCC 公司各部门提交的报告在业绩指标的基础上通过计分卡对每一个部门进行监督（指标事先由 VCC 的质量管理人员确定）。除了计分卡，还要对趋势、差异以及值得关注的事件发表评论：对任何差异都要提出一个行动计划这种报告不仅要用书面形式加以记录，而且在每月举行的会议上还要同 CEO 或者 CFO 进行口头陈述。根据 VCC 业绩报告，沃尔沃集团的管理层了解到许多业绩指标的完成情况，包括利润、客户的满意程度、质量、成本以及营运资本等。

通过不断比较真实业绩与预期业绩，公司总可以保证有一套行动计划来完成确定的目标。按照沃尔沃的规定，这些特点构成了业绩报告和年度预算之间的主要区别。但是，存在一个扩展的目标设定过程，在此过程中值得注意的是短期和长期目标总是保持不变，而预期目标却经常随着实际情况的改变而进行修正。因此，也可以看到补救行动计划是如何较好地完成的。

资料来源：雷盟. 平衡计分卡应用案例[J]. 人才瞭望，2004（3）：24-25.

（二）财务维度

财务维度是股东最关心的部分，是企业各种目标的最终落脚点。企业的管理者在设计这个维度的指标时必须考虑如下问题："我们如何满足我们的股东？"企业盈利是生存和发展的基础，财务指标主要考察的就是企业的盈利情况与能力。

财务指标作为企业目标的最终落脚点，必然要反映企业的战略目标。因为企业战略是在分析了企业内外部的形势和结合企业自身的能力之后制定出来的，所以企业的财务指标只有严格按照战略目标进行设定才有可能顺利得以实现。

财务指标一般可以分为以下四类。

（1）收入与成本类指标。
（2）资本运营效率类指标。
（3）债务偿还类指标。
（4）生产效率类指标。

一个企业要达到既定的财务目标，最直接的指标就是收入与成本类指标，即增加收入和降低成本；其次还可以从侧面对企业的财务表现进行衡量。资本的运营效率高低、债务的偿还程度与生产效率的高低都会影响到企业收入的增加与成本的降低。由此也可以看到，财务指标内部存在"支撑"关系，所以说寻找"支撑"、寻找原因是平衡计分卡中始终贯穿的思想。图7-6所示为财务指标内部逻辑关系。

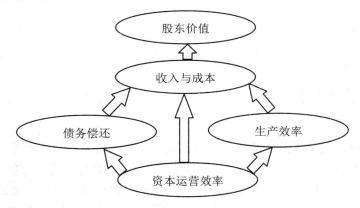

图7-6　财务指标内部逻辑关系

常见的主要财务指标列举如下。
（1）收入与成本类指标
☑　净资产收益率（权益收益率）。
☑　总资产收益率。
☑　销售利润率。
☑　销售额增长率。
☑　人均销售额增长率。
☑　人均利润增长率。
☑　成本费用利润率（成本费用包括销售成本、销售费用、管理费用和财务费用）。
☑　费用降低率。
（2）资本运营效率类指标
☑　投资回报率。

- ☑ 资本保值增值率。
- ☑ 资产回报率。
- ☑ 总资产周转率。
- ☑ 流动资产周转率。
- ☑ 存货周转率。
- ☑ 应收账款周转率。

（3）债务偿还类指标
- ☑ 资产负债率。
- ☑ 流动比率。
- ☑ 速动比率。
- ☑ 现金流动负债率。

（4）生产效率类指标
- ☑ 单位时间收入率。
- ☑ 单位时间利润率。

（三）客户维度

什么是企业利润实现的关键？利润无论大小，实现的关键就在于客户。所以千百年来的中外的商业思想中的一条箴言就是"顾客至上"。谁要是不能满足客户的需求，谁就终将被淘汰，这无论是对于竞争激烈的行业还是垄断的行业。对于竞争性行业，若不尊重客户需求，那就会被市场淘汰；对于垄断性的行业，若不能较好地满足客户的需求，那样也会被市场外的力量（如政府、民间团体等）所淘汰或是限制。

平衡计分卡重新强调了"顾客至上"这个思想，指出其在实现企业利润中的关键地位。随着客户数量的不断增长和竞争企业的不断增加，意味着企业除了在吸引新增客户上不断加大力度以外，将越来越关注已有客户的满意度和忠诚度。企业的工作除了不断地吸引新的用户外，还要积极保留旧的顾客。因为营销实践中发现开发一个新的顾客的成本要比保留一个旧顾客的成本高得多。随着我国市场经济日渐成熟，企业定期考察客户满意度和忠诚度显得尤为必要。

如何提高顾客的满意度与忠诚度？首先就要弄清楚顾客满意与顾客忠诚的来源，如图7-7所示。

企业所提供的三类要素若是与顾客的期望不同，那就不可能做到顾客满意，没有持续的满意，就不会有顾客的忠诚。如何衡量以上三类要素的表现？一般从两个方面进行衡量：一是前瞻性指标；二是滞后性指标。这就好比考察一个人的患病情况一样，前瞻性指标是在平时没病的时候通过观察其行为，如其饮食状况、休息时间等来推测其患病的可能性及程度。如果其在某段时间饮食较差、休息得比较少等，就可推断他患病的几率较高及患病时间会比较长等；而滞后性指标是指在其患病后对其体温、体内病毒数等进行测量，从而直接了解其患病的程度。衡量客户维度的指标也是一样的。

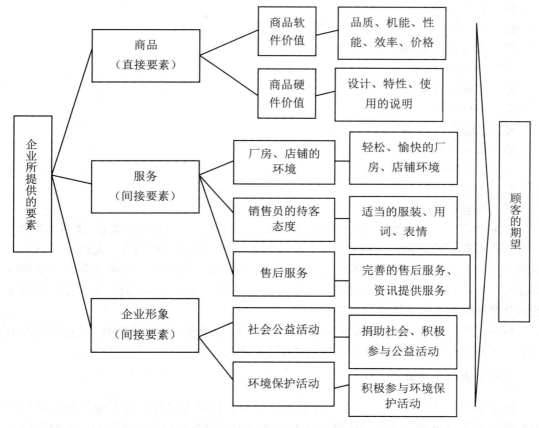

图 7-7　顾客满意与顾客忠诚的来源

（1）前瞻性指标

① 客户开发

☑　新客户开发环比增长率。

☑　现实客户与潜在客户的比例。

☑　单位新客户开发成本。

② 客户维持

☑　旧客户的人数增减率。

③ 客户满意度
- ☑ 旧客户续约率。
- ☑ 新顾客成长率。
- ☑ 客户称赞率。
- ☑ 客户投诉率。
- ☑ 投诉处理周期。

（2）滞后性指标
- ☑ 市场占有率。
- ☑ 市场份额。
- ☑ 关键客户占有率。
- ☑ 收入利润
- ☑ 单位客户营业额。
- ☑ 单位客户利润率。
- ☑ 新客户的利润比例。

再来理清一下客户维度与财务维度之间以及客户维度内部的逻辑关系。从图7-7中可以看到获得客户的满意后，就有利于客户认可度与客户忠诚度的建立与提高。客户的忠诚度的提高有利于客户销售份额的提高，从而有利于企业市场份额的扩大与客户盈利性的增强。同时客户的认可度也有利于市场份额的扩大。而市场份额的扩大和客户盈利性的增强直接影响到财务表现的优劣。

另外，在图7-7中还注意到内部流程与客户的价值诉求对客户维度有"支撑"的因果关系。下面来分析一下内部流程维度，如图7-8所示。

（四）内部流程维度

如何满足顾客需求？或者进一步说如何使企业向顾客提供的要素能符合客户的需求？特别是在竞争如此激烈的环境中，消费者对各类产品往往应接不暇，企业如何抢占自己的产品在消费者心中的地位？这就要求本企业比其他企业在某一或某几个方面更优秀。平衡计分卡在这个维度中向我们提出的问题是"我们必须擅长什么？"企业如何通过自身有效率的生产与管理流程，向客户提供差异化的产品和完善的服务并使之符合客户的需求与期望，打造企业的核心竞争力。

但是要建立一个高效的流程体系并不容易。内部流程最关键也是最难的地方在哪里？那就是降低流程的成本。之所以难度大，不是因为没有降低成本的方法，而是没有发现流程存在问题。很多企业的员工总是抱着这样一个不好的想法："我想无论怎么变，也和现在这个流程差不到哪里去了。"所以旧流程依然是旧流程，没有发生大的改变。另外很多员工眼睛只是看到了前面,看到了离他最近的流程环节的情况,但就整个流程并没有提出有效的改进意见。综合以上两点,企业在推行业务流程重组时要非常慎重,流程的改造只能成功不能失败,否则在失败后再想进行业务流程的改造,员工就很难再相信而且也不愿意配合了。

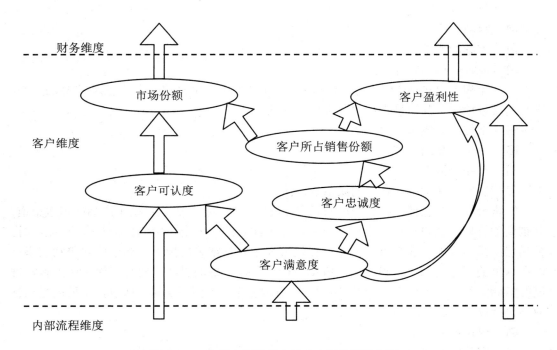

图 7-8　三个维度间及客户维度内部的逻辑关系

资料来源:Robert S Kaplan, David P Norton. The Strategy Focused Organization[M]. Boston. Massachusetts: Harvard Business School Press, 2001: 88.

那么如何知道我们的流程需要变革?换句话说,如何测量我们的流程?首先来弄清楚高效的内部流程源自哪里。它一般源自两个方面:一是流程中的每个环节;二是企业内各个流程间的效率。而测量也主要从这两个方面进行。

一般企业里有如下的流程环节:产品设计流程、供应流程、生产流程、销售流程和售后服务流程。

产品设计流程主要包括:识别消费者的真正需求;确定企业的目标细分市场;产品的创新设计;决定是购买还是自己生产材料;制定新产品上市计划。其衡量指标主要包括以下几项。

- 新产品的开发周期。
- 新产品开始销售后一年内的销售额。

供应的流程主要包括材料需求估计、供应商的确定、财务协助和库存管理。其衡量指标主要包括以下几项。

- 材料供应速度。
- 材料合格率。
- 库存的费用。
- 库存材料的完好率。

生产流程主要包括：建立生产模型（包括成本、出厂价格和生产日程）；产品的生产；产品的质量检验。其衡量指标主要有以下几项。

- 单位产品成本。
- 单位产品的生产时间。
- 产品合格率。
- 质检的准确率（客户的质量投诉次数）。

销售流程主要包括：产品价格的确定，确定产品的推广方式；确定产品的销售渠道；分销商的管理。在设计衡量指标的时候，值得注意的是各个角度的指标与客户维度的指标的层次是不同的。客户维度的指标在这方面主要是结果性指标，如单位客户利润率；而在这里的指标是为"支撑"客户维度指标。所以正确的思考模式是"为了达到客户维度的指标，我们在流程方面应当如何做"，而这些作为如何去衡量。所以其主要衡量指标应该包括以下几项。

- 单位产品的销售费用。
- 产品的知名度。
- 销售渠道的广度。
- 分销商利润率。

客户服务流程主要包括：客户资料库建设；服务信息制作与发放；客户诉求的处理；客户满意度反馈。其主要的衡量指标包括以下几项。

- 客户服务成本。
- 客户投诉处理速度。
- 客户服务的质量（客户投诉次数）。

企业内各个流程间的效率是指各个流程间的衔接方式的效率。企业的任何一个任务可能要从新产品设计到客户服务各个流程及流程内部的各个环节都要经历过，但也可能只是经过几个简单的步骤就完成了。所以业务流程重组是为了使得流程间的效率更高，降低流程成本。如何衡量流程间的效率？既然考察的是完成任务的效率，而且是"支撑"客户维度的，所以可以考虑如下指标。

- ☑ 订单完成速度。
- ☑ 订单完成质量。

案例 7-3　　IBM 利用信息技术和专业系统改造流程

IBM 公司在进行流程重组前，在原来的流程下，一个顾客若要大批量采购，想从地方销售代表那里获得价格信息，一般需要 6 天，若遇特殊情况（办事拖拉），就需要两周左右的时间。在此期间，有的顾客耐不住性子，就转向其他计算机公司，这样就会使 IBM 蒙受较大损失。

原来的流程如图 7-9 所示。

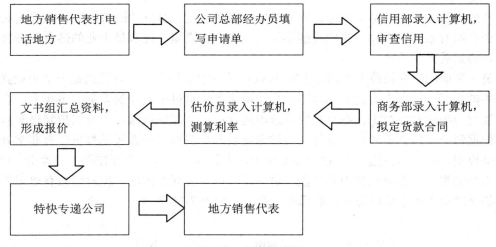

图 7-9　原来的流程

于是 IBM 公司对原来的流程进行了重新的评估，经过大胆的摸索和试验，最后采用如下改革措施：将原来流程中的专业人才（如信用审核员、文书组成员、估价员等）代之以通才（称为交易员）。原来那些专业人才的工作交由计算机处理，如在计算机中装上顾客信用系统、标准化的申请表、具有基本条款的合同样本和利率测算程序等。这样，由一名交易员就可以包办所有的工作了。交易员还可以借助专家系统来处理一些复杂的交易，在遇到非常特殊的情况时，他才向公司中的专家请教。新流程如图 7-10 所示。

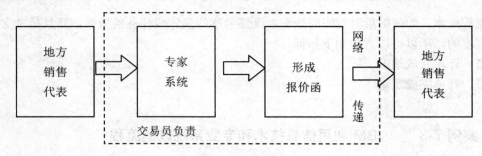

图 7-10 新流程

流程经过改造以后,将原来需要一周时间的公文旅行减至四个小时,大大降低了人力和财力支出,也使公司的业务扩大了 100 倍。

资料来源:http://www.docin.com/touch_new/previewHtml.do?id=1596035062.

(五)学习与成长维度

高效内部流程的创造与实施、优秀的客户服务质量、良好的财务表现,归根到底,都是企业所有素质的支撑。这些技能不仅包括员工的素质,还包括企业的信息管理技能和良好的素质提升环境。

员工素质的研究起源于 20 世纪 70 年代,管理学家们致力于寻找的是一个企业竞争力的关键来源,现今企业之间乃至国家之间最激烈的莫过于人才的竞争。事实上,企业除了要努力招聘到好员工,在平常的管理中还有很多工作应该做。当员工招聘进来后,就要根据每个岗位的素质模型进行人员的素质培养与跟踪。在素质模型里,有非常著名的一个模型,叫"冰山模型"。这个模型指出,人的素质就像一个浮在海上的冰山一样,露出水面的那一小部分是知识和技能,这些是可以直接观察到的,但对绩效有更重要的影响的是冰山水面下难以观察到的那部分素质,如图 7-11 所示。

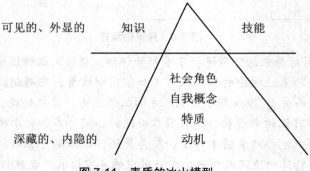

图 7-11 素质的冰山模型

很多企业可能在很多时候只注重员工的知识和技能，但事实上即使对员工的知识与技能的培训很充足，对企业绩效的提高还是不大。作为管理者更应当将精力投到冰山下部的素质提升工作上来。但这些素质的特点越是靠近底层，越是难以被影响。所以一方面管理者应当根据公司的企业文化与战略，在招聘时除了对员工的知识与技能进行甄别外，还应注意其态度、性格、内驱力及社会动机是否与企业文化相适应；另一方面在日常的管理沟通中应当加强沟通，把握员工的性情，因人而异地实施引导工作，使其潜能更好地发挥。

人员素质的培养是一个长期的战略举措，也正因为如此，这方面工作见效较慢，即使是见效快，效果也很难看得出来。所以很多企业在平常营运稳定时不愿多花心思栽培员工，这显然是与素质建设相违背的，必然不利于支撑平衡计分卡的前三个层面，不利于企业绩效的提升。为了衡量企业在人员素质培养方面的情况，可根据素质模型从以下几个指标进行考查。

- ☑ 员工培训次数。
- ☑ 员工岗位技能资格相关证书的获取情况。
- ☑ 员工通用素质测试分数。
- ☑ 员工专业技能素质测试分数。
- ☑ 员工满意度。
- ☑ 员工流动性。
- ☑ 新产品开发数量。
- ☑ 新产品推出速度。
- ☑ 新产品销售额占总销售额的比例。

在信息管理方面，有效的信息管理系统对于一个企业是非常重要的。有关竞争对手的信息、市场的信息、企业内部上传下达的信息、员工表现的信息等的收集系统、分配系统、查询系统和知识共享系统，其效率的高低直接影响员工的工作效率和素质的提升。所以信息管理是员工素质发挥与提升的重要基础。这方面的衡量指标有以下几项。

- ☑ 信息覆盖率。
- ☑ 信息系统的反应时间。
- ☑ 信息的有用程度（利用率）。
- ☑ 信息系统的更新速度。

在素质提升环境方面，良好的环境（包括硬件环境和软件环境）对员工素质的提升是不可缺少的。硬件环境包括工作场所环境及配套设施、薪资福利等。这要求企业要有适当的投入。而要使员工满意，更重要的是在软件环境方面的努力。这里的软件环境主要指的就是企业文化。现今很多企业都认识到企业文化在企业绩效提升、员工保留中的重要性，但很多企业在这方面的工作却适得其反，不仅使原有的文化变得模糊了，而且新的文化观念又没能在员工心中建立起来。第一，企业文化的建设首先要重视榜样的作用，管理者首先要作出表率，深刻理解企业的价值观与各种默认原则，在日常行为中做到言传身教。第二，要让企业文化深入民心，就要作好规划，积极引导。企业文化是一个系统的工程，在进行企业文化的建设时，要首先挖掘企业领导人及企业优秀员工的精神内涵，从中提炼出企业的价值观；其次要了解企业文化的建设现状，目前员工当中存在的基本思想是什么；再次要注重沟通，利用领导谈话、日常指导和各种宣传形式进行企业文化的宣传，注意增强企业文化的感染力，使员工感受企业文化的力量；最后将企业文化体现到企业的奖惩体系上来。通过奖惩（当然形式有很多，不一定只是与薪资有关）来更明确地向员工传递公司重视什么样的行为而不重视什么样的行为，从而产生约束和引导作用，并将员工行为变为员工的日常习惯。这方面的指标有以下几项。

- ☑ 员工犯错次数。
- ☑ 员工冲突解决时间。
- ☑ 员工的流失率。

由以上可以看出在各个维度之间以及各个维度内部之间都存在着因果承接的关系，也正是根据此因果承接关系使得原来松散无序的指标变为逻辑清晰的一个指标系统。

第三节　平衡计分卡的设计程序与应用

一、引入平衡计分卡的基本程序

引入平衡计分卡是个非常慎重的工作，绝不是一朝一夕就可以解决的。根据设计者的实践，他们认为引入平衡计分卡的时间周期在两年以上，才能发挥它的作用。

使用平衡计分卡的企业，不再只将财务指标视为公司绩效的唯一指标。以平衡计分卡为基础建立企业的绩效考核体系，一般需要经由以下四个基本程序，这四个程序既可独立，也可共同为把长期的战略目标与短期的行动联系起来发挥作用。

（一）说明愿景

它有助于经理们就组织的使命和战略达成共识。虽然最高管理层的本意很好，但"成为出类拔萃者"、"成为头号供货商"或"成为强大组织"之类的豪言壮语很难转化成有用的行动指南。对负责斟酌愿景和战略表述用语的人来说，这些术语应当成为一套完整的目标和测评指标,得到所有高级经理的认可,并能描述推动成功的长期因素。

有些专家也将平衡计分卡称作房子理论,这是因为一个完整的平衡计分卡像是建造好的房子一样,在平衡计分卡体系中,处于房子顶部三角部分的分别为使命、愿景和战略。处于房子下部四方形的部分为顾客(服务对象)、内部业务流程、学习与成长和财务层次。平衡计分卡就是在对组织战略达成共识的基础上,将组织的战略转化为平衡计分卡四个层次的绩效目标、绩效指标、目标值以及行动方案,从而达到实现组织战略的目的,它是一种战略管理系统。

(1)使命。就是组织目的是什么?要立志做什么?实现什么?这是对一个企业或组织为什么存在的一个描述,反映了员工在组织工作的动机。通常用简短的使命宣言,简单清晰地传达了一个组织存在的原因。使命是转换活动的起点,一个精心设计的平衡计分卡有助于各项指标与我们最终期望达到的目标保持一致,并指导全体员工全心全意地作出正确决策。

有效的使命宣言通常体现四个特征:鼓励变革、长期有效、容易理解和沟通、全员共识并共同为之奋斗。以一些著名公司为例,他们的使命宣言如下。

- ☑ 沃尔玛:以降低全球生活的价格为目标。
- ☑ 玫琳凯化妆品:丰富女性人生。
- ☑ 惠普:为人类的进步和福利作出技术贡献。

(2)愿景。就是未来的蓝图是什么?这是用来定义一个组织目前的状态以及将来的发展方向,时间跨度一般在 5~10 年以后。愿景在组织变革过程中是一个非常重要的组成部分。它可以起到三个重要的作用:一是指出一个组织的发展、变革的方向;二是激励人们沿着正确的方向采取行动;三是使企业中不同的人行动迅速且有效配合。

以索尼公司 20 世纪 50 年代的愿景宣言为例:成为全球最知名的企业;改变日本产品在世界上的劣质形象。

(3)战略。是理想与现实之间的桥梁。是联结使命、愿景与实际行动计划的纽带。每个战略都对应着一个或更多的目标。

在平衡计分卡中,处于核心地位的是使命、愿景和战略,这项要素对四个层次目标、指标的确定起到决定、导向的作用。

(二)沟通

它使各级经理能在组织中就战略要求进行上下沟通,并把它与各部门及个人的目标联系起来。在传统上,部门是根据各自的财务绩效进行测评的,个人激励因素也是与短期财务目标相联系。平衡计分卡使经理能够确保组织中的各个层次都能理解长期战略,而且使部门及个人目标与之保持一致。

（三）业务规划

它使公司能实现业务计划与财务计划的一体化。今天，几乎所有的公司都在实施种种改革方案，每个方案都有自己的领袖、拥护者及顾问，都在争取高级经理的时间、精力和资源支持。经理们发现，很难将这些不同的新举措组织在一起，从而实现战略目标。这种状况常常导致对各个方案实施结果的失望。但是，当经理们将利用平衡计分卡所制定的雄心勃勃的目标作为分配资源和确定优先顺序的依据时，他们就会只采取那些能推动自己实现长期战略目标的新措施，并注意加以协调。

（四）反馈与学习

它赋予公司一项称之为战略性学习的能力。现有的反馈和考察程序都注重公司及其各部门、职员是否达到了预算中的财务目标。而当管理体系以平衡计分卡为核心时，公司就能从另外三个角度（顾客、内部流程以及学习与发展）来监督短期结果，并根据最近的业绩评价战略。因此，平衡计分卡使公司能够修改和调整战略以随时反映学习所得。平衡计分卡的四个基本程序如图7-12所示。

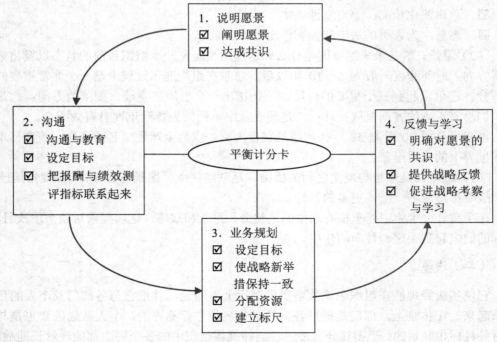

图7-12　平衡计分卡的四个基本程序

二、平衡计分卡的建立步骤

对应于平衡计分卡的四个基本程序,以平衡计分卡为基础进行绩效评估的企业可以遵循以下几个具体的步骤进行实际操作。

(1)准备。企业应首先明确界定适于建立平衡计分卡的业务单位。一般来说,有自己的顾客、销售渠道、生产设施和财务绩效考核指标的业务单位,适于建立平衡计分卡。

(2)首轮访谈。业务单位的多名高级经理(通常是6~12位)收到关于平衡计分卡的背景材料,以及描述公司的愿景、使命和战略的内部文件。平衡计分卡的推进者(外部的顾问或者是公司中组织这一行动的经理)对每位高级经理进行访谈,以掌握他们对公司战略目标情况的了解。

(3)首轮经理讨论会。高级经理团队与推进者一起设计平衡计分卡。在这一过程中,可以通过小组讨论提出对公司使命和战略的各种意见,最终应达成一致。在确定了关键的成功因素后,由小组制订初步的平衡计分卡,其中应包括对战略目标的绩效考核指标。

(4)第二轮访谈。推进者对经理讨论会得出的结果进行考察、巩固和证明,并就这一暂定的平衡计分卡与每位高级经理举行会谈。

(5)第二轮经理讨论会。高层管理人员和其直接下属,以及为数众多的中层经理集中到一起,对企业的愿景、战略陈述和暂定的平衡计分卡进行讨论,并开始构思实施计划。

(6)第三轮经理讨论会。高级经理人员聚会,就前两次讨论会所制订的愿景、目标和考核方法达成最终的一致意见,为平衡计分卡中的每一指标确定弹性目标,并确认实现这些目标的初步行动方案。

(7)实施。由一个新组建的团队为平衡计分卡设计出实施计划,包括在考评指标与数据库和信息系统之间建立联系、在整个组织内宣传平衡计分卡,以及为分散经营的各单位开发出二级指标。

(8)定期检查。每季或每月应准备一份关于平衡计分卡考评指标的信息蓝皮书,以供最高管理层进行检查,并与分散经营的各分部和部门进行讨论。在每年的战略规划、目标设定和资源分配程序中,都应包括重新检查平衡计分卡指标。

三、平衡计分卡绩效指标体系的分解

在实际运用平衡计分卡过程中,如何设计平衡计分卡的绩效评价指标体系,也就是如何根据企业的发展战略具体确定各个方面各个层次的评价指标,这是运用平衡计分卡进行绩效评估的重点和难点。如何将企业战略转化成平衡绩效卡的评价指标，以下给出的是一个基本的绩效目标制定、分解和确定评估指标的程序。

（1）根据企业发展战略，确定企业整体年度（或更长一段时间）的绩效目标。
（2）各部门或管理团队基于公司整体年度目标分解和承担相应的目标。
（3）各单元基于部门或管理团队年度承担的目标进行目标、评估指标的确定。
（4）各级团队、个人所承担的目标分解到季度和月度以及评估指标的确定。
（5）根据各项计划和预算，确定各项评估指标的具体标准。

企业在进行从战略到平衡计分卡的评价指标的过渡分解时，应当遵循以下三项原则。

（1）建立因果关系。企业的一整套战略实际上是把有关企业长期健康发展的各方面因素，用因果链条形成一个运动的评估与管理网络。例如，要扩大市场份额，就必须留住老客户、争取新客户；是否能做到留住老客户、争取新客户，又要看顾客的满意程度，而顾客的满意程度又取决于企业提供的产品和服务；企业提供产品和服务的质量高低又在很大程度上取决于雇员对工作的满意程度。因此，平衡计分卡的评估系统将追本溯源，通过类似的一系列因果关系来展示公司的战略，明确各个方面的因果关系，从而管理这些因果关系。每一种评价指标体系都是一系列的因果关系链中的一环，并且把本部门的战略同企业的总体战略连在一起。

（2）确定业绩的驱动因素。在企业整个战略关系中，建立了因果关系后，平衡计分卡便以业绩为核心目标，评价公司战略的实施结果。具体指标有利润率、市场份额、客户的满意程度、保留客户以及雇员的技能等，不同的业务单位有不同的指数来反映其不同的特点。在评价这些业绩时，也评价原因，即这些业绩是如何取得的，从而真正考核公司战略是否实现。总之，平衡计分卡要求企业的业绩同推动工作表现的因素相结合，如把产量和工作态度相结合考虑。

（3）同财务指标挂钩。企业经营的最终目标是最大限度地获取利润，使股东价值最大化。所以，企业进行各式各样的改革，如提高产品和服务质量、让顾客满意、改革机构给雇员授权等，都不要忘记这些改革的最终目标是为了改善企业经营业绩，增加企业利润，而不是为了革新而革新。平衡计分卡必须强调经营成果，特别应同财务目标联系在一起，如资本回报率和产品增值情况等。因此，每一项改革措施，如总体质量控制、缩短生产周期和提高雇员的满意程度等，改善工作表现的计划，都要同改善客户结构和最终改善公司财务状况相关。

需要注意的是，运用平衡计分卡的过程不是一个单向的过程，它是一个不断循环和提高的过程。通过对四个操作流程以及各个具体操作步骤的循环往复，企业在优化自身的同时不断超越既定的目标，根据自身成长的实际调整组织的战略与目标，保证组织的可持续发展。

四、实施中需要注意的问题

（1）切勿照抄照搬其他企业的模式和经验。不同的企业面临着不同的竞争环境，需要不同的战略，进而可设定不同的目标。每个企业在运用平衡计分卡时，都要结合自己的实际情况建立平衡计分指标体系。因而不同的企业平衡计分卡四个层面的目标及其衡量指标皆不同，即使相同的目标也可能采取不同的指标来衡量。另外，不同企业的指标之间的相关性也不同，相同的指标也会因产业不同而导致作用不同。每个企业都应下发具有自身特色的平衡计分卡，如果盲目地模仿或抄袭其他企业的模式，不但无法充分发挥平衡计分卡的长处，反而会影响对组织绩效的正确考核。

（2）高层管理者的充分参与和上下沟通。基本上，平衡计分卡的操作方式是由上至下，即由高层管理人员主导战略的制定，然后再将战略转换成一套环环相扣的绩效衡量指标体系，以便确保全体职员可以努力达成企业的目标。同时，实践也证明必须要由高层管理人员主导整个平衡计分卡的引入，才能保证平衡计分卡的操作不至于半途而废。然而在实际操作中，这种引入方向却往往因为高层管理者所制定的经营战略只有其自己最清楚、最热衷，而使下属职员不能对此有很好的了解。就是没有将战略成功地转化成确保能够达到目标的各种行动方案，甚至没有发展成衡量职员执行各种行动方案的绩效指标，导致平衡计分卡无法发挥应有的作用。

（3）防止其使用目的的单一化。平衡计分卡作为一种绩效考核方法可以起到激励和考核绩效的作用，但实质上它绝不仅仅只是一种绩效考核方法，它更是一个战略管理工具。它的首要价值在于能够保证绩效考核体系支撑战略目标的达成，为企业的发展提供明确的目标导向并合理配置资源。为确保平衡计分卡的功能发挥，应避免仅仅将平衡计分卡当作单纯的考核手段来使用。

（4）提高企业管理信息质量。与欧美等国家的企业相比，我国企业信息的精细度和质量要求相对偏低，这会在很大程度上影响到平衡计分卡应用的效果。因为信息的精细度与质量的要求度不够，会影响企业实施平衡计分卡的效果。

（5）正确对待平衡计分卡实施时投入的成本与获得的效益之间的关系。平衡计分卡的四个层面是彼此连接的，要提高财务绩效，首先要改善其他三个方面，要改善就要有投入，所以实施平衡计分卡首先出现的是成本而非效益。更为严重的是，效益的产生往往滞后很长时间，使投入与产出、成本与效益之间有一个时间差，这个时间差可能是 6 个月，也可能是 12 个月，或更长的时间。因而往往会出现客户满意度提高了，员工满意度提高了，效率也提高了，可财务指标却下降的情况。关键的问题是在实施平衡计分卡的时候一定要清楚,非财务指标的改善所投入的大量资金,在可以预见的时间内,可以从财务指标中收回,不要因为实施了一段时间没有效果就失去了信心,应该将眼光放得更远些。

（6）平衡计分卡的执行要与奖励制度结合。为充分发挥平衡计分卡的效果,需在重点业务部门及个人等层次上实施平衡计分,使各个层次的注意力集中在各自的工作业绩上。这就需要将平衡计分卡的实施结果与奖励制度挂钩,注意对员工的奖励与惩罚。

（7）要充分重视平衡计分卡工作的连续性与持久性。采用平衡计分卡进行绩效管理,改变了以往为了考核而考核的方式。多数公司认为,应该经常性地自上至下对战略进行广泛的沟通,以便使职员都能参与到该战略之中,了解为使战略成功他们必须完成的关键目标。

（8）需要专人不断关注与跟进绩效指标的变化。采用平衡计分卡进行绩效管理将是长期、持续不断改进的过程。平衡计分卡客观上将公司发展战略作为整体指标中的核心,在实践运用中,一方面可以根据战略不断修正各部门、个人的绩效目标;另一方面也可以根据客观发展及时修正战略。这些工作需要有专门的人对其负责,才能够在第一时间内不断改进与长期战略有偏差的地方,保证公司的稳健发展。

第四节　平衡计分卡与其他考核方法的比较与应用

一、平衡计分卡与传统考核方法的比较

与传统考核相比,平衡计分卡的优势在于以下几方面。

（1）平衡计分卡打破了传统绩效评估方法财务指标一统天下的局面,从顾客角度、内部流程角度、学习与发展角度及财务角度来设计绩效评估体系,消除了单一评价指标的局限性。

（2）平衡计分卡使得为增强竞争力的应办事项中看似迥异的事项同时出现在一份管理报告中:以顾客为导向、缩短反应时间、提高质量、重视团队合作、缩短新产品投放市场的时间,以及面向长远而进行管理等。

（3）平衡计分卡是一个基于战略的绩效评估系统,它表明了源于战略的一系列因果关系,发展和强化了战略管理系统。具体体现在:利用平衡计分卡阐明战略并在整个组织中传播以达成共识;利用平衡计分卡把部门目标、个人目标与企业的战略发展目标相联系;利用平衡计分卡对战略计划加以确认和联系,进行定期的和有条不紊的战略总结;利用平衡计分卡将战略目标与长期具体目标和年度预算相衔接,还可以为了调整和改进

战略而及时获得有效反馈。

（4）平衡计分卡是评估系统与控制系统的完美结合。平衡计分卡不仅克服了传统考核体系的片面性、主观性，而且实现了评估体系与控制体系的协调统一，如图 7-13 所示。

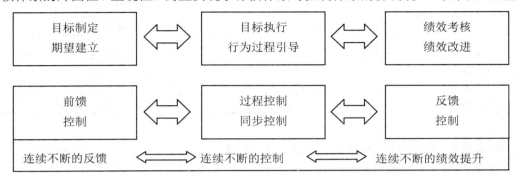

图 7-13　考核系统与控制系统相结合

（5）平衡计分卡防止了次优化行为。平衡计分卡迫使高级经理将所有的重要绩效测评指标放在一起综合考虑，从而使其能注意到，某一方面的改进是否以牺牲另一方面为代价，提高了公司发展的整体协调性。例如，产出量和一次通过量可能上升，但这种上升也许是由于产品结构发生了改变——标准化的、容易生产的但毛利较低的产品的产量增加了。

二、平衡计分卡与关键绩效指标法（KPI）的比较

平衡计分卡与关键绩效指标法（KPI）的比较如表 7-1 所示。

表 7-1　平衡计分卡与关键绩效指标法的比较

对比要素		平衡计分卡（BSC）	关键绩效法（KPI）
管理趋向	管理思想	全方位、立体测评	若干关键成功因素测评
	应用对象	战略、企业、部门、岗位	战略、企业、部门、岗位
	应用业务	越大越复杂越有作为	范围相对独立
	对业务的影响	本位一体化最优，团队及其成员，顾客，供应商	重点突出，方向明确
行为方法	制作思路	战略目标，分层单独制定	从战略目标起，由上至下
	测评指标数	每个组织15～20个	5～8个
	操作难易	难	难

续表

对比要素		平衡计分卡（BSC）	关键绩效法（KPI）
行为方法	制作方法	战略目标—分多个角度—关键指标	鱼骨图列出关键成功因素、关键绩效指标等
结果特性	对企业的影响	对管理体系、方向有影响	对流程关键环节有影响
	时间特性	指出方向、向前看	指出部分方向、向前看
	可比性	自身不同期次部分可比	纵向、部分横向可比
	副作用	影响到管理系统	容易让工作不全面
	对绩效的影响	保持长远绩效，不偏倚	对工作主要方面有进展

三、利用平衡计分卡将绩效考核与报酬相联系

一些公司认为，将员工报酬与业绩表现联系起来，是一个强有力的杠杆。例如，先驱石油公司把平衡计分卡作为计算奖励工资的唯一依据。公司把经理奖金的60%与他们是否实现了一项雄心勃勃的目标联系起来。这项目标是根据四个财务指标的加权平均值设定的：资本报酬率、盈利率、现金流和经营成本。其余的40%是依据顾客满意度、经销商满意度、雇员满意度和环境责任（如水和大气的排放水平的变化）指标发放的。先驱石油公司的首席执行官说，将报酬与平衡计分卡联系起来，有助于公司的战略保持一致。

虽然建立这种联系是有吸引力的，是能发挥作用的，但它们也有危险。例如，公司的平衡计分卡中的测评指标是否正确？对于挑选出的测评指标，公司是否拥有有效和可靠的数据？在实现为测评指标设定的目标时，是否会出现意料之外的结果？这些都是公司应该提出的问题。

在传统上，公司在处理报酬计算公式中的多个目标时，是为每一个目标规定一个权重，根据每个加权目标被实现的程度，计算奖励性报酬。但是这样做的问题是，当经营单位在某几个目标上做得很好，但未能实现其他目标时，仍会得到巨额的奖励性报酬。比较完善的做法应该是能为战略任务中最关键的几个指标确定最低临界水平。如果在既定时间内绩效未能达到某个临界点，个人就不能得到奖励性报酬。这样会促使人们在短期目标和长期目标之间达到更平衡的绩效。

平衡计分卡在确定奖励性报酬时可以发挥作用，这是不容置疑的。随着越来越多的公司尝试将报酬与平衡计分指标联系起来，它将发挥越来越重要的作用。

四、平衡计分卡应用实例

（一）调整长期绩效方面的应用

苹果电脑公司设计的平衡计分卡，使高级管理层的注意力集中到一个能使讨论范围不再局限于毛利、股权报酬率和市场份额的战略上。一个对苹果公司管理层的战略思想十分熟悉的小型指导委员会，从四个方面一一选择应当集中的测评类型，并在每种类型中确定若干种测评方法。在财务方面，苹果公司强调股东价值；在顾客方面，强调市场份额和顾客满意度；在内部程序方面，强调核心能力；最后，在创新与提高方面，强调职员态度。苹果公司的管理层按以下指标一一分析了这些测评类型。

1. 顾客满意度

从历史上看，苹果公司曾是以技术和产品为重心的公司，靠设计出更好的电脑进行竞争。顾客满意度指标刚刚开始引入，目的是使职员适应公司向顾客推动型的转变。

2. 核心能力

公司经理人员希望职员高度集中于少数几项关键能力上，如用户友好界面、强劲的软件构造，以及有效的销售系统。不过，高级经理们认识到，以这些能力为尺度测评绩效比较困难。因此，公司目前正在研究对这些难以衡量的能力如何获取量化指标。

3. 职员的投入和协调程度

苹果公司每两年在公司的每个组织中进行一次全面的职员调查，随机抽取职员进行调查则更为频繁。调查的问题包括职员对公司战略的理解程度，以及是否要求职员创造与该战略一致的结果。调查经过说明了职员反映的实际水平及其总体趋势。

4. 市场份额

达到临界的市场份额，对高级管理层十分重要。这不仅是因为显而易见的销售额增长收益，而且是为了使苹果的平台能牢牢吸引和保住软件开发商。

5. 股东价值

股东价值也被视为一个业绩指标，虽然这一指标是业绩的结果，而不是驱动者。把这一指标包括在内，是为了消除以前对毛利和销售增长率的偏好，因为这两个指标忽视了为了未来取得增长今天必须进行的投资。股东价值指标量化了为促进业务增长而进行的投资可能产生的影响。苹果公司的多数业务是在职能分工的基础上组织的（销售、产品设计、全球范围的生产和经营），因此，只能计算公司整体的股东价值，而不能分层计算。不过，这一指标可以帮助各个单位的高级经理们分析他们的活动对公司整体价值的影响，并对新的业务活动进行评价。

虽然这五个绩效指标最近才开发出来，但它们已经对帮助苹果公司的高级经理集中精力于自己的战略起了很大作用，首先，苹果公司的平衡计分卡主要是作为一种规划手段，而不是控制手段。换句话说，苹果公司用这些指标调整公司业绩的"长波"，而不是推动经营的变革。而且，除了股东价值之外，苹果公司的测评指标都可以从横向和纵向两个方向深入到每一个职能部门。从纵向考虑，每一个测评指标都可细分为若干个组成部分，可以评价每一部分对整体的运作起了什么作用。从横向考虑，测评指标可以识别设计和制造对顾客满意度等起了什么作用。而且，苹果公司发现，平衡计分卡有助于为提出和实现规划建立一种可计量输出值的语言。

苹果电脑公司的五个绩效指标被用作基准，与行业中最优秀的组织进行比较。现在，它们还被用来制订经营计划，并被纳入了高级经理人员的报酬计划之中。

（二）强化战略信息方面的应用

高级微型设备公司是一家半导体公司，它很迅速而且很容易地就转向了平衡计分卡。它已经清楚地确立了自己的使命和战略，并在高级经理中对公司在竞争中的地位达成了共识。它还从许多不同的来源和信息系统获取了多个绩效测评指标。平衡计分卡把种种指标加以统一，形成了每季一份的情况介绍，包括：财务测评指标；以顾客为基础的测评指标，如准时交货、间隔期以及按计划履约率等；对晶片制造、组装和检验、新产品开发以及处理技术开发等关键业务程序的测评指标；对公司总体质量的测评指标。此外，通过为循环周期和各程序产量之类的主要经营参数设定目标提高率，对组织的学习能力进行测评。

现在，公司把平衡计分卡看作是一个系统地储存战略信息的宝库。这些战略信息为规划的长期趋势分析和绩效测评提供了方便。

 本章小结

平衡计分卡（BSC）是一种系统绩效考核技术，它一方面克服了传统绩效考核方法单纯利用财务指标来进行绩效考核的局限，另一方面又以传统的财务考核指标为基础，兼顾其他三个重要方面的绩效反映，即客户角度、内部流程角度、学习与发展角度，从这四个方面来反映企业的整体绩效。

虽然平衡计分卡从财务、客户、内部流程及创新与学习这四个相对独立的角度系统地对企业的经营绩效进行考核，从这四个角度出发设计的各项考核指标彼此间并不是毫无关系的，而是在逻辑上紧密相承，具有一定的因果关系。平衡计分卡不仅仅是一种测评体系，它还是一种有利于企业取得突破性竞争业绩的战略管理工具，并且它可以进一步作为公司新的战略管理体系的基石。具体而言，平衡计分卡应具有以下功能。

- ☑ 战略管理的功能。
- ☑ 推动组织的变革。
- ☑ 一套完整的组织评估系统。
- ☑ 一套系统的管理控制系统。
- ☑ 实现有效的激励。

就平衡计分卡的实际应用而言，平衡计分卡思想虽然在 20 世纪 90 年代就已经在西方企业应用中获得了一定的认可，但对于我国企业来说仍然是全新的，甚至是陌生的。在目前情况下，想大面积推广这种新型的绩效考核系统还不太现实。因此，我们认为，可以在一些管理信息系统相对完善的高技术企业试推行平衡计分卡思想，首先帮助这些管理基础较为雄厚的企业或集团有效地实现战略管理。这是最现实可行的做法。

思考题

1. 平衡计分卡是如何产生的？平衡计分卡具有哪些功能？
2. 平衡计分卡的基本思想是什么？平衡计分卡的指标体系包括哪些方面？
3. 平衡计分卡的设计思路和实施步骤是什么？
4. 平衡计分卡与传统考核方法相比具有哪些优势？
5. 试比较平衡计分卡和关键绩效指标法这两种系统考核技术的异同。
6. 平衡计分卡在我国企业应用效果怎样？应用前景如何？请谈谈你的看法。

案例 7-4　　　　　　　李总的苦恼

李总 7 年前在广州开了家化妆品贸易公司，有 10 个员工，一直经销套装和散装化妆品。前三年公司效益非常好，接下来两年起浮较大，这几年眼看就要经营不下去了。

公司刚创立时，李总认识了一个厦门的化妆品生产商，从他那里买来桶装化妆品原料再进行分装。厦门人的产品是治疗雀斑的，很符合当时市场需求。那时化妆品市场很混乱，厦门人同时向多家公司供应产品，包括很多知名的大企业，各公司买回他的产品再加点颜色、香料，装入自己品牌的化妆盒中卖给经销商。

李总创立了自己的"妙玉"品牌。为了见效快，他往原料里面多加了增白剂。因为怕有副作用引起纠纷而曝光，又想快速获得第一桶金，所以李总的销售路线不是商场而是美容院，而且定价奇高。一小瓶化妆品的成本只有20～50元，他批发给美容院或经销商的价格是100～250元，有的美容院和经销商卖给顾客是500～600元。李总的口才很好，他总是亲自出马到各地游说开展销会，加上见效快，因此产品深受顾客喜爱，销量很好。

李总知道第一代产品可能会有问题，于是立即寻找货源，准备开发第二代系列产品，并且找到了中国台湾一个生产抗皱美白产品的原料供应商。效仿第一代产品，李总在其中也添加了见效快的原料，加上大规模的宣传，一时间他的"妙玉"一代、二代产品迅速蹿红到黑龙江、新疆，而且都先收款后发货，忙的时候他在广州有20多个人搞包装、发货。很快他就赚到了第一桶，不但还了朋友的欠款，还在家乡给父母买了一套房，自己也在广州买了两部车。

有了成功的经验，李总摸出了经营套路：买有效的产品，添加自己需要的香料，注册品牌，推销宣传，接受订货，收钱。而且在经营中李总认识了几十个经销商，上百家大美容院，还增加了"绝代""叶绿香"等品牌，3年前，他看准了一个台湾人的原料，一下进了200万元的货，准备大干一场。可是没想到货发出去没见效果，用户纷纷要求退货，台湾人却跑了，公司一下陷入困境。他把车抵了出去，目前勉强维持着经营。

现在市场环境变了，李总也不敢再做见效快但可能会有副作用的产品，而且美容院的化妆品也不像以前那么好卖了，至于先收款后发货就更不可能了，李总曾设想做品牌美容院或专卖店，但这需要较大的投入和可靠的产品，实施起来很难；想改变经营模式，动员下岗工人做直销，但不知怎么操作。

现在李总已经筋疲力尽，他说："谁说打工的被剥削，我那些员工跟我几年，全靠我一个人养着。没有我，公司早垮了，他们7个人两个月卖出的数量还不如我一个人出去跑一趟呢。根本帮不了我什么忙，真想把员工都辞了自己一个人干。"

资料来源：姜定维，蔡巍. 奔跑的蜈蚣：以考核促进成长[M]. 北京：中华工商联合出版社，2011.

思考与讨论：

1. 请同学们帮李总分析公司存在哪些问题？
2. 请运用平衡计分卡来分析李总公司的解决之道。

知识链接　　　BSC：新管理"神话"的背后

尽管世界500强企业有80%以上都在使用平衡计分卡，但卡普兰教授却断言，一半以上都是用错的。

看看近期全国召开的大大小小的管理研讨会，一个管理新名词——平衡计分卡

（Balanced Score Card，BSC）无一例外地作为一个新专题拿出来讨论。平衡计分卡不仅成了研讨会的热点，也成了咨询公司极力推崇的管理新方法。

随着 BSC 的创始人，现任哈佛商学院领导力教授罗伯特·卡普兰来华演说，平衡计分卡在中国掀起了继 ERP、CRM 后的新一轮管理工具热潮。

一个新的管理神话诞生了吗？

"平衡计分卡到底是什么？能给我们带来什么？"这仍然是最令平衡计分卡推行者感到尴尬的问题。

"此卡"非"彼卡"

一个形象的比喻：平衡计分卡是飞机驾驶舱内的导航仪，通过这个"导航仪"的各种指标显示，管理层可以借此观察企业运行是否良好，随时发现在战略执行过程中哪一方面亮起了红灯。

平衡计分卡的概念很简单，是一个增强公司长期战略计划编制的工具。其功能在于识别和监控企业各个层级上的关键衡量标准，目的是将管理层制定的战略与运作层面的活动整合起来。它从财务、顾客、业务流程和内部学习这四个方面，帮助管理层对所有具有战略重要性的领域做全方位的思考。可用于确保日常业务运作与企业管理高层所确定的经营战略保持一致。

很显然 BSC 是个战略管理工具。在采访中我们却发现，尽管目前有些企业已经在使用平衡计分卡，但却与平衡计分卡的初衷似乎已经背离了。大部分企业误将 BSC 仅仅作为一种绩效管理工具在积极推动，而不是作为一个战略管理工具！往往以解决考核和奖金发放问题，而不是首先以支撑企业经营目标的实现为目的！"此卡"非"彼卡"！

企业的错误引导很大程度上来自非专业的咨询公司。在广州一个 HR 大会上，我们就听到过国内一家知名的咨询公司顾问上去就说："现在很多企业都想在绩效考核中实施 BSC，其实这对大部分中国企业来说都是不适合的。"咨询公司的观点如此，受到错误引导的企业当然是在所难免。

所以尽管世界 500 强企业有 80% 以上都在使用 BSC，但卡普兰教授却断言，一半以上都是用错的。真正将它用到战略管理工具的还是很少，很多只是做到了绩效考核工具的层面上。

500 强企业尚且如此，更不要说刚刚接触平衡计分卡的中国企业了。上海博意门咨询公司的孙永玲总裁说："实际上 BSC 给企业带来的最明显的改变是：管理有了框架，能和战略结合起来。具体的战略行动计划如何来做，如何分解到每个部门、每个人，哪方面是战略成功的关键要素，哪些是关键行为，怎么来控制，将战略规划和考核结合起来，BSC 还是一个比较好的工具。BSC 不是不适合用，而是一定要用对。"

BSC 背后的疑惑

有一个非常有意思的现象,尽管平衡计分卡开始渐渐地掀起热潮,但我们在中国经理人网上的相关调查表明,仍有30%比例的人表示"不知道平衡计分卡是什么。"采访中,我们曾致电不少知名企业的中层管理人员,包括华为、爱立信等,他们对平衡计分卡的认识也是一脸茫然。但华为人力资源人员告诉我们,其实在2000年开始,华为已经将平衡计分卡的概念用于管理中了,只是没有明确告知员工,这叫平衡计分卡而已。

所以很可能,你的企业也一样。在你对平衡计分卡一无所知的情况下,你可能已经在使用它的思路和理念了。在上海人才有限公司举行的"平衡计分卡的是与非"研讨会上,有企业人员提出:"在了解了平衡计分卡的思路后,我们觉得平衡计分卡不是很神秘的东西,实际上在过去的工作中我们已经从这四个方面来考虑了。只是没有一套专门的系统和人员来实施跟进。"

不过确实也有不少企业严格根据这四方面来分解实施。但四个衡量指标本来就存在相互的因果关系,如财务指标的完成将源于客户指标的完成,客户指标的完成则又源于内部经营过程指标的完成,依此类推。如果在衡量过程中发现这些指标之间的因果关系不明显,则可能预示着战略制定或实施会存在一些问题。也有企业在实施中认为,严格按照四大平衡,有些指标不能分解到个人,根据企业具体的战略,有些指标又似乎超出了这四个方面,BSC 是否一定要从四个方面来严格考虑?

来自创始人卡普兰教授最新的答案是:我从来没有说过平衡计分卡只能从这四方面去思考和实施,只是这四方面具有科学性且能从一定的程度上衡量一个企业是否健康。事实上你可以根据企业的具体情况来调节,可以四个方面,也可以少于或多于四个方面。只要能最大程度地适合你的企业,就是最好的。

另一个困扰的问题源自一直以来的一种观点:BSC 有一定的适用范围,一般是在一个业务单元的基础上,如一个事业部、一个子公司、整个公司等一个比较完整的业务单元,这样才有四方面的平衡问题,比较健全。但不适用于部门和个人。

有趣的是,我们同时也看到一个经典的美孚石油成功实施BSC 的案例,BSC 实施到最后,美孚公司连送油的卡车的司机都会从他角度去想战略,他送油去加油站时会了解客户的满意度、客户出现的需求等,回来报告公司。包括他们的家属每天都开始关注这些,关注出错率等,因为整个公司的这些指标都和个人的收入挂钩,这与能影响他们和家人能不能考虑出去度假有关。这样实际上把战略和每个人都联系起来了。

上海德意达电子电器设备有限公司也曾面临这个困惑,BSC 往往通过部门来分解指标,但很多项目又都是跨部门的。指标似乎很难细化到每个人。总经理刘其锋说:"出现这样的情况时,我们会将这些变化和联系更多地体现在部门和个人的行动计划中,行动计划可随意调整。BSC 实施到最后，从公司的 BSC 分解到部门的 BSC 再分解到个人的 BSC，最后摆在每个人面前的是一张行动计划书。"

孙永玲总裁也强调："没有个人，不落实到每个人，这些战略谁来执行？谁来实施？战略成了挂在墙上的一幅画。"

BSC 究竟给企业带来了什么？

（1）识别出对公司战略不起作用的方案或投资。BSC 在阐明公司战略上需优先考虑的事项之后，能识别出对公司战略不起作用的正在运营的方案或投资，对于这些正在运营的方案或投资应坚决取消、立即停止，使高层人员集中精力去改善或重新设计能使公司战略成功最为关键的几个项目上。和而泰电子科技公司的人力资源部经理杨序国说："我们原来打算进入玩具线路板市场，公司战略明晰后，我们坚决停掉了这个方面的投资。公司准备扩大公司制造车间，后来也被取消。当然这个过程自然经历了一些争议，甚至是争执，公司有些主要管理人员甚至于拍过桌子。"

（2）考核变得清晰科学，有利于新产品推出。上海电信有限公司金山电信局是个传统的国有企业，电信这几年变化很快。下面有 17 个分局、6 个直属机构，传统的管理和考核已经不适合目前的体制。夏培云局长认为 BSC 把考核的指标合理化、科学化，按照实际情况来设置，另一方面员工的主动性和积极性都加强了。我们把年度目标都分解到个人，每个人对自己的目标很明晰。现在的新员工进来，金山电信要和他签订一个"业绩合同"，根据部门的指标分解到每个岗位每个员工，再制定这个岗位的业绩合同，在合同上体现出来，所以每个员工进来，他都很明白，他的职责是什么，他要完成的业绩是什么，这些和部门的业绩、整个公司的业绩有什么联系？签订合同后，合同的内容会固化到 BSC 信息系统中去。

广州京信通讯系统公司是个 1 000 多人的民营企业。总部在广州，分公司在全国有几个大片区，以前总公司和分公司之间的考核关系只有一个财务指标，后来在公司新产品推出以后遇到了问题：在公司新产品出来以后，推广上出现了问题。因为新产品推广是需要时间，需要投入的，开始的时候肯定投入多产出少，对分公司来说，他们更关心财务，对新产品的推广不够关注，另一方面，新产品必须要动用公司的资源先把品牌做起来，这样对高层客户关系的认可变得很重要。深圳益华时代咨询的张建国说："根据这些问题，我们考虑用 BSC 的概念加入到他们原有的考核系统中，他们也意识到这是从管理实际需要出发去做的，在分公司全面实施。从短期利益来说有投入但不一定有产出，但公司高层认为这是个方向，对整个公司的战略发展是有长期利益的，公司必须这样做。"

（3）整个体系像金字塔一样变得明确。德意达是个中德合资企业，中方是铁道部的一家从事铁路通信信号车载设备的企业，德方是德国德意达公司，各占 50%股份。这是个仅有三十多人的小企业，最近一两年一直在做管理方面的改善工作。如何在新的模式下实现公司的战略？如何把绩效考核和战略模式结合起来？

总经理刘其锋果断地开始进入BSC的推进和实施。BSC带来的最明显的变化是："整个效率提高了，管理体系更加明晰，原来大家认为战略是高层的问题，下面的人不理解，员工的具体业务也很难和战略结合起来，现在整个体系像一个金字塔一样非常明确。"

人力资源部的丁小姐对公司员工精神面貌的变化更为关注："虽然员工的'抱怨'多了，但多半是快乐地抱怨，每个人的工作变得多了，但也有序了，而且都能和公司的目标相联系。让每个人在做工作的时候都能理解到我这么做是为了什么目的，是和公司实现哪个目标有关。"

（4）让经理人多考虑战略。BSC实施的过程对于企业来说还有一个非常重要的作用：能全面提升员工的素质能力思维模式，让他们站在企业战略的高度上来思考自己的工作和自己本身的发展。

据调查，70%的中国经理人每周在战略的思考上只花一小时，平时根本不谈战略，BSC作为一个战略管理工具，让经理人学会如何分析问题，从什么角度去考虑战略。

不管你是高层，还是中层，实施BSC的过程能把他们聚集在一起，和他们一起讨论战略，讨论客户、讨论市场、运作、财务，讨论人、文化，相当于把MBA课程、需要的课程都有了一个实战的过程。所以如果企业的BSC实施得好，每个人都会很喜欢参与到BSC的过程中。整个过程中，企业和员工都能获得提升。

新一轮管理工具的风潮？

在BSC之前，连接战略与业绩的实用性方法确实不多。倒是BSC实实在在为解析战略提供了一个可兹实践的四维框架："财务"、"客户"、"内部经营过程"和"学习与发展"。

不可否认，时下仍有很多企业像当年ERP、CRM来到中国一样，盲目跟从，照搬照用。一些企业在巨资聘请国际咨询公司来实行BSC后，由于实施不下去，也没有去分析具体原因在哪里，而是将之弃在一边，称"平衡计分卡在中国不适用。"不少企业中由人力资源发起的BSC运动，最多讨论的问题却是业绩衡量指标本身，这就很令人怀疑这些未经战略引导的指标，在实践中会与从前的业绩管理模式有多大的区别。孙永玲总裁建议企业要先了解平衡计分卡，再来分析适不适合自己的企业实施："BSC管理模式的相关书籍、培训慢慢地多起来，我们也一直关注和分析它在中国的实际应用。企业要意识到BSC是一个比较好的思考方法，而不是简单地搬来套去。一定要确实感觉到需要，才去做BSC，而不是听到一个时髦的东西去凑热闹。"

上海人才公司柳春鸣提出，显然，战略思考是BSC的根本，BSC是从战略管理出发，继而才走向业绩管理以及其他方面的应用。而现实的问题是：在国内，有多少组织（甚至包括外资企业）有明确的战略？有多少组织谨慎考虑过战略沟通计划？有多少组织充分具备了理解和执行战略的必要能力?虽然无须妄自菲薄,但要给这些问题一个乐观的答案,我们中的大多数还是会觉得底气不足。既然战略问题没有搞清楚,我们的各类组织又何谈运用 BSC 这个血统纯正的战略管理工具呢?

平衡计分卡的管理理论形成至今已有 10 年了,相对来说比较成熟。在中国企业运用也有二三年的时间了,大家开始对 BSC 从理论到实践都有了一个初步的认识。会不会形成为新一轮的管理工具风潮要取决于 BSC 是不是能直接、客观地为中国企业取得真正的价值。不可阻挡的是,在各种有关的褒贬不一、是是非非的声音中,平衡计分卡已经开始了在中国的艰难之旅。

资料来源：BSC:新管理"神话"的背后[EB/OL].（2009-09-05）. http://hr.hr369.com/performance/200909/76051.html.

 团队互动演练

研究型学习小组以某小微企业为基础,完成小微企业的《BSC 考核方案》。操作指导如下。

教学目的

- ☑ 熟悉 BSC 考核体系的构建流程。
- ☑ 理解 BSC 的四个角度和设计原则。
- ☑ 了解 BSC 考核的作用和重要性。

教学平台

以方便学生调研走访的小微企业为依托,完成 BSC 绩效考核方案设计。

硬件支持：计算机中心实验室,每位学生配备一台计算机,允许网络连接。标准化教室,供学生讨论和陈述。

教师提供 BSC 绩效考核方案设计基本思路。

教学步骤

第一步：定义企业战略。BSC 应能够反映企业的战略,因此有一个清楚明确的能真正反映企业愿景的战略是至关重要的。由于 BSC 的四个方面与企业战略密切相关,因此这一步骤是设计一个好的 BSC 的基础。

第二步：就战略目标取得一致意见。由于各种原因,管理集团的成员可能会对目标有不同的意见,但无论如何必须在企业的长远目标上达成一致。另外,应将 BSC 的每一个方面的目标数量控制在合理的范围内,仅对那些影响企业成功的关键因素进行测评。

第三步：选择和设计测评指标。一旦目标确定,下一个任务就是选择和设计判断这些目标是否达到指标。指标必须能准确反映每一个特定的目标，以使通过 BSC 所收集到的反馈信息具有可靠性。换句话说，就是 BSC 中的每一个指标都是表达企业战略的因果关系链中的一部分。在设计指标时，不应采用过多的指标，也不应对那些企业职工无法控制的指标进行测评。一般在 BSC 的每一个方面中使用 3~4 个指标就足够了。超出 4 个指标将使 BSC 过于零散甚至会变得不起作用。其设计的指导思想是简单并注重关键指标。

第四步：制订实施计划。要求各层次的管理人员参与测评。这一步骤也包括将 BSC 的指标与企业的数据库和管理信息系统相联系，在全企业范围内运用。

团队成员

研究型学习小组在组长指导下合理分工，各负其责，按规定时间完成任务。

研究成果

- ☑ 《某小微企业 BSC 绩效考核方案》。
- ☑ 对其他小组的方案进行点评。

第八章 目标管理法（MBO）及其应用

学习目标

- ☑ 了解目标管理法的产生和发展过程；
- ☑ 掌握目标管理法的基本内容；
- ☑ 学会运用目标管理法的基本思路和操作流程；
- ☑ 能对目标管理法作一个简单的评价，了解目标管理法在实践中存在的问题。

案例 8-1　　　　联想集团的目标管理

联想集团成立于 1984 年，是一家在信息产业内多元化发展的大型企业集团。于 1994 年在香港上市（股份编号 992），是香港恒生指数成份股，目前拥有员工万余人。连续 6 年位居国内市场销量第一，并连续 9 个季度获得亚太市场（除日本外）第一（数据来源：IDC）。在新世纪，联想将自身的使命概括为"四为"，即为客户，联想将提供信息技术、工具和服务，使人们的生活和工作更加简便、高效、丰富多彩；为员工，创造发展空间，提升员工价值，提高工作生活质量；为股东，回报股东长远利益；为社会，服务社会文明进步。未来的联想将是"高科技的联想、服务的联想、国际化的联想"。

联想集团的考核体系结构围绕"静态的职责+动态的目标"两条主线展开，建立起目标与职责协调一致的岗位责任考核体系。考核实施体系的框架包括四个部分：职责分解、目标分解、目标与职责结合、考核实施。静态职责分解是以职责和目标为两条主线，建立以"工作流程"和"目标管理"为核心，适应新的组织结构和管理模式的大岗位责任体系。

一个岗位仅仅知道"做什么""怎么做"还不够，还要知道什么时间要做到什么程度、达成什么目标。动态目标分解就是按照职责这条横线与时间、目标这条纵线有机整合，使各部门、岗位之间的职责和工作关系有机地协调起来。首要过程是战略规划。战略规划的过程是将企业目标具体化。公司战略更多关注的是在哪里竞争的问题，而不是如何竞争的问题。公司范围的战略分析可以影响增加业务、保持业务、强调业务、弱化业务和调整业务的决定。一个部门或岗位一个季度的重点工作是3~4项；日常职责则不在"目标任务书"上体现。把企业宗旨和目标分解到个人的"岗位责任书"和"目标任务书"后，为监控和考核打下了扎实的基础。

设定职责和目标后，联想利用制度化的手段对各层员工进行考核评价：（1）定期检查评议。（2）量化考核、细化到人。考核形式是多视角、全方位的，包括上级对下级的考核，平级之间、下级对上级的评议，以及部门互评等。

员工绩效考核的内容分两部分：一是工作业绩结果导向，针对员工根据直接上级与员工预先商定的目标业绩工作计划进行；针对各级管理者则主要是：围绕"管理三要素"，并分解成"目标计划、激励指导、公正考评"等管理业绩进行。二是行为表现及能力，这部分为过程导向，按普通员工、各级管理人员分别制定不同的考核标准和权重。部门总经理对员工及所属部门的考核等级进行审核调整后，汇总到人力资源部，要符合公司的正态分布比例；绩效面谈：告之考核结果，肯定成绩，提出改进意见和措施，挖掘员工潜力，同时确定下季度工作计划，面谈结果需双方签字认可；员工如果对考核评定过程有重大异议，有权向部门总经理或人力资源部提出申诉；所在部门及人力资源部为每位员工建立考核档案，考核结果作为工薪、年度奖金、干部任免、评选先进、岗位调换以及考核辞退的重要依据。

资料来源：张建林. 联想集团的考核体系[J]. 通信企业管理，2002（12）．

那么，我们应该如何分析和看待联想集团的绩效管理，特别是其目标管理呢？

第一节 目标管理法概述

一、目标管理法的产生

目标是在一定时期内对组织、部门及个体活动成果的期望，是组织使命在一定时期内的具体化，是衡量组织、部门及个体活动有效性的标准。由于组织活动是各个部门及个体活动的有机叠加，因此，只有当各个部门及员工的工作对组织活动作出期望的贡献时，组织目标才可能实现。所以，如何使全体员工、各个部门积极主动、想方设法地为组织的总目标努力工作就成了决定管理活动有效性的关键。目标管理正是解决这一问题的具体方法。

"目标管理"的概念是管理专家德鲁克1954年在其名著《管理实践》中最先提出的，其后他又提出"目标管理和自我控制"的主张。德鲁克认为，并不是有了工作才有目标，而是相反，有了目标才能确定每个人的工作。所以"企业的使命和任务，必须转化为目标"，如果一个领域没有目标，这个领域的工作必然被忽视。因此，管理者应该通过目标对下级进行管理。当组织最高层管理者确定了组织目标后，必须对其进行有效分解，转变成各个部门以及各个人的分目标，管理者根据分目标的完成情况对下级进行考核、评价和奖惩。目标管理提出以后，便在美国迅速流传。时值第二次世界大战后西方经济由恢复转向迅速发展的时期，企业急需采用新的方法调动员工积极性以提高竞争能力，目标管理的出现可谓应运而生，遂被广泛应用，并很快为日本、西欧国家的企业所仿效，在世界管理界大行其道。目标管理的具体形式各种各样，但其基本内容是一样的。所谓目标管理乃是一种程序或过程，它使组织中的上级和下级一起协商，根据组织的使命确定一定时期内组织的总目标，由此决定上、下级的责任和分目标，并把这些目标作为组织绩效评估和评价每个部门和个人绩效产出对组织贡献的标准。

一方面，德鲁克强调管理的目标导向，他认为，"每个职务都要向着整个企业的目标，才能有所成就。特别是每个管理人员必须以整个企业的成功为工作中心。管理人员预期取得的成就必须与企业成就的目标相一致。他们的成果由他们对企业成就所作的贡献来衡量"。另一方面，德鲁克强调目标管理的内部控制，即管理中的员工自我控制。德鲁克指出："（目标管理）能让追求共同福祉成为每位管理者的目标，以更加严格、精确和有效的内部控制取代外部控制。"

理论界对目标管理理念给予了高度评价。美国旧金山大学商学院教授理查德·D.巴布柯克（Babcock，1981）指出，"目标管理"这一概念具有波兰天文学家哥白尼（Nicolaus Copernicus）"日心说"（Heliocentricism）般的突破性效应："德鲁克注重管理行为的结果而不是对行为的监控，这是一个重大贡献。因为它把管理的整个重点从工作努力（即输入）转移到生产率（即输出）上来。"美国南卫理公会大学商学院教授理查德·H.巴斯科克（Buskirk，1976）认为，目标管理是划时代的思想革命，"德鲁克重视管理行为的结果，而非监督活动本身，对日后经理人把管理中心从努力工作转移到生产力（产出）方面，作出了极大的贡献"。美国管理学家斯蒂芬·罗宾斯（Stephen P. Robbins）认为："（目标管理）实际上，首先由彼得·F.德鲁克在40多年前作为一种运用目标激励而不是控制人的方法提出的。"英国《经济学家》杂志评论道："在提出新观念时，德鲁克遭遇到的障碍，也许就是他最大的成功，因为如今人们已经普遍认同他的观念。"我们认为，目标管理是德鲁克提出的一种为了使管理能够真正达到预期效果并实现企业目标，而在企业管理过程中采用的以自我控制为主导思想、以结果为导向的过程激励管理方法。

在德鲁克之后，乔治·S.奥迪奥恩（George S.Odiorne）、道格拉斯·M.麦克雷戈、维克多·H.弗鲁姆、爱德华·C.施莱和威廉·J.雷丁等许多管理学者对目标管理理论的完善和发展作出了贡献。美国管理学家乔治·S.奥迪奥恩发展和完善了德鲁克目标管理的思想。奥迪奥恩（1965）指出，目标管理是"这样一个过程：通过这个过程，组织的上级管理人员和下级管理人员共同确定组织的目标，根据对每一个人所预期的结果来规定他们的主要责任范围，并且利用这些指标来指导他们所管部门的活动和评价每个成员作出的贡献"。

二、目标管理的特点

目标管理的一个鲜明特点，就是运用了行为科学理论。目标管理具体运用的行为科学理论主要有两个方面：自我控制（Self-control）和参与式管理（Participative Management）。在目标管理体系中，每个人都可以通过比较实际结果和目标来评估自己的绩效，以便进一步改进自己的工作。这就是自我控制的原则。这种自我控制可成为更强烈的动力，推动他们尽自己最大的努力把工作做好。上下级间的沟通因此会得到改善，双方的困难和期待也会变得更加清晰。奥迪奥恩（1984）认为，目标管理的优点在于实行"参与式管理"，通过上下结合的方式进行反复协商和综合平衡，以使所确定的目标更加具有动员性和激励性，更加便于目标的实现。美国著名心理学家、行为科学家道格拉斯·M.麦克雷戈（1957）认为，目标管理试图将管理的重点从寻找弱点转移到绩效分析上来，以区分人的能力和潜力。他相信，要实现这种转移，首先要使下属在重要任务目标上与上司的认识一致；然后，为了实现这些目标，个体必须确定短期绩效目标和行动方案，从而可以自我衡量绩效。

目标管理的中心思想是引导管理者从重视流程、管理制度等细节问题转为重视组织的目标。目标管理达到目的的手段是过程激励。德鲁克注重管理行为的结果，而不是对行为的监控，这是一个重大贡献，因为它把管理的整个重点从工作努力（即输入）转移到生产率（即输出）上来。首先，每一个经理人都必须明确其目标。这些目标应该始终以企业的总目标为依据。制定自己的目标，是每一个经理人的责任，并且是他们的首要责任。其次，目标管理的主要贡献之一，就是它使得我们能用自我控制的管理来代替由别人统治的管理。最后，目标管理把客观的需要转化成为个人的目标，通过自我控制来取得成就。德鲁克认为："只有这样的目标考核，才能激发管理人员的积极性，不是因为有人叫他们做某些事，或是说服他们做某些事，而是因为他们的任务目标要求他们做某些事（岗位职责）；他们付诸行动，不是因为有人要他们这样做，而是因为他们自己认为必须这样做——他们像一个自由人那样行事。"

目标管理强调高层、中层、基层管理者职责的不同。目标管理的核心是，每一个经理人的工作目标，应该由他们对自己所属的上级单位的成功应作的贡献来规定。上级管理当局当然必须保留是否批准下级制定的目标的权力。但是，制定自己的目标却是每一个经理人的责任,而且是他们的首要责任。目标管理还意味着每一位经理人应该认真参与他们所属的上一级单位的目标制定工作。做一个经理人就意味着承担责任。德鲁克(1954)指出"每位管理者必须自行发展和设定本单位的目标。当然高层管理者仍然需要保留最终的目标批准权,但提出这些目标则是管理者的职责所在。""企业的宗旨和任务必须转化为目标,管理者必须通过这些目标来领导下层并以此来保证企业总目标的实现。"在高层管理者控制目标的前提下,操作层面的管理者可以"发展目标",但不能逾越高层对管理的终极控制。

三、目标管理的优点

目标管理的推崇者一般认为,目标管理的优点至少有以下五个方面。

1. 形成激励

当目标成为组织的每个层次、每个部门和每个成员自己未来时期内欲达到的一种结果,且实现的可能性相当大时,目标就成为组织成员们的内在激励。特别当这种结果实现时,组织还有相应的报酬时,目标的激励效用就更大。

2. 有效管理

目标管理方式的实施可以切切实实地提高组织管理的效率。目标管理方式比之计划管理方式在推进组织工作进展、保证组织最终目标完成方面更胜一筹。因为目标管理是一种结果式管理,不仅仅是一种计划的活动式工作。这种管理迫使组织的每一层次、每个部门及每个成员首先考虑目标的实现,尽力完成目标,因为这些目标是组织总目标的分解,故当组织的每个层次、每个部门及每个成员的目标完成时,也就是组织总目标得到了实现。

3. 明确任务

目标管理的另一个优点就是使组织各级主管及成员都明确了组织的总目标、组织的结构体系、组织的分工与合作及各自的任务。这些方面职责的明确,使得主管人员也知道,为了完成目标必须给予下级相应的权力,而不是大权独揽,小权也不分散。许多着手实施目标管理方式的公司或其他组织,通常在目标管理实施的过程中会发现组织体系存在的缺陷,从而帮助组织对自己的体系进行改造。

4. 自我管理

目标管理实际上也是一种自我管理的方式,或者说是一种引导组织成员自我管理的方式。在实施目标管理的过程中,组织成员不再只是做工作,执行指示,等待指导和决策,组织成员此时已成为有明确规定目标的单位或个人。一方面,组织成员们已参与了目标的制定,并取得了组织的认可;另一方面,组织成员在努力工作实现自己的目标过程中,除目标已定以外,如何实现目标则是他们自己决定的事。

5. 控制有效

目标管理方式本身也是一种控制的方式,即通过目标分解后的实现最终保证组织总目标实现的过程就是一种结果控制的方式。目标管理并不是目标分解下去便没有事了,事实上组织高层在目标管理过程中要经常检查、对比目标,进行评比,看谁做得好,如果有偏差就及时纠正。从另一个方面来看,一个组织如果有一套明确的可考核的目标体系,那么其本身就是进行监督控制的最好依据。

第二节 目标管理法的推行步骤

目标管理法是众多国内外企业进行绩效考核的最常见的方法之一。其之所以能得以推广,原因在于这种做法是与人们的价值观和处事方法相一致的。例如,人们都认为"依每个人所作的贡献而给予一定的回报、奖励"是毫无疑义的。目标管理法得以推广的另外一个原因还在于它能更好地把个人目标和组织目标有机结合起来,达到一致,而减少下述这种可能性,即员工们每天在忙忙碌碌,但所做的事却与组织目标毫不相干。至于目标管理法的具体操作,可以分为以下四个步骤,如图8-1所示。

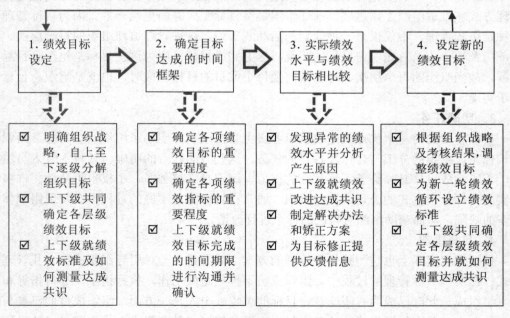

图8-1 目标管理法的实施程序

一、绩效目标的设定

绩效目标的设定是目标管理程序的第一步，实际上是上下级共同确定各个层级所要达到的绩效目标。在实施目标管理的组织中，通常是上级评估者与被评估者一起来共同制定目标。目标主要指所期望达到的结果，以及为达到这一结果所应采取的方式、方法。

根据德鲁克的观点，管理组织应遵循的一个原则是："每一项工作必须为达到总目标而展开。"因此，衡量一个员工是否称职，就要看他对总目标的贡献如何。反过来说，称职的员工也应该明确地知道他期待达到的目标是什么。否则，就会指错方向，浪费资源，使组织遭受损失。在目标管理法中，绩效目标的设定开始于组织的最高层，他们提出组织使命声明和战略目标，然后通过部门层次往下传递至具体的各个员工，如图 8-2 所示。个人的绩效目标如果完成，那么它就应代表最有助于该组织战略目标实现的绩效产出。在大多数情况下，个人目标是由员工及其上级主管在协商一致的情况下制定的，而且在目标设定的同时，他们也需要就特定的绩效标准以及如何测量目标的完成达成共识。

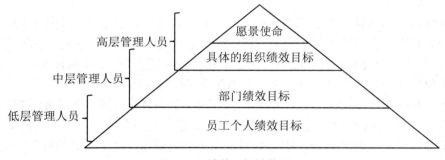

图 8-2　绩效目标结构图

一旦确定以目标管理为基础进行绩效评估，那就必须为每个员工设立绩效目标。目标管理系统是否成功，主要取决于这些绩效目标陈述的贴切性和清晰性。设定绩效目标通常是员工及其上级、部门及其上级部门之间努力合作的结果。各级绩效目标是否能够清晰合理地设置，直接决定着绩效评估的有效性。为了确保各级绩效目标得以恰当设定，绩效目标的设定除了可以参考其他绩效评估方法中所使用的绩效指标设计的原则外，还必须特别注意以下几点。

1. 目标必须与在更高的组织层次上所设定的目标相一致

正如早先所提出的，目标设定的进程从组织性层次开始。按等级制往下的连续水平上设定的目标，应当同更高组织层次上所设定的那些目标一致。个人的目标应当指出这个人必须完成些什么，这样便能最好地帮助他或她的工作单位实现它的目标。

2. 目标必须是具体的和富有挑战性的

具体的和富有挑战性的目标是创造高绩效的保证。一个富有挑战性的目标是那种只有当员工付出他们最大的努力才能实现的目标。经理们所犯的一个常见的错误，是允许目标被设定成太容易实现的目标。

3. 目标必须是现实的和可实现的

尽管目标应该是富有挑战性的，它们还必须是现实的和可以实现的。一个目标的实现应当在雇员的控制之内。你必须保证雇员们具有为完成目标所必需的资源和职权。如果一个目标随后被证明是不可达到的或是不贴切的，那么它就应该被抛弃。

4. 目标必须是可以测量的

目标陈述应该具体规定绩效标准和所建议的对这些标准的测量。绩效标准应从结果的质量和数量方面来具体规定对绩效的期望水平，还应该指出所期望的结果产生的时间框架。

二、制定被评估者达到目标的时间框架

这是实施目标的第二步，即当他们为这一目标努力时，可以合理安排时间，了解自己目前在做什么，已经做了什么和下一步还将要做什么。目标管理强调"自我控制""自我突破"，但绝不是要放弃管理控制，只不过是用双向沟通代替了专制管理。通过确定绩效目标达成时间的有效约束，可以更有效地保证组织目标的实现。

在第一步和第二步的过程中，难免会有些员工认为目标管理作为绩效考核的工具就是一个监督工具。这样一来，他们在填写目标时，就会把容易完成的工作定为主要目标，并在确定绩效目标的时间框架上将自身利益凌驾于组织利益之上。更为有害的是，员工或部门可能为了体现业绩，用短期见效的目标取代意义重大但长期见效的目标。因此，作为管理者在推进以目标管理为基础的绩效评估时，在设计绩效评估指标时一定要把好绩效目标的"权重关"，把工作按照重要性和迫切性划分为四个象限，既重要又迫切、重要但不迫切、迫切但不重要、既不重要又不迫切的四类绩效指标，通过各方面的彼此协调，减少资源浪费，尤其是时间资源。

三、将实际达到的绩效水平与预先设定的绩效目标相比较

这是实施目标管理的第三步。这样评估者就能够找出未能达到既定的绩效目标的原因，或为何实际达到的绩效水平远远超出了预先设定的绩效目标。这一步骤不仅能有助于决定对于培训的需求，还能有助于确定下一绩效评估周期的各级绩效指标。同时也能

提醒上级评估者注意到组织环境对下属工作表现可能产生的影响，而这些客观环境是被评估者本人无法控制的。目标管理的评估不是评估行为或其他，而是评估绩效。如果目标确立是具体的、可验证的，那么评估过程就简单。管理者与员工讨论他们是否完成了目标，并研究为什么能完成或不能完成，组织将这些检查评估工作情况记录下来并成为正式的绩效评估。

四、制定新的绩效目标，以及为达到新的绩效目标而可能采取的新的战略

这是实施目标管理的第四步。凡是已成功实现其绩效目标的被评估者都可以被允许参与下一考核周期新的绩效目标的设置过程。而对那些没有达到既定的绩效目标的被评估者，在与其直接上级进行沟通、判明困难的出现是否属偶然现象、找出妨碍目标达成的原因并制定相应的解决办法和行动矫正方案后，才可以参与新一轮考核周期绩效目标的设置。

尽管说在对员工进行绩效评估的过程中，目标的使用对于激发他们的工作表现、工作热情等方面是很有效的，但有时却很难确定有关产出方面的工作衡量标准。例如，工作的过程、工作行为可能与工作结果同样重要。如果说一个员工通过一种不道德的或非法手段达到了他（她）的目标，这对组织来说是非常有害的。仅仅以目标管理所确定的目标作为绩效评估的依据，在一定程度上会忽视员工的技术、知识和态度等其他方面，而员工的绩效水平却是这些方面的综合作用。下面这个例子在一定程度上验证了这一点。

在一个利用目标管理的案例中，一家大的快餐连锁店总部决定要以目标管理法为基础对每个分店进行绩效评估，这样对各分店经理都制定了一个目标，要比上一年销售额增加某个固定的值。尽管每个分店经理同意了这个固定的目标，可是到了年底，依据这一方案进行绩效评估时却引起了许多分店经理的强烈不满，并导致了工作积极性的下降。

原因在于这些经理们抱怨单一的衡量指标（增加销售额）并不是他们能直接凭努力就能达到的。会有很多外在的客观因素影响目标的达成，如附近其他餐馆的状况、肉的价格、市场情况以及总部的广告水平等。这就导致了这样一种后果：有一些经理费了很大力气，却未达到目标，相反有些人未付出很大努力，却轻易地实现了这一目标。为了解决这一问题，一位管理顾问建议应把销售额同其他与个人技术、知识、能力相关的指标结合起来作为评估标准（其他的指标，如人事管理方面、快餐店的卫生环境、员工满意等）。这一案例说明了目标管理法尽管在理论上听起来很合情理，但在实施过程中会面临很多具体的操作问题。

为了避免在使用目标管理法中建立绩效目标并以此为评估依据时可能会遇到的难题，一些组织已经实施了多元评估的政策。例如，一些组织如今在对雇员进行评估时，

目标的实施情况只占绩效评估的50%,而另外50%是考查这个人基本责任的完成状况,换句话说,就是要考察员工的整体工作表现。

第三节 目标管理法的评价及应用

一、对目标管理法的评价

目标管理具有许多管理上的优势,总结如下。

(1)目标管理在全世界被广泛应用,作为一种绩效评估工具,目标管理的有效性得到了广泛的认可。目标管理使各级部门及员工知道他们需要完成的目标是什么,从而可以把时间和精力投入到能最大程度实现这些目标的行为中去。

(2)目标管理对组织内易于度量和分解的目标会带来良好的绩效。对于那些在技术上具有可分性的工作,由于责任、任务明确,目标管理常常会起到立竿见影的效果。

(3)目标管理有助于改进组织结构的职责分工。由于组织目标的成果和责任力图划归一个职位或部门,容易发现授权不足与职责不清等缺陷。

(4)目标管理启发了自觉性,调动了职工的主动性、积极性和创造性。目标管理由于强调自我控制、自我调节,将个人利益和组织利益紧密联系起来,因而提高了士气。

(5)从公平的角度来看,目标管理较为公平。因为绩效标准是按相对客观的条件来设定的,因而对它们进行评估就会减少偏见的产生。

(6)目标管理相当实用且费用不高。目标的开发不需要像开发行为锚定式评定量表或行为观察量表那么花力气。必要的信息通常由雇员填写,由主管批准或进行修订就可以了。

(7)目标管理促进了雇员及主管之间的意见交流和相互了解,改善了组织内部的人际关系。

当然,世界上并没有一个十全十美的考核方法,目标管理本身也存在一定的缺陷和不足,例如:

(1)目标难以制定。组织内的许多目标难以定量化、具体化;许多团队工作在技术上不可解;组织环境的可变因素越来越多,变化越来越快,组织的内部活动日益复杂,使组织活动的不确定性越来越大。这些都使得组织的许多活动制订数量化目标是很困难的。

(2)目标商定可能会带来管理成本的增加。目标商定需要上下沟通、统一思想,这是很费时间的;而且在具体目标确定的时候,每个单位、个人都关注自身目标的完成,很可能忽略了相互协作和组织目标的实现，滋长本位主义、临时观点和急功近利倾向。

（3）目标管理倾向于 Y 理论，对于员工的动机作了过分乐观的假设。而在实际中往往是"机会主义本性"的，尤其在监督不力的情况下，这种矛盾更为突出。因此许多情况下，目标管理所要求的承诺、自觉、自治气氛难以形成。

（4）缺乏必要的"行为指导"。尽管目标管理使员工的注意力集中在目标上，但它没有具体指出达到目标所要求的行为。这对一些雇员，尤其是需要更多指导的新雇员来说，是一个问题，需要给他们提供"行为指导"，具体指出他们需要做什么才能成功地达到目标。

（5）目标管理也倾向聚焦于短期目标，即能在每年年底加以测量的目标。结果，工人们可能会试图达到短期目标而牺牲长期目标。例如，一个职业球队的经理，由于要达到在今年赢得奖牌的目标，可能用现在就能赢的老队员换下该队中有前途的年轻选手，这种行动可能损害球队的未来胜利（即长期目标的完成）。

（6）目标管理经常不能被使用者接纳。各级经理可能会不喜欢它们所要求的大量书面工作，也可能会担心与员工共同讨论目标的设定会削弱他们的职权，他们这样想，就不会很好地遵循目标管理程序。而且，员工会因为设立具体目标所带来的绩效压力和由此产生的紧张感而产生抵触情绪。

二、对以目标管理为基础进行绩效考核的误解

（一）认为以目标管理为基础进行绩效考核是一颗灵丹妙药

目标管理作为绩效考核的基础，包容了人、财、物和时间等许多内容，的确具有很多用途。在填写目标管理表之初，它像一张完整的工作计划。在接下去的工作中，它又像一张资源控制图，指导着员工向目标迈进。等到工作完成后，它又像一份回顾功过的工作总结。然而，目标管理并不是包治百病的妙药。有些管理者认为，既然在目标管理表中规定了每个人的工作，只要大家各司其职，工作流程自然会顺畅起来，权责问题就会迎刃而解。其实，目标管理最大的特点是侧重目标，而不是方法。目标管理的实质仅是通过有难度且明确的目标，激发出员工的主观能动性，指对了方向就已经不易了。若把目标管理当成一个管理平台，用其处理工作流程中的问题，怕是高估了它的能量。

（二）认为目标管理就是对工作任务的具体量化

有些管理者认为，目标管理只要将任务量化，同时提高难度就完事大吉了。这种做法只适用于决策权力弱、不可控因素少的员工，对于研发人员或存在不可控因素多的工作，就很难奏效。斯内尔提出的三种人员配置模型，可以说明其中的道理。该模型总结

了三种人员配置的情况：人事匹配型、战略实施型和战略形成型。第一种情形以任务为导向，只要通过传统的工作分析与目标任务描述就可以实现。第二种情形以目标为导向，这时目标是已知的，但实现方法由员工灵活掌握。第三种情形以使命为导向，这时环境高度不确定，只有清晰的使命，却无具体的目标。可见，目标管理可以针对不同员工，给予他们不同的目标。一味追求评估指标的具体量化，绝不是目标管理的全部意义。

（三）认为目标管理仅仅是一个用于监督的评估工具

有些员工认为目标管理作为绩效评估工具的根本目的是为了加强对他们的监督与控制。这样一来，他们在填写目标时，就会把容易完成的工作定为主要目标。更为有害的是：为了体现业绩，用短期见效的目标取代意义重大但长期见效的目标。这是对目标管理的一种误解，目标管理的初衷是帮助员工提高效率从而增强满意度，而不是增加负担进而产生压抑感。大家可以通过目标管理实现彼此协调，减少资源浪费，尤其是时间资源。目标管理强调"自我控制""自我突破"，但并非放弃管理，只不过用双向沟通代替了专制管理，以更有效地保证组织目标的实现。

（四）认为目标管理可以一次到位，是个一劳永逸的选择

绩效评估工作是经常性的管理活动，必须定期进行，形成制度。一般来讲，业务部门的考评是按月进行；职能部门的考评是按季度进行；高层管理岗位的考评按年度进行，中层按季度或半年进行，基层按月或季度进行；研发部门的考评周期要更长。但是，无论哪个部门哪个岗位，无论考评的周期有多长，都必须遵循目标管理定期化、制度化的原则，加强平时考核的力度，关注绩效水平的持续提升。

案例 8-2　　某服装公司的目标管理缘何失败

一家服装公司，决定在整个公司内实施目标管理。事实上他们之前在为销售部门制定奖金系统时已经用了这种方法。公司通过对比实际销售额与目标销售额，支付给销售人员相应的奖金。这样销售人员的实际薪资就包括基本工资和一定比例的个人销售奖金两部分。销售大幅度提上去了，但是却苦了生产部门，他们很难完成交货计划。销售部抱怨生产部不能按时交货。总经理和高级管理层决定为所有部门和个人经理以及员工建立一个目标设定流程。为了实施这个新的方法他们需要用到绩效考核系统。生产部门的目标包括按时交货和库存成本两个部分。

他们请了一家咨询公司指导管理人员设计新的绩效考核系统，并就现有的薪资结构

提出改变的建议。他们付给咨询顾问高昂的报酬修改基本薪资结构,包括岗位分析和工作描述。还请咨询顾问参与制定奖金系统,该系统与年度目标的实现程度密切相连。他们指导经理们如何组织目标设定的讨论和绩效回顾流程。总经理期待着很快能够提高业绩。

然而不幸的是,业绩不但没有上升,反而下滑了。部门间的矛盾加剧,尤其是销售部和生产部。生产部埋怨销售部销售预测准确性太差,而销售部埋怨生产部无法按时交货。每个部门都指责其他部门的问题。客户满意度下降,利润也在下滑。

资料来源:目标管理实施案例[EB/OL].(2013-01-07). http://www.docin.com/touch_new/previewHtml.do?id=574276632.

这个实例的问题出在了哪里呢?为什么设定目标(并与工资挂钩)反而导致了矛盾加剧和利润下降?经过仔细分析总结得出以下几个结论。

(1)设定的目标不全面。每个部门只专注于对自己非常重要的几个目标。

(2)因为这家公司的传统是一年进行一次绩效考核,目标一旦定下来就不能再改变。所以即使他们发觉有些目标有问题,他们也不会进行及时的修改。

(3)各部门的目标互相之间没有联系,只是和组织内上、下级之间有联系。

(4)修改后的系统仍然存在定性或主观评估。这就意味着私人关系对绩效考核流程还是有很重要的影响。经理在考核绩效时仍然存在主观因素,经理和下属的关系亲密与否导致了系统的不平等性。这也可能是最重要的一点,目标不符合公司扩大市场份额的特定战略。原来的目标只关注销售额和按时交货,但是战略最重要的几个关键面没有得到特别体现。

三、目标管理法与关键绩效指标法的比较

从战略目标层层分解,从而建立各个层级的关键绩效指标(KPI),这是创建关键绩效指标(KPI)体系的基本思路。如果将 KPI 法和目标管理法作一比较的话,我们可以得出如下结论。

(1)如果每一个 KPI 指标都可单独拿出来看作是一个可操作化的具体任务的话,这个指标就可以看作是一种目标,对该目标的管理,可以是目标管理。

(2)目标管理中设立的目标最多不会超过 5 个,而每个部门或岗位的 KPI 指标可能会有十多个,这些指标并不能单独拿出来作为一个具体目标而操作,它们在一起反映的是一个组织经营绩效各个方面的测度,它可能会反映基础性管理数据,如合理化建议、ISO 审核、员工学习、员工任职资格达标比例等,这些指标可以说是组织运营的过程指标。所以,KPI 本身是根据组织发展需要而分解下来的,并不完全与工作任务对应,所以它

的考核也是对众多指标进行分配权重考核后计算总分。这样，对于某一指标，对它进行目标管理的成分就很小。因此，不能将目标管理法和 KPI 法混淆不分。

下面举一个例子来说明两者的区分。

如果对一个销售工作制订的 KPI 是收入、利润、回款三项。按目标管理，这个销售可能就是一个完整的工作任务，所采取的每个措施都对三个 KPI 结果值有影响，最终形成考核期的三个 KPI 结果，它是一个目标管理工作的结果值。可是按 KPI 体系，它是观察三个指标独立的变化，采取的措施也可能只改变其中的一个 KPI 结果。如果硬要与目标管理靠拢的话，只能说是三个或一个负责人，管理三个 KPI，进行三个目标管理，但采取的却是同一条措施，这就没有意义了。

本章小结

目标管理（MBO）不仅仅是关注组织中员工个人绩效的管理过程的一个通用名词，通常它是一个目标设定的过程，通过这个过程为组织、部门、部门经理及员工设立目标。MBO 不是一个员工行为的衡量工具，它只是试图衡量员工的有效性，或对组织成功和目标实现的贡献。目标管理使组织各级主管及成员都明确了组织的总目标、组织的结构体系、组织的分工与合作及各自的任务。

目标管理也有一些局限性，有的是方法本身存在的，有的则是在运用中引起的。现在运用目标管理的组织并不多，即使运用目标管理也是经过改进后再使用的，更流行的是将平衡计分卡和目标管理法相结合起来使用。

思考题

1. 什么是目标管理？它与目标设置理论有哪些联系？
2. 目标管理方法有哪些特点？其优点和缺点是什么？
3. 你认为在实践中，应该如何克服目标管理法的缺点而发挥其优点？
4. 你能描述出目标管理法的操作流程吗？
5. 试为某民营企业导入目标管理法提供一个框架指导。
6. 目标是什么？它有哪些特点？在具体实施目标管理的过程中需要注意哪些问题？
7. 试用目标管理法给自己设计一个人生规划，并有短期和长期的目标。

 **案例 8-3　　　　　惠普公司的目标管理**

虽然目标管理的实施原理是相通的，但是具体到每个公司却有着质的区别。惠普公司目标管理的特点是"知易行难"，主要是在工作过程中培养员工的领导力，其具体内容如下。

（1）了解并信任每一位员工，这是实行目标管理的必要前提。基于这一企业文化，惠普公司要求每位经理都要信任、尊重每位员工，并根据员工的胜任力与他们共同设定适当的目标，以最终达成企业目标的实现。通过信任每一位员工，给予他们实现个人目标的适当权利，真正激发员工的主动性、积极性和创造性。

（2）用 SMART 法则设定企业和员工目标。设定目标本身是一件充满挑战的工作，正确、有效的目标在惠普公司内是采用 SMART 原则进行设定的，即：S 明晰，可评测；M 可测量；A 可实现；R 与工作相关；T 时间。SMART 法则仅仅是设定目标的出发点，惠普公司在目标设定的过程中，还会考虑到以下方面。

首先，一个好的目标要具有关联性。在一个企业内部，每一个目标都要具备上下关联性，从而为企业的整体目标服务。

其次，一个终期的目标需要由几个阶段性目标组成。通过这种方式，可以及时发现问题，进而解决问题。

最后，不能只有结果目标，还要有过程目标。对企业来说，同样重要的还有包括销售平均定额、效率衡量、员工满意度、客户满意度、企业公民行为等在内的过程目标。

（3）实践目标管理的三要素：数据、GAP 分析和激励。任何目标的实现，都要配套的、有效的数据采集系统，用于说明过程目标的完成情况，用来评价阶段目标和过程目标。定期的 GAP 分析与检查是实现目标管理的利剑。所谓 GAP 分析就是站在未来某一时间点上，通过分析现状和预期之间的差距，及时发现目标可能无法按时实现的风险，进而作出中肯的分析，重新找到达到目标的方法。要根据 GAP 分析与检查的结果，在每一个过程目标实现后，激发员工的脑力及主动思考能力，表现出色的要给予奖励；对没有完成任务的员工，应帮助其分析原因，激励员工克服困难，迈开脚步更好地完成工作。

惠普公司目标管理的主要步骤有以下四个。

（1）设定目标。目标的内容要兼顾结果与过程，根据岗位职责和公司整体目标，由主管者和团队成员一起讨论确定。

（2）制订计划。在此过程中，主管者只是对团队成员进行鼓励，不会越俎代庖；而团队成员将充分发挥创造力和想象力，对终极目标进行阶段性分解，选择最佳的工作方法，并征得主管者的认同。

（3）进展总结。由主管者、员工和相关团队一起，定期分析现状、预期与目的差距，找到弥补差距、完成目标的具体措施。

（4）绩效评估。在目标任务终止期进行总体性的绩效评估：如果没有达到目的，要检讨原因；如果超出预期，或者达成了当初看上去难以完成的目标，则要分析成功的原因，并与团队分享经验。

惠普公司在实施目标管理的过程中，要求主管领导始终努力创造一种氛围和机会，调动员工的主动性和潜力，激发员工追求卓越和创新的精神。主管人员不仅要有足够的勇气，给员工尝试的机会、创新的机会，同时也要有敢于承担失误、承担风险的勇气，更重要的是，还必须了解每一个员工的特点，具备对时机、风险、分寸的把握和判断能力。

惠普公司的目标管理在公司以及每个员工的发展过程中起到了十分重要的作用。

首先，惠普公司的目标管理有效地提高了公司的执行力。惠普公司目标管理的过程以及每位主管在整个过程中精心考虑问题，使得其可以更为准确地了解企业和自己的目标，而且员工即使在目标实现的阶段中发现有偏差，也可以得到最快的矫正，双方也在愉悦的气氛中完成自己的使命，确保每项目标的顺利实施。这样，不管是公司主管还是普通员工都能保证沿着公司制定的战略目标，得到自我的提升，同时也能保证公司每项决策的执行力度。

其次，目标管理增强了企业的凝聚力和亲和力。惠普公司的目标管理过程正好与"惠普之道"密切相关，尊重员工，信任员工，使员工可以参与到企业的日常管理中，更大程度地激励员工紧密关注公司的发展，同时也减少了领导与员工的距离感。惠普的目标管理有效培养了员工的领导力。惠普公司给员工提供的是一个宽松和谐的工作环境，即使是一名普通员工，也必须和主管领导一起制定自己的目标，提出自己的实现目标的方法，与团队和经理实时沟通分析现状与预期的差距，找出解决方案，这样在不知不觉中就不断地为企业培养了永无止境的生力军。

最后，惠普的目标管理在其平时的实践中可以真正做到不流于形式，而且正是由于这种管理模式使每位员工都充分发挥了工作主动性，在一次次的解决问题的过程中培养起独立判断、自主解决问题的能力，在无形之中提升了员工的领导力，进而也增强了企业的核心竞争力，实现了企业的可持续发展。

资料来源：孙振耀. 知易行难的"目标管理法"[J]. IT经理世界，2006（23）.

思考与讨论：

1. 惠普公司的目标管理有哪些特点？

2. 结合目标管理在我国企业实施的现状，试分析惠普公司的目标管理有哪些值得借鉴的地方？

知识链接　"目标管理—绩效考核"是先进管理还是洋垃圾

一、目标管理绩效考核的鼻祖德鲁克在美国倍受指责

1. 日本（戴明）式和美国（目标）式管理在 20 世纪 80 年代决出了胜负

20 世纪 40 年代，戴明等人对美国战争产业教授统计过程控制学（Statistical Process Control，SPC）。

20 世纪 50 年代，统计过程控制学及其人群关系运动在美国消失，美国采用目标管理（Management by Objectives，MBO）、绩效考核（Performance Appraisal）。戴明给日本产业领袖授课，日本开始进行全面质量控制（Total Quality Control，TQC）并设立了戴明奖（日本最高质量管理奖）。

20 世纪 60—70 年代，美国继续采用目标管理。戴明继续给日本产业领袖提供咨询并授课，日本经济繁荣，美国渐失市场。

20 世纪 80 年代，在汽车、家电、钢铁等所有日本产业参与竞争的行业，美国企业不是被压得喘不过气来，就是被迫退出了行业竞争。戴明管理式公司和目标管理式公司在市场上决出了胜负。美国人开始反省，NBC 纪录片《日本能，为何美国不能？》使戴明在美国一夜成名，美国产业界普遍认为"戴明是日本经济奇迹背后的驱动力"。戴明管理哲学和统计过程控制学在美国成为时尚，美国开始采取全面质量管理（Total Quality Management，TQM），美国设立了鲍丁格奖（美国最高质量管理奖），开始批评并放弃目标管理。

20 世纪 90 年代，日本经济萧条。目标管理在美国消失，美国产业仍重视质量管理，强调领导力企业文化，以及从丰田管理体系（Toyota System）改进而来的精益化制造/工程管理（Lean Manufacturing/Engineering），美国工业重新站了起来。

2. 戴明称目标管理是对美国管理最具有破坏性的力量

瑞法尔·阿克雅（Rafael Aguayo）在他的《戴明博士》（*Dr.Deming*）一书中写道："彼得·德鲁克（Peter Drucker），著名的管理学者，管理咨询专家，十分积极地倡导一个绩效考核系统，该系统被德鲁克称为：'目标管理（Management by Objective，MBO）'。其他一些管理学者，那些在现实世界中把公司做倒了的管理专家们，也积极地推动了目标管理。目标管理的概念是如此整洁，使美国的经理们舒适满意地感到：目标管理、绩效考核是必要的，会使员工们更好、更努力地工作，进而可以提高公司的生产效率和利润。

但是，戴明在20世纪80年代十分明确地告诫：绩效考核，不管称它为控制管理或什么其他名字，包括目标管理在内，是唯一对今日美国管理最具有破坏性的力量。美国可以出口任何东西，就是不能出口美国现在的管理方法，至少不能出口到友好的国家。"

3. 彼得·斯科尔特斯称目标管理绩效考核为梦想清单

彼得·斯科尔特斯（Peter R.Scholtes）在他的《戴明领导手册》（*The Leader's Handbooks*）一书中写道："目标管理法多少只能算是'心想事成'的梦想清单，无异于我们儿时圣诞节前或生日时的祝愿。'我有些心愿，'老板这么说，'现在你要负责将它们实现。'这样一点都不费脑筋。它不叫领导力，而只表示不想用心思考，并且放弃领导。"在彼得·斯科尔特斯看来：

（1）绩效考核行不通。目前还没有有效的研究证实，某组织实施绩效考核，状况就会更好，更多看到的是，一个企业花费资金和精力，在咨询公司的帮助下建立了绩效考核系统，但是，在实施的过程中，就会发现由此产生的弊端和问题，在没有见到绩效考核的效果之前，就已经让企业领导焦头烂额，承认自己曾努力推动的绩效考核管理的失败，自然是一件很多企业领导不愿承认的现实。

绩效考核成功吗？根据蒂莫西·谢尔哈特（Timothy Schellhardt）在《华尔街日报》（1996年11月9日）的报告：九成以上的绩效考核制并不成功。彼得·斯科尔特斯怀疑实际上比这更糟。

（2）绩效考核与领导力和团队协作不相容。绩效考核使每一个员工与其主管之间都有个别绩效期望与评审的关系，决定了员工的个人利益，在团队成员之间形成了竞争的关系，相互帮助就会使自己绩效下降；而团队成员与团队之间则有期望及互依关系，有时，员工必须面对主管期望与团队期望相冲突，从而必须有所选择的窘境，究竟要以主管还是以团队为重呢？通常是迁就主管而舍弃团队。

领导的政策和做法，可以表示出对人是信任或不信任、对人忠诚或不忠诚。绩效考核反映出领导对员工的态度，会促使一个团队的分裂和漠不关心，使组织失去温暖，喜欢怪罪别人，员工士气低落。

（3）绩效考核使系统失去不断改进的机会。尽管绩效考核的正式目的也许是为了改进，然而却长流于评定及判断，反而少于改进，多沦为对受评者个人的掌握，而改进系统和过程需要的是反馈而不是判断。

绩效考核的焦点绝大多数放在个人身上，有时放在小组上，而大多数问题在于改进系统和过程本身，不在个人或小组上。改进有两种不同的方法，一种是把注意力集中在改进系统及找出问题的系统成因正确方法，另一种是想改进个别员工并找出罪犯的方法，绩效考核就是以找罪犯为主的解决方式，它其实鼓励表面化，鼓动人们问"谁？"而不是"为什么？"忽略了系统会有偏差，绝大多数问题是由系统本身引起的事实，从而失去了不断改进系统和过程的机会。

二、20年前危害美国的目标管理会对中国有好处吗

1. 20世纪80年代美国银行目标管理的结果

美国银行（Bank of America）曾一度制定了全美国最有雄心的目标绩效考核激励奖罚制度，以发放贷款的数额决定贷款员的表现，表现最佳者可获得超过中等表现者50%收入的奖励，结果美国银行得到了他们想要、也该得到的东西：大批的坏账，虽然实现了管理目标，但随后银行却因此遭受了巨大损失。只看贷款数额，而不去考虑表面看不到的更重要的贷款质量、风险、客户忠诚等因素。只知道要求雇员110%地努力工作，随后再加10%的目标要求，如此年复一年是非常愚蠢的管理方法。

2. 20世纪80年代美国纽约交通警察局目标管理的结果

纽约交通警察局（New York Transportation Police Department，NYTPD）有一段时间持续出现错误和非法逮捕事件，无辜的人被指控犯有重罪，其中绝大多数是黑人和墨西哥裔人。事件曝光以后发现一个分局的4个警察要对这些错误和非法逮捕事件负主要责任，这4个警察全部被停职，并接受审查。奇怪的是，调查结果显示：这4个警察是该分局表现最佳的警察，原来这个分局实行的是目标管理法，警察的工作成绩、表彰、提升是靠逮捕数量，尤其是对重罪和性骚扰罪的逮捕数量决定的。警察中的白人种族主义分子，乘机滥用权力，一举两得，用非法残忍的手段迫害少数族裔，还得到了分局的认可奖赏，但他们对社会和警察局造成了巨大的损害，民众尤其是少数族裔对警察和执法人员失去了信心，抗议活动造成了族群对立和社会动荡。

3. 20世纪80年代美国国际电话电信公司目标管理的兴衰

美国国际电话电信公司（ITT），前首席执行官、总裁海洛德·吉尼恩（Harold Geneen）在他的一本名叫《管理》（*Management*）的书中写道："一个3句话的企业管理课程：你看书是从开头开始看，你管理一个企业正好相反，先从结局开始，然后你做一切必需的事为达成结局而努力。"这就是在美国被称为"反向式管理（Backward Management）"的东西。

吉尼恩是财务教育工作背景，他最重视的是财务结果，他认为管理是简单和直接的，他坚持ITT每年要达到增加利润15%的目标，不断提高生产销售目标，不断要求减少开支，每个人必须完成或超过自己的定额指标，优胜者奖，落后者罚，老完不成指标者就走人。

当吉尼恩成为ITT总裁后不久，财务报告显示利润持续增加，公司股票升值快速，投资分析师认为ITT是一个经营很好的公司，加以推崇。ITT公司股票价格升高大

大超过了别的上市公司，使 ITT 有了兼并股票表现不太好的公司的能力，ITT 借此增加了每股盈利，因而增加了股票价值。如此效仿，ITT 又在新购买的子公司实行"管理魔术——目标管理"，使 ITT 的股票进一步升值。

在 1961 年，吉尼恩掌管 ITT 两年时，ITT 销售额是 7.566 亿美元，盈利 0.29 亿美元，在 1977 年，吉尼恩下台时，ITT 销售额是 167 亿美元，盈利 5.62 亿美元，吉尼恩掌管 ITT 的 16 年中，ITT 在 80 个国家兼并了 350 个公司，顶峰时是美国 500 强第九名。

随后 ITT 就以历史上前所未有的速度和规模崩溃了。首先是主要分公司出现了问题，ITT 就开始出售这些问题分公司，法国等国坚持要从 ITT 买回自己受人尊敬的电话公司，很快 ITT 缩小到了比他最初还要小的公司。让人们吃惊和怀疑的是 ITT 曾经与福特汽车、通用汽车、IBM、通用电气同属一列。

ITT 的问题是质量，ITT 电话系统不工作，产品和服务质量低劣。当财务报告显示公司仍大笔赚钱时，没有人曾指责 ITT 的质量问题，当质量问题成为有目共睹的事实时，ITT 失去了它所有的魅力，但质量是硬道理，客户是公司存在的基础，吉尼恩 16 年的目标管理实现了，也正是他为 ITT 挖好了坟墓。

在 20 世纪 60—70 年代，ITT 令人印象深刻的财务结果愚弄了许多人，包括许多投资人，整个国家都认为 ITT 的经理们懂得如何管理，数百位 ITT 经理们被高薪聘走成为其他公司的首席执行官，希望他们带来 ITT 的管理模式，ITT 管理模式被称为成功管理的榜样。

有一个没有被愚弄的人就是戴明，还有那些正听戴明讲课，并忠实实施的日本人。

4. 2002 年北京一家著名房地产企业目标管理的后果

在 2001 年，北京一家著名的房地产企业由于工期要求很紧，就制定了非常强烈的奖罚激励制度，公司从上到下层层实行目标管理，要求必须按时完工，所有人在强大的压力下，日夜加班加点，总算按时完成了这栋大楼的建设，成功地实现了公司制订的目标管理计划，成了公司成功目标管理的典范。

但是好景不长，半年以后该楼房一侧地基下沉了 30 厘米，楼体出现了大量裂缝，经技术鉴定是施工单位没有按施工要求施工。事实上，在目标管理的期限内，他们根本不可能用常规施工方法完成地基，再加上冬季施工，所以问题很快就暴露出来了。这栋楼成了这个创业老板挥之不去的一块心病，成了公司难以启齿的败笔，购买了这栋楼房屋的住户心里更不是滋味，他们以各种方式表达他们的愤怒，公司负责这栋楼的一个副总裁的衬衣已被撕了 3 件，事情还远远未了。

以质量和公司长期利益为代价的目标管理是没有意义的，数字目标往往不能反映公司最主要的东西，而且很难制定合理准确的目标，如果制定的目标超过了系统的能力，要强制人们实现该目标，正如戴明所说的："人们在设法实现目标时，就会有'移山'的精神。"就会出现"亩产万斤的良田"。

5. 目标管理对中国社会的危害随处可见

只举在中央电视台节目中出现的许多例子中的这两个，来说明目标管理对社会造成的危害。

（1）12 月 5 日的《马斌读报》，主要谈论了有关我国 GDP 的问题，马斌先生的结论是：

——以 GDP 为中心的发展观念必须改变，不能把钱作为唯一的目标。

——要根除 GDP 崇拜、GDP 牛皮、短期利益、前安徽副省长王怀忠 GDP 作假。

——《人民日报》称之为"黑色 GDP"，完全忽视了质量。

（2）张力伟杀父案引起了社会的关注。张力伟在家长、学校和社会的学习压力和在生活过度依赖的环境下，形成了他独特的具有毁灭性的性格，最终酿成大祸。该事件再次引起了大家对我国中小学教育系统的讨论，我国的中小学生负担过重是不争的事实，毕业班的学生和家长更是像渡过一场灾难一样。

学校完全以考试成绩和升学率为目标，这些目标又与教师的奖金绩效挂钩，其结果就是许多教师压学生们做更多的学习努力。学生成绩排名次，给智力比较差的学生造成了很大的压力和心理伤害，使其有可能发展成为日后的社会仇视者。

学校和家长只关注孩子的考试成绩，没有时间和精力关心他们其他能力的培养和身心健康，总使孩子们承受了过多的压力，失去了欢乐的童年。据新浪网关注青少年心理调查报道，据统计我国有 3 000 万心理有问题的青少年，存在焦虑和抑郁等问题的大学生占学生总数的 16%。

在美国的中国人经常嘲笑美国人无知，但他们赖以生存的专业水平都很高也很专业。美国孩子比我们的孩子生活得轻松多了，美国的中学生除了各学科知识比我们的中学生浅很多之外，其活动能力、身体和心理素质等各方面要比我们的青少年强不少。但是，美国的大学生、硕士和博士生在本专业的基本功上又比我们强不少。

虽然国家要求减轻学生负担，但这不是一个要求就能解决的问题，事实上，学生的实际压力并没有减少。要从课程和教育体制系统上来考虑减轻中国中小学生的压力。

三、目标管理绩效考核（控制管理）错在何处

1. 目标管理的实质是反向式控制管理

大多数的反向式管理（Backward Management）就是从利润开始，反向推导获利润的方法，先从结局开始，然后做一切必需的事为达成结局而努力。这种反向式管理方式有一个严重的逻辑错误，就是利润是过去行动的结果，而过去发生的事是无法改变的，所

谓的管理就是从结果找原因，消除减少利润的原因。目前的结果是在过去的资源配置下产生的，如果错误地消减掉其中一项10美元的开支，很可能会对以后造成成千上万美元的损失。例如，消减一项以前一直在进行的安全培训，以后出了安全事故的代价是多大？

在目标管理来看，利润是由财务来反映的，例如收入和开支。而且每一个开支都是由一个原因产生的，只要消除原因，就会消除开支。但在现实生活中，一个原因可能是由许多东西产生的，而这个原因又影响其他的开支和收入，何况许多对公司最重要的东西是无法用数字来表示的，质量和创新在哪里？次品到达客户手里后，公司要付出的成本？有多少潜在客户为什么不再购买我们的产品？产品出现了安全问题造成了客户伤亡怎么办？如果抓不住问题的核心——质量，其他的努力将会是徒劳的。

一个简单的逻辑，"如果A发生，B就会跟随"会发生；反过来，"如果B发生，A就会跟随"不见得就会发生。这就是质量（A）和利润（B）的逻辑关系。

目标管理绩效考核或称之为控制管理，给每个人定额目标，限期完工，对每个人施加压力，恐惧被作为普遍的工具，质量早就被忘记了，人们在这样的环境里常常被一些愚蠢的条条框框所束缚控制，就不会有不断改进和创新，也不会作出真正的贡献，创造力和生产效率就消失了，人们努力去达到他们的工作定额绩效目标，并不关心自己的工作对公司的效果。

2. 单纯追求利润目标，靠账面数字管理企业

在美国，那些用账面数字管理企业的经理被称为："只看表面数字的经理（VNO Manager——Visible Number Only Manager）"。

制定高额利润指标，利润等于收入减掉开支，人为地增加利润，增加收入，减少开支，成了这种经理的首选管理方法。当销售下滑时，这种经理为了实现高利润的目标，很可能就会减少或取消培训计划、研究开发、售后服务，裁减工程技术人员，改用便宜、低质量的供应商，质量不可避免地将会下降，随后利润也会下降。当今许多所谓的减少开支的方法，事实上是收回投资、减少或取消基础设施建设。

这种经理不明白质量和利润的关系，他们是在建立空中楼阁，是用杀鸡取蛋的方法获得短期的高效益。还有些经理只关注他在一个领导位置上一两年的短期效益——个人利益和政绩，这样的经理可以把公司账面利润在他的任期内增加几个百分点，因此而获得提升或个人经济利益，如果重用这样的人，将会毁掉整个公司。

数字只代表过去，数字还可以作假，这种账面数字为本的公司，表面利润可能看起来很好，在股市上可以短期欺骗一些股民投资者，但是在市场上，根本无法与以戴明哲学为本的公司竞争，因为客户需要的是高质量的产品和服务，并不会去注意公司的利润，而客户是一个公司存在的基础，客户是骗不了的。

3. 制定高额利润或绩效目标，靠奖罚管理企业

这种经理相信，一个公司最重要的是人，听起来好像不错，只要他手下的人没有问题了，公司就没有问题了，公司的问题是由于员工不用心工作，或者是他们有意犯错误。只要每个人多作一些贡献，工作更努力一些，公司的问题就解决了。

这种经理相信，目标奖罚制度会使人们更努力、更好地去工作，因而可提高生产率和利润。他们认为：个人实现目标表现出色，公司就会表现出色，追求个人表现最大化，个人的表现加起来等于公司的表现。

听起来有理，但是错了，如果每个人都在110%地努力工作，而现有的人员和系统能力不可能达到预定的目标，为了达到目标或由于压力，有些人就会不择手段，以公司的长期利益为代价。例如，销售人员会承诺客户不可能兑现的产品和服务，这个销售人员可能会超额完成年度销售目标，得到了大笔奖金，但是，公司服务开支就会增加，若不提供这些额外服务，客户对公司的不满将会激增，忠诚有价值客户的流失就意味着一个公司的衰落。还有些人会弄虚作假，做表面文章欺骗上级，有些人会采取非法手段去实现目标，这些行为都会毒化企业文化，这些人会因为实现了目标而得到了奖赏和提升，如果依照绩效提拔重用这些人就意味着一个公司的灭亡。

那些由于不受他们控制的系统因素而没有完成绩效目标的人，事实上也不可能完成目标的人受到了处罚。这就会进一步破坏团队精神，毒化企业文化。

这些经理不明白系统决定了94%的结果，而他们自己才有权利和责任改进系统。奖罚一个承包了一亩地种小麦的农民，他的小麦亩产量不会增加一倍，如果你非要他亩产增加一倍，他就只好想别的办法"增产"了。

这些经理经常会说："我雇你是要结果，不是要借口"；"我不管你怎么做，我只要结果"。

4. 放弃目标管理绩效考核，建立领导力企业文化

企业是一个为实现目标组织起来的系统，就像一辆汽车，其发动机和传动系统决定了它的速度，要想提高最高速度，只有改进系统，而奖罚驾驶员只会损坏汽车，这就是为什么要放弃目标管理的原因。

如果不能预测地震，同样也就无法制定准确的目标，如用这个不能反映实际情况变化的目标往回压，实行反向强制管理，人们为应对不可能实现的目标时，就会作假撒谎，就会有"移山"的能力。如果实行目标绩效考核，那就是在用一把不可能准确的尺子在严肃地测量人们的表现。

目标管理、目标、评分或排名绩效考核（控制管理）无法做到公平准确，不能标识公司最重要的东西，反而会制造谎言、失败者、恐惧、不公平、怨气、不合作、不帮助、破坏团队精神和领导力。正如戴明所说的："我们被自己最大的努力毁掉了。"

戴明说："取消所有的工作定额是必要的。"一个有诚信和领导力企业文化的公司，员工充满了内在的工作热情的公司，那定额事实上就没有用，你只能得到系统给你的结果，目标制定太低没有意义，而且会阻碍发展的动力。目标制定得太高，希望得到超过系统能力的结果，不但是不可能的，而且会产生破坏性的后果。正如戴明所说的："人们在设法实现不可能达到的目标时有'移山'的能力。"

要加强计划、愿景和目标导向，但是不能反向强制去实现目标，否则就会出现拔苗助长的后果，就会出"亩产万斤"的良田。

要区分开制定目标和目标管理，这是两个完全不同的概念，可以制定任何目标，但制定目标要尽量科学准确，还要认识到目标的不确定性，目标事实上要有可调整性，要制定短期具体的目标，例如年度目标，目标还要与长期的愿景相一致。

传统的目标管理以该目标为基准，实行反向管理组织人员和资源，用奖罚激励去实现制定的目标。新的目标管理观念要求：提高或延伸目标，组织团队和资源，支持和激励人们发挥最大内在能量，带领团队向目标冲击，目标是十但能做到八就是英雄。

计划是管理的重要方法，由于计划不周引起的时间、资源和人力浪费是十分巨大的。不是要放弃而是要加强公司的计划管理能力。

按照戴明的建议放弃目标管理绩效考核，那用什么来代替它呢？答案就在于要建立企业核心价值下的领导力企业文化，要获得员工人心（控制管理做不到这一点），要不断改进产品和系统（质量建立在整个系统之中），以有竞争力（低成本）的质量（超过客户期望的产品和服务质量）取胜的管理思想。

资料来源："目标管理—绩效考核"是先进管理还是洋垃圾？[EB/OL].（2009-09-05）. http://hr.hr369.com/performance/200909/76025.html.

 团队互动演练

研究型学习小组以所在团队为基础，完成每位团队成员个人和团队的《目标管理绩效考核方案》。操作指导如下。

教学目的

- ☑ 熟悉目标管理的构建流程。
- ☑ 理解目标管理的特点和设计原则。
- ☑ 了解目标管理的作用和重要性。

教学平台

以学生和所在学习团队为依托,完成团队成员和团队的目标管理方案设计。

硬件支持:计算机中心实验室,每位学生配备一台计算机,允许网络连接。标准化教室,供学生讨论和陈述。

教师提供目标管理绩效考核方案设计基本思路。

教学步骤

第一步,绩效目标的设定。由团队成员结合自身情况,从学习、生活、人际交往、能力提升、金钱管理等方面提出个人所希望达到的绩效目标。对于学习团队建设有怎样的思考和希望,学习团队成员一起来共同制定目标。目标主要指所期望达到的结果,以及为达到这一结果所应采取的方式、方法。

第二步,制定达到目标的时间框架。即当团队成员自身和团队为这一目标努力时,可以合理安排时间,了解自己目前在做什么、已经做了什么和下一步还将要做什么。

第三步,将实际达到的绩效水平与预先设定的绩效目标相比较。团队成员和团队致力于找出未能达到既定的绩效目标的原因,或为何实际达到的绩效水平远远超出了预先设定的绩效目标。

第四步,制定新的绩效目标,以及为达到新的绩效目标而可能采取的新的计划。凡是已成功实现其绩效目标的团队成员和团队可以被允许参与下一考核周期新的绩效目标的设置过程。而对那些没有达到既定的绩效目标的团队成员和团队,要深入探讨沟通,判明困难的出现是否属偶然现象,找出妨碍目标达成的原因并制定相应的解决办法和行动矫正方案后,才可以参与新一轮考核周期绩效目标的设置。

团队成员

研究型学习小组在组长指导下合理分工,各负其责,按规定时间完成任务。

研究成果

- ☑ 团队个人和团队的《目标管理绩效考核方案》。
- ☑ 对其他小组的方案进行点评。

第九章 基于标杆管理的考核体系

 学习目标

- ☑ 掌握标杆管理的概念，标杆管理的分类；
- ☑ 了解运用标杆管理设计绩效考核体系的优势；
- ☑ 会设计基于标杆管理的绩效考核体系。

 案例 9-1　　　　施乐公司的标杆管理

施乐公司一直把标杆管理作为产品改进、企业发展、赢得竞争对手、保持竞争优势的重要工具。公司的最高层领导把标杆管理看作公司的一项经常性活动，并指导其所属所有机构和成本中心具体实施标杆管理。而施乐公司本身也在长期的标杆管理实践中探索出了很多经验，它的"5 阶段、10 步骤"标杆管理方法被很多公司认可和使用。施乐公司的经验可以借助复印机的标杆管理为例，用图 9-1 来简单描述。

1. 规划阶段

（1）确定标杆管理的内容。这是标杆管理的第一步。施乐实施的第一个标杆管理的内容是关于复印机制造的。施乐震惊地发现其日本的竞争对手竟然以施乐成本的价格出售高质量的复印机，因此针对这个问题开展了标杆管理研究，并取得了很好的成果。

（2）确定标杆管理的对象。施乐首先研究它的一个日本子公司——富士施乐，然后研究佳能等公司，以确定它的日本对手的机会成本是否和施乐的价格一样低。

（3）收集标杆管理的数据。研究证实，美国的价格确实比日本的价格要高。日本的成本成了施乐的目标。来自公司主要领域的管理人员纷纷前往施乐的日本子公司，考察它们的活动；然后，施乐开始收集各种信息。

2. 分析阶段

（1）确定目前的绩效差距。日本对手的复印机能够以施乐公司的成本价销售，这说明它们之间在执行上必然存在着差距。收集到的信息则可以用来发现这个差距。

（2）确定将来的绩效水平。根据差距分析，计划未来的执行水平，并确定这些目标

应该如何获得及保持。

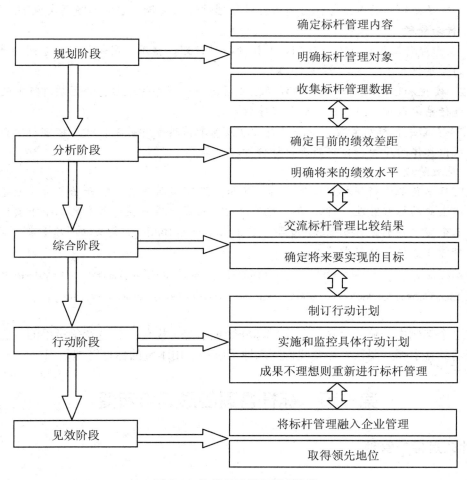

图 9-1　施乐公司标杆管理流程

3. 综合阶段

（1）交流标杆管理的成果。所有的施乐员工都在质量培训中至少获得过 28 小时的培训，而且有很多员工进行了高级质量技术的培训。一旦一个新的标杆管理项目确定，它就会被公司的员工进行讨论，这样标杆管理成果就可以被其他人在日常操作中使用。

（2）确立要实现的目标。施乐公司发现，其购得原料的成本占制造成本的 70%，细微的下降都可以带来大量的利益。公司将其供应商基数从 20 世纪 80 年代初的 5 000 多个削减到 420 个，不合格零件的比率从 1980 年的 10‰下降到 0.225‰，6/7 的质量检查人员被重新安排了工作，95%的供应零件根本不需要检查，购买零件的成本下降了 45%。这些目标并不是必须同时确立，但是随着标杆管理过程的进行，它们都顺利实现了。

4. 行动阶段

（1）形成行动计划。即必须制订具体的行动计划。施乐公司制订了一系列的计划，复印机的质量提高了。

（2）实施和监控行动计划。标杆管理必须是一个调整的过程，必须制订特定的行动计划及进行结果监控，以保证达到预定绩效目标。

（3）重新进行标杆管理。如果标杆管理没有取得理想的效果，就应该重新检查以上步骤，找出具体的原因，再重新进行标杆管理工作。

5. 见效阶段

在对日本行业进行了标杆管理之后，施乐并没有停滞不前。它开始了对其他竞争对手和一流企业的标杆管理。1996 年，施乐公司是世界上唯一获得所有的三个重要奖项的公司，三个奖项分别是日本 Deming 奖、美国 Malcolm Baldrige 奖及欧洲质量奖。显然，采用标杆管理使施乐公司受益匪浅。

资料来源：施乐公司标杆管理案例[EB/OL]．（2013-06-03）．http://wenku.baidu.com/link?url=oEYMxl8vHD7Ci5h1w-1hjajNEXq1BgZrXfdDRNtzKPsW6zKl2cl02f06eiwtc4fez8BUwwrt4hO0Kn3ArC8sul319v2yeRsMRYvWjkFxyq7.

在这个案例中，施乐公司正是运用标杆管理学习、模仿并超越竞争对手的，施乐公司的成功具备了哪些要素？需要我们深入地了解和运用本章的标杆管理知识。

第一节 标杆管理的形成与演变

一、什么是标杆管理

标杆管理（Benchmarking）也被译为标杆法、水平对比法、基准考核法、标杆管理法、基准化等。标杆管理是通过衡量比较来提升企业竞争地位的过程，它强调的是以卓越的公司作为学习的对象，通过持续改善来强化本身的竞争优势。所谓标杆，即 Benchmark，最早是指工匠或测量员在测量时作为参考点的标记，是测量学中的"水基准点"，在此引申为在某一方面的"行事最佳者"或"同业之最"。

泰勒（Frederick Taylor）在其《科学管理实践》中采用了这个词，其含义是衡量一项工作的效率标准，后来这个词渐渐衍生为基准或参考点。标杆管理的实质是模仿和创新，是一个有目的、有目标的学习过程。通过学习，企业重新思考和设计经营模式，借鉴先进的模式和理念,再进行本土化改造,创造出适合自己的全新最佳经营模式。这实际上就是一个模仿和创新的过程。

标杆管理方法产生于企业的管理实践,目前对于标杆管理还没有一个统一的定义。下面是一些权威学者和机构对标杆管理的诠释。

坎普提出"标杆管理是组织寻求导致卓越绩效的行业最佳实践的过程"。这个定义涵盖如此广泛,以至包括所有不同水平和类型的标杆管理活动,应用于跨国度、跨行业的产品与服务,以及相关生产过程的可能领域。该定义的另一个好处是简单、易于理解,可运用于任何层次以获取卓越绩效。它强调卓越的绩效,促使员工将寻找最佳实践概念深置于脑海中——唯有最佳实践才能导致卓越绩效。该定义被国际标杆管理中心所采用。

美国生产力与质量中心(American Productivity and Quality Center,APQC)对标杆管理的定义为:"标杆管理是一项有系统、持续性的评估过程,通过不断将组织流程与全球企业领导者相比较,以获得协助改善营运绩效的咨询。"该定义更具体地体现了标杆管理的本质主题:向组织外部参照物学习的价值;使用结构化、正式的流程进行学习的重要性;持续地进行组织自身与一流实践的比较;驱使改善绩效行为信息的有用性。该定义吸引了超过100家大型公司的采用。

瓦泽瑞认为一个定义应该尽可能简单、清楚,它应能让使用它的人知道该做什么及如何达到其目标。1992年,他对标杆管理做了如下的定义:"标杆管理是将公司与关键顾客要求和行业最优(直接竞争者)或一流实践(被确认在某一特定功能领域有卓越绩效的公司)持续比较的过程,以决定需要改善的项目。"该定义强调标杆管理与内部顾客和外部顾客的满意相关。

综合以上各个定义的精髓,我们可以这样来描述标杆管理:不断寻找和研究业内外一流的、有名望的企业的最佳实践,以此为标杆,将本企业的产品、服务和管理等方面的实际情况与这些标杆进行定量化考核和比较,分析这些标杆企业达到优秀水平的原因,结合自身实际加以创造性地学习、借鉴,并选取改进的最优策略,从而赶超一流企业或创造高绩效的不断循环提高的过程。根据定义,我们可以将标杆管理分解为以下几个内容。

(1)标杆管理中的标杆是指最佳实践或最优标准,其核心是向业内外的最优企业学习。也就是说,企业将自身的产品、服务、经营管理、运作方式与最好的企业比较,找出自身差距,创造性地改进和优化企业实践,达到增强竞争力的目的。

(2)标杆管理是在全行业甚至更广阔的全球视野上寻找基准。要突破企业的职能分工界限和企业性质与行业局限,重视实际经验,强调具体的环节、界面和流程。

(3)该方法是一种直接的、片断式的、渐进的管理方法。因为企业的业务、流程、环节都可以解剖、分解和细化。企业可以寻找整体最佳实践作为标杆来比较,也可以仅仅发掘优秀"片断"作为标杆来比较，使企业可供选择的视野更加开阔。同时这种方法所具有的渐进性可使企业从初级到高级，分阶段确立不同的标杆，循序渐进地进行绩效改善。

（4）注重比较和衡量。标杆管理的过程自始至终贯穿着比较和衡量。无论是产品、服务和经营管理方式的比较，还是制造操作、研究开发和营销技术等的比较；无论是本企业与目标公司的差距衡量，还是最终效果的衡量，对于标杆管理是否能取得成功都是极其重要的。

二、标杆管理的产生背景

虽然人类一直自觉或不自觉地衡量他人的优势与劣势，继而制定自己的决策以便趋利避害，但论及理论化、系统化的标杆管理，就必须首先提及美国施乐公司，实际上视其为标杆管理的"鼻祖"一点都不过分。早在 1979 年，施乐公司最先提出了"Benchmarking"的概念，一开始，施乐公司只在公司内的几个部门做标杆管理工作，到 1980 年扩展到整个公司范围。当时，以高技术产品复印机主宰市场的施乐公司发现，有些日本厂家以施乐公司制造成本的价格出售类似的复印设备，致使其市场占有率在短短几年内从 49% 锐减到 22%。为应付挑战，公司最高领导层决定制定一系列改进产品质量和提高劳动生产率的计划。公司首先广泛调查客户对公司的满意度，比较客户对产品的反映，并将本公司的产品质量、售后服务等与本行业领先企业做对比。公司派雇员到日本的合作伙伴——富士施乐及其他日本公司考察，详细了解竞争对手的情况。接着，公司着手确定竞争对手是否领先、为什么领先、存在的差距怎样才能消除。对比分析的结果使公司确信，从产品设计到销售、服务和员工参与等一系列环节都需要加以改变。最后，公司为这些环节确定了改进目标，并制订了达到这些目标的计划。

实施标杆管理后的效果是明显的。通过标杆管理，施乐公司使其制造成本降低了50%，产品开发周期缩短了 25%，人均创收增加了 20%，并使公司的产品开箱合格率从92% 上升到 99.5%，公司重新赢得了原先的市场占有率。行业内有关机构连续数年评定，就复印机六大类产品中施乐有四类产品在可靠性和质量方面名列第一。

标杆管理技术的出现和流行表明企业之间的效率已经十分接近。基准管理的最大特点就是鼓励企业之间的模仿。与全面质量或精益生产等技术不同，标杆管理自身并不是一种改进生产率的技术。无论是以组织内部最佳作业为基准的内部标杆管理（Internal Benchmarking），以竞争对手为学习典范的竞争标杆管理（Competitive Benchmarking），还是以不同行业相似功能最佳典范为榜样的功能标杆管理（Functional Benchmarking），或是以不同行业不同功能的类似流程为模仿对象的流程标杆管理（Genetic Benchmarking），其实质上都是消除各个企业之间效率差异的过程，而不是某个企业建立独特的长期优势的过程。

由此来看，标杆管理流行的过程就是企业之间相互学习和模仿的过程，是管理技术传播和普及的过程，也是所有企业的生产率普遍提高的过程。标杆管理技术的流行是有原因的，企业难以像保护专利技术等知识产权一样保护管理技术，同时西方国家管理咨询服务十分发达，这给各个企业采用标杆管理创造了良好的条件，管理技术因此而迅速扩散。

三、标杆管理的发展与现状

我们通过对标杆管理活动历史的考察，便可以感觉到标杆管理概念的发展演变过程。标杆管理的思想可以追溯到 20 世纪初泰勒所倡导的科学管理理论，当时泰勒提出要通过动作研究来确定工艺流程和设备操作，以及具体工作动作的最佳做法，并要求管理者通过制定定额和管理制度来将这种最佳做法标准化、制度化，以使其成为进行科学管理的依据。

（一）标杆管理的发展

相比"科学管理"仅仅停留在生产操作层次上而言，真正意义上的最早的标杆管理活动是在企业层次开始的。在企业层次，标杆管理基本上经历了一个循序渐进、不断深入和提高的发展过程。这个过程主要表现在以下几个阶段。

1. 进行竞争产品的比较阶段

大约从 20 世纪 70 年代初开始，长期在许多行业处于世界领先地位的美国企业的产品和市场受到了来自竞争对手的挑战，美国企业发现自己所生产的产品在功能、质量和使用方便性等方面确实不如日本企业的产品好，于是它们便开始了以瞄准竞争对手产品、拆解竞争对手产品为基本做法，以赶超竞争对手为主要目标的比较、复制和学习过程。应该说这一过程从 20 世纪 60 年代就已经在日本和欧洲开始了。据悉，丰田公司所开发的"准时制生产"技术，就是基于分析和改进大型超市的供应链管理技术之后形成的。

2. 进行工艺流程的标杆管理阶段

大约在 20 世纪 70 年代中期，许多美国企业发现拆解竞争对手的产品也不能解决问题，关键的问题是在生产工艺流程方面和竞争对手差距太大。而这些方法的差距不是通过产品的拆解所能弥补的，还必须深入企业实际，进行深入细致的工艺流程分析和研究，这样才能掌握要领，追赶竞争对手。于是，它们便将分析比较范围从产品本身扩大到工艺流程，进行工艺流程的标杆管理。施乐公司的实践成为这一阶段标杆管理的典范。

1976年以后，一直保持着世界复印机市场实际垄断地位的施乐遇到了来自国内外，特别是日本竞争者的全方位挑战。例如，佳能、诺基亚等公司以施乐的成本价销售产品仍能够获利，而产品开发周期和开发人员则分别比施乐短或少50%，这导致施乐的市场份额从82%直线下降到35%。面对竞争威胁，施乐公司最先发起向日本企业学习的运动，开展了广泛深入的标杆管理。通过全方位的集中分析比较，施乐弄清了这些公司的运作机制，找出了与佳能等主要对手的差距，全面调整了经营战略战术，改进了业务流程，很快收到了成效，把失去的市场份额重新夺了回来。另外，在提高交付订货的工作水平和处理低值货品浪费大的问题上，施乐公司同样应用标杆管理方法，以交付速度比施乐快3倍的比恩公司为标杆，选择了14个经营同类产品的公司逐一考察，找出了问题的症结并采取措施，使仓储成本下降了10%，年节省低值品费用数千万美元。此后，随着施乐公司职员Camp所撰写的《标杆管理：寻找取得产业内最优成绩的最佳做法》的出版，标杆管理方法很快传播并应用到美国的各个行业，美国企业开始通过广泛的实地考察，和竞争对手建立合资企业，进行合作研究与开发等多种途径、多种方式展开对竞争对手工艺流程的研究和学习，这逐渐引起了其他国家大企业的重视。因此，这一阶段被人们认为是标杆管理概念、理论和方法的真正创始阶段。

3．标杆管理最佳企业管理实践的阶段

大约从20世纪80年代开始，经营者逐渐认识到，不仅可以在同行业企业标杆管理中学习最佳做法，提高企业竞争力，而且可以从其他行业的标杆管理中学习到最佳管理实践和流程改造方面的做法。许多经营者发现，对于生产工艺、技术和作业流程，在企业管理方面，越来越多的最佳做法、最佳实践来自行业之外，从其他行业的最佳企业学习最佳做法成为这一阶段的主要趋势。

4．战略性标杆管理阶段

这是在确定、了解和掌握成功者（包括竞争对手）的战略做法的基础上，重新进行企业环境、战略、业绩评估与改造的一个系统过程。在这一阶段，真正竞争对手之间的差别，已从工艺流程、管理实践方面转移到企业布局、生产结构调整、外部供应链重组、核心能力塑造等战略性领域，进行战略性领域的标杆管理是企业进一步提高竞争力、赶超竞争对手的客观需要。通常，这一阶段标杆管理的问题比较集中，但调查了解的范围却比较广泛，如对上下游关系的调查、对企业研究与开发相关机构的调查等，目的在于进行战略思路、战略决策方面的标杆管理。

5．全球标杆管理阶段

在这一阶段，寻找最佳企业、寻找最佳做法的范围已经扩展到全球范围内，这成为发达国家企业进行标杆管理的主要趋势，而且标杆管理的应用范围也超越了企业层次，扩展到产业层次和政府（国家）层次上。进行全球范围内的标杆管理，所涉及的问题更加广泛，不仅包括企业工艺流程、生产技术方面的最佳做法，而且包括企业文化、企业所处环境、政府行政管理、教育制度和自然环境等影响企业战略定位、战略布局方面的评估和研究。

（二）标杆管理的现状

施乐公司在标杆管理方面首开先河后，美国许多大公司也群起效尤，纷纷开展此项研究，如美国电报电话公司、杜邦公司、通用汽车公司、福特汽车公司、IBM 公司、伊斯曼·柯达公司、米利肯公司、摩托罗拉公司等。这些在产品质量和竞争力方面居领先地位、声名显赫的企业，都把标杆管理作为一种管理手段，作为提高产品质量和管理水平的重要途径。

一项调查显示，标杆管理是最受欢迎的五大商业工具之一。《财富》500 强企业中 70%以上的企业将标杆管理作为一项常规的管理工具，如福特、IBM、波音、惠普、杜邦、宝洁等。

早在 20 世纪 80 年代初期，福特汽车公司在进行一种新产品研制时便开展了标杆管理。它列出了四百多条用户认为最重要的汽车性能，然后找出各项指标均属一流的车型，千方百计赶上和超过强劲的竞争对手，结果造出了畅销的"金牛座"（Taurus）牌汽车。1992 年，为了推出更新型的汽车，该公司又进行了新一轮的标杆管理。

IBM 公司对标杆管理同样十分重视。它专门设立了标杆管理办公室。据悉，它所获得的五百多项新成果中，许多是经过标杆管理获得的。

美国电报电话公司的标杆管理办公室有 14 名顾问，他们在过去两三年中进行过一百二十多项标杆管理，有的已取得重要成果。另外，还有 20 项标杆管理的项目正在进行之中。

在亚洲，标杆管理也得到了相当的发展。中国香港地区早在 1993 年就成立了中国香港标杆管理数据交流中心。在其他亚洲国家，标杆管理也得到了一定的发展。1997 年，泰国生产力学会开始和国际标杆管理交流中心合作开发一个泰国的标杆管理平台，并努力向泰国公司介绍标杆管理。1998 年 10 月，印度召开了第一届标杆管理全国会议，同时开始着手建立印度标杆管理数据交流中心。事实上，我国也开始了标杆管理活动，著名的公司有海尔、中国海洋石油总公司等。

在政府层次，标杆管理的内容包括教育制度、海关通关、科研制度、企业创立手续等。例如，美国政府于 1993 年组织了对"欧洲、美国、日本的教育制度"、对"欧洲、日本和美国的职业培训制度"、对"企业的融资渠道"等进行了标杆管理，并在标杆管理之后修改了其教育、职业培训、银行等方面的法律，为美国 20 世纪 90 年代经济的持续增长作出了贡献。在这里，需要着重指出的是，在标杆管理各个发展阶段，政府始终发挥着主要作用。例如，真正使标杆管理工作大范围开展起来的一个重要推动力是美国 1984 年里根总统设立"美国国家质量奖"（Malcolm Baldrige）和欧洲 1992 年设立"欧洲质量奖"，这两个奖项均需要对同业企业的产品质量进行"标杆管理"，决定出优劣。通常，企业层次的标杆管理工作主要由企业自己提出要求，委托咨询公司或研究机构进行，但政府的倡导、支持和奖励政策是推动力。另外，政府要负责相关制度、法律的修改，为企业提高竞争力创造环境条件。在产业层次，通常需要政府直接出资，组成研究小组，协调、配合产业界专家和企业界人士开展标杆管理工作，并在完成之后负责制定相应的政策。在政府责任领域，如税务、海关等，需要政府相关部门人员直接介入其中，进行寻找差距、寻找最佳做法的标杆管理工作，这样才能真正找到最佳做法，制订出有创意的实施方案。

随着标杆管理的发展，一些有关标杆管理的团体也应运而生。美国生产力及质量中心是一个总部设在休斯敦的非营利性团体，它于 1992 年 2 月成立了国际标杆管理交流中心（International Benchmarking Clearinghouse）。该中心是集合标杆管理伙伴的网络组织、标杆管理过程的推进者、标杆管理信息的仓库，也是一个标杆管理专家中心。它拥有来自商业、政府、医疗行业、教育机构等各个行业的五百多个成员，这些成员除了来自美国之外，还有很多来自加拿大、澳大利亚、亚洲、南美洲和欧洲，而且其中许多是赫赫有名的大企业。

此外，行业标杆管理协会也相继成立。例如，会计和财务标杆管理协会（Accounting and Finance Benchmarking Consortium），其目的是为会计和金融方面的专业人士提高实际操作能力服务；电子应用标杆管理协会（Electric Utility Benchmarking Association），其目的是通过交换标杆管理数据和标杆管理实践，以及共享信息，使得电子应用行业提高商业过程；电信行业标杆管理协会（Telecommunication Industry Benchmarking Association），其目的是共享标杆管理数据，以提高电信行业的商业过程（Business Process）。

有关标杆管理的网站也纷纷建立，如 www.best-in-class.com、www.benchnet.com、www.benchmarking-in-europe.com 等。

第二节　标杆管理的作用与分类

一、标杆管理的作用

一般来说，企业进行标杆管理的原因通常是为了解决目前营运上的问题，但也有很多企业将标杆管理当作是主动出击的手法，借此来创造成长的机会。无论如何，标杆管理和其他的管理工具一样，都是在追求营运绩效的改善。那么在众多的管理方法中，为什么要特别推荐标杆管理呢？我们的理由除了标杆管理可以与其他的管理工具结合之外，还因为标杆管理具有如下五个作用。

（一）追求卓越

标杆管理本身所代表的就是一个追求卓越的过程。会被其他企业选中来进行效法的组织，就标杆管理的主题而言，这些组织绝对是卓越超群的。企业之所以要选择这些组织，目的便是要效法这些组织，使自己的企业也能够达到同样的境界，成为其他企业模仿的对象。这样的学习管理之所以可行，是因为所谓的"卓越"往往具有共同性，即使在不同的行业内也是如此。例如，大多数的组织都存在销售作业这类事项，因此不论任何行业、任何组织的销售作业都应该具有某种程度的共同性可供观察与评估。如果某些组织的销售作业已经声誉卓著，我们或许可以详加调查，并把自己的销售作业方式与这些组织的做法进行比较，分析是否有哪些做法可以借鉴到自己的组织中，以便让自己做得更好。这种通过广泛的观摩研究来追求卓越的方式就是标杆管理的精神。

（二）流程再造

标杆管理的另一个重要的精神就是针对流程（Process）予以再造。乍看之下，标杆管理似乎会让人联想到传统的竞争者分析。但事实上，两者在观念上存在差异之处。一般企业会很自然地将自身的产品或服务方式与竞争者相比，但这只能说是竞争者分析而非标杆管理。两者之间的一项重要的差别就在于传统的竞争者分析强调的是结果或产品的优劣评比，而标杆管理则是着重去分析制造产品或提供服务的流程，并针对此流程的弱项予以强化。从这个角度来看，标杆管理探讨的范畴远比竞争者分析来得深入。标杆管理强调的是追本溯源，深度思考在作业流程中究竟是哪一个部分的差异造成产品或服务品质产生如此的差距，并且积极去重新设计流程以弥补这样的差距，也就是将比较重心放置在提供产品或服务背后的作业方式或工作流程上，而非产品或服务本身。"将焦点放在过程上而不是结果上"，比起竞争者分析，这种崭新的观念更可以帮助企业达成突破性的改善；比起其他的管理方式，它也更具实效价值。

（三）持续改善

所有的管理工具都是在寻求提升组织业绩的方法，而标杆管理与其他管理工具最大的不同之处就在于标杆管理特别强调持续改善的观念。在后面的论述中，我们将会提到标杆管理具有循环再生特性的流程，这个循环的特性说明了标杆管理不是一个短期的活动，也不是一次就能完成的活动，而是只有在较长期的架构之下，所得到的信息才更具价值。任何实行标杆管理的企业如果只将它视为一个专案或是单一的事件，那是很遗憾的，这个企业所能从标杆管理活动中得到的益处也仅是有限的改进。"追求完美的过程是永无止境的"，这是任何一个想要借标杆管理来提升组织绩效、臻于卓越的企业都必须体会到的事。

如果我们能够将标杆管理的对象视为一个移动的标靶，我们就能够体会到为何标杆管理是一段必须持续的过程。这种过程是一种持续往复的过程，主要基于三点考虑：（1）企业所在竞争环境的持续改变；（2）标杆企业的不断升级与更新；（3）企业业务范围和企业规模的不断变化。除此之外，持续进行最佳作业典范的调查还有助于企业了解最先进的信息科技、作业技术及管理方式。

（四）创造优势，塑造核心竞争力

标杆管理是企业创造竞争性优势的捷径，原因是企业要想建立竞争优势，首先必须进行战略规划。进行战略规划的基础在于了解竞争形势，收集充分的信息，这样才能帮助企业做好竞争分析。标杆管理本身即为一种收集信息的过程，不论本身还是竞争者的信息都是标杆管理的焦点。收集到的信息除了自己的企业与标杆企业的作业方式外，自然也会包括目前行业内竞争形式的优劣势分析。

企业存续的关键在于为顾客创造价值的能力，这种能力可称之为核心能力。标杆管理有助于企业强化自身的资源基础，形成本身的核心能力。这是因为标杆管理的重点不仅在于了解标杆企业到底生产或提供了哪些比我们还要好的产品或服务，更重要的在于了解这项产品或服务是如何被设计、制造或提供的。如果企业能够彻底地分析这种最佳作业方式所提供的信息，并且经过内化吸收，成功地转换应用到自己的组织内，发展出一套独特的做法与技能，企业就可以塑造出自身的核心能力，为发展创造竞争优势。

（五）有助于建立学习型组织

企业可以通过标杆管理方法，克服不足，增进学习，使企业成为学习型组织。学习型组织实质上是一个能熟练地创造、获取和传递知识的组织，同时也要善于修正自身的行为，以适应新的知识和变化。实施标杆管理后，企业会发现在产品、服务、生产流程及管理模式方面存在的不足，并学习标杆企业的成功之处，再结合实际将其充分运用到自己的企业当中。

二、标杆管理的分类

根据不同的分类方法，标杆管理可以分为不同的类型。

（一）按标的不同分类

1. 内部标杆管理

内部标杆管理（Internal Benchmarking）是指以企业内部操作为基准的标杆管理。它是最简单且易操作的标杆管理方式之一。辨识内部绩效标杆的标准，即确立内部标杆管理的主要目标，这样可以做到企业内部信息共享。辨识企业内部最佳职能或流程及其实践，然后推广到组织的其他部门，不失为企业绩效提高最便捷的方法之一。除非用作外部标杆管理的基准，单独执行内部标杆管理的企业往往持有内向视野，容易产生封闭思维，因此在实践中应该将内部标杆管理与外部标杆管理结合起来使用。

2. 竞争标杆管理

竞争标杆管理（Competitive Benchmarking）是指以竞争对象为基准的标杆管理。竞争标杆管理的目标是与有着相同市场的企业在产品、服务和工作流程等方面的绩效与实践进行比较，直接面对竞争者。这类标杆管理的实施较为困难，原因在于除了公共领域的信息容易接近外，其他关于竞争企业的信息不易获得。

3. 功能标杆管理

功能标杆管理（Functional Benchmarking）是指以行业领先者或某些企业的优秀职能操作为基准进行的标杆管理。这类标杆管理的合作者常常能相互分享一些技术和市场信息，标杆的基准是外部企业（但非竞争者）及其职能或业务实践。这种管理由于没有直接的竞争者，因此合作者往往较愿意提供和分享技术与市场信息。

4. 流程标杆管理

流程标杆管理（Generic Benchmarking）是指以最佳工作流程为基准进行的标杆管理。流程标杆管理内容是类似的工作流程，而不是某项业务与操作职能或实践。这类标杆管理可以跨不同类组织进行，它一般要求企业对整个工作流程和操作有很详细的了解。

（二）按内容不同分类

1. 产品的标杆管理

产品标杆是一项已长期存在的实践，它强调仔细考察其他组织的产品而不仅是竞争对手的产品。通常采用的方法是产品拆卸分析法（Tear-down Analysis）。拆卸分析又称反向设计（Reengineering），是通过评价竞争对手的产品以明确自身产品改进可能性的方法。拆卸过程一般请相关的技术专家参与，将竞争对手的产品分解为零部件，以明确产品的功能、设计，同时推断产品的生产过程。例如，丰田公司每年从世界购置160辆汽车，然后一个部件一个部件地逐一分析。标杆管理采用了一种新的思维方式，因而产品标杆管理过程必然会超出简单的"拆卸"模仿框架而去追求和发现更多的信息，正如产品标杆专家杰瑞·安格利（Gerry Angeli）所说的那样"不要把产品标杆管理理解为如同青蛙的生物学，仅仅看看它是由什么样的'部件'组成的。实际上，产品标杆管理更像考古学，在这项工作中，应该可以得到有关一个'文明'的更多信息。"例如，一位工程师通过拆卸和组装一台别人的复印机，他所要掌握的不仅是性能、结构、设计技巧、材料，还应该从中计算出产品成本、了解到使用的生产工艺，甚至考察到顾客的要求及新的设计观念。

2．过程标杆管理

通过对某一过程的比较，发现领先企业赖以取得优秀绩效的关键因素，如在某个领域内独特的运行过程、管理方法和诀窍等，通过学习模仿、改进融合，使企业在该领域赶上或超过竞争对手的标杆管理。营销的标杆管理、生产管理的标杆管理、人力资源的标杆管理、仓储与运输的标杆管理等均属此类。过程标杆管理比产品标杆管理更深入、更复杂。

3．管理标杆管理

管理标杆管理是指通过对领先企业的管理系统、管理绩效进行对比衡量，发现它们成功的关键因素，进而学习赶超它们的标杆管理。这种标杆管理超越了过程或职能，扩大到了整个管理工作。例如，对全公司的奖酬制度进行标杆管理，它涉及如何成功地对不同层次、各个部门的员工进行奖酬的问题。

4．战略的标杆管理

战略标杆主要研究学习其他组织的战略和战略性决策，以及有关企业长远整体的一些发展问题，如发展方向、发展目标和竞争战略的标杆管理活动，企业为什么会选择低成本而不是产品多元化战略等。它主要为企业的总体战略决策提供指导性依据。这种标杆管理比较的是本企业与基准企业的战略意图，分析确定成功的关键战略要素及战略管理的成功经验，为企业高层管理者正确制定和实施战略提供服务。这种标杆管理的优点在于开始就注意到要达到的"目的"。

5．最佳实践标杆管理

最佳实践是指领先企业在某个领域内独特的管理方法、措施和诀窍。这些方法和措施是领先企业取得优异业绩的原因所在。最佳实践标杆管理就是通过比较分析，寻找确认标杆企业的最佳实践，引进这种最佳实践并经过改进整合，使之成为本企业经营管理过程的一部分。它主要是对一系列管理实务进行比较，其内容更能体现一个企业在经营管理中的独特性和有效性。

（三）按信息收集方法不同分类

1．单向的标杆管理

单向标杆管理（Unilateral Benchmarking）是一种很常见的标杆管理。在这种标杆管理下,公司独立地收集一个或几个公司优越实践的相关信息。信息通常来源于行业贸易协会、信息交易所(如美国生产力和质量中心的国际标杆信息交易所)或其他途径。在美国,一个比较通行的做法是研究有关马尔克姆·巴德瑞质量奖得主的信息,因为它们通常被要求将其有关信息与其他公司共享。

2. 合作的标杆管理

合作的标杆管理(Cooperative Benchmarking)是指在双方协商同意的情况下,彼此自愿共享信息。参与的公司可以借此分析为什么从事同样功能或生产相同产品的其他公司可以成为行业的领导者,从而对自身的经营有一个更好的了解。合作标杆的最大优点在于信息可以在行业内或跨行业间达到共享。数据库信息、间接或第二方信息、集团信息是合作标杆信息收集的主要渠道。

第三节 标杆管理的实施

一、标杆管理导入的必要条件

标杆管理是一个涉及很多方面的过程,因此实施中往往会出现一些偏差。例如,人们往往将注意力只集中于数据方面,而标杆管理的真正价值应该是弄明白产生优秀绩效的过程,并在本企业(产业或国家)实施,而不应该只注重某几个财务数据本身。再如,由于方案设计或其他原因,标杆管理在实施的过程中受到成员的抵触,从而增加了实施的成本,降低了活动的收益。常见的标杆管理典型问题如表 9-1 所示。

表 9-1 常见的标杆管理典型问题

错误	可能原因	可能解决方法
标杆内容错误	对公司了解不够深入	研究以确定关键因素
瞄准企业错误	研究不适合	更详细地进行初始研究
标杆管理未能转化成具体行动	高层管理者没有足够的承诺	说服高层管理者主动参与标杆管理项目
高层管理者缺少信心	缺乏信息或理念	把标杆管理与公司磋商也计划联系起来;举例说明标杆管理的优势
缺乏标杆管理所需资源	缺乏高层管理者支持,缺乏标杆管理小组承诺	标杆管理应被视为公司的整体管理方法
信息不相关	数据不够多,数据未挖掘	提供数据收集的针对性,加强数据积累
信息错误或不精确	过分相信公开的或竞争对手的信息	检查各种信息来源的准确性

续表

错误	可能原因	可能解决方法
标杆管理项目不能吸引可能的合作伙伴	怀疑主义和防备性态度	阐明双方的利益；审视整个过程以及选择合作伙伴
流程过分关注与合作伙伴之间的相似性	缺少明确的选择合作性伙伴的标准	审视关于最佳实践的研究
太多标杆	未能定义好优先次序	把标杆管理与商业战略联系起来
合作伙伴不能提供有用的信息	合作伙伴太相近	通过流程而不是组成部分来审视合作伙伴研究

研究表明，成功的标杆管理活动应具备以下基本条件。
- ☑ 高层管理人员的兴趣与支持。
- ☑ 对企业（产业或国家）运作和改进要求的充分了解。
- ☑ 接受新观念、改变陈旧思维方式的坦诚态度。
- ☑ 愿意与合作者分享信息。
- ☑ 致力于持续的标杆管理。
- ☑ 有能力把企业（产业或国家）运作与战略目标紧密结合起来。
- ☑ （企业）能将财务和非财务信息集成供管理层和员工使用的信息。
- ☑ （企业）有致力于与顾客要求相关的核心职能改善的能力。
- ☑ 追求高附加价值。
- ☑ 避免讨论定价或竞争性成本等方面的敏感内容。
- ☑ 不要向竞争者索要敏感数据。
- ☑ 未经许可，不要分享所有者信息。
- ☑ 选择一个无关的第三者，在不公开企业名称的情况下集成和提供竞争性数据。
- ☑ 不要基于标杆数据而向外界贬低竞争者的商务活动。

二、组织标杆管理的原因和常见的标杆管理领域

（一）组织标杆管理的原因

组织进行标杆管理一般出于以下几个原因。

（1）战略规划。战略规划是指制订短期及长期计划。企业想要进行战略规划，必须充分了解市场、竞争对手的可能活动、产品或服务的最新技术、财务需求及顾客基础等。

（2）预测。预测是指预测相关行业领域的趋势。标杆管理的信息通常被用来评估市

场状况或预测市场潜力。因为在很多行业里，几家主要公司的经营动向足以主导整个市场的走向。这方面的信息可以帮助组织对产品或服务发展的趋势、消费者的行为模式等有一个基本的判断。

（3）创新。标杆管理是经营创新的绝佳来源，它让人有机会接触到新产品、新工作流程及管理公司资源的新方式。标杆管理也为员工提供一个"跳脱框框之外"思考的机会——考虑不同的典范或假设各种不同状况而进行思考。

（4）产品或流程比较。一般的标杆管理活动是收集有关竞争对手或卓越企业的产品或流程信息。这种信息通常是作为一种标准，用来与自己的类似产品或服务进行比较，以期将卓越企业的产品或流程融入自己的工作环境中。

（5）设定目标。标杆管理也被当作选定最佳作业典范的工具。虽然很多组织实际上并不准备达到行业领先的水准，但它们却利用这些信息来设定特定的产品或流程目标，以激励组织不断努力，加速提升绩效。

（二）常见的标杆管理领域

只要是可以观察或可以测量的事物，几乎都能作为标杆管理的标的。过去，组织间相互比较的做法，多少局限在组织结构或产品方面一些可以现成观察到的事项。如今，标杆管理的经验已大幅扩充到可以研究调查的领域。常见的标杆管理领域分述如下。

（1）产品及服务。在市场中提供给外界顾客的产品与服务，是标杆管理常见的一个主题。通常，大家是在零售的阶段观察到这些产品，而不是在生产过程之中。这些产品和服务大都随时可供分析。除了整体产品及服务外，产品或服务的特色通常也是标杆管理的主题。

（2）工作流程。标杆管理的领域除了有形的产品与服务外，也包括工作流程，即如何制造或支援产品与服务。标杆管理以工作流程为主题，是为了深入了解设计流程、研发作业、生产流程、工作场所设计、特定技术的运用、配销等流程。这源自一个信念——应用卓越的工作流程，可以在任何行业里创造卓越的产品及服务。

（3）支援功能。支援功能通常是指与产品及服务的实际生产没有直接关联的流程与程序。支援功能通常包括财务、人力资源、营销与服务等部门的活动。这方面的调查范围，常会涵盖对员工和内部顾客的支援活动。

（4）组织业绩。组织业绩包括一个组织的经营成果——成本（费用）与营业收入，除此之外，与生产流程相关的特定绩效指标（如收益、资产周转率、折旧率、资金成本）也可能是标杆管理调查的主题。竞争对手或卓越公司的绩效资料可以带来足够的刺激力量，激励组织对产品或服务、生产流程，乃至维持产品与服务优异品质所需的支援体系进行更完整的分析。

(5)战略。有些组织会以组织性或功能性的战略作为标杆管理的主题,以便了解某些公司是如何取得竞争优势的。今天,标杆管理的观念已经远远超越了竞争分析的范畴,而是将焦点放在任何卓越组织的战略之上。目前,战略标杆管理的焦点通常是一个特定的功能领域,而不是整体的企业或产业战略。除了战略本身以外,战略规划的流程通常也是标杆管理活动的主题。

三、实施标杆管理的核心:如何设计合理的标杆

设计合理的标杆要特别注意以下几个方面的问题。

(1)与战略的关系。开展标杆管理要首先明确企业的战略定位。不同类型及规模的企业在不同阶段都有自己的发展战略和相应的策略,这些都是标杆管理的方向和基础。

(2)以流程的思路选择标杆。对标杆对象进行以流程为基础的分析工作。对流程的主要内容进行分析,是标杆管理的前提和基础。

(3)考虑时空因素。标杆选择必须考虑时间和空间的因素,结合企业的不同生命周期阶段的具体情况选择标杆。

(4)具有前瞻性。标杆的选择应结合波特的五力模型,根据前向一体化、后向一体化等企业发展模式,在关注行业内现有企业的同时,着眼于来自生产替代品或提供服务的公司竞争,以及潜在竞争者的竞争,以反映未来发展的趋势。

(5)采用多指标体系。尽管标杆对象只有几个方面表现突出,但这正是因为有了其他方面的合理配置,才使其在某方面有好的表现。确定单一的标杆指标往往很难达到预期的学习效果。

(6)重视环境因素。要注意资源环境的可比性。企业的发展受其内外部资源环境的影响很大。因此,标杆的选择必须考虑到大致相同或相似的资源环境条件及对不确定性的影响。

(7)选择合理的标杆对象。标杆对象的选择,应根据企业自身现有基础灵活确定。对于我国企业来说,各行业最优秀的企业可以将世界一流企业作为自己的标杆,中小企业又可以把行业一流企业作为自己的标杆。但是那些经营效果不好的企业若将行业一流甚至世界一流的企业作为自己的标杆对象,那些先进企业的经营管理实践对其虽然不能说毫无用处,但用处确实不大。如果这些企业把绩效水平在行业中处于中等水平或中等偏上水平的企业列为自己的标杆管理对象,产生的效果将会更加显著。

(8)要有动态的标杆目标。任何一个优秀企业,如果它不进行积极的管理变革、保持企业的核心竞争优势,那么早晚会被市场淘汰出局,成为市场竞争的失败者。所以,企业在进行标杆管理活动的过程中,应该结合本企业发展阶段的实际情况,适时、动态

地向当今具有整体优势或优秀片断的企业学习和进行经营管理实践，而不是仅仅将眼光瞄准在一两个领先企业上。

四、以标杆管理为基础设计绩效考核体系

企业在设计绩效考核体系时，如何设计反映企业战略发展要求的绩效考核体系是决定整个考核体系是否能支撑组织高绩效的关键。而如何提取各项关键的绩效指标，企业往往是无从下手。标杆管理法为企业设计绩效指标体系提供了一个以外部导向为基础的全新思路。基于标杆管理的绩效考核体系设计，就是企业将自身的关键业绩行为与最强的竞争企业或那些在行业中领先的、最有名望的企业的关键业绩行为作为基准进行评价与比较，分析这些基准企业的绩效形成原因，并在此基础上确定企业可持续发展的关键业绩标准及绩效改进的最优策略。

从上面的介绍我们可以知道，标杆管理的实质是以领先企业的业绩标准为参照。对因循守旧、抱残守缺、按部就班、不思进取等陋习的变革，它必然伴随着企业原有"秩序"的改变。标杆管理活动由"标杆"和"超越"两个基本阶段所构成。"标杆"阶段就是要针对企业所要改进的领域或对象，首先确定"谁"在这一方面是最好的，以及他为什么做到了最好？我们为什么差？差在哪里？这意味着要确定学习和赶超的榜样，对之进行解剖和分析，同时也要解剖和分析自己，通过对比找出自身与榜样之间的差距及原因。这一阶段实际上是一个"知己知彼"的过程。但实施标杆管理的目的并不在于对于榜样的简单模仿，而是在于"超越"对手，使自己成为"领袖"。因此，就必须在前一阶段"知己知彼"的基础上，寻找支撑企业可持续发展的关键业绩指标及绩效改进的最优方法，拟定出超越对手的策略并加以实施，努力使自己成为同业最佳，这便是"超越"的阶段。

对"标杆"和"超越"这两个不同的阶段有了清楚的认识后，我们可以依照下面几个具体的步骤，如图 9-2 所示，以标杆管理法为基础，通过标杆内容的基准化来提取绩效评估指标，设计企业的绩效考核体系。

（一）发现瓶颈

详细了解企业关键业务流程与管理策略，从构成这些流程的关键节点切入，找出企业运营的瓶颈，从而确定企业需要确定标杆的内容与领域。标杆管理法主要通过调查、观察和内部数据分析，真正了解自己的现状。在这一步骤中，通过绘制出详细的流程图将本企业在该领域中的当前状况描绘出来。这项工作对于标杆管理活动的成功是至关重要的。一张详细的流程图有助于组织就当前生产经营的运行方式、所需的时间和成本、

存在的缺点和失误等达成共识。这一步工作若做不好，即使同标杆企业的先进之处进行比较，也难以揭示出自身所存在的不足。对于要确定的标杆的内容，尽管每个企业或部门都有自己的业绩产出，包括产品和服务等，但是标杆内容的确定首先应是从改进和提高绩效的角度出发，明确本企业或本部门的任务和产出是什么，因为它们是企业成功的关键因素，理所当然要成为标杆确定首要考虑的绩效指标。接着，应对这些任务和产出的具体内容进行分解，以便于进行诸如成本、关键任务等问题的分析、量化和检查，从而最后确定标杆的具体内容。

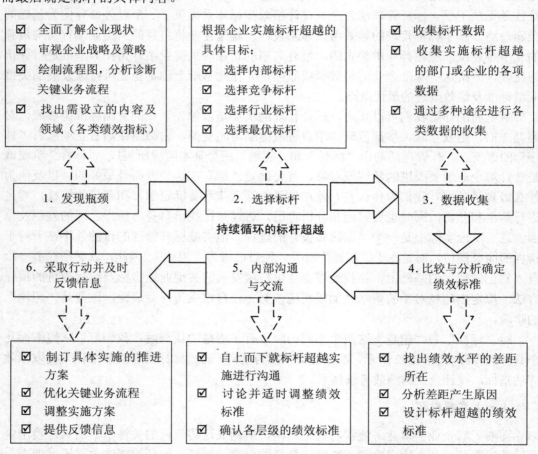

图 9-2　以标杆管理为基础设计绩效考核体系

（二）选择标杆

选择与研究行业中几家领先企业的业绩，剖析行业领先者的共性特征，构建行业标杆的基本框架。选择基准化"标杆"有两个标准：第一，应具有卓越的业绩，尤其是在基准化的内容方面，即它们应是行业中具有最佳实践的企业。第二，标杆企业的被瞄准领域应与本企业需进行标杆管理的部门有相似的特点。选择标杆的范围首先是竞争对手及其他有潜力的公司，也可以是在同一行业或跨行业企业中一个相近的部门。标杆的选择标准是一定要具有可比性并且管理实践是可以模仿的。根据标杆基准对象所处的领域可以将其划分为以下四种类型，即"内部标杆基准"、"竞争标杆基准"、"行业标杆基准"以及所谓的"最优标杆基准"。其中内部标杆基准是以本企业内部某高绩效行为为标杆对象，这是最简单且最基本的标杆基准。竞争标杆基准是以自己的竞争对手作为标杆对象，它将自身的业务过程与那些与自己有同样的市场，具有竞争性产品、服务和过程的优势企业相比较，从而学习竞争对手的优点。由于竞争的关系，这样一种标杆基准的获得相对而言是较为困难的。行业标杆基准是以与本企业相关的行业中的优势企业为标杆对象，如参照行业领袖或行业中的典型企业，以其绩效水平为参照来设计绩效评估及改进体系。最优标杆基准在选择标杆对象时不在意标杆对象在业务、产品等方面的相同或相似，只要它在某一方面具有优势并且具有可以向其学习的可能性，就将其作为绩效改进的学习对象。

（三）数据收集

收集资料和数据，深入分析标杆企业的经营模式，从系统的角度剖析与归纳其竞争优势的来源（包括个体行为标杆、职能标杆、流程标杆与系统标杆），总结其成功的关键要领。资料和数据可以分为两类：一类是标杆企业的资料和数据。其中，主要包括标杆企业的绩效数据以及最佳管理实践，即标杆企业达到优良绩效的方法、措施和诀窍。另一类资料数据是开展标杆瞄准活动的企业（或部门），反映他们自己目前的绩效及管理现状。

作为标杆的资料数据可以来自单个的标杆企业或部门，也可以来自行业、全国乃至全球的某些样本。全行业即全球样本反映了样本范围内的平均水平，通过与这类数据的瞄准、比较，可以了解本企业（部门）在行业及国内外同行中所处的相对位置，明确努力方向。信息的收集并不像人们通常所想象得那样困难。我们今天正处在一个信息时代，通过图书馆、互联网、行业协会、公共论坛、会议、讲座、贸易展示会等各种公开的渠道，我们几乎可以获得我们所需要的任何信息。必要时可以直接同所选定的标杆管理榜样接触，甚至可以到对方所在地进行实地参观调研。

（四）比较与分析确定绩效标准

将标杆企业的业绩和实践与本企业的业绩和实践进行比较与分析，找出绩效水平上的差距，以及在管理实践上的差异。借鉴其成功经验，确定适合本企业的能够赶上甚至超越标杆企业的关键业绩标准及其最佳实践。

在分析差距和确定绩效标准时应考虑以下因素。
- ☑ 经营规模的差异以及规模经济成本的效率差异。
- ☑ 企业发展阶段的管理实践与业绩差异。
- ☑ 企业文化理念与管理模式的差异，如集权分权、资源共享程度以及内控程度的特点。
- ☑ 产品特性及生产过程的差异。
- ☑ 经营环境与市场环境的差异。

（五）沟通与交流

将标杆法的推进与员工的沟通与交流同步，并让全体员工理解标杆基准化的目的、目标与前景并争取获得他们的支持，根据全体员工的建议，最终拟定各层级的绩效目标，并提出改进方案。

（六）采取行动

在详细分析内外部资料的基础上，制定具体的行动方案，包括计划、安排、实施的方法和技术，以及阶段性的成绩评估，并在组织内部达成共识，推动方案的有效实施。在具体实施过程中，每一个实施阶段都要进行总结、提炼，以发现新的情况和问题并及时进行改进。20世纪80年代初，福特汽车公司由于不景气决定裁员，他们首先制定的目标是财务部门裁减20%，即从500人减少到400人。而当这一计划目标达成时，他们却发现马自达公司——一个比自己规模小5倍的日本公司的财务人员才15人，这是一个实实在在的标杆水平。于是福特公司改进了这个目标，最终使财务部门减少至75人，使得其人员规模之比与公司规模之比和标杆水平相同。值得我们注意的是，由于标杆水平的可行性已经由别的企业所证实，因此如此规模的裁员计划并未引起过多的争议。

（七）将标杆管理作为一个持续的循环过程

最终将标杆基准融入企业日常管理工作之中，使之成为一项固定的绩效管理活动持续推进。标杆管理强调的是一种持续不断的递阶上升的绩效改进活动，最终它应该是一种经常性的制度化的工作，在这一点上它与所谓的流程再造并不相同。流程再造强调的是一种全面的、彻底的创新，流程再造的目标根据具体的、规范性的研究规划而得，它的目标较之标杆管理的目标而言，更加抽象，操作性也要差很多。

五、运用标杆管理设计绩效考核体系的优势

标杆管理法作为一种新兴的、有效的管理方法，适用于企业的多个方面。如制定企业战略、业务流程重组、解决内部问题、组织学习、更新观念等。尤其在企业绩效比较和评价方面，运用标杆管理的方法，可以进行真正以事实为基础、以市场竞争为目标的系统比较，使管理者或利益相关者能客观地评价企业及产品和服务，更适应信息时代的变化。采用标杆管理法系统提取 KPI 指标，并以此为基础设计绩效考核体系具有相当大的优势。其具体表现在以下几方面。

（一）建立以绩效改善为关注点的绩效评估标准

所谓绩效评估标准是指真实客观地反映经营管理业绩的一套指标体系，以及与之相应的作为标杆使用的一整套基准数据，如顾客满意度、单位成本、资产计量等。运用标杆管理的方法给予企业目标及度量标准以新的参照方法。当公司要提高或达到某项指标时，如顾客满意度增加、市场份额提高，就达到此目标的可能性而言，已经由于竞争对手或同业先进企业的首先达到而予以证实。同时，标杆管理的方法是将企业发展的目标和方向定位于外部现实的基础上，而传统的目标设置是一种对过去的数值的预测结果，此方法常常失败就是因为往往外部环境的变化速度远远超过了企业的预定规划。因此，运用标杆管理的方法能使企业将变化的节奏融入自身来建立适应未来竞争要求的绩效标准。

（二）绩效指标体系的设计更加关注于满足顾客需要

市场经济要求企业的发展战略是以顾客为中心，而作为服务于企业战略目标的绩效考核体系，也应以顾客满意和实现顾客价值为核心来设计体系。以标杆管理法来提取 KPI 指标、设计绩效评估体系的好处就在于：一方面，它在顾客需求的分析问题上搭了一次"便车"，它建立在以下的推理基础上：行业领先者何以傲视群雄？因为它们能够更好地满足顾客需求。它们怎样满足？因为它们拥有行业最优实践。如果能借鉴或创造性地学习行业最优实践不也就能更好地满足顾客需求吗？另一方面，标杆管理不仅仅是满足企业外部的终级顾客的需求，而且也强调内部顾客的需要。也就是说，它要求打破行业部门的限制，用价值链将企业的各个部门和环节连接在一起。这样标杆管理法就能把满足企业内外的需求统一到一起来提取各项绩效评估指标。而一般的绩效评估指标在满足顾客需求方面就不具有此优势。

（三）激发企业中的个人、团体和整个组织的潜能，充分发挥他们的潜力，提高企业绩效

通过与竞争对手或同业最具效率的企业比较，企业能够较清楚地了解自己的差距，如劳动生产率、产品质量、经营管理方式等，标杆管理给企业提供了一个很好的提高潜力的机会。许多企业一旦达到一定绩效后往往因自满而举步不前。当然我们说自满的企业未必一定会出问题，因为他们确实达到了一定程度的市场优势和较高的生产率，但自满却意味着资源未能得到充分的利用，使用预算标准或历史标准就会出现这种情况。然而，采用标杆管理的方法来设计绩效考核体系可以在一定程度上消除企业的自满心理。不比不知道，一比吓一跳。往往一个指标的差距会使企业惊出一身冷汗。这迫使企业以行业或跨行业的最优绩效水平为基准，通过居安思危，随时弄清企业内部从部门到流程与先进实践的差距，明确企业未来的发展方向，极大地克服了企业内部经营近视的现象。

（四）有利于促进企业经营者激励机制的完善

现代企业所有者必须设计一套良好的激励机制来引导经营者朝着股东财富最大化方向行进。而绩效评估是企业经营者激励机制的一个基础问题，绩效评估标准的选择将直接影响到激励机制的成功与否。为此企业可以利用标杆管理的方法，建立一套以行业平均水平为基础来评价经营者业绩的相对绩效评估指标。以此为基础设计激励机制的优点是能够去掉复杂的干扰因素，把行业中的系统风险和共同风险过滤掉，从而更好地体现了经营者的努力程度和为绩效付酬的原则。标杆管理的方法不仅仅局限于在行业之内选择标杆对象，而是打破了行业界线，是一个强调"外向型"的工具。以别人的最优实践为目标，既适用于财务性指标的设计，又适用于非财务性指标的设计，同时还适用于企业不同的发展阶段。很重要的一点是，由于作为标杆的绩效水平是真实、合理、客观存在的绩效水平，这样不仅能减少经营者的抵触情绪，也使得绩效指标的设计对经营者更具有挑战性。

第四节　标杆管理的问题及应用

一、标杆管理存在的问题

目前，标杆管理在世界范围内传播开来，不仅企业界，而且各行各业都纷纷将其作为提高自身竞争力的有效工具。各行业运用标杆管理的确也取得了一定的效果。不过，经过一段时间的实践，令这些企业感到困惑的是，在生产效率大幅度提高的同时，企业

的盈利能力和市场占有率却未能够随之相应增长。

实际上，在效率上升的同时，利润率却在下降。以印刷业为例，美国印刷业在20世纪80年代的利润率维持在7%以上，到1995年已降至4%~6%，并且还在继续下降。这种情况在其他行业也屡见不鲜。这些企业的管理者发现，他们越跑越快，但是要想停留在原处却还是很困难。因为学得越快，竞争优势越不容易保持。由于企业不能将短期成效转变为持续的盈利能力，就在管理者试图进一步提高运作效率时，他们离自己追求的竞争地位却越来越远了。这是因为标杆管理失灵了？环境变化了？还是其他什么原因呢？

这主要是由两方面的原因导致的：一方面是忽视创新和服务的对象，大量应用标杆管理方法所引起的后果；另一方面是不恰当的观念和操作。这两方面综合起来使得标杆管理并不像人们所想象的那样可以取得好的效果。

（一）针对忽视创新和服务对象的突破措施

单纯的标杆管理缺乏结合自己实际情况的创新，导致企业竞争战略趋同。标杆管理的基本思想就是模仿，通过模仿、学习，然后实现超越。因此，在实行标杆管理的行业中，可能所有的企业都在模仿领先企业，这样必然采用相同或类似的手段，如提供更广泛的产品或服务以吸引所有的顾客、以细分市场等类似行动来改进绩效。标杆管理使得单个企业运作效率的绝对水平大幅度提高，而企业之间相对效率差距却日益缩小。普遍采用标杆管理的结果将是没有企业能够获得相对竞争优势，全行业平均利润率必然趋于下降，导致这个行业内各个企业战略趋同，以及各个企业的流程、产品质量甚至运营的各个环节大同小异，市场竞争更加激烈。在这种性质的市场上，各个企业难以获得足够的成本优势，同时也不能够索取较高的价格，企业会发现利润越来越薄，无力进行长期投资，最终陷入恶性循环。这样，在成本和价格两方面的夹击之下，企业生存空间日渐狭窄。这就是企业做得越来越快，利润率却越来越低的根本原因。

例如，IBM、通用电气公司在复印机刚刚问世时，它们曾以复印机领先者施乐公司为榜样，实施标杆管理，结果IBM和通用电气陷入了无休止的追赶游戏之中，无法自拔，最后不得不退出复印机市场。单纯为赶超先进而继续推行标杆管理，会使企业陷入"落后—基准—又落后—再基准"的"标杆管理陷阱"之中。标杆管理仅仅是一项管理技术，它要为组织的整体发展战略服务，企业应结合自身的实际情况，适当进行创新，不能完全一味地模仿，否则带来的结果往往事与愿违。

（二）针对认识与操作不当的突破措施

标杆管理在提高组织效率方面的确发挥着不可忽视的作用，它已经成为很多组织竞争方式的一部分。但在实施标杆管理的时候，有些组织对其认识与操作不当，必然踏入一些误区。归纳起来，这些不当之处主要有以下几个方面。

1. 混淆标杆管理和调查

组织在相似的产业作调查，这并不是真正的标杆管理。这样的调查虽然会获得一些有价值的数据，但标杆管理却是数字背后隐藏的内在机理。换句话说，基准调查也许会获得组织排位的情况，但它不会帮助改进组织在行业内的位置。所以，一定要认清标杆管理和调查之间的区别，以便实施真正的标杆管理。

2. 认为预先存在共同的"标杆"

其他组织参照的所谓的"标杆"可能并不适用另一个组织的市场、顾客或资源水平。企业要坚持辨认自己的标杆对象，从它们那里发现什么是可达到的，从而确定自己的计划。

3. 忽视服务和用户满意

标杆管理实践中往往存在这样的组织，它们只关注所提供的产品和服务的成本，从来不考虑顾客，因此使顾客流失。所以，企业一定要采取措施，留住顾客，这样才能提高市场占有率。

4. 过程太长、太过于复杂，管理失控

组织系统由一系列的过程组成，过程由一系列的任务构成。企业要设法避免标杆这一个大系统，因为它非常昂贵、费时，并且很难保持专注。企业最好选择大系统部分的一个或几个过程，以它们作为开端，然后再逐渐向系统的下一部分推进。

5. 定位不准

选择的标杆管理主题与整体战略和目标存在不一致的情况。在战略层次上，领导团队需要监督标杆管理项目，并确保它与整体战略保持一致。

6. 未了解自己

标杆管理假设，在做标杆管理参观之前，已经完整地分析了自己，知道自己的绩效水平。毕竟，这些信息必须提供给基准对象以交换信息，获得所需要的有关它们的信息。企业要做的是，确定自己的标杆管理团队非常清楚，达到标杆管理对象之前需要学些什么。

7. 基准对象选择不当

许多组织最初都会在本行业内寻找比较目标，但关于竞争组织的信息不易获得。在大多数情况下，理想的比较目标应是完全不同产业的组织，因此寻找产业外的组织来做比较对象，通常可以得到更有价值的信息。

8. 企图一蹴而就

标杆管理不是一次性就能完成的，而是一个持续、渐进的过程。其成效也不可能在一夜之间显现出来。每次学完后，都应该重新检查和审视基准研究的、标杆管理的目标和实际效果，分析差距，为下一轮改进打下基础。

二、标杆管理对我国企业的借鉴意义

（一）标杆管理在我国的发展

改革开放以来，我们在学习吸收国外先进管理理论的同时，也引进了不少先进的管理方法，如全面质量管理、价值工程，对我国企业管理水平的提高起到了明显的促进作用。我国企业历来有比、学、赶、帮、超，以及学先进、树典型的优良传统，从选择榜样、赶超先进的意义上讲，早期的农业学大寨、工业学大庆，20世纪90年代的学邯钢、学海尔等与标杆管理没有什么重大区别，在某种程度上可以说是标杆管理的雏形或变形。因此，标杆管理作为一种有效的管理方法，它完全可以拿来为我所用。

但对企业而言，标杆管理与传统的"典型"模式和比较方法，从内容到形式上都存在着根本的不同。

标杆管理具有其显著特点。一是标杆管理强调创造卓越业绩的过程和技能，侧重对卓越公司的运行与管理进行深入的了解、分析和比较，以及洞察优良业绩是如何产生的；二是标杆管理通过跨行业的分析，可以识别其他行业公司的业绩所引发的潜在机会，使企业不局限于所在行业的经验；三是标杆管理可以由高层进行，分析企业整体；也可以以一个片断、一个流程为单位，由一线人员比较分析。例如，摩托罗拉对每个新产品、每个资本项目和每项改革都是从对世界上一流企业的研究开始的。由此可见，标杆管理也是一种高级管理技能，这种技能确保企业总能洞察卓越之所在，从而保持一种向上的态势。

社会主义市场经济的建立和现代企业制度的完善为我国企业推行标杆管理提供了前提条件。标杆管理的本质就是改革，企业只有具有自主权而且在面对决定生存发展的竞争条件下，才会产生主动变革的愿望和动力。我国企业已经有了良好的比、学、赶、帮、超的思想基础，实际上我国许多企业已经开始了标杆管理的尝试，如联想集团在合作中注重标杆管理、给国企找榜样——国家经贸委举办全国重点脱困企业经营者培训班、国家经贸委推广亚星集团购销比价管理、希望集团在扩张过程中的标杆管理等。不可否认，这些实践的确取得了良好的效果，但实际操作过程中却仍存在许多困惑和不完善之处。如果用正确的标杆管理理论加以指导，我国企业定会借助标杆管理这一先进的管理工具实现企业经营绩效与竞争力的巨大提升。

（二）启示与建议

标杆管理是组织业绩评价、组织业绩改善的有力工具。我国目前还处于标杆管理理论的引进阶段，有些企业已经尝试将标杆管理运用于组织绩效的改善之中，并取得了一定的成绩。标杆管理要成熟地运用于企业管理与业绩评价，还需在以下几个方面加以注意。

1. 标杆管理应制度化、组织化

在国外许多企业中，标杆管理已经实现了制度化，而不再是一项权宜之计，表现在有一套稳定的组织保证体系，有常设的负责标杆管理的机构（至少有工作小组），专人负责并动员所有员工积极参与。标杆管理强调的是变革功能，但变革是有阶段性的，首先是从比较学习开始，然后才能持续地改进、改变、加速，最终达到变革的目的。事实上，在国外许多企业，标杆管理已经成为日常经营管理工作的一部分，并在不间断地持续进行，因而标杆管理具有动态跟踪的特性。我国企业若想在国际、国内市场竞争中立于不败之地，必须将标杆管理融入公司的运作过程，坚持不断地改善、学习，这样才能持久地获得竞争利益。

2. 培育一种标杆企业文化

企业应逐渐形成一种标杆文化。我国企业欲建立健康的标杆文化，首先应从管理者做起，管理者应真正关心企业的发展前途，树立创新意识。很难想象这样的管理者——只重视内部人员的行政管理、只想确保自己的政治利益或故步自封、满足于已有的成绩不思进取，他们如何身体力行，领导企业健康成长。其次，通过教育、激励、内部沟通渠道，使全体员工树立一种标杆意识，在企业中营造学别人之长、补己之短的氛围，如定期公告学习最佳实务对公司业绩的促进作用、奖励有创新意识的员工等。再次，要有计划、有系统地对企业员工进行在岗或离岗培训，让员工明确标杆企业文化的精髓。最后，要加强企业伦理文化建设，培育一种公平竞争的标杆企业文化。

3. 加快标杆管理网络和资料库建设

标杆管理理论在实践中的推广与应用依赖于标杆管理网络与资料库的建设。在美国，标杆管理作为 Malcolm Baldrige 奖的一个组成部分而获得了更大的推动力。1990 年，麻省理工学院的战略规划研究所（Strategic Planning Institute，SPI）建立了有 50 个成员的基于标杆管理的 SPI 协会；1992 年，美国生产率和质量中心建立了成员超过 199 个的国际标杆超越交流中心（International Benchmarking Clearing house，IBC）；1993 年，管理会计师协会（IMA）建立了一个持续改善中心，为财务管理功能领域建立标杆管理数据库，帮助成员公司辨认最优实践和改善业务流程；加拿大联邦行业科技部在 20 世纪 70 年代早期建立了公司间比较计划,以促进标杆管理的发展;中国香港也成立了标杆管理信息交易所,以加快标杆管理的发展。其他国家也都将标杆管理视为质量认证的前提而大力采用,如日本(Deming 奖)、欧洲(ISO9000 系列标准)、加拿大(卓越企业奖)、美国(Malcolm Baldrige 奖)等。除了机构设立的资料库以外,国外很多企业自发地组建标杆管理网络以在成员之间分享成功经验。有些标杆管理网络是由某个产业内的组织构成的,如美国电信业 18 家公司联手组建了电信标杆管理协会。这个团体的成立是为了鼓励成员把标杆管理拓展到一些企业共通的领域,如维修、顾客满意度、新产品开发、服务等。另外,还有来自不同产业的组织就某类功能(或流程)而组建标杆管理网络,如一个名叫"财务品质网络"的组织,其成员来自联邦快递、施乐、西屋、数字设备、杜邦等公司的财务部门,它们彼此分享成员之间卓越的财务功能。其他领域,如工程、制造及人力资源等领域,也都建立了功能性网络。

我国企业在这方面的经验和努力明显不够,所以加快标杆管理网络和资料库建设对于我国企业顺利开展标杆管理实践刻不容缓。

 **本章小结**

标杆管理是国外 20 世纪 80 年代发展起来的一种新型经营管理方法,这种管理方法不断寻找和研究业内外一流的、有名望的企业的最佳实践,以此为标杆,将本企业的产品、服务和管理等方面的实际情况与这些标杆进行定量化考核和比较,分析这些标杆企业达到优秀水平的原因,结合自身实际加以创造性地学习、借鉴,并选取改进的最优策略,从而赶超一流企业或创造高绩效。标杆管理是帮助企业不断循环提高的过程。

标杆管理活动由"标杆"和"超越"两个基本阶段所构成。"标杆"阶段就是要针对企业所要改进的领域或对象,确定学习和赶超的榜样,对之进行解剖和分析,同时也要解剖和分析自己,通过对比找出自身与榜样之间的差距及原因。这一阶段实际上是一个"知己知彼"的过程。但实施标杆管理的目的并不在于对于榜样的简单模仿,而是在于"超越"对手,使自己成为"领袖"。因此,就必须在前一阶段"知己知彼"的基础上,寻找支撑企业可持续发展的关键业绩指标及绩效改进的最优方法,拟定出超越对手的策略并加以实施,努力使自己成为同业最佳,这便是"超越"的阶段。

标杆管理是组织业绩评价、组织业绩改善的有力工具。我国目前还处于标杆管理理论的引进阶段,标杆管理要成熟地运用于企业管理与业绩评价,需要标杆管理制度化、组织化;培育一种标杆企业文化;加快标杆管理网络和资料库建设。

思考题

1. 什么是标杆管理法？与目标管理法的异同有哪些？
2. 运用标杆管理法设计绩效考核体系的步骤是什么？有什么优势？
3. 标杆管理的标杆有哪些类别？各自代表什么内容？
4. 标杆管理在我国企业运用的过程中存在哪些问题？如何改进？

 案例 9-2　　　　　　美孚如何立"杆"见影

美孚石油（Mobil）公司是世界上最著名的公司之一。2000 年，埃克森美孚公司全年销售额为 2 320 亿美元，位居全球 500 强第一位。人均产值为 193 万美元，约为中国石化的 50 倍。而让美孚公司取得如此骄人业绩的关键，就在于其实施的标杆管理。

早在 1992 年，它的年收入就高达 670 亿美元，这比世界上大部分国家的收入还高，真正是富可敌国。不过，美孚的进取心是很强的，还想做得更好。于是他们在 1992 年初做了一个调查，来试图发现自己的新空间。当时美孚公司询问了服务站的 4 000 位顾客，什么对他们来说是最重要的，结果发现：仅有 20%的被调查者认为价格是最重要的。其余的 80%想要 3 件同样的东西：一是快捷的服务；二是能提供帮助的友好员工；三是对他们的消费忠诚予以一些认可。

美孚把这 3 样东西简称为速度、微笑和安抚。美孚的管理层认为：论综合实力，美孚在石油企业里已经独步江湖了，但要把这 3 项指标拆开看，美国国内一定还有做得更好的其他企业。美孚于是组建了速度、微笑和安抚 3 个小组，去寻找速度最快、微笑最甜和回头客最多的标杆，美孚想以标杆为榜样改造美孚遍布全美的 8 000 个加油站。

经过一番认真的寻找，3 个标杆都找到了。速度小组锁定了潘斯克（Penske）公司（世界上赛车运动的顶级赛事是一级方程式赛车，即 F1 赛车。但美国人不玩 F1，他们有自己的 F1 赛车，即"印地 500 汽车大赛"）。而潘斯克公司就是给"印地 500 汽车大赛"提供加油，为 Indy500 服务的。在电视转播"印地 500 汽车大赛"时，观众都目睹到这样的景象：赛车风驰电掣般冲进加油站，潘斯克的加油员一拥而上，眨眼间赛车加满油绝尘而去。美孚的速度小组经过仔细观察，总结了潘斯克之所以能快速加油的绝招：这个团队身着统一的制服，分工细致，配合默契。而且潘斯克的成功，部分归功于电子头套耳机的使用，它使每个小组成员能及时地与同事联系。

于是，速度小组提出了几个有效的改革措施：首先是在加油站的外环线上修建停靠

点，设立快速通道，供紧急加油使用；加油站员工佩带耳机，形成一个团队，安全岛与便利店可以保持沟通，及时为顾客提供诸如汽水一类的商品；服务人员穿统一的制服，给顾客一个专业加油站的印象。"他们总把我们误认为是管理人员，因为我们看上去非常专业。"服务员阿尔比·达第茨说。

微笑小组锁定了丽嘉—卡尔顿酒店作为温馨服务的标杆。丽嘉—卡尔顿酒店号称全美最温馨的酒店，那里的服务人员总保持招牌般的甜蜜微笑，因此获得了不寻常的顾客满意度。美孚的微笑小组观察到，丽嘉—卡尔顿酒店对所有新员工进行了广泛的指导和培训，使员工们深深铭记：自己的使命就是照顾客人，使客人舒适。小组的斯威尼说："丽嘉的确独一无二，因为我们在现场学习过程中实际上都变成了其中的一部分。在休息时，我准备帮助某位入住旅客提包。我实际上活在他们的信条中，这就是我们真正要应用到自己业务中的东西，即那种在公司里，你能因很好地服务你的客户而带来的自豪感。那就是丽嘉真正给我们的魔力。而在我们的服务站，却不具备与丽嘉—卡尔顿酒店同样的自豪感和客户服务现象。"

微笑的标杆找到了。现在，用加油站服务生约翰的话说："在顾客准备驶进的时候，我已经为他准备好了汽水和薯片，有时我在油泵旁边，准备好高级无铅汽油在那儿等着，他们都很高兴——因为你记住了他们的名字。"

全美公认的回头客大王是"家庭仓库"公司。安抚小组于是把它作为标杆。他们从"家庭仓库"公司学到：公司中最重要的人是直接与客户打交道的人。没有致力于工作的员工，就不可能得到终身客户。这意味着要把时间和精力投入到如何雇佣和训练员工上。而过去在美孚公司，那些销售公司产品，与客户打交道的一线员工传统上被认为是公司里最无足轻重的人。

安抚小组的调查改变了美孚公司以往的观念，现在领导者认为自己的角色就是支持这些一线员工，使他们能够把出色的服务和微笑传递给公司的客户，传递到公司以外。

美孚在经过标杆管理之后，他们的顾客一到加油站，迎接他们的是服务员真诚的微笑与问候。所有服务员都穿着整洁的制服，打着领带，配有电子头套耳机，以便能及时地将顾客的需求传递到便利店的出纳那里。希望得到快速服务的顾客可以开进站外的特设通道中，只需要几分钟，就可以完成洗车和收费的全部流程。这样做的结果是：加油站的平均年收入增长了10%。

资料来源：一个标杆管理的案例：美孚石油公司答案[EB/OL]．（2016-04-07）．http://www.docin.com/touch_new/previewHtml.do?id=1521802929.

思考与讨论：

1. 美孚的标杆管理是如何开展的？
2. 美孚的标杆管理对于我国企业实施标杆管理有哪些值得借鉴的地方？

知识链接   **标杆管理漫谈：拿来主义**

产品同质化的时代，企业的头一直在晕着。如何寻找突破口？标杆管理法是最便捷、高效的改善手段。

作为企业高层，你可以公司的年度培训课程提升下属的能力，然后用他们提升后的能力来为你解决问题或是创造效益；也可以聘请管理咨询公司为你们设计全套的管理方案；或者全靠自身的研革来摸爬滚打出一条你们期望的发展新路。

依靠自己是永恒真理

管理能力和生活阅历一样，做到高层的人差不多都是"过来人"，懂得在世上只有自己能真正帮助自己。实际上，借助外力的同时依靠自己，才是最佳的选择。那么对企业管理者来讲，用什么方式才能够做到依靠自己呢？答案是：具备标杆管理能力。

有很多职业经理人会问：什么是标杆？为什么叫标杆管理？"标杆"是一个值得模仿的榜样，可以是人、模式、流程或是某一个具体标准。"标杆管理"就是对其进行模仿的方法和过程，简单地讲，就是"拿来主义"。

目前，标杆管理还没有上升成为主要管理学科中的一门，但国际管理学术界和国内外大型企业已经开始逐渐重视这种管理技术了。企业掌握了这种技术，就可以做到有效的"拿来"——把别人运用的好方法，有效地运用到自己的经营管理中。这里的主角是自己，而不是外部力量，所以标杆管理本身就可以使企业在实战中有了依靠自己的能力。其核心功能是使企业向业内或业外的最优企业学习，通过学习，企业重新思考和改进经营实践，创造自己的最佳实战方法，最终从模仿走向创新。

只拿来皮毛不如不学

有些管理者觉得某一企业非常成功，就把它的模式简单地套过来用。实际上管理者对其标杆对象为什么运用此模式、此模式的最终目的是什么并不深悉。这就仿佛理论与实践的对应关系，管理学教材、书籍、管理咨询方案上的很多方法为什么在实战运用中不能取得好的效果？在通常的管理咨询项目中，很多理论派咨询师提出的方案最终被丢置一旁，或者此方面的问题基本解决了，但促使了另一方面的甚至更多的问题产生，企业的状况反倒不如从前，而咨询公司反而去埋怨企业执行力太差。

这里就是对实战操作的理解问题了，向标杆对象对照什么？浅层次的对标是技术模块对标、标准对标、流程对标和方法对标，这些工作是必要的，但永远不是本质的。实践"道行"不够的咨询师和经理人经常只看到这些层面的问题，从而认真、权威和单一地解决表象问题，可以称之为"无知者无畏"。而思维模式对标、管理机制对标和文化环境对标，是一种深层次的对标，其主要是从人的观念开始去解决问题的，并照顾到其连锁效应。能够把握这种深层次的标杆思维方式，才能使企业从对标管理中真实受益。

企业创新的捷径

常有国有企业的创新工作被一些无力的文章大肆吹嘘，在企业自己来看它们是莫大的政绩。但从标杆思维的角度来讲，其中很大一部分是十分可笑的，管理创新必须渗透到企业每一个岗位的日常工作中。但企业管理者会认为创新很难做到，这说明他们不具备标杆思维，急需进行企业标杆文化建设。什么是创新？在标杆管理中，创新被解释成一种改善的过程。它不要求你从头设计，花费太大的精力、财力，只要求你对照一种标准，或一个被其他企业证明成功的方法，依据自身的条件对其加以改造。这样便有效地结合了实际工作，使创新变得很简单。

目前一些国内 500 强企业提倡的同业对标令人赞赏，这些企业的决策层认识到了标杆管理的巨大作用，它是企业高效、可持续发展所必需的。但是在实际操作中却发现：企业对标杆管理方法几乎完全摸不到门路，并没有做到有效对标。即便是知道了同行某企业的某种工作做得好，也不懂得如何去学习它、利用它。理论知识常无大用，通常我们要从改造观念入手，同时结合本企业现实工作案例手把手地现场指导，只有切身去体会，在当场看到效果的同时，企业学员们才真正领悟到创新工作可以是简便易行的。

最高境界：跨行业对标

虽然同业对标如此重要，但是对于经理人来说，最好不要抱着面对同行业的局限思维。如果经理人总是跟着同业老大走，永远是落后的，无异于坐井观天、故步自封。如果企业真的想很快取得突破，那么必须进行跨行业对标，从其他行业获取经验。在对标实战中，一些经理人将建筑行业的招投标机制借用到商业地产领域，创造了董事会指令业绩的 20 倍收益；也曾向超市行业的货品管理系统、冷链行业的物流系统、制造业的精益生产管理等多方面、跨行业进行对标，将其精髓引入面临倒闭的餐饮公司以解决瓶颈问题；再如把商场布局理念引到所指导企业的展会设计中，使三天的订单量几乎接近了上一年度订单之和。

企业具体的管理模块在进行跨行业对标时，完全可以放开思路，如订单管理系统可否学习航空公司？新产品开发管理可否仿效换版神速的服装企业？企业物流管理可否去研究冷链行业？而医院的服务体系建设可否参照酒店的服务模式呢？没有做不到，只有想不到，这就是标杆管理的精髓所在。

资料来源：标杆管理漫谈：拿来主义[EB/OL]．（2013-12-19）．http://manage.hr369.com/highend/201312/167584.html．

 团队互动演练

研究型学习小组以所在团队为基础，完成每位团队成员个人和团队的《标杆管理方案》。操作指导如下。

教学目的
- ☑ 熟悉标杆管理的构建流程。
- ☑ 理解标杆管理的特点和设计原则。
- ☑ 了解标杆管理的作用和重要性。

教学平台
以学生和所在学习团队为依托，完成团队成员和团队的标杆管理方案设计。

硬件支持：计算机中心实验室，每位学生配备一台计算机，允许网络连接。标准化教室，供学生讨论和陈述。

教师提供标杆管理绩效考核方案设计基本思路。

教学步骤
第一步，发现瓶颈。团队成员结合自身情况，从学习、生活、人际交往、个人发展目标等方面诊断分析自身存在的差距和问题。

第二步，选择与研究同龄人中优秀人士的业绩水平，分析出类拔萃者的共性特征，构建优秀标杆的基本框架。

第三步，收集资料和数据，深入分析优秀人士的生活、学习、工作模式，总结其优秀的来源和成功的关键要领。

第四步，将标杆人士的业绩和行为与自己的行为和成绩进行比较与分析，找出业绩水平上的差距，以及行为方式上的差距。

第五步，沟通和交流。在团队内部进行沟通和交流，达成共识，根据团队成员的建议，拟订改进的绩效目标和行动方案。

第六步，采取行动并持续改进。在团队内部养成打卡制度，每天互相监督落实行动计划，发现问题及时进行探讨以便改进，不断获得持续性的进步。

团队成员
研究型学习小组在组长指导下合理分工，各负其责，按规定时间完成任务。

研究成果
- ☑ 团队个人和团队的《标杆管理绩效考核方案》。
- ☑ 对其他小组的方案进行点评。

第十章 绩效反馈与结果应用

 学习目标

- ☑ 认识绩效反馈的意义,掌握绩效反馈的原则与技巧;
- ☑ 学会采用360度反馈体系进行绩效反馈;
- ☑ 了解绩效面谈的基本内容,做好面谈前的准备工作;
- ☑ 学会设计一次绩效面谈的过程,并针对性地使用绩效面谈策略;
- ☑ 掌握将绩效考核结果应用于绩效改进的过程;
- ☑ 掌握绩效奖励计划的主要形式及其优缺点;
- ☑ 掌握将绩效考核结果应用于职业生涯发展的技巧。

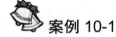 案例 10-1　　　　　　　小王的困惑

小王在一家私营公司做基层主管已经有3年了。这家公司在以前不是很重视绩效考评,但是依靠自己所拥有的资源,公司的发展很快。去年,公司从外部引进了一名人力资源总监,至此,公司的绩效考评制度才开始在公司中建立起来,公司中的大多数员工也开始知道了一些有关员工绩效管理的具体要求。

在去年年终考评时,小王的上司要同他谈话,小王很是不安,虽然他对一年来的工作很满意,但是不知道他的上司对此怎么看。小王是一个比较"内向"的人,除了工作上的问题,他不是很经常地和他的上司交往。在谈话中,上司对小王的表现总体上来讲是肯定的,同时指出了他在工作中需要改善的地方。小王也同意此看法,他知道自己有一些缺点。整个谈话过程是令人愉快的,离开他上司办公室时小王感觉不错。但是,当小王拿到上司给他的年终考评书面报告时,小王感到非常震惊,并且难以置信,书面报告中写了他很多问题、缺点等负面的东西,而他的成绩、优点等只有一点点。小王觉得这样的结果好像有点"不可理喻"。

小王从公司公布的"绩效考评规则"上知道,书面考评报告是要长期存档的,这对小王今后在公司的工作影响很大。小王感到很是不安和苦恼。

资料来源:绩效考评案例:绩效面谈的苦恼[EB/OL].(2015-02-17). http://www.yjbys.com/news/351082.html.

绩效考核并不是绩效管理工作的结束，绩效考核结果只有应用于绩效改进中，帮助员工发现问题并解决问题，促使组织绩效持续提升，才能真正达到绩效管理的员工开发和管理的目的。连接绩效考核与绩效改进的中间环节就是绩效反馈，也就是绩效考核结束后，管理者为了达成设定的目标、实现业绩成果而采取的改善不理想的行为表现、巩固加强优良行为表现的沟通过程。管理者与下属通过绩效反馈面谈，将评价结果反馈给下属，包括哪些做得好，哪些出了问题，应该如何进行改善。管理者要向员工传达组织的期望，双方对绩效周期的目标进行探讨，最终形成一个绩效改进合约。

第一节 绩效反馈概述

一、绩效反馈的意义

绩效反馈是对评价对象整个绩效周期内的工作表现及完成情况进行的全面回顾，有效的绩效反馈对绩效管理起着至关重要的作用。

1. 有利于提高绩效考核结果的可接受性

绩效反馈在绩效考核结束后为评价双方提供了一个良好的交流平台。一方面，管理者要告知评价对象绩效考核的结果，使其真正了解自身的绩效水平，并就导致评价结果出现的原因进行深入的探讨，使被评价者能够充分地接受和理解绩效考核结果；另一方面，评价对象也可以就一些具体问题或自己的想法与管理者进行交流，指出绩效管理体系或评价过程中存在的问题，解释自己超出或没有找到预期目标的主要原因，并对今后的工作进行计划与展望。绩效反馈为管理者和下属建立起一座沟通的桥梁，有利于双方在绩效考核结果上达成共识，不仅能够让评价对象更加积极主动，更赋予其一定的权利，使评价对象拥有知情权和发言权，有效降低了评价结果不公正所带来的负面效应，确保绩效考核结果的公平和公正，进而提高绩效考核结果的可接受性。

2. 有利于评价对象了解自身取得的成绩与不足

绩效反馈还是一个对绩效水平进行全面分析的过程。当评价对象取得成绩时，管理者给予的认可和肯定，可以起到积极的激励作用。此外，管理者也要让评价对象认识到自身在知识、技能等影响绩效水平方面存在的缺点与不足，并提出改进建议。通过绩效反馈，评价对象既得到了鼓励，又发现了不足，为进一步提升绩效水平奠定了重要基础。

3. 有利于绩效改进计划的制订与实施

绩效反馈的一个重要目的是实施绩效改进，即针对评价对象当前绩效存在的不足提出改进计划，为下一个绩效管理周期的工作开展提供帮助和指导。绩效改进计划对于绩效不佳的组织、部门和个人尤为重要，如果相关管理部门对此不能给予充分重视，评价对象自身也缺少绩效改进的动力，不去分析导致绩效偏差的原因，绩效不佳者很难发现改进绩效的有效途径和方式，也就无法达到提高绩效水平这一重要目的。另外，评价对象参与到绩效改进计划的制订过程中，会更容易接受绩效改进计划，增强对绩效改进的承诺，有利于绩效改进计划的贯彻落实。

4. 能够为员工的职业规划和发展提供信息

为了员工有更好的职业规划和发展是建立绩效管理体系的目的之一，因此在绩效反馈阶段，管理者应当鼓励员工讨论个人发展的需要，以便建立起有利于达成这些发展的目标。由于讨论涉及员工进一步发展所需要的技能以及发展新技能的必要性，绩效反馈面谈通常还会讨论员工是否需要培训以及在哪些方面进行培训。管理者应当保证提供一定的资源支持员工的学习。反馈面谈结束后，应当根据反馈结果，结合组织、部门和个人的下一步计划，制订员工个人的发展计划。这些发展计划必须是具体的，通过管理者与下属共同协商，明确员工需要做什么，什么时候做；管理者要做些什么，什么时候做，如此等等。

二、绩效反馈的原则

绩效面谈的目的是实现员工绩效的改进，这个改进过程需要绩效管理的其他环节给予支持，所以企业首先要完善绩效管理体系，然后在绩效反馈中遵循 SMART 原则。

1. S（Specific）是指直接具体原则

面谈交流要直接而具体，不能作泛泛的、抽象的、一般性评价，对于主管来说，无论是表扬还是批评，都应有具体、客观的结果或事实来支持，使员工明白哪些地方做得好，差距与缺点在哪里，既有说服力又让员工明白主管对自己的关注。如果员工对绩效考核有不满或质疑的地方，向主管进行申辩或解释，也需要有具体客观的事实作基础。只有信息沟通双方交流的是具体准确的事实，每一方所做出的选择对另一方才算是公平的，评估与反馈才是有效的。

2. M（Motivate）是指双向沟通原则

面谈是一种双向的沟通，为了获得对方的真实想法，主管应当鼓励员工多说话，充分表达自己的观点，因为思维习惯的定向性，主管似乎常常处于发话、下指令的角色，员工是在被动地接受。有时主管得到的信息不一定就是真实情况，下属迫不及待地表达，主管不应打断与压制。对员工好的建议应充分肯定，也要承认自己有待改进的地方，一同制定双方发展、改进的目标。

3. A（Action）是指基于工作事实原则

绩效反馈面谈中涉及的是工作绩效，是工作的一些事实表现。员工是怎么做的，采取了哪些行动与措施，效果如何，而不应讨论员工个人的性格。员工的优点与不足都是在工作完成过程中体现出来的。性格特点本身没有优劣好坏之分，不应作为评估绩效的依据。对于关键性的影响绩效的性格特征需要指出来，必须是出于真诚地关注员工与发展的考虑，且不应将它作为指责的焦点。

4. R（Reason）是指分析原因原则

反馈面谈需要指出员工不足之处，但不需要批评，而应立足于帮助员工改进不足之处，指出绩效未达成的原因。出于人的自卫心理，在反馈中面对批评，员工马上会做出抵抗反应，使得面谈无法深入下去。但主管如果从了解员工工作中的实际情形和困难入手，分析绩效未达成的种种原因，并试图给以辅助、建议，员工是能接受主管的意见甚至批评的，反馈面谈也不会出现攻守相抗的困境。

5. T（Trust）是指相互信任原则

没有信任，就没有交流，缺乏信任的面谈会使双方都感到紧张、烦躁，不敢放开说话，充满冷漠、敌意。而反馈面谈是主管与员工双方的沟通过程，沟通要想顺利地进行，要想达到理解和达成共识，就必须有一种彼此互相信任的氛围。主管人员应多倾听员工的想法与观点，尊重对方。向员工沟通清楚原则和事实，多站在员工的角度，设身处地为员工着想，勇于当面向员工承认自己的错误与过失，努力赢取员工的理解与信任。

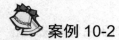

案例 10-2　　　　做好员工反馈的方法

1. 把反馈当成礼物

管理者：反馈是要送出的礼物，我们要友好地给予。

员工：反馈是收到的礼物，我们要认真地打开它，开心地接受它，谢谢反馈者。

如果我们这样看待反馈，就可以打开建设性建议的闸门，找到无数个让业务运行得更好的方法。

2. 及时快速反馈

如果你要对某件事情或某个状况进行反馈，就一定要及时快速进行反馈。特别是如果你们团队正在朝着一个特定的目标努力，你希望保持这一势头，及时对员工的进步进行反馈、认可是非常重要的。进步是激励员工完善自我的强大动力，会激励员工更好地表现。及时反馈有利于员工形成"取得进步—认可—更大的进步"这样的良性循环。

即便是给予负向的反馈也要及时，给予负向反馈是困难的，但是它不会随着时间的推移变得更容易。如果你等待三个月的时间告诉某人他的表现比较一般，他通常不知道该怎么调整自己去适应变化。并且如果时间太长太依赖于记忆，信息还可能是错误的，员工也更倾向于去解释，而不是接受然后改进。

目标科学的最佳实践指出，每周都对目标进行回顾、完善，就为企业创造出了一个频繁反馈的氛围，目的是为了帮助员工更好地成长进步。客户可以根据企业的实际情况，建立双周或单周的反馈机制，同时为了保证沟通的频率，建议由员工主动发起沟通，关键进展要及时沟通。及时反馈可以让员工及时调整自己的目标、工作思路，保证目标能及时响应外界环境的变化，保证目标的适应性。

3. 多作正向反馈

相对于正向反馈，我们的情绪针对负向反馈的反应往往更强烈，换句话说，我们输掉100元的难过往往比赢得100元的开心更强烈。John Gottman（一位华盛顿大学教授）在他的书中建议：如果你想让你的婚姻幸福，你们正向互动与负向互动的比例至少要达到5:1，用在工作中也是一样，Andrew Miner教授的研究发现，员工对来自老板的负向反馈的反应激烈程度是对老板的正向反馈的反应的6倍。

所以首先你应该避免不经意地批评你的雇员。例如，如果一名员工写了一份方案的初稿，经理可能会有一些修改的建议，即使草案通常是好的。在这种情况下，管理者应该清楚地沟通，他们的修订只是建议，他们并没有批评员工的表现。

当然，如果员工确实表现太糟糕，你不得不进行负向反馈。这种情况下要注意你反馈的目的是为了帮助员工提高，指明前进的方向。你应该采取措施来缓和情绪，你要让你的员工把重点放在你想传达的信息上，而不是任何强烈的负面情绪。还要注意确保你的批评在私下里进行。没有什么比在你的同事面前被批评更丢脸的了。语调平缓也很重要，让你的员工了解仍然有你的支持和尊重。

正向反馈与负向反馈不同，管理者应该抓住每一个机会，特别是在项目的重要结点，慷慨地、公开地表扬员工，要尽可能经常地告诉你的员工你对他们的努力工作有多欣赏。

4. 要客观、具体地进行反馈

反馈要基于事实，基于你看到的，不要陷入"你认为"的误区。例如，你可以说你所需要的报告并没有准时完成，但不要认为这是因为他对他的工作不感兴趣。相反，可以谈论没有按时完成报告对公司和他人的影响。给他一个机会来解释为什么它没有在最后期限完成。

反馈要具体，避免说一些模棱两可的话。人们普遍会对具体的、积极的建议做出更好的反应。避免说一些"你这个报告水准不够"这些模棱两可的话，可以具体地、积极地指出你想要的结果，例如，"我们这次报告的汇报对象是高管，你的报告中太多的产品细节介绍可以简化，要加强我们的方案给客户带来的价值，两天后我们再看一下你的报告。"

5. 反馈不是单向的，而是双向、多向的

除了经理要及时快速地对员工进行反馈，还可以邀请员工对经理、公司进行反馈。同时还可以邀请同事对员工进行反馈。这样可以使反馈更加客观，能让员工更清楚地认知自我，做出改进。

6. 反馈要简单、易开展

不论是 GE 的"PD@GE"、微软的"The check in"、德勤新的绩效系统，还是 Google 的"OKR"，在有一点上都是共通的，那就是鼓励不断向前、快速、实时的沟通反馈，并且以一种特别简单易行的方式进行沟通反馈。

北森目标管理支持基于目标与关键任务进行快速、频繁、有效的沟通反馈。系统完全采用社交化的设计思路，简单易用。除了上下级之间的沟通，你还可以@相关同事，寻求一些支持建议，同事也可以给予反馈意见。你看到同事的目标及进展情况，也可以主动给同事一些建议。北森目标管理系统支持工作成果的及时上传，经理可以对工作成果及时认可，或提出改进建议。

目标和关键成果进展（包括完成情况、存在差距、改进方案）要求单周、双周或一个月一次进行一对一的沟通，在沟通过程中，经理或同事会收到相关提醒，并可以直接回复反馈建议。这些可以直接在系统中被记录下来。

快速反馈不仅仅是一种时尚，它更是一种主要趋势。快速反馈缩小了公司目标和员工目标之间的差距，快速反馈激发了员工的潜能，促进了员工的成长进步，快速反馈提升了管理者们的教练技术。反馈是把双刃剑，从某种程度上讲你的领导能力就是给予和接受反馈的能力。但是宝剑配英雄，反馈这把双刃剑需要更有责任心，更关注员工成长的管理者。

资料来源：Feedback is the KillerApp：*A New Market and New Model of Management by Josh Bersin*，*The Delicate Art of Giving Feedback by HBR*；北森敏捷绩效管理之快速反馈[EB/OL]．（2016-06-23）．http://www.chinahrd.net/article/2016/06-23/231868-1.html．

三、绩效反馈的技巧

在绩效反馈中，管理者为反馈源，员工为反馈接受者，而整个绩效周期内的工作绩效和绩效考核结果就是反馈信息。由于在反馈中主要针对员工实际的与工作相关的行为进行反馈，根据员工的行为表现，一般可分为错误行为、中立行为和正确行为三类。对于错误的行为应给予建设性反馈，正确行为则应给予正面反馈，而那些中立行为可以允许员工自主决定。接下来主要从正面反馈和负面反馈两方面,谈谈在实施中应注意的问题。

(一)正面反馈

管理者往往容易忽视对正确行为的反馈,可能是由于他们对于所谓的"正确行为"理解不全面而无法确认,也可能是没能掌握好对正确行为进行反馈的方式。在实际工作中,对正确行为的反馈具体表现为管理者对员工的表扬和称赞。表扬是一种积极的鼓励、促进和引导,表扬员工不仅仅能够实现对员工优秀绩效的反馈,也是激发员工工作热情、提高积极性的重要手段,因此也是管理者应当掌握的重要沟通技巧。在具体做法上应当遵循如下原则。

1. 表扬必须是针对具体的行为或结果

既是表扬,就应注意以事论理、以理服众。如需公开表扬,一定要在员工取得公认的成绩时再采取这种方式,以免让其他员工感到管理者偏心、不公正,从而产生逆反心理。在表扬中要尊重客观事实,尽可能多地引用受表扬者的有关实例与数据,用事实来化解某些人的消极逆反心理。另外,为了让员工明白他们需要在以后的工作中继续重复这种行为,最好注意表扬的特定时机。

2. 表扬时采用肯定、热情的方式

一方面,在提出表扬时避免用一些否定之否定的说法,例如,"还不算太坏"或者"比上次好些了",相反,在表扬时一定要强调积极的方面,可以采用"我很欣赏你的这种做法……"或"我很佩服你做这件事情的方式……"另一方面,为了表达自己的表扬的真诚,管理人员必须愿意为表扬花费一定的时间,并且表现得非常高兴,而不是匆匆忙忙地说两句,让人觉得很尴尬。

3. 表扬的同时进行经验传授

管理者在表扬员工时,不应仅仅简单地说一句"干得不错",而应善于借表扬将成功者的经验与方法传授给更多的员工,以实现以点带面与资源共享。优秀员工应该成为学习和模仿的榜样,其经验是难得的资源。作为管理者在对受表扬者进行表扬之前,就应进行深入细致的调查分析,归纳总结其成功的经验和有效的方法,不仅要让表扬对优秀员工本人实现激励,更要使大家能从受表扬者的经验与方法中有所得益。

4. 善于寄期望于表扬之中

当一个人因工作上的成绩受到表扬时,就会产生一种成就感、荣誉感和自豪感,这种积极的心理反应不仅会使其感到心情愉快,还能使其自信心大增。在这种状态下,如果对其提出带有希望性的要求与建议,不仅不会引发其反感,而且会使其真正从中感悟到上级的关心与爱护,这是员工最易接受上级期望的绝妙时机。因此,表扬不能满足于对成绩的肯定,而应注意趁热打铁,在表扬中提出有针对性的期望,给受表扬者以新的目标。如对工作中成绩一向突出、积极向上的员工进行表扬时,要不断提出新的期望目标,促使其更加发奋努力,更好地发挥自己的优势,再接再厉争取取得更大的成绩。

(二)负面反馈

负面反馈是指对错误行为的反馈,也就是人们通常说的批评。在管理实践中,管理者由于害怕员工作出负面的反应,影响与员工之间的工作关系或者友谊,或者由于负面反馈对信息的不可辩驳性要求更高,管理者不愿意做这些麻烦的事情。事实上,批评不一定就是消极的,批评也可以是积极的和具有建设性的。所谓建设性反馈就是指出员工的错误行为,并且提出改进的意见供对方参考,而不是横加指责和批评。越来越多的管理者已经认识到对员工的错误行为进行建设性反馈的重要性,掌握相关的技能也是管理者的必需技能。心理学家发现,以下七个要素对建设性反馈很有意义。

1. 建设性反馈是计划性的

建设性反馈的战略性是指应当有计划地对错误的行为进行反馈。有时管理者和员工由于受到当时谈话气氛的影响而对自己的言行失去控制,这种在情绪失控下进行的反馈不但毫无意义,并且会产生负面影响。事前充分明确反馈的目的、组织好思路和情绪并选择恰当的语言,可以有效地避免这种情况发生。

2. 建设性反馈应维护对方自尊

自尊是每个人在进行人际交往时都要试图保有的,管理者在绩效反馈时应当考虑到员工自尊。消极的批评容易伤害人、打击对方的自尊心,对人际关系具有破坏性。要做到这一点,最简单的方法就是在与对方进行反馈之前进行一下换位思考。

3. 建设性反馈要注意恰当的环境

绩效反馈应当选择合适的环境因素,充分考虑沟通的时间、地点以及周围环境,寻找最佳时机,以保证良好的反馈效果,尤其是在对员工错误行为进行反馈的时候。通常,人们主张单独与犯错误的员工进行交流,这种方式能够最大限度地维护员工的自尊心。但这并不是绝对的。例如,在团队的工作环境中,如果管理者只是进行私下的批评往往会得不到充分的信息或帮助,不利于员工最大限度地改进绩效。

4. 建设性反馈是以进步为导向的

绩效反馈应该着眼于未来,而不应该抓住过去的错误不放。强调错误的批评方式会使员工产生抵触心理,这将对绩效反馈的效果起到消极作用。只有以进步为导向的批评,才能够真正达到绩效反馈的最终目的——提高员工的未来绩效。

5. 建设性反馈是互动式的

批评往往是单向传递信息,这种方式会由于管理者单方的操纵和控制而引起员工的反感和抵触，从而产生排斥心理。建设性反馈主张让员工参与到整个绩效反馈过程中，也就是所谓的互动式绩效反馈。管理者应当通过有效的引导让员工提出自己的看法和建议。

6. 建设性反馈是灵活的

灵活性要求管理者在反馈中应当根据不同的对象和不同情况采取不同的方式，并在反馈的过程中根据对方的反应进行方式上的调整。

7. 建设性反馈是对员工的指导

建设性反馈不仅仅是单纯的好、坏、对、错这类信息的传递，更应当为员工提供明确的、具体的建议，以表明自己帮助他们的愿望。管理者应该让员工感受到对他们的关注以及信心，并使员工相信自己能够得到来自管理者的充分帮助。这种信息的传递不仅有助于改善绩效，也有助于改善管理者与员工的关系，提高相互之间的信任感。

 知识链接 10-1　　　　　　　　BEST 模型

在对员工的错误行为进行反馈时，一般来说，可以遵循以下四个步骤。

☑　B——Behavior description（行为描述）。
☑　E——Express consequence（表达后果）。
☑　S——Solicit input（征求意见）。
☑　T——Talk about positive outcome（着眼未来）。

例如，某公司市场部的小周在制作标书时又犯了一个同样的错误，这时，主管就可以用 BEST 法则对他的绩效进行反馈。

B：小周，8月6日，你制作的标书报价又出现了错误，单价和总价不对应，这已经是你第二次在这个方面出错了。

E：你的工作失误，使销售员的工作非常被动，给客户留下了很不好的印象，这可能会影响到我们的中标及后面的客户关系。

S：小周，你怎么看待这个问题？准备采取什么措施改进？

小周：我准备……

T：很好，我同意你的改进意见，希望在以后的时间里，你能做到你说的那些措施。

资料来源：绩效面谈技巧[EB/OL]．（2015-01-25）．http://www.yjbys.com/news/351082.html.

四、360 度反馈体系

360 度反馈体系已经成为一种帮助员工（特别是那些承担监督管理类责任的员工）通

过从各个不同侧面收集意见，从而改进自己工作绩效的首选工具。之所以把它称为360度反馈体系，是因为它收集的信息来自员工周围方方面面的人。具体地说，该体系从员工的上级主管人员、同事、客户以及下属那里收集信息，以此了解员工在哪些绩效维度上需要有所改进。为了避免当事人人为地抬高评价等级，在收集这些信息时通常都采取匿名的方式。同时，员工本人也会根据各个不同绩效维度来进行自评，并将自评结果与其他人对自己的评价信息加以比较。为了考察员工本人对自己的看法和他人对员工的看法在哪些方面存在明显的不一致，还需要再进行差距分析。另外，在360度反馈体系的报告中，通常还包括在员工本人和他人之间能够达成共识的、大家都认为需要进一步进行开发的绩效领域。然后，这些信息会用于制定我们在本章后面会提到的绩效改进计划。

当把360度反馈体系仅仅用于开发目的，而不是用于管理目的时，其效果是最好的。这是因为，如果人们知道这些信息将会被用于帮助个人提高绩效，而不仅仅是用来惩罚他们或者是向他们提供报酬，人们会更愿意说实话。不过，当一套360度反馈体系使用了一段时间之后（通常是2年左右），将其用于管理目的也可能会取得成功。

许多组织都在利用科技手段减少文案工作的数量以及在收集数据方面花费的时间，互联网已经成为管理360度反馈体系的一个常用媒介。有越来越多的服务供应商（通常是外部咨询公司）能够提供在线360度反馈体系的测评，一个流行的趋势是提供包括360度反馈、学习管理、薪酬甚至招募和继任计划系统在内的成套产品。员工可以自主申请进行360度反馈，基本程序如下。

（1）员工可以随时自主申请，然后，这些服务供应商一般会通过电子邮件向每位需要接受评价的员工发一份评价工作指南和具体的时间安排表。

（2）被评价的员工可以去访问一个安全的网址，在输入个人账号和密码之后就可以在上面创建一份评价者名单，以明确说明想让哪些人向自己提供绩效反馈。如果想让事情变得更简单一些，员工甚至可以从一个包括组织所有管理者和员工的下拉菜单中挑选自己的评价者。让员工挑选本人的绩效考核者的做法有可能提高员工对评价结果的接受程度。

（3）被员工选中的评价者必须在特定的时间内访问该网址，并提供自己对该员工的绩效反馈信息。一些在线的360度反馈体系还能够给评价者提供在线培训，教他们应当怎样以一种有用的和建设性的方式填写反馈表。有些系统甚至还具有对评价误差进行监测的功能。例如，如果一位评价者在对某位员工进行评价时，每一项都给了最高分，系统就会自动弹出一个窗口，评价者还可以在计算机屏幕上看到一张图，这张图能够显示出当前的评价者对这位员工的评价分数与其他评价者对这位员工的评价分数之间存在多大的差异。

（4）一旦电子数据收集完毕，就很容易汇总、整理出最终的反馈结果，并通过电子邮件将反馈报告发送给被评价的员工。在反馈报告中可以包括一些图表，以显示在哪些领域员工对自己的看法与其他评价者对他们的看法存在显著差异。这些图还可以显示平均分和绩效考核信息的来源，这样就可以很清楚地看到员工在哪些领域需要有所改善。最终的反馈报告会自动通过电子邮件发送给员工和他的直接上级，这样，在进行绩效面谈从而创建开发计划之前，双方都有机会事先审视一下反馈结果。

（5）在有些360度反馈体系中，还有一位能够帮助员工制订开发计划的在线的虚拟反馈教练。不过，最终的开发计划还必须在员工和直接上级之间进行讨论，经达成一致意见后确定下来。除非员工能够完全接受这份开发计划，否则，这份计划可能会成为人力资源部强制推行的不合理任务之一。

表10-1所示为360度反馈体系服务供应商举例。

表10-1　360度反馈体系服务供应商举例

供　应　商	网站上的介绍
Panoramic Feedback http://www.panoramicfeedback.com （提供在线演示）	这是一款完全基于网页的应用程序：可以在任何时间、任何地点向任何人咨询任何事；支持英语、欧洲各国语言、汉语、日语、韩语、斯拉夫语系；拥有庞大的知识库和强大的追踪记录功能，人力资源信息系统集成，提供可以用于指导战略的综合报告
Halogen Software http://www.halogensoftware.com/products/e36oopen.php （提供在线演示）	Halogen e360是一套精致的网上360度反馈软件，它对多个评价者共同进行评价的流程进行了简化；这是一种简单的员工绩效管理方法，大大减少了绩效管理对资源的需要；创建一份绩效考核方案、监控整个过程以及生成绩效报告等，都可以通过单击鼠标来完成；安装这一系统非常简单
The Booth Company http://www.boothco.com/home.html （提供在线演示）	Booth Company是唯一一家提供基于1.5亿条反馈记录、利用统计数据证明其管理理论和领导理论有效性的360度反馈工具的公司。Booth Company的海量调查问卷能够衡量最重要的组织角色（如高层管理者、变革领导者、中层管理者、团队成员和领导者以及项目领导者）所需的关键技能
Personnel Decisions International http://www.personneldecisions.com/offerings/multitrater.asp	PDI并不仅仅是360度反馈工具的创建者之一，同时也是了解哪些因素能够改变行为的专家型公司。《财富》杂志排名前100的公司中几乎有一半都在使用PDI产品。该产品是世界上经过最多考验、使用范围最广、反馈结果最准确的工具

续表

供应商	网站上的介绍
Development Dimensions International http://www.ddiworld.com/default.asp	这套系统有7种标准的调查问卷可供选择——可提供英语、法语、德语和西班牙语的版本，同时提供72种胜任能力，供客户对各种不同的技能组合和工作层次进行评估。此外，公司还可以根据客户的实际情况提供个性化的定制反馈系统，从而反映出对于在客户公司的工作中取得成功来说至关重要的一些关键因素。系统提供的综合报告可以用于监控开发过程、选择可以优先使用的学习和开发方法、评估培训的有效性、明确人力资源的发展趋势，还可以用于衡量组织在一段时间之后取得的绩效或获得的成功

资料来源：[美]赫尔曼·阿吉斯. 绩效管理[M]. 刘昕，柴茂昌，孙瑶，译. 北京：中国人民大学出版社，2013.

第二节 绩效面谈

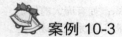

案例 10-3　　　　　　一次失败的绩效面谈

（人物：刘经理，小张）

刘经理：小张，有时间吗？

小张：什么事情，头儿？

刘经理：想和你谈谈，关于你年终绩效的事情。

小张：现在？要多长时间？

刘经理：嗯……就一小会儿，我9点还有个重要的会议。哎，你也知道，年终大家都很忙，我也不想浪费你的时间。可是HR部门总给我们添麻烦。

小张：……

刘经理：那我们就开始吧。

（于是小张就在刘经理放满文件的办公桌的对面，不知所措地坐了下来）

刘经理：小张，今年你的业绩总的来说还过得去，但和其他同事比起来还差了许多，但你是我的老部下了，我还是很了解你的，所以我给你的综合评价是3分，怎么样？

小张：头儿，今年的很多事情你都知道的，我认为我自己还是做得不错的呀，年初安排到我手里的任务我都完成了呀，另外我还帮助其他同事做了很多工作……

刘经理：年初是年初，你也知道公司现在的发展速度，在半年前部门就接到新的市场任务，我也对大家做了宣布的，结果到了年底，我们的新任务还差一大截没完成，我的压力也很重啊！

小张：可是您也并没有因此调整我们的目标啊？

（秘书直接走进来）

秘书：刘经理，大家都在会议室里等你呢！

刘经理：好了好了，小张，写目标计划什么的都是 HR 部门要求的，他们哪里懂公司的业务！现在我们都是计划赶不上变化，他们只是要求你的表格填得完整好看，而且他们还对每个部门分派了指标。大家都不容易，你的工资也不错，你看小王，他的基本工资比你低，工作却比你做得好，所以我想你心里应该平衡了吧。明年你要是做得好，我相信我会让你满意的。好了，我现在很忙，下次我们再聊。

小张：可是头儿，去年年底评估的时候……

（刘经理没有理会小张，匆匆和秘书离开了自己的办公室）

案例分析：

第一，管理者不重视绩效考评。就如同刘经理表示的那样"HR 部门总给我们添麻烦！"一方面，企业的管理者对人力资源管理不重视是当下中国企业的常态。其实，企业是由不同的人员组成的，人力资源管理是确保企业高效运转的重要保障，是非常重要的。但是，正是由于企业管理者没有意识到这一点，反而觉得做绩效考核之类的行为是 HR 给自己添加了无用的工作，进而消极对待，造成当下企业中人力资源部门的尴尬处境。另一方面，也正是由于管理者对绩效管理、绩效考评不重视，进而发挥不了绩效管理的作用，更无法引起领导的重视，从而形成恶性循环，最终让绩效考评沦为"鸡肋"。

第二，管理者没有做好充分的准备。案例中的刘经理只是在当天临时通知，而且留出来的时间也几乎没有，无法做到深入沟通并发现问题。准备十分不充分，办公桌上还堆满了文件，让人没有这是一次很正式沟通的感觉。

第三，缺乏绩效改进建议。刘经理只一味地针对小张的不足之处进行提醒，却没有进一步制定绩效改进的建议。以致员工明白了自己的问题，却没有获得改进的方案，实现不了绩效反馈的对工作改进的作用。

第四，缺乏激励。小张在工作上还是有许多值得夸奖的地方，但是刘经理却没有正面而直接地进行鼓励，这势必引起小张不满的情绪。

第五，没有就绩效考评结果达成一致。当刘经理给了小张 3 分的考核时，小张并不满意，觉得这个分数给低了。但是，刘经理却是自己说了算的态度，不理会小张，也不听小张对自己的辩解。双方没有达成一致的结果，也导致了绩效的不公正情况出现，带来了这次失败的绩效面谈。

资料来源：教你看透常见绩效面谈失败背后的原因[EB/OL]．（2016-07-22）．http://www.chinahrd.net/blog/374/721608/373765.html.

一、绩效面谈的内容

1. 工作业绩

工作业绩的综合完成情况是考核者进行面谈时最为重要的内容，在面谈时应将评估结果及时反馈给被考核者，如果被考核者对绩效考核的结果有异议，则需要和下属一起回顾上一绩效周期的绩效计划和绩效标准，并详细地向下属介绍绩效考核的理由。通过对绩效结果的反馈，总结绩效达成的经验，找出绩效未能有效达成的原因，为以后更好地完成工作打下基础。

2. 行为表现

除了绩效结果以外，主管还应关注被考核者的行为表现，如工作态度、工作能力等。对工作态度和工作能力的关注可以帮助被考核者更好地完善自己，提高员工的技能，也有助于帮助员工进行职业生涯规划。

3. 改进措施

绩效管理的最终目的是改善绩效，在面谈过程中，针对被考核者未能有效完成的绩效计划，考核者应该和被考核者一起分析绩效不佳的原因，并设法帮助被考核者提出具体的绩效改进措施。

4. 新的目标

绩效面谈作为绩效管理流程中的最后环节，考核者应在这个环节中结合上一绩效周期的绩效计划完成情况，并结合被考核者新的工作任务，和被考核者一起提出下一绩效周期中新的工作目标和工作标准，这实际上是帮助被考核者一起制订新的绩效计划。

二、绩效面谈的准备

（一）管理者应做的准备工作

1. 选择适宜的时间和场地

绩效面谈往往在一个绩效周期结束时进行，而这段时间通常又是很多部门工作繁忙的时候，面谈的时间选择对于最终的反馈效果有很大影响，管理者应该根据工作安排确定一个双方都有空闲的时间。管理者应该选择一个双方都可以全身心投入到面谈过程中的时间，最好不要被其他事情打断或干扰，接近上、下班的时间和非工作时间应尽量避免。确定的时间应该是一个时间段，长短要适宜，过长会引起疲倦和厌烦；过短则可能因沟通不充分而达不到预期效果。管理者一定要在征得员工同意的情况下，再对绩效面谈的时间做出最终决定。这一方面体现了对员工的尊重，另一方面便于员工安排好手头的工作。

一般来说，在办公环境下，主要的面谈地点有管理者的办公室、会议室、接待室等，其中小型会议室、接待室是比较理想的选择，因为这些地方一般远离电话、传真，是不易被干扰的场所。当然，现实工作中由于条件所限，管理者的办公室成为最常见的选择。办公室给人以严肃、正式的感觉，但是容易受到电话、来访者的打扰，而且给人以明显的上下级感觉，容易给员工带来压力。当然，面谈地点也可以是工作场所之外的地方，如咖啡厅、茶楼等，这种非正式沟通场所可以营造管理者与员工之间的亲密关系，进而使双方能更加轻松、充分地表达自己的想法。同时，管理者还应注意安排好双方在面谈时的空间距离和位置，不同的距离和位置关系往往可以营造出不同的沟通氛围，如图10-1所示。

面谈双方的距离要适当，距离太远会影响信息传递效果，而距离过近又会使双方感到压抑。图10-1（b）的距离偏远，可能使得双方缺乏亲密感；图10-1（c）的距离偏近，空间距离也拉近了彼此的心理距离，但也有一部分人不能接受这种过于亲密的距离，这种气氛让其感到不自在，甚至是尴尬。

面谈双方的位置也要适宜，图10-1（a）的面对面方式使得双方的目光直视，容易给员工带来心理压力，不宜选择；图10-1（c）的角度则不利于观察对方的表情，也不利于非语言沟通方法，如手势、形体动作等的使用。

综合以上几种情形，可以发现图10-1（d）所示的位置和距离是最佳选择。管理者和员工呈一定角度而坐，能够避免心理紧张，也有利于观察和接受对方所表示的信息，营造出理性、和缓的氛围。

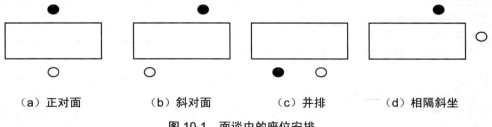

图 10-1　面谈中的座位安排

2．熟悉员工的工作内容及绩效表现

绩效面谈之前，管理者必须准备好面谈所需资料，主要包括绩效考核表格、员工日常工作情况的记录和总结、该绩效考核周期的绩效计划以及对员工的基本绩效考核结果，包括各评价主体对员工的评价，经过加权处理的各个绩效考核标准的评价结果等。另外，管理者还需要掌握有关员工个性特点的信息，以便在面谈过程中帮助管理者建立与员工之间的信任感和认同感。

3. 准备应对面谈中可能出现的问题

首先，管理者应该预估员工可能出现的对自己所收集绩效信息正确性或公正性的反驳，如何拿出足够的证据解释自己信息的客观性是管理者需要准备的第一个问题。其次，如果员工能够接受管理者所给予的评价，管理者还应该预估员工可能提出的工作难点、工作支持等方面的问题。管理者应提前对员工的工作非常熟悉，能够有针对性地提出改进建议；并结合自己的权限和公司能提供的资源，为员工提供尽可能多的帮助计划。再次，管理者还要对员工可能在面谈过程中表现出来的不良情绪或行为进行估计，当员工情绪激动、暴躁甚至有过激行为发生时，管理者应该有控制局面和采取下一步行动的方案。

4. 计划好面谈的内容、程序和进度

事先设计一套完整而合理的面谈过程，是成功实现绩效面谈的保证。在进行面谈前，人力资源部门可能会提供一个指导面谈的提纲，但是具体进行面谈的管理人员要在面谈提纲的基础上对面谈的内容和程序进行详细的计划，包括面谈的对象和目的、开场白的设计、过程步骤、预期时间和效果、可能出现的问题等。可以事先让员工填写《绩效面谈表》，为管理者的准备提供帮助，如表10-2所示。

表10-2 绩效面谈表（样表）

部门		职位		姓名	
考核日期		年	月	日	
工作成功的方面					
工作中需要改善的地方					
是否需要接受一定的培训					
本人认为自己的工作在本部门和全公司中处于什么状况					
本人认为本部门工作最好、最差的是谁，全公司呢					
对考核有什么意见					
希望从公司得到怎样的帮助					
下一步工作目标和绩效改进方向					
面谈人签名				日期	
备注					

（二）员工应做的准备工作

1. 安排好自己的相关工作

根据考核周期的长短不同，面谈的时间也有一定差别。一般来说，对于季度考核，应在考核结束一周之内安排面谈，面谈时间不少于 30 分钟；对于年度考核，应在考核结束一周之内安排面谈，面谈时间不少于一个小时。员工应该根据人力资源部门或者管理人员提前协商或确定的面谈时间，包括时间点和时间段，把手头的工作进行预先安排。保证自己能够有充足的时间安下心来与管理人员进行面谈，而不至于被工作或其他事情干扰。同时，也不能因为短暂的绩效面谈时间而耽误了正常工作安排，必要时可提前与管理人员进行沟通，确定一个双方都合适的时间。

2. 准备表明自己绩效的相关资料或证据

绩效面谈的主要内容就是与工作相关的行为和结果，而这些行为和结果就是对员工本考核周期内绩效的证明。在面谈中应该遵循以事实为基础，避免进行人身攻击或出现不公平合理的现象。在面谈过程中，员工往往会根据自己的实际情况陈述自己在整个周期内的工作情况，因此员工应充分收集整理一些能够表明自己绩效状况的事实依据。同时，为了应对管理人员所收集的绩效信息的真实性，员工为维护自己的权益，也有必要拿出足够的证据说明自己的客观绩效，为绩效申诉做准备。

3. 准备好向主管提出问题，解决自己工作中的疑惑和障碍

绩效面谈的最终目的是让员工发现问题并解决问题，解决问题才是落脚点。而很多问题的出现可能并不是员工自己希望的，或者是员工个人态度造成的。如果员工确实是能力有限，或者组织支持不够这方面的原因，员工还可以通过这个机会就各种日常问题与管理者交换意见。因此，员工也可以收集并汇总一些这方面的信息，在面谈中向有经验的管理人员学习和请教，并争取更多的资源和帮助，为日后工作的改善积累基础。

4. 准备好个人发展计划，正视自己的缺点和有待提高的能力

绩效面谈为了达到最后绩效改进的效果，必须由员工自己的行为改变带来。因此，员工首先必须态度端正，善于正视自己的问题。在绩效面谈中，员工可能出现以下三种类型的自我评价：摆功型（工作绩效相当不错，自我感觉也非常良好）；辩解型（工作绩效一般不好，会找一大堆理由来为自己辩解）；观望型（绩效不好或者平平，抱观望态度）。不管员工是哪种类型的应对态度，管理人员都应该积极引导员工正视自己仍然存在的不足，并针对员工自己提出的改进计划给予建设性反馈，使其朝着正确的方向努力。

知识链接 10-2　　四个准备助力绩效面谈成功

1. 程序准备

所谓程序准备，是要了解整个绩效面谈的程序，做好面谈布局，我们大致可以把整个面谈进程分成四个步骤：开场（Open）、澄清（Clarify）、讨论（Discuss）、结束（Close），简称OCDC法则。

首先是开场寒暄，不要目的性太强上来就直奔主题，要给员工心理缓冲的时间，简单寒暄几句和主题无关的话题，缓和一下气氛，帮助员工平静心情。

寒暄不是目的，寒暄是为后续面谈做铺垫的，寒暄之后就进入了澄清环节，把面谈的目的和程序告诉员工："王林，根据前面我们讨论的计划，今天下午我们用一个小时左右的时间，对你上个月的绩效表现进行一次绩效面谈。绩效面谈的目的是帮助你改善绩效，这个过程中我会问一些问题，更多时间是听你的想法，希望你不要保留，有什么想法都可以说出来，我们来讨论。我们的目标是一致的，就是帮助你改善绩效。当然，好的方面和不足的方面我们都会谈到，最后我们还会一起制订一个绩效改善计划。"

之后就进入了正式的讨论环节，这个环节包括确认绩效目标值及衡量标准、讨论各个指标的完成情况及原因、提出改善计划、确认后期跟踪方式。

最后是总结，简要概括整个面谈过程中达成的共识，表达对员工的信心，整理面谈记录，请员工签字确认。需要提醒的是，最后别忘记感谢员工的时间和投入。

2. 技能准备

大致掌握了整个面谈的程序之后，经理还需要注意积累和提升绩效面谈技能。其实，绩效面谈中用到的技能是非常多的，例如：

（1）正面反馈技巧。正面反馈的关键词是"具体"。凡事就怕具体，一旦要求具体地说明一件事情，很多人说话就会吞吞吐吐，甚至开始左顾右盼，顾左右而言他。很多时候，经理在反馈时并没有做好准备，就直接把话说出去了，这种做法会降低反馈的效果。

下面以"小王的市场报告"为例，介绍具体反馈的效果。

笼统的反馈："小王表现不错，非常敬业，最近连续加班，工作很卖力，辛苦了，接下来好好休息一下，调整调整。"

具体的反馈："小王，你最近工作很投入，为了编写市场分析报告，连续加了一周的班，现在你的报告在开会之前完成了，而且质量相当高，整个报告思路清晰、框架完整、分析细致。特别市场分析和市场展望部分，紧密联系公司的实际，提出了非常好的分析思路和解决办法，而且使用了几个比较实用且有效的分析工具。这对我们下一步要召开的市场会议起到了很大的帮助作用。我想这个工作对你个人的发展也是相当有帮助的，最近两天别闲着，写个总结，提高一下自己。"

第一种说法会有一些效果，小王会感激领导对他的关心，觉得领导不错，但这种感觉不会持久，过后就忘记了。

第二种说法才是小王期待的，对工作本身的反馈才是员工愿意听到的，也是对员工最有帮助的。概括性的表扬对员工有一定的激励作用，但不够深入。其实，员工更愿意了解经理对自己工作上的看法，当经理对工作的具体内容提出了针对性的看法时，员工才会真正受到激励。毕竟贡献不能停留在表面，所以正面反馈的时候，"具体"是一个关键词。

（2）负面反馈技巧。负面反馈的关键词是"描述而不判断"。关于负面反馈，也有一个小示例"小王醉酒"。

判断式的反馈："小王喝醉了酒来上班，还酗酒滋事，闹得公司鸡犬不宁。"

描述式的反馈："小王喝了酒，满身酒味，走路东倒西歪，碰倒了桌子，文件撒了一地，说话声音很大，引起了很多人的关注。"

这两种说法是一个意思吗？是的。显然，第一种反馈是主观判断，经理一上来就说小王喝了酒，实际上小王是否醉酒，谁也不知道。即便一个人已经喝得东倒西歪，还是希望听到别人说自己很能喝，是海量。第二种是描述，所有的语言都是描述性的，不带有任何判断的性质，这些描述性的语言集合起来，就说明了小王喝酒上班很不应该，下次要注意。相比较而言，第二种比较容易接受。

3. 资料准备

资料的准备比较简单，主要是上期员工绩效考核表，员工的绩效表现记录、过程中的沟通记录、员工的总结、员工的岗位说明书等。绩效面谈之前要确保这些资料都已经准备好，并且随手可以拿到，不要像刘总一样需要员工提醒，再去翻找，那样会给员工带来不重视的感受，影响面谈的效果。

4. 心理准备

面谈者要充分考虑面谈对象的性格特点，预估面谈过程中可能发生的状况，做好应对的心理准备，心理准备充足了，面谈过程将更加可控。这就要求面谈者要在面谈之前在心里作一番预演，对各种情形都加以考虑并做好应对措施。

资料来源：赵日磊. 手把手教你做绩效管理：模型、方法、案例和实践[M]. 北京：电子工业出版社，2016.

三、绩效面谈的过程

1. 面谈开场白

绩效面谈的开场白有各种各样的形式，采取什么样的方式取决于具体的谈话对象和情境，管理者应在这一阶段简短地向面谈对象说明面谈目的和基本程序。有的情况下员工可能会比较紧张，这时管理者可以选择一些轻松的话题开始谈话，缓和对方的心情和气氛。如果员工对面谈的目的比较理解、情绪平和稳定，就不妨开门见山地进入主题。

2. 员工自我评价

员工可以参照期初制订的绩效计划和绩效目标，简明扼要地汇报考核周期内的工作情况。此时，管理者应该注意倾听，不要轻易插话和随意打断。关注工作实绩，并留意其失误的实施，对于不清楚的地方，应适时询问、适当记录。当员工自我评估结束后，管理者可以进行小结。

3. 确认绩效结果

接下来，管理者和员工双方应对照绩效计划和目标对员工的绩效行为和结果进行讨论。考虑到员工的接受能力，一般先谈员工表现好的地方，然后再谈有待改进之处；先谈重要的问题，后谈次要的问题。这样逐项沟通，双方意见一致就继续往下进行；如果意见不一致，就进行讨论，如果实在无法达成一致，可以暂时搁置。在这一过程中，管理者要耐心听取员工对绩效结果的意见，让员工对有出入的信息或结论作必要的说明和解释。

4. 分析诊断问题

由于绩效的特征使得最终影响绩效的原因是多方面的，因此管理者和员工应该共同分析，找到导致最终绩效差距的真正原因。一旦弄清楚绩效差距的原因，接下来就要寻求解决问题的办法以纠正错误。经过充分交换意见后，面谈双方在彼此要求和期望方面达成共识，即管理者对员工的要求和期望、员工在今后工作中需要组织提供的必要条件和支持等。管理者要认真听取员工的建议，对其提出的合理要求和建议应该给予积极的肯定和支持。

5. 面谈结束

当面谈目的达到或已经无法取得进展时，应该结束面谈，不要拖延。在绩效面谈结束之际，管理者应当对员工进行积极的鼓励，让其振奋精神、鼓足干劲，以积极、乐观的态度开始下一阶段的工作。一般在面谈的结尾，谈过的事情或约定的事项都应该互相再予以确认，要留一些继续面谈的可能性和话题给双方，以便最终全面达成面谈目标。

员工离开后，管理者要将面谈记录整理归档，并且设计落实双方达成一致的绩效改进和员工发展计划。最后，对整个面谈过程进行评估，作为将来改进面谈质量的依据。

 知识链接 10-3　　　　绩效面谈"10 步走"

第 1 步：营造和谐气氛。
第 2 步：说明面谈的目的、步骤和时间。
第 3 步：根据预先设定的绩效指标讨论员工的工作完成情况。
第 4 步：分析失败与成功的原因。
第 5 步：讨论员工行为表现与组织价值观相符合的情况。
第 6 步：讨论员工在工作能力上的强项和有待改进的方面。
第 7 步：讨论员工的发展计划。
第 8 步：为员工下一阶段的工作设定目标和绩效指标。
第 9 步：讨论员工需要的资源与帮助。
第 10 步：双方签字认可。

资料来源：绩效反馈面谈[EB/OL]．（2012-10-24）．http://doc.mbalib.com/view/bdda472fge43cfb251fb6fc5b2ca73ag.html.

四、绩效面谈的策略

在绩效面谈中，管理者应针对不同类型的员工选择不同的面谈策略，这样才能做到有的放矢，取得良好的反馈效果。一般来讲，员工可以依据工作业绩和工作态度分为以下四种类型，如图 10-2 所示。

1．贡献型（工作业绩好+工作态度好）

贡献型员工是直线经理创造良好团队业绩的主力军，是最需要维护和保留的。与他们的面谈策略应是在了解企业激励政策的前提下予以奖励，并提出更高的目标和要求。

2．冲锋型（好的工作业绩+差的工作态度）

冲锋型员工的不足之处在于工作忽冷忽热，态度时好时坏。分析其原因主要有两个方面：第一种是性格使然，喜欢用批判的眼光看待周围事物，人虽然很聪明，但总是带着情绪工作；第二种是沟通不畅所致。对此下属，切忌两种倾向：一是放纵（工作离不开冲锋型的人，工作态度不好就不好，只要干出成绩就行）；二是管死（光业绩好有什么用，这种人给自己添的麻烦比做的事多，非要治治不可）。对于冲锋型的下属，采取的面谈策略一是沟通，冲锋型下属的工作态度不好，只能通过良好的沟通建立信任，了解原因，改善其工作态度；二是辅导，通过日常工作中的辅导改善工作态度，不要将问题都留到下一次绩效面谈。

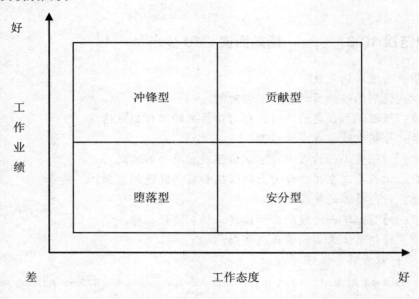

图10-2 根据工作绩效和工作态度划分的员工类型

3．安分型（差的工作业绩+好的工作态度）

安分型下属工作态度不错，工作兢兢业业、认认真真，对上司、公司有很高的认同度，可是工作业绩就是上不去。与他们面谈的策略应当是：以制定明确的、严格的绩效改进计划作为绩效面谈的重点；严格按照绩效考核办法予以考核，不能因为态度好而代替工作业绩不好的现实，更不能用工作态度掩盖工作业绩。

4．堕落型（工作业绩差+工作态度差）

堕落型员工会想尽一切办法来替自己辩解，或找外部因素，或自觉承认工作没做好。与他们面谈的策略应是：重申工作目标，澄清员工对工作成果的看法。

五、绩效面谈中的注意事项

1．重视面谈的开始

许多管理者并没有认识到面谈开始的重要性，往往急于开始切入主题而忽略开始的方式。实际上，最初的几分钟谈话往往决定了面谈的成功与否。因此，开场白的设计至关重要，要引起足够的重视。

2．及时调整反馈的方式

管理者在面谈对象沟通的过程中，要根据实际情况的变化及时调整反馈方式。管理者的反馈方式主要有指示型、指导型和授权型。指示型是比较传统的反馈模式，有时管理者急于解决问题，或者把自己看作权威并主张控制，就会采取这种指示型反馈模式。与指示型相比，指导型和授权型需要更多的时间。指导型是一种教与问相结合的方式，管理者向下属解释并询问下属的想法，并在适当的时机纠正下属的错误思想。授权型方式以下属回答为主，以解释和纠正为辅，管理者实际上主要起引导作用。

3．强调下属的进步与优点

绩效面谈往往不受欢迎的一个重要原因在于，面谈中难免要谈论下属在上一个阶段工作中的失误，如果管理者没有掌握沟通技巧，很容易因为对下属进行批评和指责造成下属的抵触和反感。鼓励与表扬是赢得下属合作的好方法。只有充分地激励下属，才能真正实现绩效反馈的目的。下属做得好的地方不能一带而过，而应当花一些时间进行讨论。赞扬不仅可以使下属保持好的工作作风，还可以激励下属。对于绩效不良的方面，也不能一味批评，而应该肯定下属的努力和贡献。

4．注意倾听下属的想法

绩效面谈是一个双向沟通的过程，即使采用指示型方式，也需要了解下属的真实想法和心理。真正有效的沟通不能忽略倾听的重要性，来自下属的信息是十分重要的。倾听有助于全面了解情况，印证或改变管理者自己的想法。平衡讲述与倾听之间的关系是进行反馈面谈的要义，而衡量这种平衡最好的标准就是看是否调动了下属的积极性，是否赢得了下属的合作。管理者在面谈时要学会倾听，鼓励面谈对象大胆说出自己的想法，在倾听中予以积极回应，不要轻易打断下属，更不要急于反驳。

5．坦诚与平等应贯穿面谈的始终

因为绩效考核结果的应用涉及薪酬、晋升等比较敏感的问题，所以管理者在与下属面谈的过程中会有所顾忌，有时甚至会回避问题与矛盾。但是这种隐瞒的方式并不能解决任何问题，最好的方式就是坦诚相见，直接向下属展示评价表格。同时，管理者应当清楚自己和下属在错误上负有同等的责任，并且自己的判断与实际情况之间也会出现偏差。当发现问题或认识出现偏差时，管理者应当坦率地承认，这种态度将有助于与下属进行进一步的沟通，使问题得到解决。

6．避免冲突与对抗

冲突与对抗可能会彻底摧毁下属对主管的信任，导致下属对领导产生抵触情绪。双方一旦产生隔阂，问题就不仅仅是一次面谈的失败，很可能会影响今后工作中的合作。因此，当面谈中出现不同意见时，管理者不能用领导的权威对面谈对象进行压制，而应就有不同见解的问题与面谈对象进行耐心的沟通，争取得到理解，同时要站在对方的立场，设身处地为其着想，争取在平和的氛围中就争议问题达成共识。

7. 形成书面的记录

人力资源管理部门提供的各类计划和表格并不一定涵盖面谈中涉及的全部问题。面谈中双方可能谈到工作中的许多问题，因此需要记录面谈的过程并形成书面文字，这样一方面方便组织对正式文件的管理，另一方面也能让下属感到面谈的正式程度和重要性。

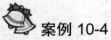

案例 10-4   一次成功的绩效面谈

（人物：吴总：某公司总经理；工明：某公司客户经理）

吴总：小工，这两天我想就你近来的绩效考核结果和你聊一聊，你什么时候比较方便？

工明：吴总，我星期一、二、三准备接待公司的一批重要客户，星期四以后事不多，您定吧。

吴总：我星期五也没有其他重要安排，那就星期五？上午九点怎么样？

工明：没问题。

星期五之前，吴总认真地准备了面谈可能用到的资料，他侧面向工明的同事了解了工明的个性，并对面谈中可能会遇到的情况作了思考。在这期间，工明也对自己一年的工作情况对照考核结果进行了反思，并草拟了一份工作总结和未来发展计划。

（星期五上午九点，公司小会议室，宽敞明亮，吴总顺手关上了房门，在会议桌头上坐下，工明侧坐在吴总右侧）

吴总：小工，今天我们打算用大约一到一个半小时的时间对你在过去半年中的工作情况做一个回顾。在开始之前，我想还是先请你谈一谈你认为我们做绩效考核的目的是什么？

工明：我觉得绩效考核有利于对优秀的员工进行奖励，特别是在年底作为发放奖金的依据。不知我说得对不对，吴总？

吴总：你的理解与我们做绩效考核的真正目的有些偏差，这可能主要是由于我们给大家解释得不够清楚。事实上，我们实行绩效考核，最终是希望在绩效考核后，能通过绩效面谈，将员工的绩效表现——优点和差距反馈给员工，使员工对自己过去一年中工作上的得与失有更深的了解，以明确下一步改进的方向；也提供一个沟通的机会，使领导了解部属工作的实际情况或困难，以确定可以提供哪些帮助。

工明（不好意思地）：吴总，看来我理解得有些狭隘了。

吴总（宽容地笑笑）：我们现在不又取得一致了吗？我们现在逐项讨论一下。你先做一下自我评价，看看我们的看法是否一致。

工明：去年我的主要工作是领导客户服务团队为客户提供服务，但是效果不是很令人满意。我们制定了一系列的标准（双手把文件递给吴总），但满意客户的数量增幅仅为55%，距离我们80%的计划相去甚远。这一项我给自己"合格"。

吴总：事实上我觉得你们的这项举措是很值得鼓励的。虽然结果不是很理想，我想可能是由于你们没有征询客户建议的缘故，但想法和方向都没有问题。我们可以逐步完善，这项我给你"优良"。

工明：谢谢吴总鼓励，我们一定努力。

吴总：下一个。

工明：在为领导和相关人员提供数据方面，我觉得做得还是不错的。我们从未提供不正确的数据，别的部门想得到的数据我们都会送到。这一项我给自己"优秀"。

吴总：你们提供数据的准确性较高，这点是值得肯定的。但我觉得还有一些有待改善的地方，例如，你们的信息有时滞后。我认为还达不到"优秀"的等级，可以给"优良"。你认为呢？……我想给你的总的评价应该是B+，你觉得呢？

工明：谢谢，我一定会更加努力的。

吴总：下面我们来讨论你今后需要继续保持和需要改进的地方，对此你有什么看法？

工明：我觉得我最大的优点是比较富有创造性，注重对下属的人性化管理，喜欢并用心培养新人。最大的缺点是不太注重向上级及时汇报工作，缺乏有效的沟通。我今后的发展方向是做一个优秀的客服经理，培养一个坚强有力的团队，为公司创造更好的业绩。

吴总：我觉得你还有一个长处，就是懂得如何有效授权，知人善任；但有待改进的是你在授权后缺乏有力和有效的控制。我相信，你是一个有领导潜力的年轻人，你今后一定会成为公司的中坚力量。

工明：好的，谢谢吴总。

案例分析：

第一，留出充足的时间进行绩效面谈，做好充分的准备。我们可以看到吴总和工明首先提前确定了沟通的时间，并都有认真做好准备，吴总甚至还从侧面了解了工明的个性，并对面谈中可能会遇到的情况作了思考；而工明也作了一份工作总结和未来发展计划。以上的行为都确保了绩效沟通的成功。

第二，在沟通前让双方都明确时间和流程的安排，可以有效地控制这次绩效沟通。

第三，采用问句的形式，加强沟通中的互动性，多听取对方的意见，形成了良好的沟通环境和氛围。

第四，以事实为依据，才能有说服力。最后也才能很好地令双方达成共识。

第五，注重激励。吴总不仅认可工明的优点，还针对其不足也给予鼓励。例如，当工明自评"合格"时，吴总仍然给了工明一个"优良"，有效地进行了激励。另外，在最后还指出了工明的长处，进行了正面的激励，并以积极的方式结束面谈。确保了对下属的有效激励和沟通。

资料来源：教你看透常见绩效面谈失败背后的原因[EB/OL]．（2016-07-22）．http://www.chinahrd.net/blog/374/721608/373765.html.

第三节 绩效考核结果的应用

一、绩效改进

（一）绩效问题的诊断与分析

绩效问题的诊断与分析是绩效改进过程的第一步，也是最基本的环节。在绩效面谈中，管理者和员工通过分析和讨论评价结果，找出关键绩效问题和产生绩效问题的原因，这是绩效诊断的关键任务。由于绩效具有多因性的特征，因此要快速有效地诊断绩效问题，必须对影响绩效的因素有所了解。也就是说，一个员工的绩效优劣并不是取决于单一因素，而是受制于来自主、客观方面的多种因素，并且在不同情境下各类因素的影响作用各不相同。例如，某企业引入一套新的设备，投入生产后，员工的工作绩效明显下降。经过各种调查研究和数据分析，企业发现并不是由于员工不熟悉设备致使绩效下降，而是由于员工害怕新设备提高生产率导致公司有意裁员而故意怠工。该企业通过各种沟通方法向员工解释了新设备投入使用的目的和必要性，员工排除了非正常裁员的可能性之后，员工的工作绩效像预期的那样有所提高。由此可见，只有在充分研究各种可能的影响因素的前提下，才能够找到真正的问题所在，然后对症下药对其进行有效的管理。根据学者们的研究，诊断绩效问题通常有以下两种思路。

1. 四因素法

四因素法是从知识、技能、态度和环境四个方面着手来分析绩效不佳的原因。管理者可以通过与员工一起分析下面的问题，寻找影响绩效的关键因素。

（1）知识：员工有做这方面工作的知识和经验吗？

（2）技能：员工具备运用知识和经验的技能吗？

（3）态度：员工有正确的态度和自信心吗？

（4）环境：有不可控的外部障碍吗？

2. 三因素法

三因素法是指从员工、管理者和环境三方面来分析绩效问题的方法。

（1）在员工方面。员工所采取的行动本身不正确，工作过程中努力不够，或者因为知识、技能不足都可能导致绩效不良。而员工对组织、管理者的要求理解有误，或是目标不明确，缺乏激励，也可能是绩效不良的原因。

（2）在管理者方面。通常对管理者的管理行为从以下两个方面加以分析：一是管理者做了不该做的事情，如监督过严、施加不当压力等；二是管理者没有做该做的事情，如没有明确工作要求、没有对员工给予及时反馈、不给员工提供指导以及教育和培训的机会等。

（3）在环境方面。包括工作场所、团队氛围等因素，都可能对员工绩效产生影响，具体包括工具或设备不良、原料短缺、不良工作条件（噪声、光线、空间以及其他干扰等）、同事关系、工作方法等。

以上两种方法各有特点，前者主要是从完成工作任务的主体来考虑，通过分析员工是否具备承担此项工作的能力和态度来分析绩效问题的原因。这种方法容易造成管理缺位，即把员工绩效问题产生的原因归结为员工主观方面的问题，而忽视了管理者在产生绩效问题方面的责任，这样不利于找到绩效问题的真正原因，同时也不易于使员工接受。后者从更宏观的角度去分析问题，较容易把握产生绩效问题的主要方面，认识到管理者在其中的责任以及客观外部环境的影响。要想更加透彻、全面地分析绩效问题，必须结合以上两种思路，在管理者和员工充分交流的情况下，对绩效不良的产生原因达成一致意见。表10-3可以作为管理者绩效诊断时的工具。

表10-3 绩效诊断表

影响绩效的维度		绩效不良的原因	备 注
员工	知识		
	技能		
	态度		
管理者	辅导		
	其他		
环境	内部		
	外部		

资料来源：方振邦. 战略与战略性绩效管理[M]. 北京：经济科学出版社，2005.

通过绩效诊断环节，发现员工需要改进的地方可能很多，但最好能够选取一项重要并且容易进行的率先开始。如果多个问题同时着手，很可能由于压力过大而导致失败，这种情况下就存在挑选绩效改进要点的问题。选择绩效改进要点就是综合考虑每个拟定项目所需的时间、精力和成本因素，选择用时较短、精力花费较少以及成本较低的项目，同时要争取员工的接受。可以采用表10-4的方法，在现有的绩效改进要点中进行选择。

表10-4 选择绩效改进要点的方法

绩　　效	不 易 改 变	容 易 改 变
急需改变	将其列入长期改进计划	最先做
不急需改变	暂时不列入改进计划	第二选择

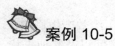

案例10-5　　　　拉上大厦的窗帘

据说美国华盛顿广场有名的杰弗逊纪念大厦，因年深日久，墙面出现裂纹。为能保护好这幢大厦，有关专家进行了专门的研讨。

最初大家认为损害建筑物表面的元凶是侵蚀的酸雨。专家们进一步研究，却发现对墙体侵蚀最直接的原因，是每天冲洗墙壁所含的清洁剂对建筑物有腐蚀作用。而每天为什么要冲洗墙壁呢？是因为墙壁上每天都有大量的鸟粪。为什么会有那么多鸟粪呢？因为大厦周围聚集了很多燕子。为什么会有那么多燕子呢？因为墙上有很多燕子爱吃的蜘蛛。为什么会有那么多蜘蛛呢？因为大厦四周有蜘蛛喜欢吃的飞虫。为什么会有这么多飞虫呢？因为飞虫在这里繁殖特别快。而飞虫在这里繁殖特别快的原因，是这里的尘埃最适宜飞虫繁殖。为什么这里最适宜飞虫繁殖？因为开着的窗阳光充足，大量飞虫聚集在此，超常繁殖……

由此发现只要拉上整幢大厦的窗帘，问题就解决了。

资料来源：关上你的窗帘[EB/OL]．（2009-07-04）．http://www.360doc.com/content/09/0704/21/102852_4140223.shtml.

（二）绩效改进部门的组建

条件允许的企业可以组建专门的绩效改进部门来具体负责绩效改进工作。部门的人员、结构、数量、组建方式由绩效改进的需求确定。如果绩效问题比较严重，对部门的人员数量、结构、运作要求会更高。绩效改进部门是在传统的培训部门的基础上发展起来的，但两者在名称、使命、提供的服务、部门内部人员的角色、部门的实际组织结构以及部门的职责及衡量标准等方面有所不同。一般而言，大多数企业都没有必要专门组建绩效改进部门，而是由人力资源部门会同员工的主管来完成，特别是员工的直接上级应作为承担绩效改进责任的主要人员，这是因为帮助下属改进绩效是管理者日常工作的一部分，与完成管理任务一样都是管理者义不容辞的责任。从组织结构上看，绩效改进部门与传统的培训部门相比存在的区别如表10-5所示。

表10-5　培训部门与绩效改进部门的区别

	培 训 部 门	绩效改进部门
部门使命	以开发员工技能、强化员工知识、拓宽员工视野来支持企业的战略和业务计划	提供咨询、培训、分析和评估服务来确保个人与组织绩效的不断改进以支持企业战略的业务计划
提供的服务	确定培训需求，设计并开发培训项目以及其他形式的学习体验，训练培训人员，实施培训项目并评价	构建绩效与胜任能力模型，确定绩效差异并分析原因，实施绩效改进计划，评估绩效改进效果，为业务部门提供绩效改进的咨询服务
部门人员职责及角色	讲师——辅导员；课程设计师；培训协调员；培训效果评估员	客户联系员；绩效分析员；绩效咨询顾问；绩效改进效果评估员

资料来源：李文静，王晓莉. 绩效管理[M]. 大连：东北财经大学出版社，2015.

（三）绩效改进方法的选择

在对组织的绩效问题进行了诊断和分析，大致确定了绩效改进的方向和重点后，就要来选择一个具体的切实可行的方法了，只有选择了适合本企业的正确的方法，才能保证绩效改进的顺利实施。绩效改进的方法主要有以下四种。

1. 卓越绩效模式

"卓越绩效模式"是20世纪80年代后期美国创建的一种世界级企业成功的管理模式，其核心是强化组织的顾客满意意识和创新活动，追求卓越的经营绩效。该模式源自美国波多里奇奖评审标准，该标准以顾客为导向，追求卓越绩效管理理念。这种理念不是目标，而是提供一种评价方法。卓越绩效模式得到了美国企业界和管理界的公认，该模式适用于企业、事业单位、医院和学校。世界各国许多企业和组织纷纷引入实施，其中施乐公司、通用公司、微软公司、摩托罗拉公司等世界级企业都是运用卓越绩效模式取得出色经营效果的典范。此绩效标准是在企业组织经营成果的顾客、产品或服务、财务、人力资源和组织的有效性这五个方面来建立绩效管理的框架，为企业的绩效改进从以上五个方面提供标准。2001年起，中国质协在研究借鉴卓越绩效模式的基础上，启动了全国质量管理奖评审，致力于在中国企业普及推广卓越绩效模式的先进理念和经营方法，为中国企业不断提高竞争力并取得出色的经营绩效提供多方面的服务。

2. 六西格玛管理

"σ"在统计学上用来表示数据的分散程度，在以缺陷率计量产品或服务的质量特性时用"σ"度量缺陷率，六西格玛质量表示质量特性的缺陷率仅为3.4ppm（ppm——百万分之一），即每百万件产品中的不良品数少于3.4个。六西格玛管理中强调"度量"的重要性，没有度量就没有管理。这里不仅要度量"产品"符合顾客要求的程度，还要度量服务乃至工作过程等。因此，六西格玛质量的含义已经不仅局限在产品特性，还包括了企业的服务与工作质量。如果一个企业的核心业务过程能够达到六西格玛质量水平，那么意味着这个企业可以用最短的周期、最低的成本满足顾客要求。

六西格玛管理是一种全新的管理企业的方式，是获得和保持企业在经营上的成功并将其经营业绩最大化的综合管理体系和发展战略。它不是单纯的技术方法的引用，而是全新的管理模式。六西格玛管理具有以下特点：第一，比以往更广泛的业绩改进视角，强调从顾客的关键要求以及企业经营战略焦点出发，寻求业绩突破的机会，为顾客和企业创造更大的价值。第二，强调对绩效和过程的度量，通过度量，提出挑战性的目标和水平对比的平台。第三，提供了绩效改进方法，针对不同的目的与应用领域，这种专业化的改进过程包括六西格玛产品/服务过程改进DMAIC流程、六西格玛设计DFSS流程等。第四，在实施上由"勇士（Champion）""大黑带（MBB）""黑带（BB）""绿带（GB）"等经过培训职责明确的人员作为组织保障。第五，通过确定和实施六西格玛项目完成过程改进项目，每一个项目的完成时间在3~6个月。第六，明确规定成功的标准及度量方法以及对项目完成人员的奖励。第七，组织文化的变革是其重要的组成部分。

3. ISO管理体系

ISO质量认证体系是一个产品（服务）符合性模式，企业通过建立这样一个完整的、标准化的过程控制体系来对绩效进行管理，以实现绩效的不断改进。国际标准化组织（International Organization for Standardization，ISO），是国际标准化领域中一个十分重要的组织。ISO成立于1946年，当时来自25个国家的代表在伦敦召开会议，决定成立一个新的国际组织，以促进国际间的合作和工业标准的统一。于是，ISO这一新组织于1947年2月23日正式成立，总部设在瑞士的日内瓦。

ISO的组织机构包括全体大会、主要官员、成员团体、通信成员、捐助成员政策发展委员会、理事会、ISO中央秘书处、特别咨询组、技术管理局、标样委员会、技术咨询组、技术委员会等。ISO技术工作是高度分散的，分别由2 700多个技术委员会（TC）、分技术委员会（SC）和工作组（WG）承担，在这些委员会，世界范围内的工业界代表、研究机构、政府权威、消费团体和国际组织都作为对等合作者共同讨论全球的标准化问题，建立ISO质量认证体系的基本原则包括以下几点：第一，以顾客为关注焦点；第二，强调领导作用；第三，全员参与；第四，强调过程、系统的方法；第五，持续改进；第六，给予事实的决策方法；第七，与供方的互利关系。

4．标杆超越

标杆超越法是由美国施乐公司于20世纪70年代末首创的，它是通过对比和分析先进企业的行为方式，对本企业的产品、服务、过程等关键因素进行改革和变革，使之成为同行业最佳的系统性过程。标杆超越可分解为以下几个主要内容。

（1）标杆超越中的标杆是指有利于实践，但不一定是最佳实践或最优标准。企业采用标杆超越法中的标杆树立目的是改善企业自身的产品、服务、经营管理、运作方式，找出企业自身与标杆存在的差距，创造性地改进和优化企业实践，达到增强竞争力的目的，从而帮助企业实现其战略目标，而不是让企业和员工感到自卑、丧失信心甚至绝望，所以标杆的选取很重要，尤其当它应用于薪酬和考核体系中时更应慎重，它犹如一把双刃剑，既可刺伤竞争对手，也可刺伤企业自己。

（2）标杆超越中的标杆有很大的选择余地，企业可在广阔的全球视野中寻找其基准点。企业往往可借助"战略目标逆向分解法"和"目标管理法"进行层层分解，并通过各种调研手段，寻找有助于企业实现战略目标的标杆或标杆值，为此，要突破职能分工界限和企业的性质与行业局限，重视实践经验，强调具体的环节、界面和工作流程。同时也可以对多种候选标杆进行有效的分析和筛选，并根据战略需要进行相应的动态调整。

（3）该方法是一种直接的、片断式的、渐近的管理方法。基于企业业务、工作流程和工作环节的可解剖性、可分解性和可细化性，企业既可以寻找整体最佳实践作为标杆来比较，也可以仅仅发掘优秀"片断"作为标杆值来比较，以利于某一标准指标值的公平合理性和科学性。除此之外，企业可根据总体战略需要，分阶段、分步骤地确立相应的标杆企业或标杆值，循序渐进地改善企业的关键绩效水平。

（4）该方法尤其应注重不断比较和衡量。标杆超越的过程自始至终贯穿了比较和衡量，在比较和衡量过程中，必然伴随着"新秩序的建立、旧秩序的改变"，为此，企业需要强有力的培训和指导，并建立相应的机制来辅助超越标杆。

（四）绩效改进计划的制订与实施

绩效改进计划是关于改善现有绩效的进展计划。一般绩效改进计划的主要内容包括以下几方面。

（1）员工基本情况、直接上级的基本情况以及该计划的制订时间和实施时间。

（2）根据上个绩效周期的绩效考核结果和绩效反馈情况，确定该员工在工作中需要改进的方面。

（3）明确需要改进和发展的原因，一般应附上上个评价周期该员工在相应评价指标上的得分情况和评价者对该问题的描述或解释。

（4）明确写出员工现有的绩效水平和经绩效改进之后要达到的绩效目标，并在可能的情况下将目标明确地表示为员工在某个绩效考核指标上的评价得分。

（5）绩效改进措施。对存在的问题提出有针对性的改进措施，措施应当尽量具体，除了确定每个改进项目的内容和实现手段外，还需要确定每个改进项目的具体责任人与其需要的时间，有时还可以说明需要的帮助和资源。

表 10-6 所示为绩效改进计划表（样表）。

表 10-6 绩效改进计划表（样表）

员工姓名：		职位：		计划执行时间：
上级主管：		职位：		待改进绩效：
计划采取的措施	执行者	计划实施日期	实际实施日期	取得的成果

资料来源：李文静，王晓莉. 绩效管理[M]. 大连：东北财经大学出版社，2015.

在制订了绩效改进计划之后，管理者还应该通过绩效监控和沟通实现对绩效改进计划实施过程的控制。这个控制的过程就是监督绩效改进计划是否能够按照预期的计划进行，并根据员工在绩效改进过程中的实际工作情况，及时修订和调整不合理的改进计划。管理者应该督促员工实现绩效改进计划的目标，并且主动与员工沟通，了解员工在改进过程中是否遇到了什么困难和障碍，需要管理者提供什么样的帮助。

（五）绩效改进结果的评估

结果评估就是对绩效改进结果进行考核，以确定其是否实现了缩小绩效差距的目标。评估结果将反馈回组织观察和分析过程之中，从而开始新的循环过程。在进行评估时还应该综合考虑一些限制因素，如个人能力、性格、态度、动机、价值观以及周围的工作环境和压力等，这些因素都会影响绩效改进效果。

绩效改进效果评估可以参照 Kirkpatrick 提出的结果评估的四个维度，具体如下。

维度1：反应层。工作场所的各类成员对改进活动以及活动对他们的影响的反应结果如何？客户和供应商的反应怎样？

维度2：学习层。实施后，员工了解或掌握了哪些以前不会的知识或技能？

维度3：行为层。改进活动对工作方式是否产生了所希望的影响？工作中是否开始运用新的技能、工具、程序?

维度4：效果层。改进活动对绩效差距的影响是什么？差距的缩小与经营行为具有正向相关关系吗？

知识链接10-4　　HR必须知道的10种绩效改善方法

（1）减少无效活动。这是改善绩效最直接、最简单的方法。任何企业、任何个人都可采用。组织员工多问几个为什么，就可以砍去很多无效活动。如"为什么要这样做？""为什么不用更简单的方式？""为什么要分开几个人做？让一人承担不也行吗？"当前中国企业员工无效活动非常普遍，一是企业管理方式的落后，二是企业培训的不足，三是职责不清造成的，四是员工个人的不良习惯所致。

（2）提升个人技能。这也是简单易行的方法，企业只需要设立一个技能提升奖励就行了。

（3）提升小组技能。企业有组织地提升员工技能更好。投入一定的培训费用，分组培训员工，或者组织员工互相观摩学习都不失为一种好的选择。这类活动投入小、见效快、受益广，值得大力推广应用。

（4）改变工作方式。方式的改变也是创新。企业要鼓励员工创新，引导员工有组织地探索工作方式的改变。有时候改变工作的地点、改变工作的时间都能带来效率的提升。活动先后的组合，优先顺序的排列也是流程优化的内容。

（5）改善设备设施。这种方法需要增加企业投入。企业要作好可行性分析，确保设备设施的增加或更新能够带来更大的回报。也就是说，要用流程优化三大方法中的"价值贡献法"来进行综合评估选择。

（6）改变管理方法。这种方法也需要增加企业的投入，至少要增加时间上的投入。需要组织员工进行现有管理方式的检讨，找出不适合本企业实际的管理方式，探讨大家认可的管理标准，放弃增加管理负担而又不能带来绩效的管理手段，如层层汇报、层层监督等。如果企业外聘专家帮助改善管理方法，就会产生资金上的投入。

（7）开展合理化建议。这种方法也称之为员工参与管理。在传统管理体制下，员工用腿不用脑，当然也就出工不出力。员工一切听从上级安排，也无法对工作结果负责。员工参与管理，能够极大地调动其工作积极性和主动性。"管得少才能管得好"就是依靠员工参与管理，让每一个员工对工作负责，从而大大减少"大家负责大家都不负责"的职责不清现象。"高手在民间"，开展员工合理化建议活动让企业起死回生的案例也不鲜见。

（8）借鉴行业经验。采用这一方法需要企业负责人有远见，肯学习并且善于学习。

任何行业都有在管理实践中走在前列的标杆行业。照搬照抄无益,借鉴转化则无不可。同时,吸取同行业失败的教训,避免别人走过的弯路,规避别人失败的陷阱,减少自己探索的成本,也不失为一种学习,也是一种改善。

(9)变革管理思想。这可能是改善绩效最有力的方法。企业人均绩效低下,主要原因还是管理思想的落后。拿企业当个人私有财产的老板多得不可胜数。企业是一个挣钱的平台,是企业利益各方共同挣钱的平台,而不仅仅是老板一个人的平台。投资者、经营者、管理者、劳动者、国家政府、合作伙伴、产品客户,甚至社会公民都是支撑企业平台不可或缺的组成要素。任何要素的欠缺都会影响企业平台的稳定与发展。改变对企业的认知,改变管理的方式方法,激活所有要素的潜力,企业发展的动力放大数倍乃至十倍、百倍都有可能。

(10)进行企业文化建设。管理本来不复杂,主要靠制度、流程加文化。前面八种绩效改善方法都必须从制度建设与流程优化上体现。变革管理思想和企业文化建设同属于培育企业文化的内容,处于精神层面。企业进行企业文化建设,凝聚员工的思想,培养团队精神,培养良好的工作习惯,对企业绩效的改善可以产生持续的推动力。但是它不属于短期见效的方法,而是润物细无声的长效方法,不可急功近利,不能急于求成。

资料来源:HR必须知道的10种绩效改善方法[EB/OL].(2015-09-28). http://bbs.hroot.com/bbs/Detail162779_0.hr.

二、绩效奖励计划

绩效奖励计划有很多种,选择何种计划取决于组织的经营战略、经济状况、人员情况以及组织想要达到的目标。在组织的目标发生转变时,绩效奖励计划的种类也应该随之发生变化。对于绩效奖励计划,我们可以从两个维度来对其进行分类:从时间维度来看,分为长期激励计划和短期激励计划;从激励对象维度来看,分为个体激励计划和群体激励计划。在此,我们从时间维度出发,重点分析短期绩效奖励计划和长期绩效奖励计划当中的几种主要形式。

(一)短期绩效奖励计划

1. 绩效加薪

绩效加薪是将基本薪酬的增加与员工在某种绩效考核体系中所获得的评价等级联系在一起的一种绩效奖励计划。通常是在年度绩效考核结束时,企业根据员工的绩效考核结果以及事先确定下来的绩效加薪规则,决定员工在第二年可以得到的基本薪酬。绩效加薪所产生的基本薪酬增加会在员工以后的职业生涯(在同一个企业中连续服务的年限)中得到累积。简单的绩效加薪规则如表10-7所示。

表 10-7　简单绩效加薪规则

	大大超出 期望水平	超出 期望水平	达到 期望水平	低于 期望水平	大大低于 期望水平
绩效考核等级	S	A	B	C	D
绩效加薪幅度	8%	5%	3%	1%	0

　　绩效加薪计划的优点在于两个方面：一是这种计划使得员工的基本薪酬增长与他们个人的绩效挂起钩来，从而能够确保绩效优秀员工的薪酬会比绩效一般或较差的员工的薪酬增长得更快。如果组织的绩效管理系统设计合理，能够衡量出员工对组织的价值以及实际贡献，则绩效加薪不仅有利于留住那些优秀员工，而且有利于培育绩效文化，推动组织绩效目标的达成和战略的实现。二是绩效加薪通常都采取基本薪酬上涨一定百分比的做法，而每一次绩效加薪的百分比都可以根据组织的盈利状况、与市场薪酬水平或标杆企业之间的差距以及物价成本的上涨幅度等因素来确定，这就使得企业在控制薪酬成本的上升方面具有较为灵活的控制力。

　　然而，绩效加薪计划的缺点也是显而易见的。首先，外部经济条件可能会导致加薪幅度很小，当绩效加薪预算本来就不高时（如只有薪酬的3%~5%），绩效优秀和绩效一般的员工之间存在的加薪幅度差异很可能就没有太大的意义，根本达不到激励员工去追求卓越的效果（一些研究表明，低于6%~7%的绩效加薪根本无法达到激励的效果）。对此，专家建议，对绩效最优秀的员工所提供的年度加薪幅度应该达到绩效一般员工的两倍，并且对那些绩效欠佳的员工根本不要给予加薪，从而真正体现多劳多得。

　　绩效加薪的另外一个潜在缺点是，它可能会很快给组织带来高昂的成本。这一方面是因为绩效加薪具有累积效应，一开始成本并不高的绩效加薪一旦不断累积起来，给企业带来的成本压力就会越来越大（所以很多企业会非常注意控制基本薪酬的上涨，更多地通过一次性绩效奖励而不是较多的绩效加薪来认可员工的贡献）。绩效加薪带来高成本的另一方面的原因是，在大部分企业中，管理人员通常都倾向于把下属员工的绩效等级确定在水平较高的等级上（即出现绩效考核中的宽松误差），这样，企业往往需要面对大部分员工都能得到较大幅度绩效加薪的局面，从而不得不面对快速增长的薪酬成本（也正因为如此，很多企业在绩效考核制度中都对各个绩效等级中的人员分布比例作出强制规定，至少是对能够获得最高绩效等级的员工所占的比例作出限定）。

　　绩效加薪计划的三大关键要素是加薪的幅度、加薪的时间以及加薪的实施方式。就加薪的幅度而言，绩效加薪的幅度主要取决于企业的支付能力。如果加薪幅度过大，企业可能没有承受能力，但是如果绩效加薪的幅度过小，绩效加薪计划又很可能会无效，因为小规模的加薪往往起不到激励员工绩效的作用，并且很容易与生活成本加薪混同。当然，在一些比较复杂的绩效加薪计划中，绩效加薪的幅度还与企业的薪酬水平和市场薪酬水平的对比关系有关（见表10-8），或者与员工所在的管理层级等因素有关。从绩效加薪的时间安排来看，常见的是每年一次，也有些企业采取半年一次或者每两年一次的做法。从绩效加薪计划的实施方式来看，绩效加薪既可以采取基本薪酬累积增长的方式，也可以采取一次性加薪的方式。一次性加薪是常规的年度绩效加薪的一种变通措施，它通常是对那些已经处于所在薪酬等级最高层的员工所采取的一种绩效奖励方式，因为这时企业已经不能再提高这类员工的基本薪酬水平，但是又需要对其中的高绩效员工提供一定的激励。

表 10-8 市场化绩效加薪规则   %

与市场平均薪酬水平的差距	加薪幅度				
	S	A	B	C	D
高 15%	6	4	3	1	0
高 8%	8	6	4	2	0
基本持平	10	8	5	4	0
低 8%	14	10	8	5	0
低 15%	18	15	10	8	0

2. 一次性奖金

一次性奖金也是一种非常普遍的绩效奖励计划。从广义上讲，它属于绩效加薪的范畴，但不是在基本薪酬基础上的累积性增加，而是一种一次性支付的绩效奖励。在很多情况下，员工可能会因为完成了销售额或产量、实现了成本节约，甚至是提出了对企业有价值的合理化建议等而得到这种一次性的绩效奖励。在一些兼并、重组事件发生时，很多企业为了鼓励被收购企业中的一些有价值的员工能够留下来，还会在实施并购时向被并购企业中的高层管理人员、高级工程师、优秀销售员以及信息技术专家等支付一笔留任奖金。还有一些企业为了鼓励优秀人才下定决心与自己签约，也会向决定加盟本公司的新员工提供一笔签约奖金，甚至连美国联邦政府都有类似的做法。

对组织而言，一次性奖金的优势是很明显的：一是它在保持绩效和薪酬挂钩的情况下，减少了绩效加薪情况下因基本薪酬的累加效应所引起的固定薪酬成本增加，同时有效解决了薪酬水平已经处于薪酬范围顶端的那些员工的薪酬激励问题。二是它可以保障组织各等级薪酬范围的"神圣性"，不至于出现大量超过薪酬范围的员工，同时还保护了高薪酬员工的工作积极性。三是它不仅可能非常有效，而且使组织在决定需要对何种行为或结果提供提酬时具有极大的灵活性。组织可以随时在不改变基本薪酬的情况下,针对某些自己期望看到的员工行为或者员工个人达成的绩效结果来制订一些一次性的奖励计划,并且在奖励计划不合时宜时随时取消这种计划。

对员工而言,一次性奖金相对于绩效加薪的优势要少很多。虽然员工可以一次性拿到很多奖金而不是依普通绩效加薪那样,要在12个月甚至更长的时间里慢慢地获得基本薪酬的增加。但是从长期来看,员工实际上得到的奖金数额肯定要比在普通绩效加薪情况下少得多。那些即将面临退休的员工对这一问题尤为关注,因为在传统的薪酬体系中,退休金只和员工的基本薪酬挂钩而与一次性奖金没有任何关系。为了解决这一问题,有的组织将一次性奖金纳入到员工的退休金确定基础当中,有的组织则将一次性奖金与福利联系起来。例如,把为员工购买人寿保险作为对员工绩效的一次性奖励。这种做法一方面仍然将绩效和薪酬紧密联系在一起,另一方面又通过用一次性奖金购买福利的做法为组织节省了福利成本。但需要引起注意的是,无论对于何种类型的员工来说,如果企业长期以一次性奖金替代基本薪酬的增加,则有可能导致员工采取一些不利于绩效提高的消极行为。

3. 月度/季度浮动薪酬

在绩效加薪和一次性奖金两种绩效奖励方式之间还存在这样一种折中的奖励方式,那就是根据月度或季度绩效考核结果,以月度绩效奖金或季度绩效奖金的形式对员工的业绩加以认可。这种月度或季度绩效奖金一方面与员工的基本薪酬有较为紧密的联系,往往采用基本薪酬乘以一个系数或者百分比的方式来确定;另一方面,又具有类似一次性奖金的灵活性,不会对企业形成较大的成本压力,这是因为企业在月度或季度绩效奖金方面投入的数量可以根据企业的总体绩效状况灵活调整。例如,如果企业经营业绩好,则企业可能会拿出相当于员工月度或季度基本薪酬120%的金额来作为月度或季度绩效奖金发放;如果企业的经营业绩不佳,则企业可能只拿出相当于员工月度或季度基本薪酬50%或更低比例的金额来作为月度或季度绩效奖金发放。在实际执行过程中,员工个人所应当得到的绩效奖金往往还要与其所在部门的绩效以及个人的绩效挂钩。

4. 特殊绩效认可计划

由于绩效加薪计划本身在加薪周期以及加薪幅度方面都存在一定的限制,所以它为组织感谢员工对组织成功所作出的贡献只提供了非常有限的机会。例如,假设出于成本控制方面的原因,企业能够对最高绩效水平提供的奖励只能达到加薪8%的水平,而此时员工为组织所作出的贡献所应得到的报酬却可能远远超过绩效加薪计划所能够给予的奖励,这时绩效加薪的局限性就显现出来了。为了向那些绩效超出预期水平很多因而值得给予额外奖励的个人以及团队提供必要的报酬,很多企业还采用了所谓的特殊绩效认可计划或奖励计划。与基于对员工工作行为以及工作结果的全面评价的绩效加薪不同，这种特殊绩效认可计划具有非常大的灵活性，它可以对那些出人预料的各种各样的单项高水平绩效表现——如开发出新产品、开拓新的市场、销售额达到相当高的水平等——予以奖励。

特殊绩效奖的创造性使用者之一是玫琳凯化妆品公司。在该公司中，成绩最好的女性销售人员甚至可以获得粉红色的凯迪拉克轿车、水貂皮大衣以及钻戒等。其他一些规模较大的公司往往也有一些正规的机制来确认各种特殊的绩效，同时根据一定的指导方针来帮助公司确定各种不同规模的奖金或奖品。特殊绩效认可或奖励计划提高了薪酬系统的灵活性和自发性，为组织提供更多的让员工感觉到自己的重要性和价值的机会。事实上，特殊绩效认可计划已经成为一种激励员工的很好的替代方法，这种计划不仅适用于作出了特殊贡献的个人，而且适用于有特殊贡献的团队。例如，当一个工作团队的所有成员共同努力创造了显著的成果，或者完成了一项关键任务时，组织都可以针对这个团队实施特殊绩效认可计划。

（二）长期绩效奖励计划

1. 员工持股计划

员工持股计划（Employees Stock Ownership Plan，ESOP）是让员工分享企业所有权和未来收益权的一种制度安排。作为一种绩效薪酬计划，为了使员工持股计划能够更好地起到激发员工积极性的作用，应该将员工的行为与相应的收入挂钩。这就是说，当员工作出突出贡献或者在一个规定的较长周期内一直是绩效优异者，就授予其一定比例的股票。通过员工持股计划可以使员工觉得自己是企业的主人，能提高员工的责任意识，把员工的利益和企业的成败联系在一起。它的运作方式是公司把一部分股票（或者是可以购买同量股票的现金）交给一个信托委员会（其作用就是为员工购买一定数量的企业股票），信托委员会把股票存入得到员工持股奖励的员工个人账户，在员工退休或不再工作时发放给他们。

2. 股票期权计划

所谓股票期权计划，就是企业给予高级管理者在一定期限内按照某个限定的价格购买一定数量企业股票的权利。企业给予管理者的，并不是现实的股票，也不是现金，而是一种权利。他们对企业价值有更多的了解且较一般员工更愿意承担风险，同时由于股票期权计划要有比较多的资金投入，高层管理者比一般员工更有能力承受。

企业的股票期权计划具有三个方面的基本特征：一是自愿性。股票期权只是一种权利，并不是义务。获得这种权利的企业高级经理人员，完全可以根据自己对多种情况的判断和分析,自愿地选择购买或不购买企业的股票。二是无偿性。股票期权作为一种权利是无偿地由企业赠予其核心人才的,不需要权利获得者任何财务支付。只是以后,与股票期权相联系,这些权利获得者可以现实地购买企业股票的时候,才需要相应的财务支付。三是后续性。股票期权计划作为长期薪酬管理的激励作用,不仅仅体现在一次性的计划实施过程中。其形式、内容、起止时间都可根据企业的人才激励与人才吸引的需要而作出变动。一次股票期权计划接近结束时,另一次又会适时地开始,连续不断的股票期权计划,产生了"金手铐"的效应,将企业核心人才留在企业里,并尽力发挥他们的作用。

3. 团队激励计划

团队正在成为人们关注的焦点,要保证团队的协调与合作,有必要制定团队的激励计划。团队激励计划要同时考虑团队成员个人绩效和团队整体绩效,以及个人在团队绩效中的贡献,常见形式为收益分享计划。收益分享计划是企业与员工分享由于企业或团队的改善(可以是生产销售方面的改进,也可以是顾客满意度的提高或者是成本的降低以及更良好的安全记录)而带来的财务收益。它与利润分享计划的区别在于它使用的衡量标准是营业或业绩标准,而不是衡量盈利能力的标准。具体来讲,这些业绩标准包括成本、生产率、原料和库存利用、质量、时效性或反应灵敏性、安全性、环境的协调性、出勤率和客户满意程度。制订收益分享计划的目的是使所有雇员都能从建议体系所带来的生产效率的提高中得到货币性奖励,同时它还反映了强调雇员参与的管理理念。收益分享计划主要有三种方式,斯坎伦计划(Scanlon Plan)、拉克计划(Rucker Plan)和提高分享计划(Improshare/Improved Productivity Through Sharing)。

三、员工职业发展

(一)决策假

在有些情况下,员工可能对提供的反馈无动于衷,在绩效方面也没有任何进步。这时,企业在采取口头警告、书面警告,甚至解雇程序之前,可以先采取一个中间步骤。可以让员工去休一种在整个职业生涯中仅有一次的"决策假"。所谓的决策假就是让员工"平心静气地思考的一天",它允许员工带薪待在家里,思考自己是否真正想在这个组织中工作,这种做法依据的是成人学习理论,即认为成人个体应对自己的行为负责。与正式的惩戒行动不同,决策假并不会影响员工的工资。加利福尼亚州洛杉矶的一家咨询公司的负责人蒂姆·菲尔德(Tim Field)说:"在员工自己承担责任的同时,这种做法并不会对其个人档案记录和薪酬产生负面影响,而且通常会让员工觉得出乎意料。这是因为,有问题的员工就似有问题的儿童一样，总是以为他们的不良行为定会引起负面的关注。"如何跟员工沟通，让他们知道准备给他们放一个决策假呢？如果这是一项公司政策，并且得到了高层管理者的支持，你就可以这样做：

露西，你看，我们两个已经为讨论你的绩效问题见了多次面。尽管提供了这么多次反馈，可我发现你在完成重要任务和项目方面还是面临一些困难。不仅是我观察到了这个问题，我听到你的一些同事说他们也注意到了你存在的绩效缺陷问题。我觉得向你发出书面警告不会起什么作用，我担心那样反而会削弱你的工作动机，对你是弊大于利。所以，我现在要做的就是给你一天的时间，让你去休一个所谓的"决策假"。这个方法在以往解决和你类似的员工的问题时非常有效。我希望你知道，这是你职业生涯中仅有一次的福利，你应该充分利用。我之所以作出这个决定，是因为我真诚地相信你有能力提高自己的绩效。这个休假的具体过程是这样的：明天你就不用来办公室上班了，但是你的薪水公司会照付，所以不必担心你的薪酬会受影响。既然你明天不在办公室，我希望你能够认真地思考一下自己是不是真的还想在这家公司继续工作下去。等你后天回来上班的时候我们再见一次面，那时你就要告诉我你是不是真的打算辞职，然后去寻找一份新的工作。如果你决定离开，我会十分理解并且给予支持。但如果你决定继续留在公司工作，我会给你安排一项因为你明天没来上班而需要弥补的额外的工作任务。请记住，明天一天你仍然能拿到工资。下面这些事情就是我想让你做的：请你写一份一页纸的保证书交给我，向我保证你会承担我们在历次反馈面谈中讨论过的那些绩效问题的全部责任。你还要提供清晰而具体的内容来描述你将采取哪些具体的措施，从而使我相信你能够解决这些绩效问题。我会把这份保证书保存在一个安全的地方，不过目前我还没有打算把它放到你的个人档案袋里。但是要记住，这份保证书是你对我的一项个人承诺，而且我们都同意一点，那就是如果你不遵守保证书里面列明的内容，那么从本质上来讲就是你炒了自己的鱿鱼，而不是我炒了你。现在对你我来说都是一个非常重要的时刻，甚至有可能成为你个人职业生涯中的一个转折点。好了，我已经解释了全部的过程，我想听听你对于明天的这个决策假还有什么问题和想法。

把决策假作为绩效管理体系的一个组成部分，能使它成为改进有问题员工的绩效的一种有力工具。然而，这个工具也有可能无法产生预期效果，那么这时候就要进入惩戒程序了。当员工努力尝试过解决绩效问题，但是却并没有能力解决的时候，降职或者调任就是更为合理的措施。

（二）职位变动

员工绩效考核的结果是职位变动的重要依据。职位变动不仅包括纵向的升迁或降职，还包括横向的工作轮换。通过绩效考核可以发现优秀的有发展潜力的员工，对于在潜力测评中表现出特殊管理才能的员工可以进行积极的培养和大胆的提拔。这种培养还包括人员在各个岗位之间的轮换，以培养其全面的才干并熟悉公司的整体运作，为以后在部门之间的交流与协调做好准备。但是，人员晋升的决策一定不能只根据员工在上一绩效周期的绩效水平而作出，关键是依据其管理能力和发展潜力，否则就会出现"彼得原理"所说的误区。

 知识链接 10-5　　　　　　　　彼　得　原　理

彼得原理（Peter Principle）是美国学者劳伦斯·彼得在对组织中人员晋升的相关现象研究后得出的一个结论，即在各种组织中，由于习惯于对在某个等级上称职的人员进行晋升提拔，因而员工总是趋向于晋升到其不称职的地位。彼得原理有时也被称为"向上爬"原理，这种现象在现实生活中无处不在。一名称职的教授被提升为大学校长后无法胜任；一个优秀的运动员被提升为主管体育的官员，却无所作为。

对一个组织而言，一旦组织中的相当部分人员被推到了其不称职的级别，就会造成组织的人浮于事、效率低下，导致平庸者出人头地、发展停滞。因此，这就要求改变单纯地根据贡献决定晋升的企业员工晋升机制，不能因某个人在某一个岗位级别上干得很出色，就推断此人一定能够胜任更高一级的职务。要建立科学、合理的人员选聘机制，客观评价每一位职工的能力和水平，将职工安排到其可以胜任的岗位。不要把岗位晋升当成对职工的主要奖励方式，应建立更有效的奖励机制，更多地以加薪、休假等方式作为奖励手段。有时将一名职工晋升到一个其无法很好发挥才能的岗位，不仅不是对职工的奖励，反而使职工无法很好地发挥才能，也会给企业带来损失。对个人而言，虽然我们每个人都期待着不停地升职，但不要将往上爬作为自己的唯一动力。与其在一个无法完全胜任的岗位上勉强支撑、无所适从，还不如找一个自己能游刃有余的岗位好好发挥自己的专长。

资料来源：http://yubichen.bokee.com/319457647.html.

而对那些绩效不佳的员工，则应该认真分析其绩效不好的原因，如果是员工自身的素质和能力与现有的工作岗位不匹配，则可以考虑对其进行工作调动和重新安排，以发挥其长处，帮助其创造更佳的业绩；如果是员工个人不努力工作，消极怠工，则可以采取淘汰的方式。但人力资源部门在对业绩不佳的员工进行淘汰时一定要慎重，要认真分析造成员工绩效不佳的具体原因，然后再作决定。图 10-3 是某公司的人才开发矩阵。

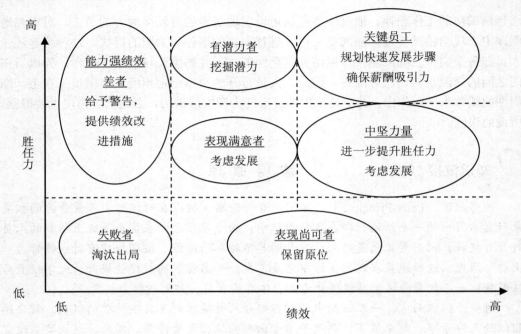

图 10-3 人才开发矩阵

(三) 解雇

如果有良好的绩效管理体系,走到惩戒程序这一步对员工和主管人员来说都不会感到很惊讶,因为员工有大量的机会去解决绩效问题,主管人员也有很多机会向员工提供帮助和反馈,从而使有意愿也有能力的员工有时间解决自己的绩效问题。但是,当惩戒程序变成唯一选择的时候,遵守一系列步骤以避免可能引起的法律问题就很重要了。同样,要尊重所有的员工并维护他们的尊严,其中包括被解雇员工在内。即使有出色的绩效管理体系,主管人员也要采取特定的措施以避免一些陷阱,这主要包括以下几项。

(1) 陷阱 1:容忍低绩效。很多主管人员刻意忽视低绩效,想让这个问题自行得到解决。但是在大多数情况下,绩效问题会随着时间的推移而逐渐加重,并且会越来越严重。

建议措施:不要忽视绩效问题,尽快解决它不仅能够避免给有问题的员工以及同事和客户带来负面的影响,还能够帮助员工回到其职业生涯目标确定的正确轨道上来。

(2) 陷阱 2:不能有效传递信息。低绩效员工可能会说自己没有意识到问题这么严重。

建议措施:在前面加述的"决策假"阶段,要确保将存在的绩效问题以及如果不能有效解决绩效问题可能带来的后果都明确化,确保对行动计划做记录,并保证这一行动计划得到了员工的认可。

(3)陷阱3:绩效标准是不切实际或者不公平的。员工可能会说绩效标准和期望是不切实际或不公平的。

建议措施:提醒员工,让他们知道他们需要达到的绩效标准和从事的工作与其他员工是一样的。还要提醒员工绩效标准是在他们自己的参与下制定的,并且要向员工展示过去的绩效审议会议的记录,尤其是记得附上之前有员工签字的评价表格。

(4)陷阱4:负面情绪反应。员工可能有情绪化的反应,从痛哭到大叫甚至可能有暴力威胁,这反过来也会导致部分上级产生情绪化的反应。

建议措施:不要让情绪化的反应打乱你的目标,即向员工说明问题所在、他们需要做的事情以及如果不这样做可能造成的后果。如果员工在哭泣,则需要充满同情心地给员工一些空间来使他镇静下来。你可以给员工一些休息的时间,过一会儿再重新开始,有时,把会议重新安排到另一个时间可能是一个比较好的选择。如果员工的反应产生了威胁或者显示出暴力倾向,应立即通知保安。如果发生了这些威胁,就要报告给人力资源部。

(5)陷阱5:不去咨询人力资源部。由于没有遵循合理的解雇程序,导致产生了成百上千的不当解雇案件,给组织带来了数百万美元的损失。

建议措施:如果你计划实施惩戒或解雇程序,就要向人力资源部咨询法律方面的要求。在大多数情况下,良好的绩效管理体系本身已经包含了相关的必要步骤。但咨询人力资源部仍是确保采取正确步骤的好方法。

避免以上陷阱能最大限度减少正式惩戒程序中可能出现的问题。如果实施了惩戒程序后仍然没有实现目标,就需要召开一次解雇会议,毫无疑问,解雇会议对所有参与者来说都不会好受。但在这一阶段召开解雇会议是正确的,也是公平的。以下是关于解雇会议的一些建议。

(1)尊重员工。尊重被解雇的员工并维护他们的尊严是非常重要的。尽管可能其他人在之后的时间里能够了解到相关信息,但解雇信息还是要尽可能保密。

(2)抓住要点。在这一阶段,说得越少越好。最主要的就是要总结绩效问题以及为了解决绩效问题而采取的措施,还有这些措施产生的结果以及当前将要采取的解雇措施。

(3)祝福员工。会议的目的不是重提你解雇员工的每一条原因以及每一个低绩效的例子。相反,应利用这次会议祝福员工在未来的工作和成就,告诉他们我们会想念他们的。

(4)把员工送到人力资源部。让员工知道他还需要去人力资源部了解相关福利信息，其中包括假期和工资以及法律权益等方面的信息。如果你在中小企业工作，那么你还可以通过寻求外部法律咨询机构的帮助提供相关信息给被解雇的员工。

（5）让员工立刻离开。让被解雇的员工留在原地可能会导致谣言和冲突，而且不高兴的员工可能会进行破坏活动。

（6）在一天的工作即将结束时召开解雇会议。在一天的工作即将结束时召开解雇会议比较好，这样，在员工离开办公室的同时，其他人也都离开办公室了，也就不会有很多人聚集在一起了。

本章小结

绩效考核结束后，管理者需要就绩效考核结果对员工进行绩效反馈，而绩效反馈最基本、最主要的形式就是绩效面谈。通过绩效反馈面谈，管理者与员工共同商讨绩效改进的办法，并将考核结果应用于绩效奖励计划、员工职业发展等关键领域。

绩效反馈有利于提高绩效考核结果的可接受性、使评价对象了解自身取得的成绩与不足、促进绩效改进计划的制订与实施，并为员工的职业规划和发展提供信息。绩效反馈应遵循 SMART 原则，即绩效反馈要直接具体、双向沟通、基于工作事实、分析原因、相互信任。绩效反馈可以分为正面反馈和负面反馈两大类，其中正面反馈应注意表扬必须是针对具体的行为或结果，采用肯定、热情的方式，表扬的同时要进行经验传授，善于寄希望于表扬之中；负面反馈难度更大，应注意建设性反馈是计划性的，应维护对方自尊，要注意恰当的环境，以进步为导向，是互动式的、灵活化的，强调对员工的指导。当前许多组织通过互联网进行 360 度反馈体系的实施，是组织进行绩效反馈的一种趋势。

作为绩效反馈最主要的形式，绩效面谈的主要内容包括工作业绩、行为表现、改进措施、新的目标四大方面。在绩效面谈前，管理者和员工需要就面谈的时间地点、员工的工作内容和绩效表现、面谈中需要提出或可能面对的问题、面谈的程序进度等做好充分的准备。绩效面谈的过程一般包括面谈开场白、员工自我评价、确认绩效结果、分析诊断问题、面谈结束五个环节。当然，针对不同类型的员工，绩效面谈的策略有一定差异；在面谈中还应当从面谈开始到最后形成书面记录，注意一系列技巧，以提高面谈的有效性。

绩效考核结果主要可以应用于绩效改进、绩效奖励计划和员工职业发展这几大领域。其中，绩效改进需要从绩效问题的诊断与分析出发，然后进行绩效改进部门的组建、绩效改进方法的选择、绩效改进计划的制订与实施，最后对绩效改进结果进行评估。绩效奖励计划的形式很多，可以分为短期和长期两大类型，其中短期绩效奖励计划主要有绩效加薪、一次性奖金、月度/季度浮动薪酬、特殊绩效认可计划等，长期绩效奖励计划主要有员工持股计划、股票期权计划、团队激励计划等。最后，绩效考核结果还可以应用于员工职业发展，针对绩效考核不理想的员工，可以先考虑给其放一个"决策假"；当"决策假"并不能解决问题时，可以考虑进行职位的变动；职位变动仍然无法解决问题时，可以考虑对绩效不合格的员工实施解雇程序。

思考题

1. 绩效反馈的 SMART 原则是什么？
2. 如何提高正面反馈的有效性？
3. 如何提高负面反馈的有效性？
4. 360 度反馈体系实施的基本程序是什么？
5. 绩效面谈前管理者和员工分别应做好哪些准备？
6. 绩效面谈的基本程序是什么？
7. 为提高绩效面谈的有效性，应注意哪些技巧？
8. 如何将绩效考核结果应用于绩效改进当中？
9. 绩效奖励计划有哪些主要的形式？
10. 什么是"决策假"？它的作用是什么？
11. 如何将绩效考核结果应用于职位变动？
12. 实施员工解雇程序应注意哪些问题？

案例 10-6　　华丰公司的绩效管理改进策略

华丰公司的绩效考核计划遇到了管理上的难题。公司所有的非管理性员工都由上级主管进行半年考核。现行的绩效考核表格如表 10-9 所示。考核等级为：优=5 分；良=4 分；中=3 分；可=2 分；差=1 分。每一个考核指标的得分汇总后得到总的考核得分。

表 10-9　华丰公司绩效考核表

各位评价人员：请根据人力资源部门的要求，完成对每个员工的考核。对员工的工作负有 75%及以上责任的主管都应当对员工进行考核。请分别对员工绩效的每一个方面进行考核。				
工作质量	5 优	4 良	3 中	2 可	1 差
工作数量	5 优	4 良	3 中	2 可	1 差

续表

可靠性	5 优	4 良	3 中	2 可	1 差
工作创新	5 优	4 良	3 中	2 可	1 差
合作性	5 优	4 良	3 中	2 可	1 差
与同事的关系	5 优	4 良	3 中	2 可	1 差
总分：					
评价人员签名：					
员工签名：					

考核过程如下：

每一个上级主管在每年年初对每一位员工上年度的绩效表现进行考核。主管在与员工讨论了考核结果之后，再报送人力资源部，然后，人力资源部再把考核的结果放在员工的人力资源档案中，如果出现职务晋升的机会，就会综合考虑累积的考核结果。当然，在对工资水平进行调整的时候也会参考这些资料。

人力资源部刘经理发现，员工不仅不关心目前公司采用的这套绩效管理体系，而且对公司的绩效管理工作的印象非常不好。一次非正式的调查表明，一半以上的主管人员在不到三分钟的时间里就完成了考核，在没有与员工讨论之前就把这些表格传递给了人力资源部。其余的主管人员花在考核上的时间略多一点，但是，与员工沟通考核结果的时候，也非常简单，只是走走形式罢了。

刘经理还发现，主管在进行职务晋升或增加工资决策的时候，很少参照这些考核表格。因此，大多数主管认为这种绩效考核是一种形式主义，又麻烦又没有实际作用。而刘经理认为，公司现在开展的绩效考核还是很有用的：为员工提供了积极的反馈，有助于未来绩效的改进，有助于员工能力的开发，为晋升和薪酬决策提供了客观依据。但是在绩效管理设计方面，刘经理也认为许多地方可以进行改进，让主管和员工们不再把绩效管理当作是走个形式。

资料来源：高毅蓉，崔沪．绩效管理[M]．大连：东北财经大学出版社，2015．

思考与讨论：

请为刘经理指出应该采取哪些改进措施。

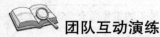

团队互动演练

研究型学习小组以所提供的绩效管理故事为背景，分析故事中反映的绩效管理问题，提出改进方案，形成一份绩效考核结果的应用报告。

教学目的

- ☑ 加强学生分析绩效管理问题的综合能力。
- ☑ 提高学生对绩效考核结果应用的能力。
- ☑ 强化学生对绩效管理全过程的理解。

教学平台

- ☑ 计算机中心实验室，每位学生配备一台计算机，允许网络连接。
- ☑ 标准化教室，供学生讨论和陈述。
- ☑ 指导教师提供绩效管理的故事背景材料。

教学步骤

第一阶段：阅读绩效管理故事。

会给猫分鱼，就懂得了绩效管理

主人吩咐猫到屋子里抓老鼠。猫看见一只老鼠，几个奔突来回，到底也没有抓到。后来老鼠一拐弯不见了。主人看到这种情境，讥笑道："大的反而抓不住小的。"猫回答说："你不知道我们两个的'跑'是完全不同的吗？我仅仅是为了一顿饭而跑，而它却是为性命而跑啊！"

主人想，猫说得也对，得想个法子，让猫也为自己的生存而奋斗。于是，主人就多买了几只猫，并规定凡是能够抓到老鼠的，就可以得到 5 条小鱼，抓不到老鼠的就没有饭吃。刚开始，猫们很反感和不适应，但随着时间的推移，也渐渐适应了这种机制。这一招果然奏效，猫们纷纷努力去抓老鼠，因为谁也不愿看见别人有鱼吃而自己没有。因此，主人也轻松和安宁了许多，不再日夜睡不着觉了。

过了一段时间，问题又出现了，主人发现虽然每天猫们都能捕到五六只老鼠，但老鼠的个头却越来越小。原来有些善于观察的猫，发现大的老鼠跑得快、逃跑的经验非常丰富，而小老鼠逃跑速度相对比较慢、逃跑的经验少，所以小老鼠比大老鼠好抓多了。而主人对于猫们的奖赏是根据其抓到老鼠的数量来计算的。主人发现了蹊跷，决定改革奖惩办法，按照老鼠的重量来计算给猫的食物。这一招很快起到了作用。

过了一段时间，主人发现邻居家的猫和自己的一样多，可抓到的老鼠却比自己多得多。他好奇地敲开了邻居家的门。邻居介绍说："我的猫中有能力强的，也有能力差的。我让能力强的去帮助能力差的，让它们之间相互学习；另外，我将猫们编成几组，每一组猫分工配合，这样，抓到老鼠的数量就明显上升了。"主人觉得这样的方法非常好，就复制过来。可实行了一段时间后，发现效果一点也不好，猫们根本就没有学习的积极性，每小组抓的老鼠数量反而没有以前单干时多。

可是问题出在哪里？主人决定和猫们开会讨论。

猫们说："抓老鼠已经很辛苦了，学习还要占用我们的时间，抓到的老鼠当然少了，但鱼还是按照以前的办法分，你让我们怎么愿意去学习呢？另外，分鱼时你知道我们是怎样分工合作的吗？我们常常为分鱼打架，还怎么合作？"

主人觉得猫们说得也有道理，决定彻底改革分鱼的办法。不管猫们每天能否抓到老鼠，都分给固定数量的鱼，抓到老鼠后，还有额外的奖励。但是仔细一想，还是有问题。小组中有的猫负责追赶老鼠，有的负责包抄，有的负责外围巡逻，防止老鼠从包围中逃跑。每个小组应该按抓到的老鼠数量来分配，但小组内部如何分配呢？鱼的数量是永远不变，还是过一段时间调整一次？分工不同的猫得到的固定的鱼的数量是否一样呢？这回主人可真的犯难了。

资料来源：会给猫分鱼，就懂得了绩效管理[EB/OL]．（2016-10-20）．http://www.567rcw.com/news/1023.html.

第二阶段：各小组阅读并分析材料进行讨论，找出故事中反映的绩效管理问题。

第三阶段：各小组集中讨论从绩效考核结果应用的角度，应如何实现绩效管理的良性循环，形成绩效考核结果应用报告。

第四阶段：总结报告分小组提交，以小组的认识和感受为主要内容。

第五阶段：指导老师为学生模拟过程评定成绩，其主要依据为：第一，对绩效管理问题挖掘的准确性和全面性；第二，对绩效考核结果应用领域的认识程度；第三，小组总结报告的认识和感受的深刻程度。

团队成员

研究型学习小组在组长指导下合理分工，共同合作，按时间规定完成任务。

研究成果

- ☑ 故事中反映的绩效管理问题汇总。
- ☑ 绩效考核结果应用报告。
- ☑ 小组总结报告。

参 考 文 献

[1] Whitney K. Discover: It pays to develop leaders[J]. Chief Learning Officer, 2008 (8): 48.

[2] Van Scotter J R. Motowidlo S J. Interpersonal facilitation and job dedication as separate facets of contextual performance[J]. Journal of Psychology, 1996 (81): 525-531.

[3] Patricia Bayerlein and Rose Gailey, The six principles of performance communication[J]. Strategic HR Review, Volume 4 Issue 4 May/June 2005.

[4] Susan Mohammed, John E. Mathieu, A L. Bartlett, Technical administrative task performance, leadership task performance, and contextual performance: considering the influence of team and task - related composition variables[J]. Journal of Organizational Behavior, 2002, 23 (7): 795.

[5] Kent Bauer, KPI-The metrics that drive performance management[J]. DM Review, 2004.

[6] Wayne Erckerson. Ten characteristics of a good KPI[EB/OL]. http://dw-Institute.corn.

[7] David Parmenter. Crunchy KPI[EB/OL]. http://www.management.co.nz, Management December 2004.

[8] Steve Feltovich. The power of KPI[EB/OL]. http://www.abrn.com, ABRN September 2005.

[9] Gary P Latham, Kenneth N Wexley. Behavioral observation scales for performance appraisal purposes[J]. Personnel Psychology, 1977 (2): 18-24.

[10] Gary P Latham, Charles H Fay, Use M Saari. The development of behavioral observation scales for appraising the performance of foremen[J]. Personnel Psychology, 1979 (5): 57-64.

[11] Jeffrey S K. Behavioral observation scales and the evaluation of performance appraisal effectiveness[J]. Personnel Psychology, 1982 (10): 102-109.

[12] Uco Wiersma, Gary P Latham. The Practicality of Behavioral Observation Scales, Behavioral Expectation Scales and Trait Scales[J]. Journal of Applied Psychology, 1986 (2):

233-239.

[13] Travor C Brown, Dennis Hanlon. Validation of Effective Entrepreneurship Behaviors[J]. Academy of Management Annual Meeting Proceeding s, 2005.

[14] Williams S J, Hummert M L. Evaluating performance appraisal instrument dimensions using construct analyzsis[J]. Journal of Business Communication, 1990（12）: 77-89.

[15] Tornow W W. Editor's note: Introduction to special issue on 360 degree feedback[J]. Human Resource Management, 1993（1）: 113-118.

[16] Church D. Designing an effective 360 degree appraisal feedback process[J]. Organizational Dynamics, 1996（3）: 53-61.

[17] Hezlett J. Managing five paradoxes of 360 degree feedback[J]. Academy of Management Executive, 2000, 14（1）: 93-102.

[18] [美]彼得·德鲁克. 卓有成效的管理者[M]. 许是祥, 译. 北京: 机械工业出版社, 2005: 233-341.

[19] [英]安迪·尼利. 战略绩效管理: 超越平衡计分卡[M]. 李剑锋, 译. 北京: 电子工业出版社, 2004: 101-178.

[20] [英]Stewart McNaughton. 绩效管理: 概念与知识手册[M]. 天向互动教育中心, 编译. 北京: 清华大学出版社, 2003: 23-79.

[21] [英]Stewart McNaughton. 绩效管理: 应用与行动手册[M]. 天向互动教育中心, 编译. 北京: 清华大学出版社, 2003: 56-102.

[22] [美]安德烈·德瓦尔. 成功实施绩效管理[M]. 北京爱丁文化交流中心, 译. 北京: 电子工业出版社, 2003: 81-137.

[23] [美]乔恩·沃纳. 双面神绩效管理系统[M]. 完全版. 徐联仓, 译. 北京: 电子工业出版社, 2005: 21-145.

[24] [英]加里·阿什沃思. 整和绩效管理: 实现股东价值的有效方式[M]. 李克成, 译. 北京: 电子工业出版社, 2002: 61-227.

[25] [加]加里·P. 莱瑟姆, 肯尼斯·N. 维克斯利. 绩效考评: 致力于提高企事业组织的综合实力[M]. 萧鸣政, 等, 译. 北京: 中国人民大学出版社, 2002: 210-279.

[26] [美]安德烈·德瓦尔. 绩效管理魔力: 世界知名企业如何创造可持续价值[M]. 汪开虎, 译. 上海: 上海交通大学出版社, 2002: 110-219.

[27] [英]理查德·威廉姆斯. 组织绩效管理[M]. 蓝天星翻译公司, 译. 北京: 清华大学出版社, 2002: 201-296.

[28] [美]费迪南德·佛尼斯. 员工激励16法：高绩效管理的成功秘诀[M]. 张帅，译. 海口：海南出版社，2002：99-187.

[29] [美]Tony Moglia. 绩效伙伴：成功的绩效管理[M]. 李军军，王哲，译. 广州：中山大学出版社，2002：44-112.

[30] [英]约翰·韦斯特伍德. 绩效评估[M]. 白云，译. 长春：长春出版社，2001：66-172.

[31] [美]彼德·F. 德鲁克. 公司绩效测评[M]. 李焰，江娅，译. 北京：中国人民大学出版社，1999：99-196.

[32] [美]罗伯特·巴考尔. 绩效管理24准则[M]. 王成，译. 北京：中信出版社，2005：21-101.

[33] [美]托尼·阿德金斯. 绩效管理案例与评析[M]. 郭存海，周轶韬，译. 北京：电子工业出版社，2007：75-200.

[34] [日]远藤泰弘. 企业绩效管理秘诀[M]. 彭育成，译. 长春：长春出版社，1980：31-93.

[35] 林新奇. 绩效管理手册[M]. 北京：中国劳动社会保障出版社，2006：89-217.

[36] 张晓彤. 绩效管理实务[M]. 北京：北京大学出版社，2004：82-192.

[37] 赵日磊. 手把手教你做绩效管理：模型、方法、案例和实践[M]. 北京：电子工业出版社，2016：211-276.

[38] 武欣. 绩效管理实务手册[M]. 第2版. 北京：机械工业出版社，2005：277-306.

[39] 朴愚，顾卫俊. 绩效管理体系的设计与实施[M]. 北京：电子工业出版社，2006：11-74.

[40] [美]尼克·斯坦顿. 控制沟通[M]. 北京：高等教育出版社，2000：98-124.

[41] 张建国，徐伟. 绩效体系设计——战略导向设计方法[M]. 北京：北京工业大学出版社，2003：45-105.

[42] 李文静，王晓莉. 绩效管理[M]. 大连：东北财经大学出版社，2015：89-196.

[43] 林新奇. 绩效管理[M]. 第2版. 大连：东北财经大学出版社，2013：219-301.

[44] [美]霍尔·B.，瓦什楚克·A.. 这个绩效考核太温情[M]. 唐晓丽，译. 商业评论，2011（9）：56-64.

[45] [美]赫尔曼，阿吉斯. 绩效管理[M]. 刘昕，柴茂昌，孙瑶，译. 北京：中国人民大学出版社，2013：300-372.

[46] 方振邦. 战略与战略性绩效管理[M]. 北京：经济科学出版社，2005：220-271.

[47] 高毅蓉，崔沪. 绩效管理[M]. 大连：东北财经大学出版社，2015：27-160.

[48] 付亚和，许玉林. 绩效考核与绩效管理[M]. 北京：电子工业出版社，2009：200-307.

[49] 孙海发，程贯平，刘黔川. 绩效管理[M]. 北京：高等教育出版社，2015：235-370.

[50] 葛玉辉，陈悦明. 绩效管理实务[M]. 北京：清华大学出版社，2008：27-134.

[51] 谢伟宁. 企业管理：知识与技能训练[M]. 北京：清华大学出版社，2009：4-98.

[52] 林筠，胡利利，王锐. 绩效管理[M]. 西安：西安交通大学出版社，2006：3-139.